BLITZKRIEG TO
DESERT STORM

从闪电战到沙漠风暴

战争战役层级发展史

[美] 罗伯特·M. 奇蒂诺 著

小小冰人 译

台海出版社

图书在版编目（CIP）数据

从闪电战到沙漠风暴：战争战役层级发展史 /（美）罗伯特·M. 奇蒂诺著；小小冰人译. -- 北京：台海出版社, 2019.3

书名原文：Blitzkrieg to Desert Storm:The Evolution of Operational Warfare

ISBN 978-7-5168-2272-2

Ⅰ. ①从… Ⅱ. ①罗… ②小… Ⅲ. ①战争史－世界－现代 Ⅳ. ① E195

中国版本图书馆 CIP 数据核字 (2019) 第 041622 号

从闪电战到沙漠风暴：战争战役层级发展史

著　　者：[美] 罗伯特·M. 奇蒂诺　　译　　者：小小冰人

责任编辑：俞滟荣　　策划制作：指文文化
视觉设计：王　涛　　责任印制：蔡　旭

出版发行：台海出版社
地　　址：北京市东城区景山东街 20 号　　邮政编码：100009
电　　话：010 － 64041652（发行，邮购）
传　　真：010 － 84045799（总编室）
网　　址：www.taimeng.org.cn/thcbs/default.htm
E－mail：thcbs@126.com

经　　销：全国各地新华书店
印　　刷：重庆共创印务有限公司
本书如有破损、缺页、装订错误，请与本社联系调换

开　　本：787mm × 1092mm　　1/16
字　　数：352 千　　印　　张：22
版　　次：2019 年 5 月第 1 版　　印　　次：2019 年 5 月第 1 次印刷
书　　号：ISBN 978-7-5168-2272-2

定　　价：109.80 元

前言

让世界为之改变的一天

1940 年 5 月 20 日晚上 7 点，第一支德军车队隆隆驶入了位于索姆河河口的法国城镇阿布维尔——这是海因茨·古德里安将军率领的第 19 装甲军第 2 装甲师的先遣部队。虽然此时的欧洲正处在一场大战中，但阿布维尔镇却显得很平静。空中偶尔会出现一架联军的飞机，但法国人却并没有在这里组织抵抗。当晚稍晚一些的时候，第 19 装甲军第 2 装甲师辖下的“施皮塔”营（以该营营长的名字命名）从阿布维尔镇出击，赶往 20 千米外，大西洋岸边的努瓦耶勒，并兵不血刃地将其占领。该营的士兵们非常疲惫，但却兴奋不已——他们有理由为之激动——他们刚刚完成了现代战争史上最大胆的一场机动。作为德军一支庞大装甲力量的组成部分，他们克服了阿登森林崎岖蜿蜒的小径——在这之前，德军的装甲大军已于 5 月 13 日在色当突破了法国人虚弱的防线。自那时起，“施皮塔”营便全速前进，几乎未受到任何干扰，就已穿过驻扎在比利时的庞大英法联军后方。在短短十天的行动中，施皮塔的部下就前进了约合 321 千米，实际上，第十天凌晨，他们就已经完成了最后约 96 千米的行程。“施皮塔”营到达阿布维尔和努瓦耶勒后，给北面的盟军造成了灭顶之灾——英法联军陷入重围，被隔绝在法国的补给基地之外，围绕其四周的不是德国军队就是大海，因而很快就将覆灭[1]。

施皮塔中校无疑知道他刚刚参与了一场胜利的战斗，但他也许没有意识到，他率部从阿登冲往努瓦耶勒，预示着军事史上一个新世代的来临。德国军队上层人物却对此心知肚明，比如装甲集群司令埃瓦尔德·冯·克莱斯特将军就指出：

赶往海边的途中，一名参谋交给我一份从法国广播电台抄录的消息，广播中说据守默兹河的法国第 6 集团军司令已被解职，吉罗将军奉命控制局面。就在我阅读报告时，门开了，一名帅气的法国将军被领了进来。他自我介绍：“我是吉罗将军。”随后又告诉我他是如何乘坐一辆装甲车去寻找他的集团军，却发现自己已身处我军部队中——我们到达的位置远远超出了他的预料。

克莱斯特以一种多少有些轻描淡写的姿态得出结论："这从侧面体现出了'对方'对我们的到达深感意外。"[2]

事实上，德国军队刚刚完成的行动，是几十年来世界上没有哪支军队能做到的事情。德国人以"黄色方案"为代号实施的法国战役，是交战双方的策划者在第一次世界大战期间反复尝试，但却始终未能如愿的作战行动。北面的佯动，南面精心伪装的主要突击，以德军参谋人员所说的合围战将一整支敌军包围，并通过一场天衣无缝的战役歼灭敌人整个野战力量，且自身伤亡几乎可以忽略不计——这种事情似乎属于一个已然消逝的时代，例如伟大的赫尔穆特·冯·毛奇元帅、拿破仑皇帝，甚至是"勇士之王"腓特烈大帝的时代。简而言之，这是一场决定性的胜利，这种胜利近来已变得非常罕见。一位德国军事分析家认为这场胜利不啻为"当代奥斯特里茨"，该战役标志着"军事史上的一个新纪元"[3]。

"黄色方案"的成功让世人为之感到震惊是可以理解的。七十多年来，整个世界上都没出现过这种事。从 19 世纪末起，当两支大军发生冲突时，相持不下已成为可预料的结局。布尔战争、日俄战争、巴尔干战争与第一次世界大战，这些战争中的一次次战役都与双方指挥官设定的目标相距甚远。所谓的胜利通常是一场消耗战的胜利，随之而来的是筋疲力尽的和平。这些僵持战的代价太过高昂，以至于往往会导致战败国陷入政治和社会革命，例如 1905 年和 1917 年的俄国，以及 1918 年的奥匈帝国和德国。

"黄色方案"与那些相持不下的战役不同，这个巧妙的计划是由一支高度机动性与极其灵活的军队所执行的，而率领这支军队的军官们了解新技术（特别是坦克和飞机）的潜力。这场战役不仅彻底改变了全世界所有军队的作战方式，也改变了他们策划战争的方式和对战争目的的期望。另外需要指出的是，德国人只用 10 个装甲师和 10 个摩托化师（这仅占他们为西方战役所动员的 100 多个师中的一小部分）便实现了这场不啻为重建军事艺术的变革。

关于本书

闪电战为 1940 年（德国在这一年于法国赢得了惊人的胜利）至 1991 年和“沙漠风暴”行动中联军成功突击这段时期的战场发展，提供了一幅战役层面的详细视图。“沙漠风暴”行动开始时，适逢我上一本拙著《寻求决定性胜利：从僵持战到闪电战的欧洲战事，1899—1940 年》完稿。我出版该书的意图是为了证明在庞大军队、步枪、机枪与速射炮年代里，欲实现决定性战场胜利的困难程度。尽管 20 世纪初期以步兵为基础的军队可以形成猛烈的火力，但他们的机动性相对较弱——对补给的“贪婪”需求使他们严重依赖铁路线，根本无法实施拿破仑或赫尔穆特·冯·毛奇这些 19 世纪伟大统帅惯用的那种优雅机动。而且，由于骑兵越来越无法执行一场像样的侦察或展开追击，所以当时的军队往往会迎头相遇，就此爆发一场激烈厮杀。交战双方会承受并给对方造成巨大且很惨重的伤亡。就算他们设法赢得了一场局部胜利，不发达的通信技术（基于电报）也会使这些庞大军队的指挥出现不小的问题——虽然在交战的过程中可能会出现一些机会，但通常未被及时利用——这个特定问题给第一次世界大战中的许多次军事行动造成过妨碍。

两次世界大战期之间，德国军队设法为大部分问题找到解决方案：发动机技术（坦克、卡车、战术和运输飞机）解决了机动性问题；无线电台使指挥官得以实施更有效的指挥。但是，并不是说新发明和新技术立刻就引发了一场显而易见的军事变革。1940 年的胜利是长期试验和努力的结果，军事学说的试验不仅仅在理论工作方面，还要通过一系列全面而又详尽的演习、训练、沙盘推演进行。

接下来的 50 年证明，重演“黄色方案”是非常困难的。1940 年后的战争，战役层面的交战远比过去要复杂得多。地面车辆和战机的新优势意味着后勤网络承受着巨大的压力。后勤部门在过去仅限于提供弹药和食物，可就算如此，多年来的事实也证明了这是一项非常艰巨的任务。那么，当后勤部门还需要负责满足数千个油箱近乎无限的渴求，并为一支锐意进取的机械化大军提供他们所需要的大量零配件时，其任务的艰巨性更是可想而知。可以说，限制一支现代化军队机动性的关键因素是汽油和润滑油，而非坦克的速度。

此外，其他方面的许多问题也使“黄色方案”风格的胜利成为例外而非规则。

虽然机械化作战可以比旧式战役前进得更远（具有这种可能性），但指挥和通信仍是个令人关注的领域，目前仍没有彻底解决方案。而且，战役层面的胜利还需要掌握第三个维度：空中。无论是在侦察任务中充当指挥官的耳目，还是以炸弹打击敌地面兵团，抑或深入敌后方阻止其补给物资和援兵开赴前线，总之，空中力量已成为战役层面的战斗中不可或缺的组成部分。

在空中力量被重视后，也意味着诸兵种合成军队的有效使用（当初仅涉及步炮协同问题时就很难实现）将变得更加困难。作战已成为一支极其复杂的小步舞曲，快速推进的机械化队列、步兵、炮兵（也已实现机械化）和战机都要发挥重要作用。由于“伴奏音乐”相当复杂，这就需要乐队指挥（军官）接受比以往更多、更好的训练，乐师（士兵）们同样如此。可以说，这些士兵和部队需要执行整个战争史上最复杂的军事行动。

对1940年后的作战行动所做的任何分析必然会涉及上述领域。机动性的作用是什么？它与火力的重要性孰轻孰重？更好、更逼真的训练能提供怎样的优势？军事学说有多重要？哪种类型的指挥控制机制能在现代战场上发挥出最佳效力？获胜的战役和实现这种胜利的军队，是否存在共同的特征？以及，是否有可能从中判断出作战艺术的长期趋势？

本书以德国在第二次世界大战头几年赢得的决定性胜利为开始，重新评估德国人强加给全世界各国军队的“机械化战争新学说”。在战争初期的几场战役中（1939—1940年），德国的武装力量解决了自1914年以来一直困扰军事规划者们的问题：如何在现代战场上不断前进？面对现代军队形成的毁灭性火力，如何保持前进势头？以及，如何限制敌人的机动性？

德国人新的军事计划机动性极强，他们集结了许多装甲兵团，并与空中力量紧密协同。事实证明，他们不仅能在战术层面突破敌人的静态阵地，还能保持战役性推进，进入开阔地域——每天都能取得极大进展，并在敌防线后方深远处会合，尔后以庞大的合围战歼灭敌军团。同时，德国军队还在空中机动能力方面取得了重大突破。在斯堪的纳维亚半岛、荷兰和克里特岛，德军部队利用运输机、滑翔机和降落伞投入战斗——也许这才是战争初期真正的创新之举。全世界将把这些作战样式称为闪电战——虽然德国人没有以任何一种精确的方式使用这个术语。

闪电战是德军在波兰和法国，以及入侵苏联第一年赢得戏剧性胜利的基础，这些胜利到现在仍然是现代军事艺术的巅峰之作。

这场战争剩下的大部分时间（1941 年—1945 年），实际上可将之视为盟国（英国、苏联、美国）吸收德国新战法，将其融入自己的传统，最后创造一种新综合体的尝试。例如，在德国人证明了庞大的坦克兵团对现代军事行动至关重要后，美国陆军立即从无到有地组建起了一支装甲力量。虽然，英国和苏联军队在两次世界大战之间完成了组建坦克和机械化部队的大量工作，但后来却发现他们在演习场上的试验与战争现实间的差距已变得越来越大。

尽管如此，抗击德国军队的所有盟国都满怀信心。苏联红军于 1941 年 12 月在莫斯科门前的反冲击仅仅是一场规模更大、涉及整个战区的反突击的组成部分，斯大林确信这场反突击将彻底粉碎德国军队。苏联红军于 1942 年 11 月在斯大林格勒（现伏尔加格勒）实施的反突击亦是如此（译注：书中对反冲击、反突击与反攻这些术语的使用不够准确，翻译时按原文译出，未做修改）。同样，从参战伊始，美国军队似乎就认为赢得战争只需为发起跨海峡入侵集结一支大军即可。除了消灭德国军队的模糊想法，美国人似乎很少考虑部队踏上欧洲大陆后该做些什么。早在 1943 年，战场上的美国官兵已对指挥部门每年发布的“德国崩溃”预言大加嘲讽[4]。而通过英国陆军元帅伯纳德·劳·蒙哥马利的态度来看，英国军队也许才是最大的乐观主义者——蒙哥马利承诺诺曼底登陆首日便夺取卡昂城，他认为“只需要在那里稍事战斗”。

事实证明，和德国人作战的难度比蒙哥马利预想的更大——这不仅仅是盟军是否在那里实施过闪电战的问题。基于德国军事历史的传统和遗产来进行考虑，闪电战似乎是德国人特有的战争方式。而美国军队和苏联红军，似乎经常依赖他们在人力和物资方面的巨大优势，通过血腥消耗战大力向前发展。甚至在战争后期，最终胜利已确定无疑的情况下，盟军仍很难抵消德国军队的质量优势，这种优势源自几个因素：一个更具才华的军官团，更有效的指挥控制方式，以及在战役层面对机动掌握得更好。这方面恰如其分的例子是盟军在阿拉曼（英军）、斯大林格勒（苏联红军）、眼镜蛇－法莱斯（美军）战役中不完整的胜利。盟军这些伟大的胜利本来可以做到完胜，但都没能实现，现在看来，这些战役充满了错失良机的意味。

自 1945 年以来，出现常规军事冲突的整个领域似乎同样如此。以德国人流传下来的方式寻求在战场上迅速赢得决定性胜利成为惯例，但大体而言，事实证明这是一种难度极大，且经常令人沮丧的寻求过程。在对战役所做的分析中，我们研究了朝鲜战争，特别是这场战争高度机动性的第一年——包括朝鲜人民军横扫朝鲜半岛，以及联合国军在仁川的戏剧性反击。这场战争的特点是美国陆军“精神分裂症”般的表现，从仁川登陆和攻往鸭绿江畔的高处跌至一场可耻的溃败。

1947 年、1956 年、1967 年和 1973 年的阿以战争期间，以色列国防军向全世界展示，他们已成为一支出类拔萃的机动力量，具有讽刺意味的是，他们传承的是德国国防军的遗产。虽然这些战争也表明通过成功的作战所能达到的极限，但以色列国防军的胜利仍值得加以分析——超强机动性、快速决策、地空力量熟练协同的模式。不过，1973 年的战争表明，阿拉伯国家终于掌握了战役层级作战的一些手段。埃及和叙利亚军队对强大的以色列军队发起联合突击，引发的震惊仍在中东地区产生回响。

1945 年后，美国陆军耗时最长的战争呈现出一幅类型迥异的画面——越南战争仍对拥有各种政治主张的美国人都深具吸引力，而且在各个方面依然备受争议。不存在争议的是：尽管在技术、火力、通信方面具有压倒性优势，尽管每一场重大交战都赢得胜利，但世界上技术最先进、最尖端的野战力量最终无法打败南越人。尽管如此，包括诸如救援溪山（“飞马座”行动）这些令人印象深刻的战役，将继续以令人惊讶的方式诠释了美国的军事学说。

第三世界的战争展现出同样多变的模式，例如英属印度的两个敌对子嗣（印度和巴基斯坦）之间的一系列战争。虽然他们之间的大多数战事进行得拖泥带水，但的确创造了一场 20 世纪最成功的战役——印度军队于 1971 年闪电般攻入了东巴基斯坦——这是一场真正引人瞩目的胜利，在全世界的新闻媒体上引发了将之与德国军队 1940 年壮观胜利的对比。值得赞扬的是，印度人似乎不像许多观察家那般惊讶，他们的陆军总参谋长对媒体把他同隆美尔相提并论提出异议。尽管如此，这场战役还是导致了印度的主要地缘战略对手的“肢解”——独立的孟加拉国就此诞生。相比之下，20 世纪 80 年代两伊战争旷日持久、毫无意义的流血牺牲则证明，仅凭现代化武器装备是无法实现一场闪电战的。鉴于西方国家在近东的战略利益，这在当时是一场备受关注的战争。伊拉克最终赢得的胜利被西方分析人士得出某些最令人尴尬的判断，他们在报纸上大力称赞伊拉克军队的作战素质，而这些素质却在 1991 年迅速消逝。

此外，在这十年还发生了军事史上最伟大的一场中兴——锐意创新的美国陆军参谋人员在仔细研究越战后的军队武器、学说和规程时，发现了他们想要的东西——新的战地手册、新的作战学说（先是“积极防御”，尔后是“空地一体战”）、新武器装备和新且激烈的训练方法出现了。于是，美国陆军很快便在 1991 年获得了展示其大幅提高的作战能力的机会。“沙漠风暴”行动期间，以美国为首的联军策划并实施了一场战役，一举打垮掘壕据守的大股伊拉克守军，并几乎未发生友军伤亡的事故。

同《寻求决定性胜利》一样,《从闪电战到沙漠风暴》一书关注的是战术（营、连、班在战场上的行动）与战略（各交战国政治—军事领导领域）之间的战争层级[5]。德国军队一贯强调战争中通常被称之为“战役”的这一中间层级。而我们，也许可以将涉及军和师的行动描述为战役（而非战斗或战争）分析。这一层级高级指挥官的创造力（或者说缺乏这种能力）对战争的结果有着至关重要的影响。战术和战略从本质上来说是科学，而战役层面的交战则是一门艺术——一名指挥官可能会以一个军在中央地带实施佯动，同时将压倒性力量集结在一个或两个侧翼；他也许会展开突然袭击，或利用地形将一股力量投入敌后方。德军的传统是让指挥官“塑造”战役，从而使之成为一场庞大的歼灭战。他的主要任务是把压倒性力量集中在战斗的决胜点，也就是“主攻点”或攻略重心（Schwerpunkt），而不是把力量分散在牵制性突击或作战地区的非决定性地段。一场精心实施的战役必然会有一个主攻点——以此确定这场战役，使之成形并赋予它意义。

战役指挥官随后要做的不是集结师、军、集团军，并朝敌人所在的方向开进，相反，他们必须在战役开始时就对最终结果加以考虑——这在针对敌作战力量的歼灭战略中占据了相当重要的地位。很难想象有什么其他目标值得集结起一支 20 多万人、堆积如山的昂贵技术装备，以及每日消耗大量补给物资（平均每天消耗 200 吨食物）的现代化军队。但正如我们将在正文中看到的那样，许多交战国确实会把大股军力派往一个方向，却对他们到达后该做些什么没有任何明确的概念。在战役层级特别成功的军队，例如二战初期的德国军队，二战后期的苏联红军，以色列国防军，甚至是 1971 年突袭东巴基斯坦的印度军队，以及“沙漠风暴”行动中的美国军队——他们总是想方设法“塑造”战役，以己之长攻彼之短，而不是直接与敌军主力发生正面碰撞。

因此，本书的一个观点是：战役性胜利更多的是“软性因素”所致，而非技术本身。例如，德国人取得的大部分战役优势归功于指挥部门高度灵活的分权学说——现在称作任务式战术（Auftragstaktik）——尽管德国人自己很少使用这个术语。上级指挥官决定一项总体任务,以一道简明扼要的命令将之下达给下属指挥官，由后者自行决定完成任务的手段和方法。上级指挥官不会为各种可能性和突发事件制订一份详细计划——不管怎么说，鉴于现代机械化作战战场的快节奏，以及瞬息万变的整体态势，是不可能制订这种详细计划的。

从更广泛的意义上说，任何条令和规定都无法完美适用于战役这种混乱无序或机会参半的作战层级的。从 20 世纪 80 年代起，美国陆军开始迷恋军事作战的总体理论。诸如“战役法”“机动战”“非对称作战”“打乱”敌人的“重心”和“进入对手的决策周期”这些概念很快就成了流行语，简单的英语形容词“深”同样如此[6]。这种战争理论方法完全脱离了现代军事战役的实际历史——若说 20 世纪教会我们一些东西，那就是军事行动证明对编撰条令的尝试具有显著抵抗力，系统分析的方法不可能应用于作战。每场战役都有其独特之处，只有通过大量、缜密的历史分析才能帮助我们理解它。德国陆军总参谋长阿尔弗雷德・冯・施利芬伯爵的话仍有可取之处，他曾忠告他的军官团：“任何一个希望成为指挥官的人面前都摆放着一本书，书名是军事历史。”[7]

和我所有拙著一样，本书得益于一些朋友的大力协助。一如既往，我以前在东密歇根大学的研究生，目前在密歇根州沃伦市美国陆军坦克机动车辆及军备司令部（TACOM）担任历史研究员的兰迪・塔尔博特，为我提供了巨大的帮助。科林・博伊德和雅各布・哈姆里克是我现在的研究生，他们不断提出一些很好的问题，促使我对之加以思考。我还要感谢宾夕法尼亚州卡莱尔兵营美国陆军军事历史研究中心（MHI）的全体工作人员，他们不仅是极为敬业的专业人士，还加班加点地工作，确保该中心成为一个热情、友好的学者之家。MHI 的阅览室对历史学家们来说是个非同一般的所在。具体说来，我要感谢 MHI 读者服务部主任理查德·萨默斯博士，他总是不吝拨冗地过问我的研究状况。历史服务部的图书管理员路易丝·阿诺德－弗兰德总是愿意提供帮助，另外，谈论起曲棍球，她可不逊色于任何人。档案保管员凯西·奥尔森和戴维·基奥总是对我的各种要求做出回应，并以他们的知识和耐心提供帮助。基奥先生还带我参观了 MHI 地下室里的“越南室”，向我介绍了浩如烟海的文件集。詹姆斯·科勒姆和乔纳森·豪斯阅读了我的手稿，并提出许多鼓励和建议，我对他们深表感谢。他们为帮助我完成这个项目耗费了大量时间和精力，这不免令人担忧——他们哪里还有时间从事自己的出色创作呢？一如既往，我要感谢芭芭拉和查尔斯·杰拉维奇，随着时光的流逝，我越来越怀念与他们在印第安纳大学相处的那些日子。最后，我要对我美丽的妻子罗伯塔和我的女儿艾莉森、劳拉、艾米丽说声谢谢——她们的爱和支持是促使我继续前行的动力。当然，书中出现的一切错误，责任都应归咎于我。

注释：

1. 关于德军从色当冲向海边，主要资料来源是海因茨 · 古德里安的《装甲指挥官》（纽约：巴兰坦图书出版社，1957 年），第 79—91 页。

2. 克莱斯特的证词可参阅 B.H. 利德尔 · 哈特的《德国将领谈话录》（纽约：奎尔出版社，1979 年）一书第 130 页。

3. 古泽中校的《当代奥斯特里茨》（*Ein modernes Austerlitz*），刊登在《军事周刊》第 125 卷，1940 年 11 月 15 日第 20 期，第 947—949 页。古泽认为，黄色方案和奥斯特里茨在作战方面亦有相似之处。两场战役都在敌人投入进攻后实施一场反突击，主攻点都选中连接敌人进攻翼与静止力量的地点——1805 年是在普拉岑高地，1940 年是在色当。

4. 卡洛·德斯特的《致命决定：安齐奥和罗马之战》（纽约：哈珀 – 柯林斯出版社，1986 年），第 70 页。

5. 参见罗伯特 · M. 奇蒂诺的《寻求决定性胜利：从僵持战到闪电战的欧洲战事，1899—1940 年》（劳伦斯：堪萨斯大学出版社，2002 年）。

6. 军方规划者继续以令人难以忍受的方式对这个词加以解析，具体参阅约翰 · L. 罗姆约的《后冷战时期的美国陆军学说》（弗吉尼亚州门罗堡：美国陆军训练与条令司令部，1997 年），书中对“浅近纵深”与“深远纵深”加以区别（第 99 页），而不仅仅是“近”和“远”，书中对“深度”的定义是“作战行动在时间、空间、资源和目的方面的延伸”（第 117 页）。

7. 引自埃伯哈德 · 克塞尔的《毛奇与战争史：纪念毛奇逝世 50 周年》（*Moltke und die Kriegsgeschichte: Zur Erinnerung an Moltkes Todestag vor 50 Jahren*），刊登在《军事科学杂志》第 6 卷，1941 年第 2 期，第 96 页。

CONTENTS

目 录

第一章
走向第二次世界大战：寻求决定性胜利

历史记忆中的第二次世界大战

无论以何种标准看，第二次世界大战远比上一场大战糟糕得多，这一点似乎很有讽刺意味。第一次世界大战的死亡人数高达两千万，可能超过以往战争致使人类死亡数的总和。不幸的是，第二次世界大战也是如此：五千万死者——这一数量超过整个以往战争史（包括第一次世界大战）中的死亡人数。虽然两场战争的范围都非常广（涉及除南极洲以外的所有大陆），但欧洲是第一次世界大战的中心。第二场战争则是不折不扣的“世界大战”，激烈的战斗不仅发生在欧洲，还包括远至北非沙漠、北冰洋、太平洋上的岛屿和亚洲大陆这些地区。两场战争的特点都是把平民作为军事行动的打击目标。但第一次世界大战期间齐柏林飞艇对伦敦的空袭，不过是下一场战争会发生些什么的可怕预示，二战中，许多城市及其居民被空袭彻底毁灭。另外，虽说两场大战都使用了更有效的武器，也是现代工业技术当时所能设计并生产的最佳产品，但第二次世界大战遗留给人类的是能在短短几秒钟内摧毁文明的核武器。简言之，第二次世界大战就是一场灾难，对欧洲、对世界、对人类莫不如此[1]。

尽管如此，与第一次世界大战相比，第二次世界大战时至今日仍享有完全不同且更好的历史声誉。分析人士通常认为第一次世界大战毫无意义，但几乎没有人会这样评价第二次世界大战。很少有人把第二次世界大战当作战争无谓性的例子，而它也确实没有导致 20 世纪二三十年代主导西方生活的那种精神和情绪上的绝望。总的说来，关于第二次世界大战的文学著作，其性质与第一次世界大战那些书籍完全不同，也没有出现堪比《西线无战事》的作品。第二次世界大战，尽管恐怖，尽管造成死亡和破坏，但作为“远征欧陆”和“强大的努力”，当然还有“正义之战”，仍在西方人的想象中占有一席之地[2]。

当然，从某种程度上说，我们也许还要为此感谢阿道夫·希特勒。虽然历史学家们倾向于将大规模战争的责任问题分散到尽可能多的方向，但对于这场战争，基本没有出现这种情况[3]。无论盟国投身战争时可能抱有何种不纯的动机，抛开国家社会主义以及它所支持的军国主义价值观而提出批评是一件很困难的事。第二个相关原因是，至少从美国历史学家们的角度看，恰恰是这场战争使美国崛起为超级大国——其中好处远远胜过美国始于美西战争，继而介入1917—1918年第一次世界大战后取得的貌似胜利之所得。一个心不甘情不愿、满脑子孤立思想的巨人发现自己不可阻挡地崛起为世界强国之首——这幅场景确有其吸引力，美国的历史学家和政治家们同样无法抵御这种诱惑。

此外，历史学家们给予这场战争（第二次世界大战）“好评”还有另外一个原因——它不但同促使美国投入战争的原因或战争带来的政治结果没什么关系，相反，它是由战斗性质的一种功能所致。这场战争并非战壕、铁丝网和机枪形成的静态战争，而是一场坦克和飞机、高度机动性和这种机动性带来的内在戏剧性构成的战争。第一次世界大战的特点是，庞大的军队在两年战斗中所做的不过是蹲在战壕里朝对方发射炮弹，但第二次世界大战则是一场充斥快速机动、大胆突击、大规模合围的厮杀。这场战争的发展可以通过一条灾难性失败和决定性胜利的路径加以追踪。当然，这两个观点未免有些刻板。第一次世界大战的东线多次出现运动战，第二次世界大战当然也有僵持，甚至是堑壕战的时刻。尽管如此，这两场大战的整体形象仍萦绕在西方人的意识中。

第二次世界大战头几年的战事，给多年来肆虐于欧洲军队内部的两场争论带来戏剧性结局。首先，德国在波兰和法国，以及对苏战争第一年赢得的巨大胜利，排除了对“机械化是在现代战场上取得胜利的先决条件”的合理怀疑。坦克的优势和劣势，在两次世界大战之间的20年里一直是军事规划者们的辩论重点，但在德国击败法国后，这种辩论变得毫无意义。坦克和战机在德国早期赢得的戏剧性胜利中发挥了关键作用，德国的所有邻国（敌对国和中立国）突然间领悟到这些装备的必要性。

其次，从更广泛的角度说，德国装甲和空中力量取得的胜利证明，各国军队自老毛奇时代以来就无法在战场上赢得的决定性胜利仍有可能实现。显然，现代军队并未注定要像他们在 1915—1917 年所做的那样，从事一场血腥且令人难以忍受的消耗战——他们可以再度实施机动、打击、突破和追击；他们可以歼灭对手，而不是来回拉锯;他们可以抗击德国人传统定义的运动战(Bewegungskrieg)[4]。僵持、战壕、紧握机枪的岁月突然告终。机动和决定性交战的新时代已然到来。六年内，各条战线的作战行动都是迅速而又激烈的。双方军队都体验到了决定性胜利的激动之情，他们向前推进数百千米进入敌方领土，并实现对庞大敌军的围歼。

一幕幕场景紧密相连。在色当突破法军防线，以一场大胆冲刺穿过在比利时战斗的联军后方地域后，德军装甲部队于 1940 年 5 月 20 日到达英吉利海峡。1941 年，德国入侵苏联，这场战争的特点是发生了一连串战争史上最具规模的歼灭战，但德国人却没能实现全面胜利。苏联红军 1941 年几乎陷入没顶之灾，但却在 1942 年得以恢复，并在一个名叫斯大林格勒的地方将战争反败为胜。1944 年 8 月，西线盟军在“眼镜蛇”行动中冲出诺曼底登陆场，以一场战役横扫西欧，前出到德国边境。第二次世界大战不断触及学者和非学者历史想象力的真正原因是，这场战争更令人为之兴奋。

火力至上？1860—1914年，指挥控制和信息问题

要解释第二次世界大战对同时代人的影响，首先必须从战争前的 50 年开始进行探讨。从 19 世纪后期起，军事分析人士清楚地意识到，一个根本性问题已在军事行动中出现：虽然相关战役比以往任何时候更庞大、更血腥、代价更高，但奇怪的是，这些战役也变得不具决定性。自 1899 年起，几乎每一场重大战役都遵循同一种模式进行：进攻行动以有望成功的方式展开，尔后便在未获得胜利的情况下停滞不前。这种战役发展在第一次世界大战中达到顶峰，或者说是最低点，一场战争以一连串机动战役为开始，所有参战人员通过运动战寻求一种解决之道，随后很快沦为一系列静态消耗战。在许多人看来，战争的灾难性过程，以及由此造成的巨大伤亡，已敲响军事行动的丧钟，因为这些战役自拿破仑时代起便一直保持传统构思：在开阔地实施一系列机动，从而在与敌主力展开的一场决战中达到高潮。

无法取得决定性胜利源于多种因素。当代人对这个问题的探讨通常将之归咎

于新式武器带来的防御火力加强：步枪（特别是后膛装填式）、机枪和新式速射炮。这种观点认为，新式武器会给进攻方造成严重损失，拿破仑时期的旧式突击注定要失败。即便进攻方设法到达敌人的阵地，防御火力也会彻底重创突击部队，导致对方陷入混乱，随着重要军官的伤亡，他们的指挥链亦会被打断。

这种传统观点有一定的道理，但作战行动的崩溃实际上涉及更加复杂的指挥控制问题。其中包括大规模军队的出现，这些军队太过庞大，因而丧失了真正意义上的机动能力；这些军队过于依赖铁路线；电报网的静态性导致指挥官几乎无法实施一场机动进攻或控制麾下分散的大军，特别是他们同敌人发生接触或遭遇火力打击时[5]。从最广泛的意义上看，与进攻致敌崩溃同样重要的是越来越多的信息问题：情报的收集和下发；命令的制订和分配；保持前线作战部队间的联络，以及指挥结构。当然，不准确、不充分、姗姗来迟的信息总是会给战斗造成影响，但随着军队规模的扩大，这个问题越来越严重[6]。

信息问题会以多种形式出现。缺乏或根本没有信息而造成的困难，在那个时代的战役中反复发生。这方面最典型的例子只需要看看伟大的普鲁士统帅赫尔穆特·冯·毛奇的杰作，1866 年，他在柯尼希格雷茨打败了奥地利人[7]。当时研究这场战役的历史学家们稍有些震惊地发现：战斗开始前，毛奇甚至不确定奥地利军队部署在强大的易北河的哪一面[8]。1899—1902 年的布尔战争，作战地域比法国和西班牙加在一起的面积还要大，有三条单轨铁路线，大多数地区没有电报，许多地段仍未被绘制在地图上[9]。在科伦索的战斗中，英军指挥官雷德弗斯·布勒爵士同突击部队之间的联系，全凭一套三角旗和不太可靠的日光信号反射器。日俄战争期间，日军结束辽阳会战后悠然自得地追击俄国人，竟然对遇到的一系列山脉深感意外[10]。此外，交战双方都没能解决高粱地的问题——这种农作物高 3 到 3.6 米，足以让大批部队隐藏其中[11]。

至于错误的信息，可供学者们选择的例子多不胜数。布尔战争中发生过两次，分别在莫德尔河和图盖拉河畔的科伦索，英军发起突击，遭遇掘壕据守的布尔军队[12]。这两次，英军都在河流的真实流向及渡口所在地方面受到误导。第一次巴尔干战争期间，土耳其人认为保加利亚军队会直接进攻阿德里安堡，因而计划在战争爆发后的头几天增援该要塞。实际上，保加利亚人已将一整支军队部署在要塞东面。战争开始后，保加利亚人深入土耳其军队右翼和后方，导致开赴阿德里安堡的土耳其军队主力猝不及防，随后便被击溃[13]。

最后还有一个我们今天很熟悉的问题：信息太多。虽说电报流程保持不变，但必然涉及包括打字、解码在内的大量传送工作，然后信息才会被置于指挥官桌头。第一次世界大战爆发后的头几周，堆积如山的混乱报告完全超出涉入其中的所有指挥官的理解力，其中不少人（英国远征军司令约翰·弗伦奇爵士；德国第 8 集团军司令马克斯·冯·普里特维茨；俄国第 2 集团军司令 A.V. 萨姆索诺夫；德军最高统帅小毛奇）在压力下彻底崩溃。

虽然我们很难为小毛奇在 1914 年指挥的战役加以辩护，但对他心生同情却是容易做到的。特别是在最后的马恩河战役期间，小毛奇丧失了对作战行动的控制——他独自一人待在办公室，远离前线，他那耷拉下来的肩膀上背负着德国的命运，办公桌上的电报堆积如山，他根本没时间阅读，更别说消化了，他沦为 20 世纪一个新问题的首位受害者：信息超载。任何一个坐在电脑前，发现 300 封未读电子邮件的人都能明白他面对的问题。小毛奇的应对是“按下删除键”，从某种意义上说就是放弃了指挥——他派里夏德·亨奇上校赶赴前线，并命令在必要情况下“协调一场全面后撤”[14]。亨奇的任务以德军右翼撤回埃纳河而告终，德国在 1914 年赢得一场速胜的希望就此破灭。

1915—1917年，战役之死

上述所有问题都在 1915—1917 年第一次世界大战的堑壕战年代达到顶点。那些认为主要问题是火力的人肯定能找到相关范例。随着更重型的新式火炮引入战争，迫使交战双方的士兵们挖掘战壕以求生存。而机枪更是“浓缩了步兵的精华”，能扫清战场上的进攻者，将突击地段变为敌人无法跨越的“无人地带”——这里也有几个例子可供选择——英国历史学家可能会关注索姆河战役的首日，英军步兵波次试图跨过无人地带遂行突击，却被德军机枪悉数消灭；法国或德国学者也许更在意凡尔登战役，双方士兵坐在不断落下的高爆弹雨下，在这座“默兹河血肉磨坊”中化为齑粉。英国军事分析家巴兹尔·利德尔·哈特的整个职业生涯建立在利用这些恐怖的基础上，他曾把战争中的步兵描述为“像哑巴那样被套上轭，犹如牛马般被驱赶上战神的战车”——这是个恰如其分的形容[15]。

可即便在这些事例里，大股军队的情报、信息和指挥控制问题也起到了至关重要的作用。仔细观察战争中最糟糕的“屠戮战”（加里波利、凡尔登、索姆河），就会发现各场进攻是多么接近于成功。在加里波利战役中，英军第 29 步兵师在半岛南端赫勒斯角周围的五片海滩（从左至右分别命名为Y、X、W、V、S）同时登陆。英军在其中四个登陆场遭遇土耳其军队精心部署的密集火力，经历了一场疯狂的杀戮，几乎没能登上滩头。但在海角西北方不到一小时行程的Y海滩，2000名士兵兵不血刃地登上海滩。他们随后在那里白白浪费了11个小时，混乱不堪、管理无序，以及缺乏必要的命令，导致他们未能利用这一机会，本来他们可以把半岛更远处的土耳其守军悉数切断。但其他海滩的战争使他们以为自己也身处险境，最后重新撤回船上。同样，澳大利亚－新西兰军（ANZAC）在加巴特佩的登陆几乎也没有遭遇抵抗。巡逻队向岛内渗透了约5.6千米，在那里，他们的目光扫过整个半岛，清清楚楚地看到了海峡——那是此次战役的作战目标。但同样不幸的是，指挥瘫痪、缺乏情报与不熟悉地形共同阻止了他们的前进。此后，加巴特佩北面苏弗拉湾的登陆也重复了这种模式。虽然登陆部队未遇到任何麻烦，前方也没有土耳其守军（这出乎他们的意料），但登陆部队最终却没能向岛内推进——这些登陆行动本来可以在进攻首日便通过迅速推进实现许多目标——一周后，他们不得不为此付出成千上万人伤亡的代价[16]。

如果我们仅仅责怪战场指挥官，就无法真正理解这种现象。部队指挥官伊恩·汉密尔顿爵士根本不知道岸上发生的事情，当时的技术使他无法做到这一点。汉密尔顿通常受到的批评是"登陆行动展开时他却待在船上"，可实际上即便是他上了岸也无法实施更好的指挥。不过，这并不是说加里波利的失败是注定的，只是在呼吁对这些众所周知的战场失利做出更高层次的系统分析。历史学家们倾向于把整个过程个人化：这位指挥官在关键时刻失败了，该果断的时候他却犹豫不决；那位指挥官年弱体衰，或意志薄弱，或者仅仅是运气不好。人们不禁要问，为何这些相同的解释一次次出现在历史上的每一处战场失利？

类似情况也发生在索姆河战役首日。对整个战役的分析倾向于关注开局时的惨败，亨利·罗林森将军指挥的第4集团军径直走向毁灭。但必须指出的是，在那个可怕的日子里，与伤亡同样糟糕的是，在进攻地段的数个地点，英军都差一点彻底突破德军阵地。德国人以压倒性火力粉碎英军部署在中央的突击力量，但两翼的情况远非如此。罗林森最右翼，来自曼彻斯特、利物浦的几个新"姊妹"营和4个正规军营组成的第30师发起冲击，以较少的伤亡占领德军防线。随着法国人在右侧取得成功和第18师在左侧的顺利推进，第30师看上去像是找到了突破德军设在索姆河整个防御阵地的决窍——战役首日目标之一的蒙托邦镇就在他们的前进路线上，该师对其发起了冲击。德国人从蒙托邦镇后方的最后一道战壕（“蒙托邦”小巷）逃入一条宽阔的山谷中。英军“姊妹营”的一些士兵展开追击，缴获2门因敌方炮组人员行动迟缓未能带离的野战炮。第30师大部分士兵在当时看见了战争中只有少数士兵才能见到的情景：地形清晰且开阔，没有敌人，只有绿色的田野和树林。当然，随之而来的是一幅熟悉的场景：他们等待继续前进的命令，却一直没有等到。罗林森获悉成功的消息时，正为战线中央地段的灾难忙得焦头烂额，而第4集团军的指挥机构也正在研究其他问题。直到德国人设法将援兵调至蒙托邦地段，并恢复他们的防线[17]。

从某种意义上来说，堑壕战年代的阵地战简化了庞大军队的指挥控制问题：敌人在这里，位于正对面；友军在那里，面对敌人。一个非常简单的堑壕突击方案可以收集到需要的所有信息。同更具机动性的作战行动相比，“指挥控制”一支掘壕据守的军队简直就是一场孩子的游戏——蜷缩在战壕里的部队总是处于控制下。但这样的方案就连突入敌人防御的进攻行动也会在堑壕里陷入停滞。这是因为自拿破仑时代以来，同样复杂的问题一直困扰着军事行动，所以如何恢复作战机动性才是至关重要的。

重生：两次世界大战之间的军事革新

两次世界大战之间（1919—1938年），德国军队找到一个解决方案[18]。他们设法发展出了一种适用于战争的“学说”，彻底粉碎了堑壕里的僵持战。该学说的核心是高度机动性的装甲兵团与战机紧密协同。现在众所周知的事实是，德国人自己并未创造“闪电战”（blitzkrieg）这个新词[19]。实际上，他们更有可能使用的是“机动战”（Bewegungskrieg）这个词。不过，用闪电战这个词描述德国军队在二战初期运用得极为成功的作战学说确实很形象。对同德国作战的其他国家来说，闪电战对他们的作战学说产生了深远影响，至少说服他们组建起了大规模的坦克和战机兵团。世界上每支现代军队都吸收了这种作战学说，它对美国陆军的“空地一体战”学说的发展尤为重要。我们可以把闪电战定义为大规模使用机械化部队（包括空中力量），在二到四周内击败、追击、歼灭敌人整支军队的学说。随着无线电的发明解决或至少缓解了旧有的指挥问题，德国人得以恢复战役（一系列相互关联的机动和战斗，旨在击败敌人的野战主力）在军事中的应有地位。此举使他们有意或无意地设立起一种各国军队后来对此趋之若鹜的标志。

德国人为何能在别人失败处取得成功？利用坦克作战毕竟是英国首先发展起来的，而且英国人在机械化部队的战场测试方面也遥遥领先。早在1927年，英国人的试验性机械化部队便已开始接受测试，而当时由于凡尔赛和约解除军备的条款，德国人既没有一辆坦克，也没有一架战机[20]。法国人、俄国人、意大利人的情况同英国人差不多，就连波兰这样的小国也有一些坦克。

欲了解德国取得的成就，我们必须先着眼过去——虽说存在一种将闪电战（及其对机器的依赖和高速性）视为现代战争表现形式的倾向，但实际上，德国人的机械化学说建立在一种非常古老、非常传统的战争观上。这种战争观可以追溯到腓特烈大帝、卡尔·冯·克劳塞维茨、老毛奇时代，甚至还在近期第一次世界大战的经历中存续下来——德国人认为自己在创新方面付诸的努力不及他们对经典学说传统的恢复。

德国人的传统是什么？首先是19世纪发展起来的灵活指挥学说。德国人认为战争中不存在确定性。毛奇曾写道，“战略是一套权宜之计，”他还指出，“没有任何计划能在同敌主力发生接触后依然有效。”一支军队行进时，必须对一切情况做好准备，不能被严格的命令所限制。他写道：“只有门外汉才会以一种固定不变的初始观念看待战役，贯彻所有细节并严格遵循到最后”[21]。他的解决方案是今天经常被称为“任务式战术”（Auftragstaktik）的制度，尽管如此，德国人同样很少使用这个术语[22]。指挥官下达任务（Auftrag），但把完成任务的方法和手段留给战地军官决定[23]。该制度让指挥官没有必要下达冗长的详细命令，相反，其所下达的命令应当清晰、明确、简短。实际上，这些命令甚至不必以书面形式下达——德国军队比世界上其他任何一支军队都更广泛地使用口头命令。例如，德意志统一战争期间，毛奇对战地指挥官的干涉实际上很轻微——他麾下的指挥官通常会采取他们认为正确的措施，事后再向毛奇汇报。1866年的战役中发生过几次10万多人的军队一天或两天内没接到任何命令的情况——以我们的现代标准来看，这是个令人难以置信的概念。

其次，德国人已将战役层级视为从事战争的规范性层级。对一名指挥官的要求不仅仅是监督战区内兵力的战略性集结，进而打垮他的对手。位于中欧的德国很不幸地身处险境，被敌人和潜在的敌人环伺，德国人既没有时间也没有人力采取这种措施。同样，强调战术也许能取得局部性成功，但无法赢得德国在任何战时状况下都需要的速胜。两个世纪以来，德军参谋人员一直在战役层级构思战争。

这里也有两种作战类型：静态“阵地战”（Stellungskrieg）和在开阔战场上实施的“运动战”（Bewegungskrieg）。前者乏味而又血腥，很可能会引发一场消耗战——这是德国人畏惧的一种打法，无法实现快速、具有决定性的战果。实际上，这是一种退化了，且机械、沉闷的战争形式，指挥官几乎没有做出创新性决策的余地[24]。德国人的一句格言是，集团军司令在阵地战中的权力或扬名立万的机会还不如机动条件下的一名团长[25]。运动战，正如腓特烈大帝、拿破仑、老毛奇从事的一系列战役展现的那样，是为德国赢得迅速且具决定性的胜利的唯一手段。在两次世界大战之间的德国军官们看来，罗斯巴赫（1757年）、弗里德兰（1807年）、柯尼希格雷茨（1866年）这些会战犹如智力试金石。19世纪20和30年代，德国的任务并非“发明”新生事物，而仅是让战争回归到运动战富有成效的道路上。这段时期接受考察的坦克、飞机和所有新技术，不过是为了实现该目的而“选择的道具”而已。这是德国人与英国人或法国人之间的重要区别。

第三个传统是德国军事文化的独特性。虽然从许多方面看，两次世界大战之间的这段时期是狂热者的年代，这些狂热者总是传播人们在德国军事著作中很少见的新武器或新学说。德国军官竭力在自己的话语中避免“片面性”（Einseitigkeit），并以此为荣，他们通过一个完美可靠的概念框架了解战争，他们相信的是战役层面上的运动战，且战争的性质并未发生根本性改变。按照克劳塞维茨的说法，战争的性质是不变的，即通过暴力把自己的意志强加给敌人。唯一的问题是如何恢复运动战，并再次参加且赢得决定性胜利的战役。在其他国家的军队设法革新他们的战术时，德国人却在考虑战争的战役层面[26]。

德国人鄙视片面性的另一个例子是，德国显然缺乏一所纯粹的坦克训练学校，他们认为机动性只有通过所有武器的紧密协同才能恢复——战争的目的是赢得决定性胜利，但却只能在诸兵种合成的战场上实现。德国没有发生对机械化的辩论，因为机器已成为不可或缺的装备——轻型迫击炮、轻重机枪、各种摩托化和机械化装备（坦克、卡车、装甲车、摩托车、炮车，特别是飞机）都将发挥重要作用，没有它们，让人无法想象当代战争将会如何进行。但正如机械化问题没有发生真正的辩论那样，德国也从未出现过某种重要的观点，或者说代表坦克做出过度夸大的主张。从来没有哪位德国军官认为坦克可以在战场上独立完成大部分任务，除非是自取灭亡——他们认为坦克必须同其他武器紧密配合，这些武器的机动标准已提升到与坦克同样重要的程度。

无线电：无线电演练（Funkübung），1932年

探讨诸兵种合成军队的历史时，一个经常被忽略的领域是无线电。虽说当代军事话题大多痴迷于坦克的优点和缺点，但无线电技术才是这一时期真正的突破。传令兵、不可靠的电报、摩尔斯代码的日子一去不返，取而代之的是指挥官与下属之间的语音通话。这不是某项发明的结果，相反，它是个渐进的过程。战争期间庞大、笨重的电台让位于较小的高频设备，手动调谐亦被石英晶体替代。虽然英国人率先在他们的坦克中对这些技术加以战术运用，但德国人却努力提高将其应用在战役中的可能性。有史以来第一次，指挥官得以实时监控己方和敌方的部署，并利用这些信息指导遥远战场上的行动，使师、军甚至整个集团军在未来的战场上“像连队那样前进”[27]。与新式装备和武器一样，信息和情报也是两次世界大战之间军事革新的组成部分。

例如，1932 年夏季，魏玛国防军实施一场演习，旨在测试发生战争的情况下，无线电部队的技能。这场无线电演练与先前纯技术性，各通信部队根据其规模、范围、作战特点所展开的演习不同[28]。无线电演练在魏玛国防军出现前就已进行过，但通常是教导学员如何解决技术方面的困难造成的问题，例如通信范围不足或故障。相比之下，此次演练的重点在于解决战役情况下出现的问题。它把现代作战理念，特别是运动战中的领导力，置于最显著的位置，以调查无线电在战场中可能会给通信部队带来的技术问题，并特别强调无线电在运动战中的关键作用。这场演练用到了大批人员和大量装备——约 300 名军官、2000 名士兵、450 辆汽车、88 套电台、300 匹马，还有为导演和裁判提供的一套大型中立电台和电话网。

演习假设的是在若干年后的 5 月 20 日，红军（捷克斯洛伐克）对蓝军（德国）领土发动了快速入侵。红军将 A 集团军群集结在利特梅里茨附近的易北河两岸，并命令其从易北河迅速攻往德累斯顿，最终奔向柏林。在该集团军群的左侧，是部署在卡尔斯巴德地域的独立第 1 集团军（编有 8 个步兵师、2 个骑兵师、1 支装甲部队和 1 个山地旅）——该集团军的任务是迅速攻往埃尔福特方向，防止德国北部和南部的军队采取统一行动，并夺取德国中部的兵工厂。蓝军对此的应对是 6 月初将一股边防力量部署在多瑙河与易北河之间，地区指挥部设在纽伦堡和开姆尼茨。边境防御将实施迟滞战，并分地区进行后撤。

红军于 6 月 1 日越过边境，A 集团军群于 6 月 5 日逼近德累斯顿。第 1 集团

△ 不仅仅是坦克：德军快速部队的一幅素描，包括骑兵、摩托车和自行车。摘自《国防军》第3卷，1939年8月16日第17期第2页。

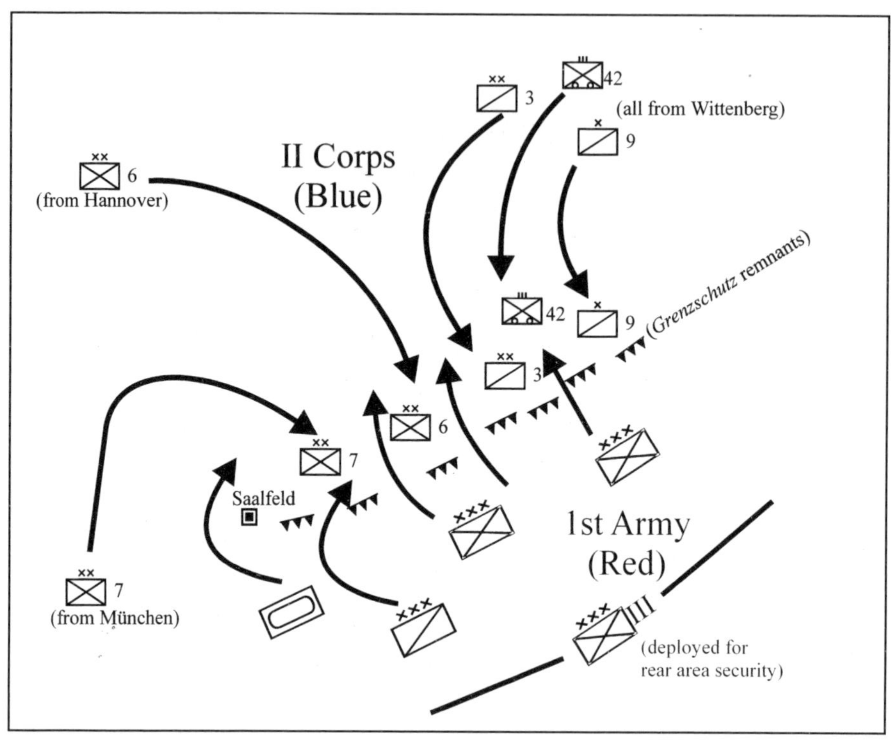

魏玛防卫军1932年夏季的无线电演练：红军第1集团军与蓝军第2军的遭遇交战。

军轻而易举地突破蓝军的边境防御；红军 1 个骑兵军（第 1 和第 2 骑兵师）已到达茨维考西北面，步兵部队前出到霍夫普劳恩一线。随后红军装甲部队攻入拜罗伊特，其巡逻队到达库尔姆巴赫西面。但红军不得不把 1 个军（第 3 军）部署在后方，以此应对德国民众爆发的起义，这场起义已发展成一系列游击战。因此，红军推进时，后方交通线受到的威胁越来越大。

为抗击红军推进，蓝军指挥部集结起第 2 军（编有分别从汉诺威和慕尼黑搭乘火车开到的第 6 和第 7 步兵师，从维滕贝格开到的第 3 骑兵师，还有些诸如第 9 骑兵旅、第 42 步兵团和一支摩托化部队这样的新部队）。该军接到的命令是掩护莱比锡—哈雷—耶拿工业区，并保障德国北部与南部之间的联系。不幸的是，该军集结主力时，红军坦克已到达班贝格，并转身向北，构成将新开到的第 7 步兵师包围在萨尔菲尔德的威胁。蓝军指挥部的其余部分也发现自己受到红军先遣部队的威胁，后者正迅速向北进击。蓝军各部队在这场演习中的第一项任务是通过电台，尽快向第 2 军设于明斯特的军部汇报所处位置和战斗准备情况。

红军和蓝军的通信部门都面临独特的问题。红军所处的情况是一场有条不紊、精心策划的进攻和推进，从一开始就受到一个明确、严格的作战理念的指导。因此，其无线电通信网同样如此，“从一开始就沉着、按部就班地做好准备。”而蓝军不得不在技术和战术方面即兴发挥。他们迅速而又随意地插入正规部队，却发现自己同边防部队混杂在一起，被迫以一种迟滞防御的共同策略实施协同。他们的通信部队，编制和装备不尽相同，因而造成许多摩擦。另外，蓝军必须在面对红军空中力量和远程坦克部队压倒性优势的情况下确保通信畅通。红军也面临许多问题，特别是后方地域的民众起义，构成切断其电报通信的威胁。

同德军所有演习一样，这场演练以通信部队总监冯·博宁将军主持的一场最终讨论作为结束。他首先指出，这场演习设置的问题（特别是蓝军面对的问题）在和平时期的训练中很少见到。但他说：“未来的战争需要我们对此加以掌握。”此前，通信部队的训练集中于师级规模的行动。这场演习证实，各个师内部的通信情况通常都很好。但通信部队在战役层面通信的训练少得多，这一点也很明显。通信部队在演习中耗费近一天时间才构造起充分发挥功能的战役通信网（即各个师与军部间的通信）。但在真正的战争中，头 24 小时畅通的无线电通信可能至关重要。

博宁还发现另一个危险，他称之为无线电部门的“官僚化”（bureaucratization）。一名无线电报务员不仅仅是加密、处理、解密电报的多面手，他还必须彻底沉浸在作战状况及其要求下，不能抱有“文件柜”的想法。许多情况下，他必须决定发送或不发送哪些信息，因为并非所有的信息都具有同样的重要性。例如，一个侦察营发来指挥官期待已久的消息，这就要求中断不那么重要的信息发送。博宁指出，上至指挥官，下到操作员，无线电部队的整个“灵魂”必须充满迅速传送的想法。为同军队的传统保持一致，博宁希望电报尽量简短，因为在战事快速变化的情况下，谁也没时间处理长篇累牍的报告或事无巨细的命令。

1932 年的无线电演练，重要之处并非演练中暴露出来的教学或技术问题这些具体教训。他们没有把演习看作试验台，而是将之视为一种训练手段——德国军官在师级、军级、集团军级指挥部之间展开的无线电通讯这一过程中获得了经验。演习的目标并非新东西，而是德国人早已意识到现代大规模军队面临的一个问题：

战役层面顺畅的指挥控制。两次世界大战之间，德国人在所有集团军内频繁地展开这种战役级演习，并做出详尽分析。

同一时期，德国的军事著作也充满对信息的作用及无线电重要性的探讨。新的机械化运动战将是一场快速而又猛烈的冲击。这要求各级指挥层迅速做出决定，还需要指挥部同先遣部队保持紧密联系。半官方杂志《军事周刊》于 1935 年出版的一期中,引文部分谈及持续进行“战争的重新设计”[29]。未署名的作者写道:“今天，越来越多的眼睛盯着敌人。更重要的是，他们可以立即且毫不费力地汇报自己看到的东西,完全不受距离限制。新技术正拨开战争的迷雾,取而代之的是保密问题。举例来说，步兵每小时 4—5 千米的侧翼行军，对这种旧战术主题加以隐蔽现在已不复可能。”这位作者还写道，“现如今可以对部队拍照，电视技术很快也会成熟。远程侦察机与电视相结合，能使指挥官能更加明确敌人的部署和意图。”

1936 年，海因茨・古德里安将军在总参谋部的《军事科学杂志》上发表了一篇文章，探讨坦克与其他军兵种的协同。他认为“情报部队与装甲兵的协同必须主要以无线电部队实现”。无线电对所有方向保持通信联络至关重要：从师长到他麾下的团长和独立支队指挥官；各位师长之间；上至飞行员（侦察机和战术战机），再到军级和集团军级指挥部。在新的、复杂的三维战场上，保持迅速而又可靠的信息流并非一种奢求。实际上，“快速变化的战斗状况”和“指挥官向前移动的必要性”意味着指挥官必须拥有“高机动性、全装甲、全地形情报车”[30]。坦克、战机、无线电的结合是诸兵种协作的另一种形式。

无线电通信问题在同一份杂志于 1938 年刊登的一篇文章中得到更为密切的关注。富佩上校称,通信兵并不仅仅是在操作某种装备方面受过有限训练的技术人员。相反，他们应被视为接受过战役和战术情况下的全面训练，并准备以他们的无线电台付诸主要努力的作战人员。这种无线电主攻点（Funkschwerpunkt）几乎总是能在机械化部队中发现——他们对无线电的需求总是比对传统兵种的需求更加迫切。运动战将给通信造成巨大压力，尤以装甲或摩托化部队实施纵深穿插以及地空力量协同时为甚[31]。富佩主要把无线电视为新兵种的推动者，但许多军官认为无线电的使用能使传统兵种更具效力，例如步兵与炮兵之间更紧密的配合[32]。

德国军队率先意识到，就新式快速兵团而言，无线电通信对传送命令和情报不仅可行，而且是绝对不可或缺的存在。弗里德里希・贝尔特考少校写道：“这是摩托化和机械化部队独特性的组成部分，只能在通信技术手段协助下对这些部队实施指挥。漫长队列或广泛散开的战斗队形中的大批车辆、引擎的噪音、从坦克内实施观察的难度、前进速度、战斗形势的急剧变化、夜间机动的特殊困难，这一切都要求通过技术手段解决指挥问题”[33]。只有无线电能以一种即时的方式将战场态势汇报给指挥官，并把相关命令转达给部队。从一开始，德军新装甲师的原则就是为每个指挥所和部队的每一部车辆配备电台，从最小的摩托车到最重的坦克莫不如此，另外还有搭载无线电设备，并配有发报机和接收机的专用指挥车。换句话说就是，战役层面的坦克战没有无线电是无法想象的事情。

两次世界大战之间，德国军队解决了战役拖泥带水的问题。他们的解决方案融旧纳新。一方面，德国的成功归功于传统，例如灵活的指挥学说、积极定位于战争的战役层面，以及德国军事文化对思想和话语的片面性持有强烈的歧视。另一方面，德国人充分认识到通信的重要性，以及诸如无线电这些新技术将在指挥控制一支庞大军队方面发挥的作用。德国人在两次世界大战之间的军事学说成就，源自他们特殊的传统。这些传统包括一套灵活的指挥体系和对战争战役层面（而不是战略或战术）的强调。最后，德国人把传统战役学说和现代机械化装备融入第二次世界大战第一年的决定性胜利，在此过程中恢复了战役层面的战争艺术。

在波兰实施的运动战：白色方案

波兰战役提供了军事革新的证据。为“白色方案”所制定的作战计划，其特点是两个相距甚远的集团军群（共 5 个集团军）分别从北面的波美拉尼亚和东普鲁士、南面的西里西亚和被占领的斯洛伐克实施向心突击。德国国防军投入的主力是“北方”集团军群（费多尔·冯·博克将军）和“南方”集团军群（格尔德·冯·伦德施泰特将军）。他们的作战行动将形成两支庞大的铁钳：从波美拉尼亚推进的第 4 集团军和从西里西亚进军的第 8、第 10 集团军形成一股铁钳；从东普鲁士出击的第 3 集团军和从斯洛伐克展开进攻的第 14 集团军形成另一股铁钳。德军的机动将波兰军队主力困在一个庞大的合围圈内，致使波兰人阵亡 6.5 万人，负伤 14.4 万人，被俘 58.7 万人。德军的推进速度快得惊人，其装甲部队于 9 月 8 日就已到达华沙郊区。到 9 月 19 日，只有波兰首都仍在坚守——实际上，德国人已开始谈及这场“十八天的战役”[34]。陷入合围并遭到持续不断的轰炸后，华沙于 9 月 27 日陷落。尽管同任何一场大规模作战行动一样，“白色方案”同样也出现了一些失误，但总的来说这场由无线电指挥、装甲战车推动的运动战已算得上是进行得几近完美了。

无线电保障了指挥的稳定性，使德军得以楔入、突破、冲出波兰人设在边境地区的防御阵地。波兰人坚守漫长边境线上每一寸国土的决定帮了德国人的大忙——这个决定更多是基于政治目的，而非作战原因。尽管如此，德国军队取得的成就还是给人留下深刻印象。与拿破仑时代以来的几乎每一场战役相比，德军的突击势头毫未减弱，实际上，战役第一周结束后，这种势头甚至还有所加强。导致过去战役停滞不前的因素，例如华沙城外莫德林那样的防御工事，现在被空中打击彻底消除——事实证明，俯冲轰炸机（斯图卡）特别有效。160 架俯冲轰炸机组成一个“近战师”，一举摧毁莫德林阵地，粉碎了对地面部队而言不啻为硬核桃的障碍[35]。军队再也不必像以往战役那样，停下脚步等待攻城炮的到来。

这场战役进行的速度很快——军队前进的步伐一直未停，下达命令的方式也不得不跟上这种速度——过去 20 年致力于简洁命令的努力终于开花结果。1939 年 9 月 1 日晚，汉斯·冯·卢克上尉命令他的连队投入行动，进攻他们遇到的第

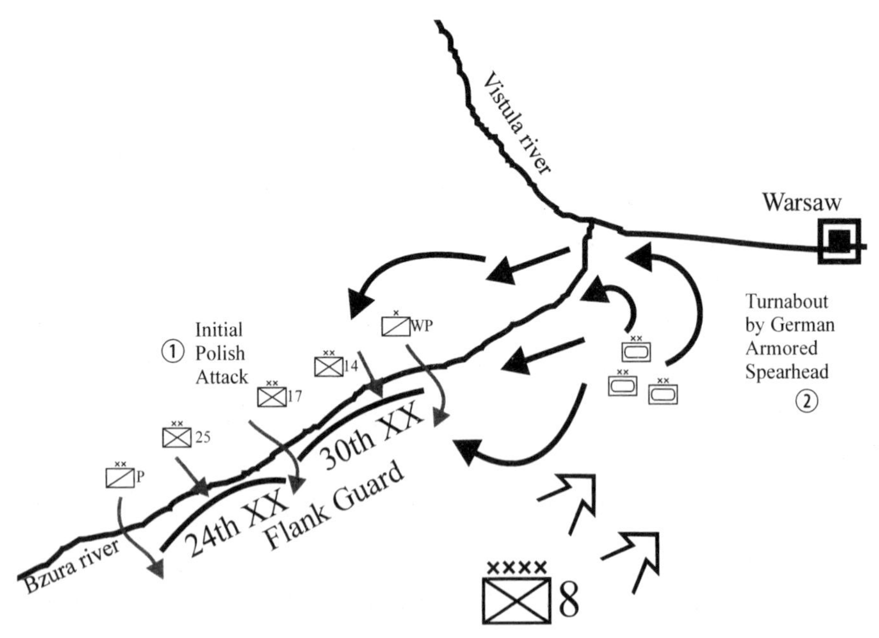

1939年9月9日至12日的布楚拉河之战：波兰军队的进攻和德军的反突击。

一道波兰防御阵地，这道口头命令非常简洁："第1、第2排进攻，第3排担任预备队，重武器排提供火力掩护。"但他很快就发现自己必须补充一句："所有人跟我上。"[36]

虽然关于这场战役的大量著作几乎彻底忽略了波兰军队，但波兰人打得很好，也很英勇——在9月9日到9月12日，他们甚至沿华沙西面的布楚拉河发起了一场大规模的反冲击。塔德乌什·库切巴将军指挥的波兰"波兹南"集团军（第14、第17、第25步兵师和波多尔斯卡、维尔科波尔斯克骑兵旅），辖内部队击中德军沿布楚拉河展开、过度拉伸的第24和第30步兵师，当时这两个师正在那里为德国第8集团军（约翰内斯·布拉斯科维茨将军）的推进提供北翼掩护[37]。只是，虽然这场进攻彻底达成了突然性，在起初取得了出色进展，仅德军第30步兵师就被俘了1500人（这种情况肯定令德国集团军和集团军群级指挥部深感焦虑），但部分德军部队出色的战役机动性还是戏剧性地扭转了局面——德军援兵迅速赶来，包括第8集团军大批装甲部队。他们立即从赶往华沙的途中分兵，几乎毫不费力地扭转180度，这个实例说明了无线电在指挥方面的优势。与此同时，波兰军队的无线电通信网不足，迫使他们遂行进攻的部队不得不在没有其他部队支援的情况下孤军奋战——毫无疑问，彼时波兰国内其他地区的部队也已陷入困境。面对来自四面八方的向心攻击，实施反冲击的波兰军队很快陷入布楚拉河畔一个小型包围圈，遭到包围的还有"波莫瑞"集团军残部，该集团军在德国"北方"集团军群猛烈打击下从西北方撤下。波兰军队遭到德国空军持续不断的打击，德军的机动火炮也给他们造成大量伤亡，加之战略态势已趋绝望，截至9月21日，投降的波兰士兵已超过10万人。德国第8集团军再度把进军方向扭转180度——这是他们在一周内的第二次——随即匆匆赶往华沙[38]。

黄色方案

德国对法国和低地国家的进攻甚至更加引人瞩目[39]。这场战役包括北面一场大规模牵制行动（博克的"北方"集团军群），南面（伦德施泰特的"南方"集团军群）以装甲主力穿越据称坦克无法通行的阿登森林，在色当突破法军防线（译注：博克和伦德施泰特分别指挥B、A集团军群）。德军装甲力量从那里穿过位于比利时的联军之后方奔向大海，他们到达英吉利海峡，实现了对敌人的彻底包围。除了坦克，这场战役还包括精心整合的空中力量在战术和战役层面的使用，为夺取机场、地面设施和桥梁而实施的伞兵突击，甚至还有一场机降步兵利用滑翔机对埃本·埃马儿要塞展开的突袭（比利时人的这座现代堡垒守卫着艾伯特运河左岸）。

穿越阿登森林是非常危险的。这场行动涉及一股庞大的力量，包括德国 10 个装甲师中的 7 个。让一支机械化和摩托化车辆组成的长达约 80 千米的车队穿越密林和小径，不啻为一场投机——仅交通管理就是个很大的问题。另外，倘若有联军的空中力量出现又会对这支队伍造成怎样的影响——一些德军将领对此非常担心。幸而联军并不认为阿登山区是使用坦克的好地方，因而几乎未在那里设防。所以，德军装甲部队在推开比利时摩托化骑兵的小股部队后，仅用了短短两天时间便未受干扰地越过阿登山区。

随之而来的是一场突击，德军装甲主力击中法军防线最薄弱的防御点。三个装甲军抵达默兹河：北面是赫尔曼·霍特将军指挥的第 15 军，集结在那慕尔与迪南之间；中央地带是莱因哈特将军指挥的第 41 军，位于蒙特尔梅；南面是古德里安将军的第 19 军，集结在色当前方。每个军都经历了一些艰巨的战斗，但随着法军不断遭到德军俯冲轰炸机和火炮的打击，三个装甲军都设法渡过默兹河并突破了法军的防御。德国人的行动进行得有条不紊。在古德里安的作战地带，第 19 军参谋长瓦尔特·内林上校取出近期在沙盘推演中使用过的一些命令，划掉日期并稍事修改后，就几乎原封不动地加以使用[40]。

德军装甲部队穿越法国北部的行动始终保持着较高的速度——不停顿，不让敌人变更部署，装甲力量迅速越过法国北部的开阔地，一路奔向海边。这使联军最初的作战计划被彻底打乱，他们突然发现大股敌军位于自己后方，却没能做出任何协同一致的应对。夏尔·戴高乐将军指挥的法国第 4 装甲师发起两场局部反冲击，第一次攻往蒙科尔内（5 月 17 日），第二次攻向克雷西（5 月 20 日），两支英军装甲部队也于 5 月 21 日在阿拉斯附近展开一场进攻[41]。但这些行动没能打断德军的突击势头。一个更加严重的问题来自德军统帅部。各装甲师的推进如此迅猛，促使陆军总参谋长弗朗茨·哈尔德将军一度命令他们停止前进，以便提供支援的步兵师赶上——德军指挥部门有理由为此感到担心。装甲部队犹如一个硕大的箭头，横跨约 160 千米并指向海岸，但宽度仅为 3—5 千米。尽管接到停止前进的命令，但古德里安打着“战斗侦察”的幌子继续推进。正如我们已知的那样，“施皮塔”营攻占大西洋岸边的努瓦耶勒，顺利结束这场胜利进军。

诚然，这是一场“关于坦克”的胜利，但坦克的行动也获得了具备同等机动性的其他兵种的支援，率领这些部队的指挥官了解新型快速部队的作战潜力，并通过无线电这种即时性手段同自己的部队、友军及上级部门保持联系。空中力量亦证明自己是军事行动中的一个全面合作伙伴。他们不再是奢侈品或某种新奇事物，对战役级作战一切可能的计划来说，空中力量不可或缺。连接这支复杂的现代作战力量，协调空中力量、机械化先锋、尾随其后的步兵、为这些军队提供必要补给的庞大后勤链的是无线电。无线电、坦克和战机构成这场军事革新的三个支柱。硬件固然重要，但同样重要的是这些硬件使德国人酝酿数十年的领导、指挥概念得以结出近乎完美的果实。德国人重造了“战神的战车”，并对其加以控制、引导和驱使。这部战车需要汽油、润滑油，也需要无线电传送的信息。

德国人的成就

在过去 20 年里，人们对德国军队产生了极大的兴趣。学者和军人（包括学者型军人和真正的军人）耗费许多精力和墨水，试图分析德国人在两次世界大战之间所取得成就的本质，以各种可能的方式对其加以解析，力图解开德国人赢得成功的秘密。20 世纪 20 年代的魏玛防卫军总司令汉斯·冯·泽克特，如今的名气可能比他当年的更大，其他许多德国军事思想家的情况同样如此。在如今的美国陆军中，使用（有些人认为纯属滥用）德国军事术语的现象很常见，这表明美国军事学说（特别是空地一体战）的制定非常重视在波兰和法国发生的战役。翻开过去几十年的专业著作，很难不遇到任务式战术（Auftragstaktik）、合围战（Kesselschlacht）这些术语——当然还有闪电战（blitzkrieg）。从表面上看，这一点完全可以理解。两次世界大战之间的德国军队为一支军队如何在和平时期实现创新提供了一个堪称典范的榜样。魏玛防卫军面临着军事史上前所未有的一系列限制，凡尔赛和约解除军备的条款只允许德国保留一支 10 万人的军队，军官人数不得超过 4000 人。相关条款决定了这支军队的编制和装备：7 个步兵师和 3 个骑兵师，不得拥有诸如坦克、飞机和重型火炮这类“进攻性武器”。由于禁止征兵，这支军队只能由长期服役的志愿者组成（士兵 12 年，军官 25 年），从理论上说，这些规定使德国人无法积累一支训练有素的预备力量。凡尔赛和约还废除了德国总参谋部和培训参谋人员的军事学院。最后一个对战备造成重大影响的举动是，该和约强加给了德国一份庞大的赔偿法案——除领土损失外，德国还要付出税基总额的 30%[42]。

尽管政治和经济也许给一支军队造成了种种限制，但德国人从未忘记昔日一首学生歌曲的歌词：思想是自由的（die Gedanken sind frei）。思想不受限制，而且不需要任何成本。凡尔赛和约可以从身体上解除德国的武装，这一过程从拆解德军的坦克延伸到关闭德国的总参学院，但令人遗憾的是，它未能从精神上解除德国的武装。一名外国观察员观看魏玛防卫军 1924 年的秋季演习后指出这一点。看完一场历时五天、蓝军和红军在非常逼真的战时场景下积极寻找对方侧翼和后方的激烈运动战后，美军上校艾伦·金伯利结束了派驻德国陆军部的任务，他指出，虽说凡尔赛和约的所有意图和目的都是为解除德国的武装，但“她的大脑永远未被解除武装”[43]。

不过，把德国在两次世界大战之间取得的进步视为一个简单的命题列表并加以复制是非常危险的。这种成功依赖大量因素，而这些因素却不太可能再次以同样的方式获得。例如，德国人用无线电传达简洁的命令，创造出一种高度敏感、反应灵敏的指挥控制结构，这是第二次世界大战最初几场战役中的主要竞争优势。同波兰、法国、英国、苏联这些对手相比，德军高级兵团和高级军团（师、军、集团军）机动得更快、反应更迅速、变换方向也更容易。实际上可以说德国人从未放弃在这个领域的优势，不管他们最终被别人打得多么惨。

这种下达简洁命令的传统并非 20 世纪 20 年代才出现，它至少可以追溯到老毛奇时代，是他灵活的指挥传统的一个方面。反过来说，灵活指挥源自 19 世纪初突然出现的庞大军队，以及这段时期的指挥官无法有效控制麾下规模过大的军队的现状。实际上，整个运动战学说旨在实现尽可能快速的胜利，由于德国所处的地理位置令人不安，迅速赢得胜利对他们而言至关重要。而对英国这样的岛国，或美国和苏联这种跨洲大国来说，这个问题当然不那么紧迫。这些军队都有自己的传统、文化和成功的基准。

要以德国人为历史典范，首先要做的就是正确认识历史。认真研究两次世界大战之间的德国军事著作，例如每周一期的《军事周刊》，会发现一些有趣的事实。最值得注意的是缺失的东西。“任务式战术”（Auftragstaktik）这个术语今天被许多军队用来描述指挥的灵活性，但德国人并不使用这个词，他们建议以“Biegsamkeit”（“灵活性”的普通名词）来描述理想的指挥方式。而“Blitzkrieg”（闪电战）这个术语，直到它被二战期间的敌人采用后，德国人才予以接受，显然无法在这些军事著作中找到——没有什么比迷信单词或短语更远离德国军事思想的了。另外，这期间也不存在对所有时代和地点普遍有效的战争规则。“Kein Schema！”（“没有模式”或“并非硬性规则”）是德军参谋部门最常见的警告之一，另外还有他们对“Patentlösungen”（“专用解决之道”或“现成解决方案”）的蔑视。泽克特本人曾在一篇文章中对“Schlagworte”（口号或流行语）的使用提出警告。他认为这些流行语很容易成为创造性思维的替代物。一个人拘泥于流行语，最后可能会变得“einseitig”（片面）——这大概是德国军事用语中最恶劣的谴责词了。

若说两次世界大战之间的德国军事思想源于德国独特的舆论环境，那么对现代军队来说，复制这种思想也许不太容易。这可能和要求某人“像德国人那样思考”或“做个德国人”同样困难。任何一个受过教育的人都会嘲笑这种主张。这并不是说现代军队无法像德国人那样创新，以甚至比德国人更有效的方式进行训练或学习德国人的经验，而是说意图掌握德军作战成功的诀窍，或照葫芦画瓢地模仿德国的成功创新，这些尝试可能注定会失败，必须谨慎对待德国的做法和概念[44]。相反，需要在德国的历史背景下仔细分析他们的概念——不仅要把这些概念翻译成英文单词，还要把它们纳入美军的实践，然后决定它们在学说方面是否有用。德国军事智慧深感自豪的是把现有思想同战役级运动战的传统概念相融合。换句话说，他们是在已令他们获得极大信心的结构之上进行创新。任何一支军队首先要做的都是细心研究哪些东西值得保留，否则就谈不上创新。

那么，对一支锐意创新的军队来说该做些什么呢？从军事历史着手不失为明智之举。想在战役层面从事运动战的指挥官们应当彻底熟悉其历史。现代军队面临的独特问题，其根源在19世纪末和20世纪初，那个时代，军队的规模急剧膨胀；指挥控制这些军队的困难越来越大，而且显然难以克服；武器的杀伤力和射程也大幅度增加。但是，今天有多少现役军官熟悉1904—1905年的日俄战争、1912—1913年的巴尔干战争，以及1936—1939年的西班牙战争中的战役呢？更不必说两次世界大战中的数十场战役了。这些战役在战役层面作战的问题（和机会）方面极具启发意义，为寻求决定性胜利这种永无止境的探索提供了具体案例。它们是当代和未来战役的先行者，现代战场的许多问题，同当年从事那些战役的指挥官所面临的情况如出一辙。若诚如彼得拉克所言，历史是通过实例传授的哲学，那么，军事历史可谓通过实例传授的学说。对那些需要一种德国人认可的军事思想的人来说，《军事周刊》1931年刊登的一篇文章专门强调了这一点[45]。

注释：

1. 关于战争中人类和物资的代价，可参阅格哈德·温伯格《战火下的世界：第二次世界大战史》（剑桥：剑桥大学出版社，1994 年）一书第 894—899 页。提及将第一次世界大战称为“大战”的倾向，温伯格对第二次世界大战的说法是：“对比这两场大战的可怕事件，再同我们所知道的其他战争相比就会发现，本世纪第二场世界范围的战火应该被称作‘最大的战争’”（第 4 页）。

2. 这些短语都是书名，分别是德怀特·D. 艾森豪威尔的《远征欧陆》（纽约花园城：双日出版社，1948 年）、查尔斯·B. 麦克唐纳的《强大的努力：美国在欧洲的战争》（纽约：达卡波出版社，1992 年）、斯塔茨·特克尔的《正义之战：二战口述历史》（纽约：万神殿出版社，1984 年）。

3. 这里存在一个典型的例外，A.J.P. 泰勒的《第二次世界大战的起源》（伦敦：H. 汉密尔顿出版社，1961 年）刚一出版便引发轩然大波。泰勒的观点是，英国和法国应承担很大一部分战争罪责，希特勒不过是一连串掌握国家大权的民族主义者中的另一个，但他的观点并未赢得附议者。对此的出色驳斥，可参阅温伯格《战火下的世界：第二次世界大战史》一书第 6—47 页。

4. 关于运动战（bewegungskrieg），可参阅罗伯特·M. 奇蒂诺《寻求决定性胜利：从僵持战到闪电战的欧洲战事，1899—1940 年》（劳伦斯：堪萨斯大学出版社，2002 年）一书第 195 页。

5. 丹尼斯·E. 肖沃尔特的著作对我们理解 19 世纪的“铁路和步枪革命”至关重要。这一点可参阅他的专著《铁路和步枪：士兵、技术和德国的统一》（康涅狄格州哈姆登：执政官图书公司，1976 年）。该书在以社会、政治、技术这些更广泛的趋势合并战役史方面同样堪称典范。另可参阅史蒂文·S. 罗斯的《从燧发枪到步枪：1740—1866 年的步兵战术》（伦敦：弗兰克·卡斯出版社，1996 年）。

6. 对这个时代信息重要性的探讨，相关总结可参阅罗伯特·M. 奇蒂诺的《超越火力和机动：德国闪电战中的指挥、控制和信息》，这份未发表的论文是为美国战略与预算评估中心 2002 年 3 月在华盛顿主持召开的一次会议准备的。

7. 关于毛奇，可参阅丹尼尔·J. 休斯主编的《毛奇论军事艺术》（加利福尼亚州诺瓦托：要塞出版社，1993 年），书中收录了毛奇最重要的文章和精辟的评论。德国军队的专业期刊是毛奇数百篇文章的来源。例如，可参阅炮兵上将路德维希的《作为教育者的毛奇》（*Moltke als Erzieher*）和未署名文章《作为普鲁士－德意志军队统帅的陆军元帅冯·施利芬伯爵》（*Generalfeldmarschall Graf von Schlieffen über den großen Feldherrn der preußisch-deutschen Armee*），这两篇文章刊登在《军事周刊》第 125 卷，1940 年 10 月 25 日第 17 期，第 802—804 页和第 805—807 页，以及奥布基尔歇尔中校的《毛奇，“不为人知的”冯·柯尼希格雷茨将军：纪念 1866 年 7 月 3 日的柯尼希格雷茨会战 75 周年》（*Moltke, der 'unbekannte' General von Königgrätz: Zur Erinnerung an den 75. Gedenktag der Schlacht bei Königgrätz am 3. Juli 1866*），刊登在《军事周刊》第 125 卷，1941 年 6 月 27 日第 52 期，第 1994—1997 页。

8. 关于柯尼希格雷茨战役，可参阅杰弗里·瓦夫罗的《普奥战争：1866 年奥地利与普鲁士和意大利的战争》（剑桥：剑桥大学出版社，1996 年），这本细心研究之作阐述了奥地利人对这场战争的看法，另外还有戈登·A. 克雷格的《柯尼希格雷茨战役》（费城：利平科特出版社，1964 年），仍是相关战斗和这场战役的经典之作。

9. 关于南非战争的书籍非常多。首先是弗雷德·R. 范·哈尔特斯韦尔特的《布尔战争：史学和注释书目》（康涅狄格州韦斯特波特：格林伍德出版社，2000 年），以及比尔·纳松的《南非战争，1899—1902 年》（牛津：牛津大学出版社，2000 年）。部分有用的著作是托马斯·帕克南的《布尔战争》（纽约：兰登书屋，1979 年），该书更看重的是独创性，但力有未逮；拜伦·法韦尔的《庞大的英布战争》（纽约：诺顿出版社，1976 年），该书具备通俗历史读物的一切优点和缺点。对于这场战争中的战役，最佳诠释当属 W. 巴林·彭伯顿的《布尔战争中的会战》（伦敦：巴茨福德出版社，1964 年）。总的说来，这些著作的重点都集中于英军作战行动、英国人的军事学说、英国人使用战争新技术遇到的问题，很少顾及布尔人的观点。当然，布尔人也有许多相关著作，但由于语言障碍，大多数西方学者无法对其加以使用。因而需要一部综合之作：融汇英国人和布尔人资料来源的战争通史。

10. 关于日俄战争，可参阅近期的两部学术著作：布鲁斯·梅宁的《刺刀冲锋：1861—1914 年的俄罗斯帝国陆军》（布鲁明顿：印第安纳大学出版社，1992 年），在分析这段时期俄国军队学说、训练和组织的背景下，收录了一段关于这场战争扎实的历史（第 152—199 页）；理查德·W. 哈里森《俄国的战争方式：1904—1940 年的战役法》（劳伦斯：堪萨斯大学出版社，2001 年）一书第 7—23 页，书中细致研究了相关战役，并严厉批评库罗帕特金将军，称他在这场战争的大多数时间里“表现得像个师长”，过于关注“战斗的细枝末节”，而不是作为一名战区指挥官寻求战役决策（第 23 页）。樱井忠温新版的《肉弹：日俄战争中一名士兵的经历》（林肯：内布拉斯加大学出版社，1999 年）是关于日本步兵相关经历的一本不可或缺之作。至于辽阳会战后追击俄军，以及“谁把那些山放在这里的”反应，可参阅伊恩·汉密尔顿爵士的《一名参谋的速记本》（伦敦：爱德华·阿诺德出版社，1912 年），第 317 页。

11. 高粱地在日军第一次进攻旅顺港期间发挥的作用，可参阅奇蒂诺《寻求决定性胜利：从僵持战到闪电战的欧洲战事，1899—1940 年》一书第 81 页，对辽阳会战的影响参阅该书第 86 页。

12. 关于莫德尔河之战，参阅彭伯顿《布尔战争中的会战》一书第 55—78 页；帕克南《布尔战争》一书第 197—207 页；法韦尔《庞大的英布战争》一书第 91—101 页。另可参阅史蒂夫·M. 米勒的《梅休因勋爵与英国军队》（伦敦：弗兰克·卡斯出版社，1999 年），该书试图为梅休因的指挥能力平反。

13. 巴尔干战争中的诸次战役没有相关英文专著，对这场战争的历史研究仍必须依靠原始资料和以往的记述。赫梅内吉尔德·瓦格纳中尉的《与胜利的保加利亚人在一起》（波士顿：霍顿·米夫林出版社，1913 年）是一份关于保加利亚军队作战行动非常有用的分析，由《帝国邮报》的德国记者写就，尽管其他竞争记者经常指责该书的真实性。山的另一面也受到埃利斯·阿什米德－巴特利特《与土耳其人在色雷斯》（纽约：乔治·H. 多兰出版社，1913 年）一书的关注，这是《伦敦每日电讯报》特派记者的报道。菲利普·吉布斯和伯纳德－格兰特的《巴尔干战争：同红十字会和红新月会的战争冒险》（波士顿：小梅纳德出版公司，1913 年）一书涵盖了交战双方的情况。另外两本特别有用的著作是 A. 库奇巴赫的《1912—1913 年巴尔干战争和对保加利亚人战争中的塞尔维亚人》（*Die Serben im Balkankrieg 1912–1913 und im Kriege gegen die Bulgaren*）（斯图加特：弗兰克出版社，1913 年），土耳其第 3 军军长马哈茂德·穆赫塔尔·帕夏回忆录的德文译本《我在 1912 年巴尔干战争中的指挥》（*Meine Führung im Balkankriege 1912*）（柏林：恩斯特·齐格弗里德·米特勒父子出版社，1913 年）。

14. 亨奇的任务仍是西线开局战役最具争议的方面。参阅 B.H. 利德尔·哈特《真正的战争，1914—1918 年》（波士顿：小布朗出版社，1930 年）一书第 83—84 页；C.R.M.F. 克鲁特威尔《第一次世界大战史，1914—1918 年》（芝加哥：芝加哥学院出版社，1991 年）一书第 34 页；西里尔·福尔斯《第一次世界大战》（纽约：摩羯座出版社，1959 年）一书第 68—69 页；约翰·基根《第一次世界大战》（伦敦：哈钦森出版社，1998 年）一书第 130—133 页。

15. 布莱恩·邦德的《利德尔·哈特：对他军事思想的研究》（新泽西州新布朗斯维克：罗格斯大学出版社，1977 年），第 38 页。

16. 关于加里波利战役的最新研究，可参阅蒂姆·特拉弗斯的《加里波利 1915》（南卡罗来纳州查尔斯顿：坦帕斯出版社，2001 年），这是一部非常详细的著作，一段时间内不太可能被取代。爱德华·J. 埃里克森的《前仆后继：第一次世界大战中的奥斯曼军队》（康涅狄格州韦斯特波特：格林伍德出版社，2001 年），该书使用了此前从未发掘过的土耳其资料，因而深具吸引力。

17. 马丁·米德尔布鲁克的《索姆河战役首日：1916 年 7 月 1 日》（纽约：W.W. 诺顿出版社，1972 年），虽然该书的处理做出必要的限制，但仍不失为一部优秀的著作。蒂姆·特拉弗斯的《杀戮场：英国陆军、西线和现代战争的出现，1900—1918 年》（伦敦：艾伦＆昂温出版社，1987 年），在“如何将传统原则应用于一种被视为新的、令人困惑的作战样式”中将索姆河战役作为“研究范例”。彼得 · H. 利德尔《1916 年的索姆河战役：重新评价》（伦敦：利奥 · 库珀出版社，1992 年）一书令人难以置信地指出，“1916—1917 年间，英国在索姆河赢得的胜利，尽管不是一场获得钟声和彩旗致敬的胜仗，实际上更适合挂起哀悼的帷幕予以纪念，但仍是一场胜利”（第 156 页）。对此，他以德军于 1917 年年初撤至一道新防线作为证明。该书的大部分内容是对研究索姆河战役的其他历史学家乏味的攻讦，包括蒂姆·特拉弗斯，但主要是批评丹尼斯 · 温特《重评黑格的指挥》（伦敦：维京出版社，1991 年）一书，指责后者对黑格进行人身攻击并使用“选择性证据”。

18. 两次世界大战之间这段时期吸引了学者和军人对其加以深入研究（后来是分析）。两部重要著作值得一读：威廉姆森 · 穆雷和艾伦 · R. 米利特主编的《两次世界大战之间的军事创新》（剑桥：剑桥大学出版社，1996 年）；哈罗德 · R. 温顿和戴维 · R. 梅茨的《变革的挑战：军事机构与新现实》（林肯：内布拉斯加大学出版社，2000 年）。穆雷和米利特的著作按标题排列，而温顿和梅茨的著作则是按国家排列。关于这个时期的专著，名单非常庞大，而且正变得越来越大。其他著作包括罗伯特 · M. 奇蒂诺的《寻求决定性胜利和通往闪电战之路：德国陆军的学说和训练，1920—1939 年》（科罗拉多州博尔德：林恩 · 林纳出版社，1999 年）；詹姆斯 · S. 科勒姆的《闪电战的根源：汉斯 · 冯 · 泽克特和德国军事革新》（劳伦斯：堪萨斯大学出版社，1992 年）；尤金尼亚 · C. 基斯林的《抗击希特勒：法国和军事计划的局限》（劳伦斯：堪萨斯大学出版社，1996 年）；戴维 · E. 约翰逊的《快速坦克和重型轰炸机：美国陆军的创新，1917—1945 年》（纽约州伊萨卡：康奈尔大学出版社，1998 年）；威廉 · O. 奥多姆的《堑壕战之后：美国陆军学说的转型，1918—1939 年》（德克萨斯州大学城：德州 A&M 大学出版社，1999 年）；哈罗德 · R. 温顿的《改变一支军队：约翰 · 伯内特 – 斯图尔特将军和英国装甲学说，1927—1938 年》（劳伦斯：堪萨斯大学出版社，1988 年）。

19. 例如可参阅克恩中校“‘闪电战’中的步兵”（*Die Infanterie im ‘Blitzkrieg’*）一文，刊登在《军事周刊》第 125 卷，1940 年 8 月 2 日第 5 期第 165—166 页，文中的闪电战一词加了引号，仅仅是把它作为一个强调词使用；鲁道夫 · 泰斯上校“世界历史中的坦克”（*Der Panzer in der Weltgeschichte*）一文，刊登在《军事周刊》第 125 卷，1940 年 10 月 11 日第 15 期第 705—708 页，使用这个词时同样加了引号。到 1941 年，德国人在专业文献中使用这个词已不再加引号，但他们仍未把这个词用在任何精确的技术性意义上。参见高尔中校“在法国实施的闪电战”（*Der Blitzkrieg in Frankreich*）一文，刊登在《军事周刊》第 125 卷，1941 年 2 月 28 日第 35 期第 1513—1517 页。

20. 德国人对英国试验性机械化部队的分析，可参阅题为《英国摩托化实验旅》（*Englische motorisierte Versuchsbrigade*）的一系列未署名文章，刊登在《军事周刊》第 122 卷，1927 年 10 月 11 日第 14 期，第 501—507 页；1927 年 10 月 18 日第 15 期，第 540—543 页；1927 年 10 月 25 日第 16 期，第 570—571 页。

21. 引自恩斯特 · 卡比施将军《无体系的战略》（*Systemlose Strategie*）一文，刊登在《军事周刊》第 125 卷，1940 年 12 月 27 日第 26 期，第 1235 页。

22. 这方面的例子可参阅《军事周刊》第 115 卷，1931 年 1 月 18 日第 27 期刊登的未署名文章《集中和分权》（*Zentralisation und Dezentralisation*）第 1038—1039 页，这篇文章非常详细地探讨了集中和分权式指挥，根本没有使用 *Auftragstaktik* 这个词。猜测德国人对美国军队使用 *blitzkrieg* 或 *Auftragstaktik* 这些德文术语会作何想法是一项很有趣的事。同时代的德国军官绝不会以这样的频率使用外国术语。参阅《军事周刊》第 113 卷，1928 年 7 月 11 日第 2 期刊登的未署名文章《外来语和军事术语》（*Fremdwort und Heeressprache*），第 48—50 页，以及《军事周刊》编辑康斯坦丁 · 冯 · 阿尔特罗克将军的文章，题为《愚蠢的讲话和写作》（*Sprach-und Schreibdummheiten*），刊登在《军事周刊》第 113 卷，1928 年 7 月 11 日第 2 期，第 50—52 页。对当代美国军队滥用德国术语和概念的一篇措辞强烈的文章，参见丹尼尔 · J. 休斯的《德国军事历史的滥用》，刊登在《军事评论》第 65 卷，1986

年 12 月第 12 期，第 66—76 页。

23. 对 Auftragstaktik 的探讨，可参阅安图利奥 · J. 埃切瓦利亚二世《克劳塞维茨之后：第一次世界大战前的德国军事思想家》（劳伦斯：堪萨斯大学出版社，2000 年）一书第 32—42、第 94—103 页。另可参阅丹尼尔 · J. 休斯《施利希廷、施利芬和 1914 年的普鲁士战争理论》一文，刊登在《军事史杂志》第 59 卷，1995 年 4 月第 2 期，第 257—277 页。

24.《集中和分权》，第 1038 页。

25. 这是一篇未署名文章《1917 年 11 月 30 日至 12 月 6 日的康布雷进攻战役》（*Der Angriffsschlacht von Cambrai vom 30. November bis 6. Dezember 1917*）中的观点，刊登在《军事周刊》第 112 卷，1927 年 12 月 11 日第 22 期，第 803—804 页。

26. 对这一论点更完整的表达，可参阅罗伯特 · M. 奇蒂诺《思想解放：两次世界大战之间德国陆军的文化素养》一文，收录于《陆军条令和训练公报》（加拿大）第 4 卷第 3 期，2001 年秋季。

27. 这句话是埃里希·冯·鲁登道夫将军对 1914 年秋季华沙—罗兹战役中德军作战行动所做的描述，引自冯 · 舍费尔上校《进攻罗兹这一决定的出现：纪念鲁登道夫将军》（*Die Enstehung des Entschlusses zur Offensive auf Lods: Zum Gedenken an General udendorff*）一文，刊登在《军事科学杂志》第 3 卷，1938 年第 1 期，第 25 页。

28. 关于 Funkübung，可参阅罗伯特 · M. 奇蒂诺《寻求决定性胜利和通往闪电战之路：德国陆军的学说和训练，1920—1939 年》一书第 208—212 页。

29.《战争的重新设计》（*Neugestaltung der Kriegführung*），刊登在《军事周刊》第 120 卷，1935 年 11 月 11 日第 18 期，第 747—750 页，以及 1935 年 11 月 18 日第 19 期，第 787—792 页。

30. 海因茨 · 古德里安的《装甲部队与其他军兵种的协同》（*Die Panzertruppen und ihr Zusammenwirken mit den anderen Waffen*），刊登在《军事科学杂志》第 1 卷，1936 年第 5 期，第 607—626 页。

31. 富佩上校的《作为作战指挥手段的现代通信部队》（*Neuzeitliches Nachrichtenverbindungswesen als Führungsmittel im Kriege*），刊登在《军事科学杂志》第 3 卷，1938 年第 6 期，第 750—758 页。

32. 参阅炮兵上将路德维希的文章《对运动战中进攻行动的思考》（*Gedanken über den Angriff im Bewegungskriege*），刊登在《军事科学杂志》第 1 卷，1936 年第 2 期，第 153—164 页。

33. 弗里德里希 · 贝尔特考少校的《机械化部队的通信技术手段》（*Die nachrichtentechnische Führung mechanisierter Verbände*），刊登在《军事周刊》第 120 卷，1935 年 10 月 18 日第 15 期，第 612 页。

34. 例如，可参阅罗尔夫 · 巴特的《十八天战役：波兰人的消亡史》（*Der Feldzug der 18 Tage: Die Chronik des polnischen Dramas*）（奥尔登堡：格哈德 · 施塔林出版社，1939 年）。史蒂文 · J. 扎洛加和维克托 · 马德伊在《波兰战役》（纽约：希波克里尼出版社，1991 年）一书第 158 页提及“十八天战争的神话”，并指出“南方”集团军群“在后半场战争中的阵亡人数比头两周高得多”。

35. 德国空军在波兰战役中发挥的作用，参阅詹姆斯 · S. 科勒姆《德国空军：创造战役空战，1918—1940 年》（劳伦斯：堪萨斯大学出版社，1997 年）一书第 272—275 页。关于莫德林周围战斗的详细记述，参阅维姆·勃兰特少校《围困莫德林实录》（*Bilder aus der Belagerung von Modlin*）一文，刊登在《军事周刊》第 124 卷，1940 年 1 月 19 日第 30 期，第 1451—1454 页。

36. 汉斯·冯·卢克《装甲指挥官》（康涅狄格州韦斯特波特：普雷格出版社，1989 年）一书第 26 页。

37. 关于布楚拉河的战斗，参阅扎洛加和马德伊《波兰战役》一书第 131—138 页。

38. 詹姆斯·卢卡斯的《战斗群！二战中德军战斗群的行动》(伦敦：兵器和铠甲出版社，1993 年)，第 10—24 页，重点介绍德军第 4 装甲师在华沙和布楚拉河的作战行动。

39. 关于“黄色方案”，可参阅杰弗里 · A. 甘斯堡的《分裂和征服：法国最高统帅部和西线的失败，1940 年》(康涅狄格州韦斯特波特：格林伍德出版社，1979 年)；罗伯特 · A. 道蒂的《崩溃点：色当与法国的陷落，1940 年》(康涅狄格州哈姆登：执政官图书公司，1990 年)。特别值得关注的一本著作是阿利斯泰尔 · 霍恩的《输掉的战争：法国 1940》(波士顿：小布朗出版社，1969 年)。至于古德里安的装甲部队在这场战役中发挥的作用，可参阅弗洛里安 · K. 罗斯布鲁斯特的《古德里安第 19 装甲军与法国战役：在阿登的突破，1940 年 5 月》(康涅狄格州韦斯特波特：普雷格出版社，1990 年)，该书基本上是一篇文章，文字只有 95 页，添加地图和文件后扩充成书。

40. 古德里安的《装甲指挥官》，第 79 页；道蒂的《崩溃点：色当和法国的陷落，1940 年》，第 133 页；罗斯布鲁斯特的《古德里安第 19 装甲军与法国战役：在阿登的突破，1940 年 5 月》，第 69 页。

41. 联军在蒙科尔内、克雷西和阿拉斯遂行的进攻，参阅霍恩《输掉的战争：法国 1940》一书第 425—430、第 498—509 页；甘斯堡《分裂和征服：法国最高统帅部和西线的失败，1940 年》一书第 231—234、第 245—246、第 249—250 页。肯尼斯 · 麦克西《坦克战：二十世纪坦克战画册》(纽约：巴尔内斯 & 诺贝尔出版社，1999 年) 一书第 74—80 页，对阿拉斯之战的描述尤为出色。

42. 参阅罗伯特 · M. 奇蒂诺的《德国军事策划的魏玛之根》，刊登在 B.J.C. 麦克切尔和罗彻 · 勒高特主编的《军事策划和第二次世界大战在欧洲的起源》(康涅狄格州韦斯特波特：普雷格出版社，2001 年) 一书第 59—87 页。

43. 艾伦·金伯利少校是派驻柏林战争部的美国武官，1924 年 9 月 23 日提交的报告，《德国陆军演习，1924 年 9 月 4 日至 19 日》，参阅奇蒂诺《寻求决定性胜利和通往闪电战之路：德国陆军的学说和训练，1920—1939 年》一书第 120—123 页。

44. 保罗·约翰斯顿的《仅有学说是不够的：学说对军队行为的影响》，刊登在《参数杂志》第 30 卷，2000 年秋季第 3 期第 30 页，文中包含这种观点。

45. 参阅曼泰上校的《从事战争史研究的实用性窍门》(*Praktische Winke für das Anfassen kriegsgeschichtlicher Studien*)，刊登在《军事周刊》第 116 卷，1931 年 12 月 25 日第 24 期第 867—870 页。

第二章
寻求不可能的事：德国在二战中的战役失败，1940—1942年

德国人显然在第二次世界大战的头两年中占据了战役优势——他们几乎没有失败过。德国人自在波兰赢得胜利后，就开始了一连串征服。虽然被“黄色方案”的戏剧性发展抢走了风头，但斯堪的纳维亚半岛仍将是德军展开决定性行动的下一个地点。德军装甲部队横穿法国北部，这是自拿破仑时代以来最壮观的军事机动。非洲军在西部沙漠的传奇，对英军控制的克里特岛实施一场大胆空降，史诗般的“巴巴罗萨”行动，引发“台风”行动的庞大合围——这些战役令人印象深刻，可能有人会说，这是一份无与伦比的“清单”。

在法国和低地国家轻而易举赢得的胜利，是“有史以来最大的歼灭战”[1]，但却设立起了德国军队无法再次达到的一个门槛。就连那些精心构思并取得成功的行动（例如埃尔温·隆美尔将军1940年和1941年闪电般穿过北非奔向苏伊士；“巴巴罗萨”行动发起时势不可挡地攻入苏联；以及1941年秋季攻往莫斯科），都存在足够多的瑕疵，因而无法取得德国人期望和需要的那种胜利。迅速赢得胜利的希望落空后，我们看见尽管德方规划者拥有深以为傲的战役把控能力，但却对该如何继续这场战争越来越感到迷茫。

这不仅仅是国家领导层的疯狂，也不单纯是输掉了一场消耗战——他们寡不敌众，产能不足，最终被敌人打垮。与这些战略因素同样重要的是，德军的作战行动也必须为战争的最终结果承担相应责任。1942年，德军发起了一场庞大的行动并攻入了苏联南部（蓝色方案），这场战役的概念存在严重缺陷，根本不应该实

施。次年夏季，德军总参谋部所能提出的只是对地图上最明显的地点展开一场笨拙的打击，这就是针对库尔斯克的“堡垒”战役。盟军 1944 年 8 月冲出诺曼底，德军对此的应对手段是灾难性地攻往莫尔坦，将西线仅剩的装甲预备力量投入“一根绞索”，让逃脱者寥寥无几。德军在这次战争中的作战行动是一个缓慢并逐渐衰退的故事。换句话说，德国人确实在 1940 年实现了一场“军事变革”，但事实证明，这场变革不仅纯属偶然（依赖于许多独特的因素），还非常脆弱[2]。

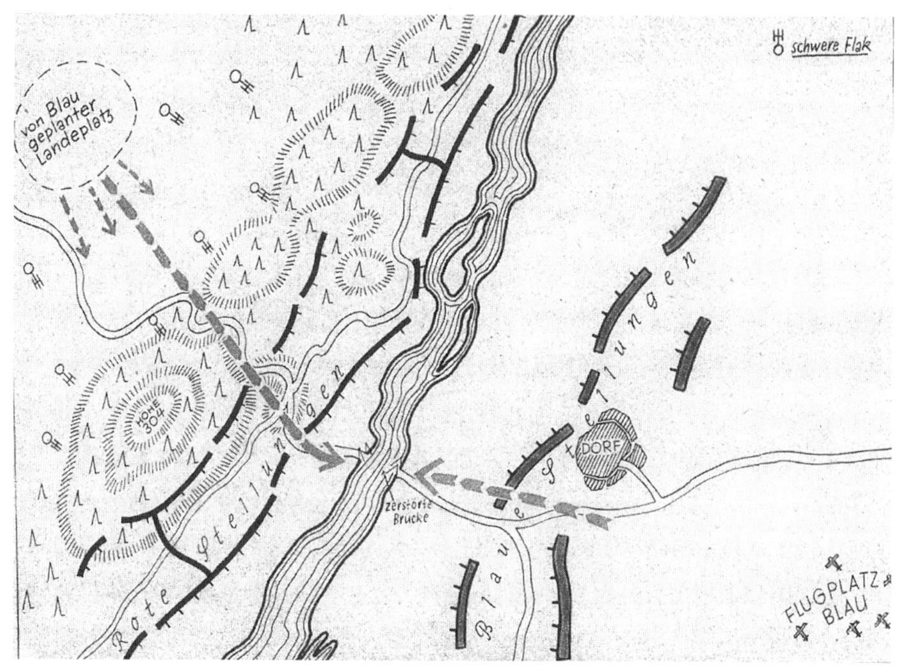

德军空降方案：蓝军对抗苏联红军。摘自《国防军》第3卷，1939年4月26日第9期第4页。

德国的上升期：挪威和克里特岛

虽然我们在探讨二战期间德国国防军的优点时倾向于考虑坦克战，但整个故事其实还有很多内容。德军 1939 年入侵波兰与 1940 年的西方战役的确严重依赖坦克，但战争初期他们实施的另一些战役同样给人留下了深刻印象。可是，1940 年 4 月的挪威战役（“威悉河演习”行动）和 1941 年 5 月在克里特岛实施的空降（“水星”行动），都没能获得军事历史学家们应有的关注。毕竟时机决定一切，这两场战役都被紧随其后发生的事件所掩盖："威悉河演习"行动之后是"黄色方案"，"水星"行动之后是"巴巴罗萨"战役。尽管如此，这两场战役仍是19世纪历史的重要里程碑，代表着向一个全新战争领域的突破——这就是空降作战。

1940年4月，是自波兰沦陷以来一直无所作为的时期，在美国众所周知的"虚假战争"突然宣告结束后，德国军队对丹麦和挪威发动了一场入侵[3]。这场战役的目的有三个。首先，从一般意义上说，占领斯堪的纳维亚海岸确保了德国北翼的安定，使其免遭来自这一方向的威胁。其次，德国需要保护其铁矿石的供应——这些铁矿石在中立国瑞典的基律纳矿区开采，经铁路运至挪威的纳尔维克港，再用轮船沿挪威海岸运往德国。最后一点，德国海军总司令埃里希·雷德尔元帅认为，挪威海岸有许多可受到掩护的入口（或者说峡湾），如德国海军对英国实施潜艇战，这将会是个有用的基地。有趣的是，英国人的想法与之类似。第一海务大臣温斯顿·丘吉尔已下令制订在挪威海域布雷的计划，甚至可能派一支占领军前往挪威[4]。

同战争初期的许多次战役一样，德国军队先发制人。虽说几乎没有任何坦克力量参与，但"威悉河演习"仍是一场闪电战，由海空力量协同实施，是迄今为止的军事史上最复杂的行动之一。例如，丹麦成为1940年4月9日晨数场协同一致的登陆行动的目标，其中包括军事史上的第一次伞降。这是一支规模较小的伞兵行动，只有90人，在最后时刻从主空投区调往挪威北部，任务是夺取连接盖瑟轮渡码头与丹麦首都哥本哈根的长桥。德军伞兵的这场空降堪称完美，兵不血刃地俘虏了守卫桥梁的少量丹麦士兵。其他空降发生在日德兰半岛最北端的奥尔堡，以及那里至关重要的机场。几乎同时，德国海军也由西向东地在埃斯比约、塞波伦、米泽尔法特、尼堡与盖瑟登陆，并顺利夺取了这些目标，遭遇的抵抗很轻微。最后是一场陆地冲击，2个摩托化旅[5]和1个步兵师席卷了整个日德兰半岛，并于当日前进约482千米，同伞兵会合，将整个丹麦控制在手中[6]。五场海军登陆、两场伞兵空降和一场地面部队的迅猛推进，都在近乎完美的协调下完成，时机把握得丝毫不差。尽管丹麦人没有实施激烈抵抗，但都对这场战役给人留下的深刻印象毫无影响。德国人在1941年对此所做的分析似乎是合理的：

> 丹麦行动取得成功，是德军总参谋部价值所在的新证明。在上级的领导下，一些专职军官沉浸在快速、准确、不知疲惫的准备工作中。由于准备工作正确无误，加之保密措施得当，相关行动犹如钟表般精确地执行了计划。[7]

丹麦人在四小时内投降，可谁又能为此责备他们呢？

德国人在面积更大的挪威取得了几乎同样的胜利。同一天早上，德国海军由北至南同时实施了六场海上登陆：纳尔维克、特隆赫姆、卑尔根、克里斯蒂安桑—阿伦达尔、奥斯陆与埃格尔松；伞兵在斯塔万格空降，以夺取附近的索拉机场；另外德军还在奥斯陆实施了海空联合登陆。第一波次德军部队的数量不到9000人，但他们似乎一下子就出现在了挪威沿海所有地方，并以此掩盖其兵力不足[8]。他们并未搭乘运输船而来——由于各场登陆行动的分散性，加上德国人强调速度和精度，因而以军舰而非运输船搭载了第一波次的登陆部队。因为一些舰艇没有足够的燃料开至目的地，所以德国海军便把油轮伪装成商船，预先部署在沿途各战略要地。同样，一个以伪装商船组成的“出口集团”也在入侵发起前驶入了挪威各港口，为登陆部队运送至关重要的装备和补给[9]。

德军的登陆并非一帆风顺。挪威的一架水上飞机发现了德国海军编队正驶入克里斯蒂安桑。这支以“卡尔斯鲁厄”号巡洋舰为首的舰队，原本打算派一个营的兵力搭乘巡逻艇赶至岸边，夺取守卫克里斯蒂安桑峡湾入口的两座岛屿堡垒，但这项计划现在显然已不可能实现。因此，“卡尔斯鲁厄”号舰长采用了一种注定将成为此次战役亮点的模式——呼叫德国空军。7架“亨克尔”中型轰炸机率先赶至，在事实证明他们无法完成任务时，16架战机组成的更大编队迅速赶来，并摧毁了两座堡垒中的火炮，犹如一种奖励，挪威军队的一座弹药库被炸毁，掀起冲天烈焰[10]。猛烈的空中打击也成为斯塔万格、索拉和卑尔根登陆行动的特点。

不过，德国人还是遭受到一场真正的灾难：“布吕歇尔”号重巡洋舰被击沉[11]。这艘军舰以25节的速度莽莽撞撞地驶入奥斯陆峡湾，舰上的纳粹党人和盖世太保人员身穿华丽的制服，一支乐队正在演奏，结果遭到了据守德罗巴克海峡的挪威要塞的炮弹和鱼雷的攻击。多枚鱼雷命中舰体，然后便是一场剧烈的爆炸。“布吕歇尔”号倾覆并沉没，一千人丧生（其中有些人本打算在奥斯陆登陆）。正赶往奥斯陆附近福内比机场的德军伞兵不得不折返，对挪威首都的重要突击似乎也陷入麻烦之中。挽救这一颓势的是德军运输机输送的第二波次部队（原先的计划是，他们应该在伞兵夺得福内比机场后，再着陆）。运输机联队指挥官显然违抗了上级下达的召回令，并直接在福内比机场着陆。他们在那里只遭遇轻微抵抗——挪威守军遵从了上级下达的后撤令。在福内比机场最愉快的人当属一群Me-110战斗机驾驶员，他们的燃料即将耗尽，本应在伞兵们夺取的机场上着陆。他们震惊地看着眼前发生的这些奇怪的事情，毫无疑问，他们也会不时看一眼越来越令人担心的燃油表[12]。截至4月9日晚，已有足够多的部队降落在福内比机场，德军入侵部队成功夺取奥斯陆和其他所有目标。德国空军部队现在分阶段前进，并于次日前从挪威的基地展开行动。登陆的时机和精确度，陆地、海上、空中行动的协同，让德军再度取得引人瞩目的成就，就算和平时期的演习能做到这一点也足以令人自豪。

不过，德国人尚未占领整个挪威，他们从奥斯陆展开一场陆地推进，以夺取挪威西海岸要地[13]。内陆的挪威部队阻止德国人经陆地运送补给，而德国海军在丧失战略突然性后，海洋便牢牢掌握在英国皇家海军手中。这是一场引人入胜的战役，德军在挪威的山峰上和山谷中长途跋涉，虽说实力虚弱，但还是远胜于挪威军队。每当德军遭遇阻挡，便会召唤挪威人几乎无法抵御的空中支援。由于德国人彻底掌握制空权，混乱的挪威守军从未能实施一场深具凝聚力的抵抗。

与他们在波兰遭受入侵期间的表现不同，联军试图协助挪威。德国发动入侵没过一周，联军便利用英国参谋人员为反入侵做着准备工作，并着手派部队在特隆赫姆南北两面登陆。4月16日，英军第146步兵旅和法军阿尔卑斯猎兵第5半旅在特隆赫姆以北约204千米的纳姆索斯登陆[14]。两天后，英军第148步兵旅在翁达尔斯内斯登陆，位于特隆赫姆南面大致相当的距离。这些部队将一同攻往德军设在挪威中部的阵地，并将这股敌军消灭。

实际上，“特隆赫姆铁钳”不啻为一场灾难。联军登陆行动的指挥控制宛如噩梦，现场的每个指挥官都不得不向伦敦或巴黎汇报情况。登陆部队装备不足，并普遍缺乏应有的军容，就连挪威军队也对此感到震惊，毕竟后者已同德国军队战斗了一个星期[15]。对联军构成直接威胁的是德国空军，他们将两支联军笼罩在持续不断与猛烈的空中打击下。希特勒给德国空军下达的命令是，炸毁两个镇子的港口和铁路设施而“不必考虑镇内居民”——他们基本上也是这么干的[16]。纳姆索斯的部队由卡顿·德·维阿特将军指挥，确实向特隆赫姆展开一场断断续续的推进并前出到约半途的斯泰恩谢尔。在那里，他们遭到了持续不断的空中打击，小股德军在西面构成威胁，在特隆赫姆峡湾活动的德国驱逐舰也对纳姆索斯的部队施以骚扰性炮火，于是卡顿命令停止前进，并最终率部退回纳姆索斯。对联军部队来说，这是一场令人痛苦的行军和反向行军（他们没有把高射炮带至挪威[17]）。两股联军没能给特隆赫姆造成任何真正的压力，很快便重新登船并彻底离开了挪威：

翁达尔斯内斯的部队于 4 月 30 日至 5 月 2 日离开，纳姆索斯的部队于 5 月 1 日至 3 日撤离。

不过，另一场登陆执行得很好。4 月 15 日，英国第 24 禁卫旅在纳尔维克附近的欣诺吕岛登陆。与这场登陆相配合的是英国皇家海军实施的一场毁灭性打击，将停泊在那里的 10 艘德国驱逐舰悉数击沉，这就意味着德国守军（爱德华·迪特尔将军指挥的第 3 山地师）很难守住该镇[18]。迪特尔的部队在德国空军提供的空中保护伞外打得很好，似乎了证明德国的战争艺术并不那么精妙。两个德军师（第 2 山地师和第 181 步兵师）正从直线距离约 483 千米外的特隆赫姆赶来，但联军以海上登陆的小股部队骚扰与迟滞他们的推进。现在的联军是由英国、法国、挪威、波兰部队组成的一支强大力量，他们发起进攻，并于 6 月 3 日攻克纳尔维克。面对近乎绝望的态势，迪特尔率部撤至山区，思索着战死或在战争剩下的岁月里身陷囹圄的可能性[19]。但是，在德国对法国和低地国家发起规模庞大的进攻后，纳尔维克突然成了联军的一潭死水，他们仅仅把该镇当作一个登船归国的港口[20]。

相关历史倾向于把“威悉河演习”行动描述为一场海军战役。实际上，它是我们今天所说的“三栖战役”：涉及空中、地面和海上力量的紧密协同。三股力量都没有失败，但“两三行动”的策划和执行更是给人留下了极其深刻的印象。当然，德国人在这个领域并没有相关经验或历史传统。德国海军水面舰只（具体说来就是他们部署在纳尔维克周围的驱逐舰）的损失固然令人遗憾，但却无可避免。德国陆军部队以他们一贯的技能从事战斗，相关任务要求他们在没有全套现代装备的情况下展开积极进攻。坦克在这场战役中仅扮演一个小角色，但德军步兵证明了他们的勇气——谁也不会怀疑这一点。

可是，挪威战役真正的不同在于空中力量——德国空军使这场战役的胜利成为可能。第 10 航空军成为战役中无处不在的力量，他们在关键的头几个小时内粉碎挪威军队的抵抗及其筑垒地域；他们充当先锋，率领德军地面部队从奥斯陆展开一场两路推进，穿过于德布兰兹达尔和奥斯泰尔斯达尔，设法同特隆赫姆建立起可靠连接，这是一场殊为不易的行动；他们还迫使占据绝对优势的联军海上力量在大多数时间置身于战役外。最重要的是，当联军从海上登陆后，德国空军使他们相信，挪威这片不毛之地并不适合展开军事行动。战役伊始，德国人组织了一支由 500 架运输机构成的空中力量，这在迄今为止的战争中尚属首例（他们还拟制了详细的空运计划）。德军之所以能在特隆赫姆坚守遭孤立的阵地，完全是因为存在一座牢靠的、运送补给和援兵的空中桥梁。这做到了德国空军军官们所说的“战役空战”的最佳程度[21]。

1941 年 5 月，德国人发表了“一份”更富戏剧性的空降“声明”。刚刚完成巴尔干地区的一场成功的战役后，他们便再度迫使英国人仓促后撤，而这次发生在克里特岛[22]。与他们在敦刻尔克后的平静不同，德国人这次决定大胆进击。在第 11 航空军军长库尔特・施图登特将军的敦促下，德国人匆匆集结力量，准备在克里特岛实施一场空降。5 月 20 日清晨，克里特岛成为德军代号“水星”行动的空降突击目标。这是军事史上的又一个里程碑，是第一场完全由伞兵部队策划并实施的战役。这场行动的规模比德国人以往所做的一切尝试大得多，实施空降的将是一个完整的伞兵师，即威廉・聚斯曼将军指挥的第 7 航空师。为他们提供协助的是一个特别“突击支队”，编有 3 个伞兵营和 1 个滑翔机降步兵营。第 5 山地师有 2 个团位于希腊，待伞兵夺得一座机场后，就将空运至克里特岛。沃尔弗拉姆·冯·里希特霍芬男爵将军的第 8 航空军负责空中支援事宜，该军的实力相当强大：有近 300 架中型轰炸机、150 架 Ju–87“斯图卡”俯冲轰炸机、100 架 Me–109 战斗机和数量大致相当的双引擎 Me–110 战斗轰炸机[23]。

当日拂晓，克里特岛上空突然布满德军运输机。德军伞兵使用降落伞和滑翔机在岛屿约约 225 千米的范围内登陆。三个主要目标排列在克里特岛北部海岸约 112 千米的范围内。由西向东，这些目标分别是马莱迈与干尼亚之间地带、雷蒂莫的港口，以及伊拉克利翁。施图登特的伞兵正在各处着陆，施图登特称之为“散播油点”：小股德军部队遍布乡村，最终汇聚成一股更强大的力量[24]。同他们在丹麦和挪威的行动一样，德国人再次证明他们在执行既定方案方面的才能，这些分布范围很广的登陆行动及时而又准确。

不过，这场战役不像“威悉河演习”那般轻而易举。首先，空降克里特是一场仓促组织的临时性行动，德国人并未努力掩饰其空军力量在希腊的集结。利用“超级机密”收集到的信息，英联邦的策划者们战役开始前就知道了德军空降计划的每一个细节[25]。德国人降落时，守军已严阵以待。德军在各处的降落都遭到了猛烈的火力打击，并蒙受了巨大损失。相比之下，对于伞兵们将在克里特岛遇到些什么（从守军数量和编成到岛屿地形走向的一切），德军情报部门掌握的情况极不充分[26]。明明是敌人的阵地，在德国人的地图上却被标为“自流井”；阿利卡内奥斯与干尼亚之间公路上的某处标为“英军口粮补给站”（对伞兵们来说这是个完美的目标），但最后，伞兵们却发现那是一座筑有围墙的监狱[27]。第一波次空降行动从一开始就遇到指挥问题——聚斯曼将军没能进入克里特岛，仍在希腊领空时，他搭乘的滑翔机机翼断裂，这位师长不幸身亡；指挥马莱迈地域德军部队的欧根·迈因德尔将军也被敌人的火力重伤。因此，德国人在马莱迈与干尼亚之间展开的行动无人领导。

第二个问题是缺乏运输机——这还是准备时间不足所致。德军伞兵不得不分成两个波次降落：当日晨在马莱迈—干尼亚地域空降，下午在雷蒂莫和伊拉克利翁实施分散较广的空投。当后一场空投进行时，严阵以待的守军展开了一场“火鸡狩猎”，肆意屠戮无助飘落的德军伞兵。英军“黑色守卫”团团史描绘了随之而来的混乱：“每个士兵都选中一个在空中飘荡的目标，开枪射击，然后选择下一个目标，再次开枪。许多德国人在落地前已身亡，不少人挂在树上和电话线上，结果被打得满是窟窿，有些伞兵的降落伞缠在一起，像石头那样坠落，还有一架飞机被另一架飞机切断”[28]。后两场空降行动中，幸存的伞兵们疯狂地逃离他们的着陆区，并朝山区而去。

即便在降落后，位于四个地点的伞兵部队的情况依然岌岌可危。因此，当务之急是夺取一座机场的控制权。伞兵不同于常规步兵，他们具有超强机动性，但为此付出的代价则是缺乏重武器，因而无法同正规部队进行持续战斗。实际上，这些伞兵甚至没有带足常规轻武器。他们的武器装在单独的空投罐里投下，待降落后方可取回；许多伞兵跳伞时只带着 1 支手枪、4 枚手榴弹和 1 把军刀[29]。空降行动在守军如此猛烈的火力下进行，以至于德国人没能收回他们投下的大部分武器罐。直至当日结束时，德国人都没能夺取克里特岛上三座机场中的任何一个。

最后，是英联邦在克里特岛上指挥工作的混乱性挽救了“水星”行动。负责指挥克里特岛守军的是第 2 新西兰师师长伯纳德·弗赖伯格将军，在 4 月 30 日他获得这一任命时，他肯定不知道自己卷入到怎样的麻烦中。在希腊被德军粉碎的残缺部队，又一次被迫仓促疏散，克里特岛守军由完全不同的部队组成：1.7 万名英国士兵、6000 多名澳大利亚士兵、约 8000 名新西兰士兵，以及一支希腊军队（可能有 1 万—1.2 万人）[30]。倘若以足够的时间加以训练并确立适当的指挥程序，再赢得一两场胜利，这支军队就有可能成为一部运转良好的战争机器。但克里特岛的情况并非如此，一名军官指出：“我们就是个大杂烩。我们不知道自己人在哪里，也不知道敌人在哪里，许多士兵既没有步枪也没有弹药。要是有人朝你开枪，他可能是（a）敌人、（b）自己人、（c）不知道你是谁的自己人或敌人、（d）根本没人朝你开枪”[31]。导致指挥问题更加混乱的是克里特岛上站在联军一方从事战斗的非正规部队，他们捅死负伤的德军士兵或肢解死者。此外，希腊人俘虏的1.6万名意大利士兵也在岛上，这一点加剧了弗赖伯格和希腊国王乔治二世的负担。这么多部队奉命执行这么多任务，结果他们对德国人的空降行动完全没有协同一致的应对。发现德军空降的守岛部队做得很好，在大多数情况下都消灭了敌人。但克里特岛上大部分部队只是待在原地，等待着从未到来的命令[32]。

驻岛守军兵力超过德国人，但不对等的空中力量远远抵消了这一优势。令人难以置信的是，在战争进行到这一阶段后，英国首相温斯顿·丘吉尔居然要求弗赖伯格坚守克里特岛至最后一兵一卒，把苏达港变成“第二个斯卡帕湾”[33]，并期望他以30来架战机做到这一点（在这些飞机中，随时可投入使用的仅为半数），英国人其他的作战飞机必须用于埃及。弗赖伯格在第一次世界大战中赢得过“斗士”的名声，他获得的一枚维多利亚十字勋章可以证明这一点，但他知道，克里特岛的态势可能已无法挽回，特别是在伦敦方面告诉他别指望获得任何空中支援后。因此，在五月的大多数时间里，弗赖伯格都在力图把麾下残破不全的部队打造成一支军队的同时，眼睁睁地看着令人沮丧的场景：德国空军反复出动一个个战机架次，不受任何抵抗地把克里特岛北部港口和机场变成一座炼狱。战役开始后，守军预备队为他们沿道路的调动付出了血的代价：德军战机总是突然出现在他们上方。

克里特岛战役期间最著名的事件可能都同令人丧气的空中掩护相关。马莱迈机场很快成为战斗的焦点，德军伞兵集结后赶往该机场时，遭遇南面107高地的猛烈火力射击[34]。坚守该高地的是一个完整的英联邦步兵营，即第22新西兰营。5月20日，争夺107高地的拉锯战持续了一整天。这是一场混乱的战斗，没有明确的战线，双方的损失都很严重。在当日的战斗中，德国人的绝望感随着战斗的进程而越来越强——整场战役和第7航空师的存亡悬而未决。而第22新西兰营营长安德鲁中校也觉得自己已近乎穷途末路——部队伤亡惨重，同辖内连队的通信断断续续，下午晚些时候“玛蒂尔达”步兵坦克率领的一场反冲击，刚刚开始便发生崩溃。107高地争夺战是交战双方都缺乏战斗信息的一个典型战例，很有代表性的是，双方都觉得自己即将输掉这场战斗。

坏消息传至施图登特将军设在雅典布列塔尼大酒店的指挥部时，他肯定也有同样的感受。他的部队不仅没能夺得任何一座机场，还甚至不能说已获得一个安全的空投场。德军士兵在马莱迈占据了半座机场，这是地图上唯一一个接近于成功的地方。于是施图登特做出了一个大胆而又冒险的决定：第二天，第 5 山地师将在马莱迈登陆，哪怕该机场仍在英军炮火打击下。原先的计划要求第一批援兵在伊拉克利翁着陆（因为该镇位于岛屿北部海岸中央地带）。施图登特现在取消了原定计划，以便把自己所能拼凑起来的一切悉数投入马莱迈。此外，他还决定空降援兵，协助正在争夺马莱迈机场的突击团[35]。

对施图登特来说幸运的是，马莱迈周围的敌军也有自己的麻烦。安德鲁中校认为德军的实力远比实际情况大得多，加之担心德国空军的“长臂”，遂做出撤离 107 高地的致命决定。在今天对相关情况加以审视时，我们可以说这是个灾难性决定，但却并非不可理解。新西兰官方史公正地评价道：“在艰难的状况下，他不得不做出他的选择。”

他（安德鲁）度过了难挨的一天，一直试图在所有情况都不利于控制的状况下控制一场战斗。该营的内部通信几乎完全中断，而事实证明外部通信也极其糟糕。这一整天，他和他的指挥所一直遭到（敌机的）轰炸和扫射，这种严重的骚扰甚至达到这样一种程度：以往的训练和相关经验都无法有效应对。敌人的进攻方式相当新颖，因而引发这样一种感觉（事实上也的确如此）：周围和内部到处都是敌人。这场战斗以敌人突破我方防御为开始。第 21 和第 23 营没能提供他所期望和依赖的支援，这意味着对既定战斗计划的严重背离。他投入宝贵的坦克和第 14 排发起反冲击，这是他所能找到的全部预备力量，但均以失败告终。[36]

实际上，安德鲁当天大部分时间都在给他的上级——第 5 新西兰旅旅长詹姆斯·哈格斯特准将发电报，大意是如果援兵不能迅速赶至，他就不得不撤离 107 高地。哈格斯特手上还有两个营，但当日他们不仅要坚守自己的阵地，还不得不注意敌人在马莱迈东面实施的海上登陆（实际上还包括敌人的后续空投）。官方史多少有些宽恕地指出，他“误判了态势”[37]。当晚，安德鲁率领第 22 新西兰营向东退却，最终与其姊妹营（第 21 和第 23 新西兰营）会合。5 月 21 日清晨，德国人小心翼翼地登上 107 高地，却发现山上空无一人。

施图登特的孤注一掷符合德军指挥的最佳传统：灵活应对变化的态势，做出大胆而又危险的决定。日出时，Ju-52 运输机出现了。它们必须穿越英军火力一场真正的夹射，降落时，一些飞机被击毁，还有些飞机滑离仅有约 609 米的短跑道，就像一份德方报告所说的那样，跑道短小得像一张“邮票”[38]。很快，飞机燃烧的残骸和阵亡者的尸体散落在机场上。一架架飞机着陆，卸下物资，随即再次起飞。渐渐地，越来越多的飞机在简易跑道或在海滩上平安降落，运来一个装备精良的山地兵营。当日下午，山地兵营携带着轻型火炮投入机场及其周边的战斗。傍晚前，他们已沿崎岖的骡马小径攀上山峰，一举摧毁英军的火炮。克里特岛战役的转折点已然到来。虽然仍有激烈的战斗,但这场战役剩下的部分只是一场扫荡行动,英联邦军队冒着近乎持续不断的空袭翻越克里特岛山脊，进入南部的斯法基亚港并再度撤离（这次是退往埃及）。不管怎样，他们当中的一部分人顺利疏散，但仍有约 1.3 万名英联邦士兵落入德国人手中。到 5 月 31 日，战斗彻底结束[39]。

因克里特岛战役造成的长期影响,对它探讨仍很常见。支持空降观点的人认为,这场战役明确证明伞兵的巨大能力。施图登特的伞兵发起进攻，夺得被敌对水域环绕的一座岛屿，守军的兵力是他们的三倍，而且知道他们即将实施空降。但反对者指出，相应的代价太过高昂。德军伞兵师的规模并不大，只有 12000 人，却阵亡了约 4000 人,另有 2500 人负伤。这些精锐士兵非常宝贵,他们受过相关训练,具有高度专业化的技能，无法被轻易替代。施图登特本人把克里特岛称作“德军伞兵部队的墓地”[40]。这种损失似乎使希特勒相信伞兵的时代已告结束，他们现在已不再具有突然性[41]。德国军队此后再也没有实施大规模空降行动。但盟军显然学到了完全相反的教训，“水星”行动后，他们开始扩大并改进自己的伞兵部队，准备将其投入战斗。

那么，“水星”行动本身呢？从许多方面看，这是德军作战技能的一种反映。分秒不差的时机把握，地面与空中力量之间极为紧密的联系，德军步兵和炮兵冒着敌人的火力打击，轻松组成临时性特遣队，施图登特的伞兵冲入英军撤离 107 高地而造成的缺口——这些事情曾在德国军事史上出现过，日后也还会再度发生。整场战役非常大胆，就像施图登特指出的那样，涉及“我们的一个伞兵师、一个滑翔机团和第 5 山地师，该师此前从来没有空运的经历”[42]。当然，虽然克里特岛的胜利是一场艰巨的战斗，但并非不值得。

不过，这场战役存在的问题，是对德军后续作战行动的警告。这些问题可能源于德国人的过度自信——这场战争已持续近两年，德军地面部队在争取胜利的过程中还没有失败过。尽管如此，他们在空降行动发起前掌握的情况不仅仅是不充分的问题，几乎可以说是糟糕至极。他们对克里特岛上英联邦守军实力的估计，仅为实际数量的三分之一。另外，他们也没有实施反情报工作。德国人并未努力隐蔽运输机和空降部队在希腊的集结，这使英国人得以明确知道即将发生的事情。这些问题将在战争剩下的岁月里给德国人造成极大的困扰。作战艺术不仅仅是在战场上调动部队，出色的策划者会对自己即将施以打击的敌人展开调查，并设法隐瞒己方意图。“水星”行动这两点都没能做到。

对岛上确切情况的错误情报导致了另一个更令人震惊的问题。空降行动太过分散，根本无从实现作战的进攻重点，这与德国的传统战争艺术背道而驰。德国空军第 4 航空队司令亚历山大·勒尔将军以这些理由对战役提出批评：“构思任何一场作战行动，必须有一个明确的突破重点。可能的话，应避免分散。”[43]

德国人企图在克里特岛各处都体现强大，因而在任何一处都无法实现强大。特别是当日下午在雷蒂莫和伊拉克利翁的空降，完全是一场灾难。若非 107 高地上的英联邦军队做出不幸的决定，第 7 航空师的大部分官兵可能不得不在盟军战俘营里等待着战争的结束。任何一场作战行动，若是需要满载的运输机降落在一条遭受敌军炮火直接打击的跑道上，对时间的把握可能都太紧了些。

德国在北非的作战行动

德国在西部沙漠的作战行动同样显示出一种奇怪组合：非凡的卓越和惊人的马虎[44]混为一体。1940 年年末，意大利人已然在北非崩溃。理查德·奥康纳将军率领的英国军队对意大利人施以猛烈打击，在西迪巴拉尼打垮意军，追击他们穿过沙漠，于 1941 年 2 月在贝达富姆逮住对方并将其歼灭。阿道夫·希特勒认为自己别无选择，只能将德国军队派至该战区挽救他的盟友——这不是这场战争中的最后一次。他起初派遣的是一支小股部队，由第 5 轻装师部分力量组成。指挥这股部队的是埃尔温·隆美尔将军，此时在德国以外鲜为人知的是，一名曾在第一次世界大战中获得过高级勋章的“斗士”，并于“黄色方案”期间指挥第 7 装甲师取得卓著战果（该师也以“幽灵师”这个绰号闻名于世[45]）。

隆美尔赶至北非战区，对麾下部队（4 个意大利步兵师和“阿里亚特”装甲师）的状况加以评估，并亲自实施空中侦察，随后便做出了最具特色的事情：发起进攻。隆美尔 3 月 31 日从阿盖拉基地出击，对英军施以一连串打击，令对方目瞪口呆。

他首先在大批斯图卡战机支援下，一举粉碎英军设在卜雷加港的前沿阵地。在防线遭德军突破后，英军开始沿公路撤往艾季达比耶。隆美尔以三个同时遂行的突击展开了一场全面进攻。左侧，“布雷西亚”师和第3侦察营沿滨海公路推进，扰乱英军后撤。右侧，第5轻装师一部和“阿里亚特”装甲师侦察营将实施一场远程迂回，深入广阔的沙漠，穿过昔兰尼加这个庞大突出部的根部，赶往滨海公路上的德尔纳，并设法切断英军后撤路线。在这两股力量之间，隆美尔的装甲主力（第5装甲团，外加第5轻装师和“阿里亚特”装甲师部分力量）将攻往姆苏斯和迈希利[46]。

面对这场猛攻，英军防线发生崩溃。德军的推进记录看起来更像是昔兰尼加游记的一篇见闻录，而非一场军事战役记录。左路德意军4月2日夺得艾季达比耶，4月4日攻克班加西，4月7日占领德尔纳。中路装甲主力4月6日到达姆苏斯和迈希利，他们在那里缴获英军堆积如山的补给物资和包括汽油在内的各种储备（这将为德意军继续向东进击提供燃料），并俘获了英国第2装甲师师长和他的整个师部。次日，德意军先遣部队到达加扎拉，英军后方地域陷入混乱。4月6日，一支德军摩托车巡逻队拦下一辆在黑暗中徘徊、显然迷路了的汽车，发现车内坐着昔兰尼加英军总指挥菲利普·尼姆将军和理查德·奥康纳将军。两位英军将领被俘，宣告英军在昔兰尼加的指挥体系彻底崩溃，这一切仅仅发生在隆美尔发起进攻后的一周内。隆美尔告诉上级，这不过是一场“战斗侦察”[47]。

隆美尔的突击深深楔入英军设在利比亚的战略阵地之后方，这场猛攻形成一种势不可挡、令人难以置信的势头。这是奥康纳将军当初那场攻势的反向行动，但速度更快。此举导致英军防御陷入岌岌可危的境地。在英国人当初以一场戏剧性的胜利打垮意大利军队后，一系列的作战行动以贝达富姆的庞大歼灭战而告终，他们随后转入防御，并从前线抽调坦克和炮兵力量，对希腊战事展开极为拙劣的干预。也就是说，隆美尔并未击败英军装甲兵团，他在途中遇到的敌坦克寥寥无几。到4月11日，隆美尔包围了托布鲁克这座庞大的要塞，同时以小股兵团逼近埃及边境。很快，巴迪亚陷落，德意军通过塞卢姆和卡普佐要塞抵达边境线。这是一场最高速度的机动，跋涉的距离远远超过隆美尔在欧洲参与过的战事。不到两周，他已突破约965千米[48]。虽然尚未攻克身后的托布鲁克，但他至少已将意大利人丢失的所有地区悉数夺回。

一个传奇就此诞生。隆美尔赢得胜利的秘诀并不仅仅是他的进取精神——正如我们将看见的那样，所谓的进取精神不过是“双刃剑”这种陈词滥调的鲜活体现。相反，这是德军诸兵种合成作战的胜利：装甲部队与战术空中力量、机动步兵、炮兵（特别是反坦克炮）紧密协同。遂行进攻时，隆美尔将快速侦察部队部署在前方，反坦克炮紧随其后，步兵提供遮断和掩护。紧跟在前方掩护力量身后的是突击主力：准备同敌坦克交锋的装甲力量和摩托化步兵。在通常情况下，这种机动旨在诱使英军前移，进入德军设置的反坦克伏击圈。88 炮是一款声名卓著、射速很快的高射炮，实际上，隆美尔出色地利用这种武器从事了反坦克任务。到 1941 年年底，非洲军的两个高射炮营已击毁了 264 辆坦克，而击落的飞机却只有 42 架[49]。可是，为隆美尔的战线提供切实掩护的 88 炮数量实在太少。实际上，完成反坦克重任的是德军配备的 50 毫米反坦克炮，它给毫无戒备的英国人造成惩罚性损失[50]。然后，在幸存的英军坦克开始后撤的确切时刻，德军装甲力量发起了冲击，并深入敌军侧翼和后方。一旦装甲部队楔入英军后方，战斗就告结束。快速部队给敌人的交通和后撤路线造成了破坏，德军的突击势头会毫不停顿地保持下去，缴获的敌军补给物资通常会推动这一势头[51]。

英军的战术与德军截然不同。未获得支援的坦克向前冲击，攻入德军防线。他们通常会突破德军防御前沿，然后便遇到严阵以待的德军反坦克炮和炮兵连。德国人选择的发射阵地使他们能够打击到英军装甲队列脆弱的侧翼。随之而来的便是一场“射击训练”，持续的时间不会太长，难度也不大，战斗的结束似乎总是伴以被燃烧的英军坦克照亮的战场。在《铜墙铁壁》这部活泼的回忆录中，英军坦克指挥官罗伯特·克里斯普描述了第 3 皇家坦克团参与的一场战斗：

> 对坦克的设计和战术造成主要影响的是骑兵学派。这些战略家希望尽可能把坦克打造得像马匹那样，在战斗中的使用多少也与之相似。他们认为轻骑兵冲锋是从事战斗的正确方式，他们只是以坦克替代了战马……
>
> 第一场行动对那些早先参加过一系列骑兵团遭遇战的人来说非常典型。他们带着令人难以置信的激情和冲劲，以及激动人心的勇气投入进攻，只有军官和坦克的数量才使这种热情得到遏制。[52]

罗伯特·克里斯指出，他不得不学会权衡利弊，因为“英勇阵亡对你和你的军队没有任何帮助”。

最后，隆美尔首次向埃及边境的冲刺以失败告终。第9澳大利亚师的顽强防御守住了托布鲁克[53]（托布鲁克位于隆美尔的深远后方，是对德军交通与补给线的一个严重威胁）——这是德意军队在该地区实力匮乏的一个标志，隆美尔没有足够的力量包围托布鲁克，更别说将其攻克了。尽管如此，隆美尔还是怀着典型的进取精神尝试了一番。在“复活节之战”（4月10日—14日）和“突出部之战”（4月30日—5月4日）这两场交战中，守军教会了非洲军，阵地战的规则依然适用。搭载着步兵的德军坦克队列率先突击，试图攻破澳大利亚人的周边防御。遂行防御的步兵故意放这些坦克进入他们的防御地域，结果，德军坦克陷入大范围雷区。在被地雷困住后，坦克的机动能力严重下降，因而遭到火炮、反坦克炮和支援坦克直瞄火力的猛烈打击，德军步兵眼睁睁地看着他们的坦克一辆辆起火燃烧。整个突击部队遭到重创，第15装甲师师长冯·普里特维茨将军也是阵亡者之一。一名澳大利亚连长描述了混乱的场面：

> 路口布满深深的车辙印，以及坦克通过时卷起的尘云。另外，两辆燃烧的坦克就在铁丝网外腾起浓烟。我们用反坦克武器、布伦式机枪、步枪和迫击炮朝这片尘埃和烟雾开火射击，炮手们发射了数百发炮弹。我们打死许多企图强行闯过的敌步兵，还有不少敌人躲在防坦克壕内，后来被我们俘虏。我所能做的只是阻止部下们冲出铁丝网。德国佬就是一帮乌合之众。[54]

由于损失相当严重，隆美尔不得不取消进攻。

隆美尔清楚地知道刚刚发生了什么，与任何一个同时期并受过培训的德国军官相比，他同样也很清楚战争的两种基本类别。在托布鲁克，德军首选的是运动战（Bewegungskrieg），但这种作战样式却突然让位于了对代价需求更为高昂的阵地战（Stellungskrieg）：

> 我们在这场冲击中阵亡、负伤、失踪了1200多人。这表明当作战方式从运动战转为阵地战时，伤亡曲线的上升是多么急剧。运动战中，重要的是物资，这是对士兵的必要补充。没有坦克、火炮和车辆，哪怕最优秀的战斗人员在运动战中也毫无价值。因此，对于一支快速力量而言，即便是人员未遭受严重伤亡，坦克的毁灭也会导致其丧失战斗力。阵地战则不然，对于手持步枪和手榴弹的步兵而言，

没有坦克并不会让其丧失战斗力。此外，用来对付敌坦克的反坦克炮和障碍物会为他们提供掩护——对他们来说，最重要的敌人是进攻中的敌步兵。因此，阵地战始终是消灭敌有生力量的斗争，而形成鲜明对比的是，在运动战中，一切措施都是为消灭敌人的物资。[55]

所有战区内，这两种战争类型的区别在北非表现得最为明显。用战后为美国陆军从事研究工作的一名德方人员的话来说，就是“交战双方很快便明白，未实现摩托化的部队在沙漠战中毫无价值，根本无法抗击已实现摩托化的敌人”。他们认为，沙漠中的战斗“由于交战双方普遍使用机动部队，因而会呈现出一种全新作战方式，根本无法套用军事史上的任何先例”[56]。实际上，拥有意志坚强形象和直率声誉的隆美尔，也是摸索着向前，率领部队进入一个未知世界的。

虽然托布鲁克的失败导致运动战暂时无法实现，但隆美尔的首场战役已取得了极大的胜利。他成功羞辱了驻守在非洲的英国军队，重新夺回了整个昔兰尼加，并在此过程中为德国摇摇欲坠的盟友提供了支撑。最重要的是，隆美尔现在掌握大量物资——这是个关键因素，因为他跨越地中海的补给线并未得到确保。现在，整个非洲军编有三个德国师（最初的第5轻装师于1941年10月改编为第21装甲师，外加第15装甲师和第90轻装师），隆美尔觉得自己可以乐观地看待该战区的后续作战行动。交战双方现在都已停止行动，为部队提供休整补充和再补给——这是沙漠战中必须考虑到的重要因素。

率先发起进攻的是英国人，这也建立起这场战争中的一个模式。时间优势在隆美尔的敌人那一边，因为他们可以利用一切战役间歇囤积补给物资，效率远远超过隆美尔。1941年11月18日，英军发起对隆美尔的首次攻势——“十字军”行动[57]。新近组建的第8集团军由艾伦·坎宁安将军指挥，计划以两个军打击德国人。在沙漠战这一阶段，这并不是一个非常大胆或富有想象力的计划。一股庞大的装甲力量（第30军）将绕过隆美尔的南翼并占领贾卜尔萨莱赫——他们会在那里等待隆美尔逼近，从而展开一场装甲大军间的激烈厮杀。若是英军能粉碎德军装甲主力后，另一支英国军队（第13军，几乎完全由步兵兵团组成）将对轴心国军队设在塞卢姆的阵地展开正面冲击，达成突破后赶去救援托布鲁克。

这个计划显然没有体现出运动战的精神。第30军的坦克（主要是第7装甲师的3个旅）将向前推进一段距离，然后停下脚步，等待德国人来找他们。此外，英军将部队分成坦克军和步兵军的做法也不可取。而德军与英军恰恰相反，总是以诸兵种合成作为一切推进的可靠基础。坎宁安当时写道："我有时候不禁想知道，何种编成才是正确的。替代方案或许应该是混成集群。"[58]尽管如此，兵力、坦克和火炮数量上的巨大优势应该让坎宁安有足够的本钱对付隆美尔。

虽然，战果喜忧参半，但实际上坎宁安却对此深感不安。第30军的侧翼迂回很快便遇到麻烦——几个英军装甲旅隆隆赶往贾卜尔萨莱赫，但德国人却对此毫无反应。结果，英军部队漫无目的地打转，队伍也发生混乱。克里斯普少校描述了当时的气氛：

天色放亮后，鬼知道是从哪里射来的炮弹开始落在我们当中。看不见的炮火让人心里发毛，还击也没能起到心理抚慰作用。我们刚刚散开便接到报告，敌坦克对我营右翼发起攻击。我们利用车身组成的掩体，准备应对敌人这一威胁，可没过半小时，又有报告称他们在进攻我们的左翼。事实证明，这一威胁同样含糊不清，我们呆坐了两个小时，凝望着天空和沙子。我看见远处一队车辆正在补充汽油，但无从确定是敌是友。其他人也不知道。[59]

第22装甲旅终于在英军前进队列最左侧的古比井同敌坦克发生接触，但对方根本不是德国人，而是"阿里亚特"装甲师的意大利人。双方很快便在那里展开一场彻头彻尾的坦克混战，英军第22装甲旅几乎悉数投入其中。英军坦克对意大利人的鲁莽冲锋并不比他们先前对德军的进攻更具效力，该旅很快便向后溃退。

之前策划进攻计划时，第13军军长曾要求用部分坦克提供侧翼掩护，以防隆美尔采取某种惯用的大胆之举。因而坎宁安派第4装甲旅担任掩护任务——这样一来，英国装甲军只剩下一个旅，即第7装甲旅[60]。该旅隆隆驶向贾卜尔萨莱赫并越过该镇，于11月20日赶往位于西迪拉杰格的机场。这个消息令坎宁安深感振奋——那里发生了一场坦克战，而德国人似乎正在逃离。

西迪拉杰格发生的事情很快就打消了他的这种想法。在那里，第7装甲旅与非洲军几乎全部装甲力量发生接触。隆美尔起初认为"十字军"不过是一场牵制行动，意图阻止他对托布鲁克发起进攻。如果故事不是杜撰的话，他首先是从BBC广播电台的报道中获知了这是英军一场全面进攻——这场行动的规模和范围令他深感震惊。最后，隆美尔把他的装甲力量部署在公路上，并率先赶往贾卜尔萨莱赫。在那里，德军第 15 和第 21 装甲师与英军第 4 装甲旅一部发生了交战（坎宁安已将该旅调离“保姆”任务）。经过一场没什么结果的小冲突后，两个德军装甲师转向北面和西北面，攻往西迪拉杰格，并于 11 月 21 日从后方撞上英军第 7 装甲旅。由于英军配备的主力坦克是装甲较薄的“巡洋坦克”和美制 M-3“斯图尔特”骑兵坦克（英国人称之为“甜心”），结果遭到了德军坦克的痛击，损失相当惨重。11 月 22 日，另外两个英军装甲旅赶至战场，战斗的血腥和混乱程度进一步上升。机场附近呈现出了一幅令人难以置信的场景——布满了被击毁的飞机和烧毁的坦克，英联邦步兵兵团漫无目的地乱转，等待着命令，不知道该如何参与战斗[61]。次日前，英军几个装甲旅的残部终于撤离机场。当天的战斗相当惨烈，但夜幕降临时幸运女神眷顾了德国人——德军第 15 装甲师在无意间打垮了英军第 4 装甲旅旅部，该旅是英军最后一支相对完整的装甲部队[62]。

装甲力量的毁灭使坎宁安彻底精神失常，次日晨，他冷静了下来，并下令全面后撤，退回埃及。可是，坎宁安麾下几名军长建议继续进攻，就连中东英军总司令克劳德·奥金莱克将军也支持他们的意见。第 13 军自 11 月 20 日以来一直在实施正面进攻，并取得了良好进展，打垮了塞卢姆至哈法亚山口的大部分德意军防线。这些建议继续进攻的将领们都很清楚，隆美尔在西迪拉杰格的战斗中同样损失惨重。作为“十字军”整体计划的组成部分，托布鲁克守军发起的进攻将对隆美尔的后方构成威胁，他肯定无法同时应对所有威胁。因此，“十字军”行动得以继续进行。

隆美尔的处境当然也很危险。到 11 月 23 日晨，他仅剩最后 100 辆坦克，两个装甲师所受的损失并不亚于昨日遭到他们痛击的对手。而且来自四面八方的威胁依然存在。就在此时，隆美尔决定采取他整个职业生涯中最大胆，最具争议的举措——11 月 24 日，他命令自己所能拼凑起的所有车辆“冲向铁丝网”，这是一场深入英军阵地后方的大胆突袭，直至埃及边境的铁丝网。在这场疯狂突袭的过程中，他接连打垮英军第 30 军军部、第 7 装甲师、第 1 南非师、第 7 支援群和第 7 装甲旅，所到之处给英军造成了极大的恐慌。而且，隆美尔差一点就俘虏了正在视察第 30 军的坎宁安本人。当这场突击终于停顿下来之后，隆美尔不知道的是，他距离第 8 集团军司令部和 4 个英军师的整个储水库已不到 24 千米。

大多数人都很难理解隆美尔的这场冲刺，而且也很难为之兴奋激动。更值得注意的是，这番冲刺毫无作用。虽然英国人的交通工具不得不散开（这肯定会让

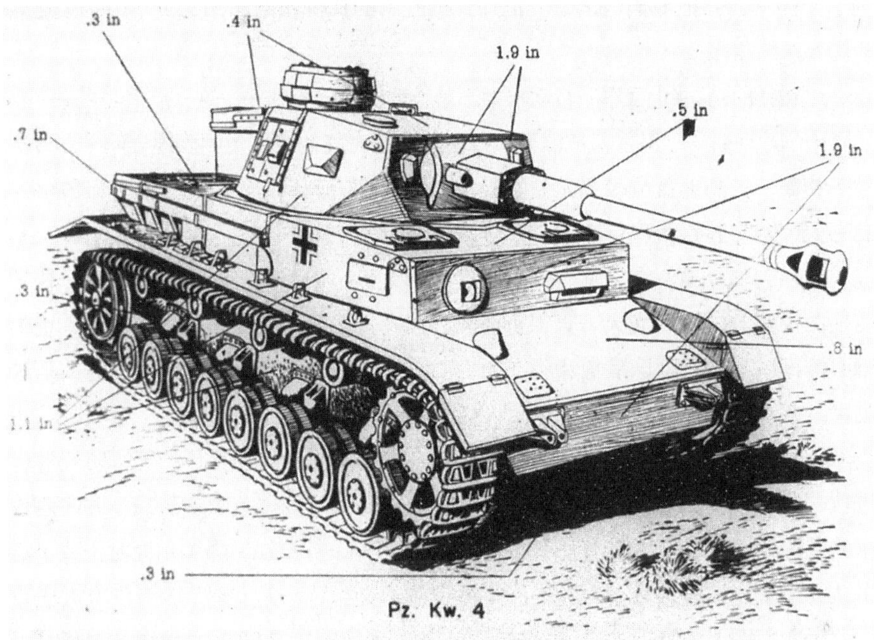

▲ 详细描述德军1942年两款主战坦克（三号和四号）装甲厚度的示意图，摘自底特律坦克兵工厂战时文件。注意，关于三号坦克的文字说明是错误的，这款坦克搭载的是一门50毫米主炮。美国陆军坦克机动车辆与军械司令部（TACOM）提供。

第 8 集团军迅速摆脱救援托布鲁克的时间表），但是，英军作战部队留在原处，可通过两座前进补给仓库获得补充。因此，隆美尔并未构成对英军补给线的威胁。德军部队现在混乱不堪，一周来几乎持续不断的作战行动使他们疲惫不堪，他们的补给状况再度恶劣，其装甲部队为这场冲刺集结时，轴心国军队在该地区的所有补给车队都暴露在外。此外，隆美尔本人的指挥部也面临着来自托布鲁克内部和外部的威胁，开始越来越紧迫地要求他返回，并带回他为应付激烈战斗而抽离的作战力量。这场冲刺于 11 月 27 日结束，德军部队返回出发处，但此时他们面对的是已获得三天休整补充时间的英军兵团[63]。

更令德国人难以接受的是，托布鲁克守军已成功突围，他们翻越南面的杜达断崖，并同新西兰军队会合。西迪拉杰格的后续战斗混乱不堪，是一场僵局，双方的损失都很惨重。到 12 月 4 日，无计可施的隆美尔只得撤回托布鲁克西面的加扎拉一线，在遭到英军不太激烈的追击后，隆美尔的补给物资已耗尽，再加上损失相当严重，他决定一路退回 3 月份发起进攻的阿盖拉。虽然“十字军”行动重创了非洲军，并把他们逐出昔兰尼加，但胜利的代价相当高昂，英军的损失比轴心国军队大得多。

更糟糕的是，“十字军”行动根本不是一场持久的胜利——这一点很明显——虽然隆美尔遭到痛击，但并未被消灭。沙漠战也许比其他战事更明确地表明：与歼灭敌军相比，控制地盘是多么无关紧要[64]。在阿盖拉没待几周，隆美尔便于 1942 年 1 月重新发起进攻,再次打垮了前方的英军部队,并重创了对方的装甲师。当年 2 月，隆美尔回到加扎拉。在这里，疲惫再度降临，自“十字军”行动发起以来，快速变换的局势与猛烈的交火一直很折磨人，因此，在接下来四个月里，据守阵地的轴心国部队和英军部队隔壕相望，他们的阵地越来越像第一次世界大战时的那种类型，配有堑壕、铁丝网和机枪巢。尤其是在英军一方，筑垒暗堡、密集的防坦克障碍物和反步兵地雷主导着防线。当年 5 月，隆美尔对加扎拉的英军防线发起进攻，这场战斗极为混乱。隆美尔的主力一如既往地绕过英军主防线，并向西攻击前进（也就是攻往他的出发阵地），以期打通一条补给线。隆美尔同时击败了英军从各个方向展开的攻击，这场战斗被称作“大锅”不无道理[65]——没有人愿意被敌军四面围困。隆美尔最终打破了加扎拉的僵局，他的部队一路向东，于 6 月 20 日—21 日攻入托布鲁克这座去年曾让他大败亏输的要塞。

随后，隆美尔继续向前攻往埃及，并越过边境线，最后停在了阿拉曼附近。

在这里，盖塔拉洼地的南面有一些坦克无法通行的盐碱滩，阻止了该方向上的一切侧翼机动。隆美尔要想取得突破，就必须展开一场正面突击。虽然隆美尔的兵团实力不足，且经过穿越沙漠的长途跋涉后疲惫不堪，但他还是下令于 7 月 1 日投入进攻（史称第一次阿拉曼战役），在经过一个月的拉锯战之后，非洲军没能突破英军防御。隆美尔的第二次进攻从 8 月 31 日持续到 9 月 2 日，并重点打击了阿拉姆哈勒法山脊（它掩护着英军阿拉曼阵地的后方）。由于缺乏燃料，加之英军的顽强防御，隆美尔的进攻再度受挫，坦克遭受严重损失。在这两场战斗中，美国根据租借法案提供的装备为加强英军的防御发挥了重要作用——特别是 200 多辆 M–3 李 / 格兰特中型坦克的到来（这些坦克配备了 37 毫米和 75 毫米火炮，前者安装在炮塔上，后者固定于车身右前方，披挂的装甲几乎不受德国人任何攻击武器的影响[66]）。

隆美尔 1942 年在沙漠中的猛烈冲刺使他的部下们疲惫不堪，装备也严重耗损，并导致他的补给基地远隔千里。根据这个奇特战区铁一般的逻辑，对对手发起一场反突击的时机已然成熟。10 月下旬，获得美式装备（特别是李 / 格兰特坦克）后实力大增的英国第 8 集团军在阿拉曼展开了一场庞大攻势，指挥该集团军的是伯纳德 · 劳 · 蒙哥马利将军。蒙蒂（蒙哥马利的昵称）是个军事天才，也是这场战争中最具争议的人物之一，许多崇拜者视他为英国的救世主，而同样众多的批评者则认为，他是个狂妄自大的吹牛大王，根本拿不出任何证据支持他无耻的自我吹嘘[67]。一如既往的是，真相介于二者之间。在许多人看来，蒙哥马利显然是个令人讨厌的家伙，甚至连他自己也这么看——正如他在阿尔及尔召开的一次讨论入侵西西里岛计划的会议上所说的那样："我很清楚，许多人认为我是个讨人厌的家伙。我觉得很可能的确如此。"[68] 但同样可以确定的是，蒙哥马利也是一个谨慎的指挥官——他曾将"忍受痛苦和准备应付每一个可预见的意外事件的无穷能力"列为"赢得战争的基本要素"[69]。的确，谨慎是 1942 年年末英军指挥部门的先决条件。一个考虑不周的作战计划（例如派远征军赶赴希腊参加防御——这支部队几乎刚一到达便不得不撤离，以及是"十字军"行动），在这个时刻对英国人来说会是一场灾难。

虽然蒙哥马利在兵力、坦克、战机、卡车和火炮方面占有压倒性优势，但他必须谨慎制定阿拉曼战役计划[70]。在这里有两个关键因素。第一，蒙哥马利掌握着英国最宝贵的野战集团军之一，而且在战役初始阶段，地形也不允许他采用除正面进攻以外的其他作战方式，正面进攻的代价必然会高昂。第二，北面的大海，南面 72 千米宽的盖塔拉洼地，使轴心国各个师排列在他前方。许多分析人士对蒙哥马利指挥的阿拉曼战役大加批评，却提不出任何更好的建议。蒙哥马利对相关问题的描述如下：

第一，在敌人的阵地上打开个缺口。

第二，以配备强大装甲和快速部队的第 10 军穿过该缺口进入敌方区域。

第三，随后发展行动，继而消灭隆美尔的军队。[71]

第 30 军辖内的步兵师（第 9 澳大利亚师、第 51 高地师、第 2 新西兰师、第 1 南非师、第 4 印度师）承担了艰巨的任务——他们将在坦克的紧密支援下，沿一段非常狭窄的通道展开正面冲击，并突破隆美尔布设的雷区和铁丝网。一旦步兵师他们取得成功，第 10 军编制内的装甲师（第 1 师与第 10 师）将投入战斗，冲过缺口，向德军的深远后方进行追击。最显而易见的批判是英国人仍拘泥于“关乎调整线和严格时间表”的传统战役观念，但这已超出蒙哥马利的个人成败，这是英国从事战争的方式。但蒙哥马利本人似乎很少考虑“继而消灭隆美尔的军队”该如何实施，在哪里实施，以何种兵力实施。打开缺口，穿过缺口，追击隆美尔——这就是他对这场战役的愿景总和——而这也是他被批判的另一个原因所在。

事实证明，就连这种保守的计划可能也有些过于乐观。10 月 23 日至 11 月 2 日，蒙蒂的步兵发起冲击，并获得了空中力量和火炮大力支援。但英军进展缓慢，伤亡极大。这是一场消耗战，蒙蒂最后不得不在 11 月的头两天的夜间实施的“增压”行动中，抽调第 10 军的装甲师协助达成突破。当然隆美尔的损失也很严重（消耗战必然如此），到 11 月 3 日，最后的预备力量消耗殆尽之后，他别无选择，只得放弃阿拉曼的阵地向后退却（轴心国军队这次一路退至突尼斯才停下脚步）。以前的瓶颈地阿盖拉已派不上用场，因为美国和英国的军队已于 11 月 8 日在卡萨布兰卡至阿尔及尔的北非海岸实施了两栖登陆。“火炬”行动迅速发展，战区内的维希法国军队只进行了零星的抵抗。隆美尔陷入了腹背受敌的困境。可是，以装甲力量达成突破后，蒙蒂的追击却显得太过“悠然自得”。隆美尔从而让将他的残部撤离了利比亚——隆美尔职业生涯中的沙漠阶段就此结束。

阿拉曼战役是一场与英国军事学说高度吻合的战役。该战役受到限制且独立进行，需要的兵力较为有限，而且从一开始就阻止了敌人的机动。许多人指责蒙哥马利的追击太过拙劣或没能以足够的活力展开追击，但他们并没有意识到这是第8集团军第一次真正战胜其对手，而隆美尔在过去更是一次次从显而易见的失败中发起猛烈的反冲击。从这个角度上来看，蒙哥马利“缺乏冲劲的进攻”反而更具防御性。

评估德军在沙漠战区的表现不是件容易的事，甚至比评价隆美尔这位作战指挥官更难。需要考虑的因素很多，需要提出的问题也很多。最关键的问题是，该战区对德方规划者（从希特勒往下）到底有多重要？他们无疑没有在物资和补给方面耗费太多。判断一个在次要战略地区（这可能是德国人对北非的看法）所发生的事情，与判断在决定性战区所发生的事情截然不同。虽然有人认为，由于隆美尔的指挥部隶属意大利最高统帅部，所以对作战动态有一定影响，但研究这些战役的大多数人将之视为一种事后观点。实际上，如果希特勒仅仅是想支持他的意大利盟友，那么非洲军实现了这个有限的目标，甚至完成得更出色。

隆美尔是历史上最伟大的战地指挥官之一，他有很多优点，并具有历史上伟大统帅的所有魅力：他身先士卒；他有着旺盛的进取精神，甚至会从弱势地位发起积极进攻；他喜欢实施大胆的机动，选择时机的意识也非常敏锐，对战役的发展有一种直觉。但是，隆美尔作为一名指挥官，特别是集团军司令，也存在一些缺点。在激烈的战斗中，他由于太过富有进取精神而变得急躁，甚至是鲁莽（“冲向铁丝网”就证明了这一点）。后勤和补给领域令隆美尔深感厌烦。但是，补给是沙漠战争的核心问题。由于补给短缺，隆美尔首次进攻托布鲁克未获成功，而他未能在阿拉曼和阿拉姆哈勒法取得突破，仍与缺乏补给有很大关系。此外，隆美尔还反对轴心国军队登陆马耳他（此举将确保从欧洲为他提供补给的交通线），事实证明这是个灾难性的错误。一些德国军官在战后撰写的文章中承认北非战争中后勤的重要性：

> 在非洲作战的德国和意大利军队没能获得充分增援或补给。无法保持补给运输并非负责运送物资的德国或意大利相关部门的任何失误所致，完全是因德意作战指挥部未能成功确保通往非洲的运输路线畅通所造成的。[72]

的确如此，比如在阿拉曼进行的那一场“物资战”。

让我们再更深入地探讨一番。在北非，诸如情报、反情报、补给与后勤这些“非战场”因素再次对战役层面的作战产生重要影响，对德国人的战争进程造成破坏。德国人已在欧洲发展出了他们的“运动战学说（高度机动的作战行动将带来迅速且具决定性的胜利）”，这成为欧洲战区和温带气候下的标准。但如果把这个标准移植到一个截然不同的战区和严酷的沙漠条件下，这种看待战争的方式却被证明是狭隘与不充分（其不足之处在苏联甚至表现得更加明显）。从这个角度看，隆美尔的优点和缺陷是德国战争的方式的典型反映。敌军指挥官，特别是装甲部队指挥官，在离他不到 8 千米的距离内展开战斗，这一点不免令人感到遗憾。不过，在作战风格方面，隆美尔无疑是北非的胜利者——在两次穿越沙漠的过程中，他多次重演了穿越法国北部“奔向海峡”的壮举。

失败：德国在东线的作战行动

入侵苏联的“巴巴罗萨”行动，给德国军队带来了“最辉煌的胜利和最具灾难性的失败”[73]。但无论以任何标准来进行衡量，这都是军事史上最为宏大的战役（涉及了约 300 万德国和轴心国士兵）。入侵初期同德国军队并肩战斗的有扬・安东内斯库元帅率领的两个罗马尼亚集团军，以及卡尔・冯・曼纳海姆元帅指挥的芬兰军队。最后，匈牙利、意大利、斯洛伐克和克罗地亚的军队也参与其中，甚至还包括西班牙的一支精锐部队——“蓝色”师，以及各被占领国家（法国、丹麦、挪威和其他国家）组建的志愿者部队（他们加入武装党卫队从事战斗）。当然，这也是有史以来最残酷的战争之一——其战略目标完全是消灭苏军和希特勒所说的“推翻苏联”。从作战方面来看，“巴巴罗萨”计划要求德国军队在一场庞大的战役中占领苏联的整个欧洲部分，并将部队推进到阿尔汉格尔—阿斯特拉罕一线，这个计划的疯狂程度哪怕在今天看来依旧令人咂舌。尽管太平洋的战斗也很残酷，但“巴巴罗萨”更是一场“毫不留情的战争”，交战双方是人类历史上两个“最野蛮的政权”[74]。战争结束时，从莫斯科到柏林，沿途满目疮痍，约有 2500 万人丧生。

“巴巴罗萨”行动的开局德国人取得了令人瞩目的成功。德国人于 1941 年 6 月 22 日清晨发动入侵，几乎完全达成了突然性。最初几个小时强有力的空袭将苏联空军主力消灭在地面上，苏军损失 2000 多架战机。德国军队随即展开三路推进：“北方”集团军群在冯・莱布元帅的率领下赶往列宁格勒；费多尔・冯・博克“中央”集团军群和德军战斗序列中的大部分装甲兵团攻向莫斯科；格尔德・冯・伦德施泰特元帅率领“南方”集团军群攻入乌克兰。四个庞大的装甲集群充当先锋：“北方”集团军群辖一个（埃里希·赫普纳将军指挥的第4装甲集群）；“中央”集团军群辖两个（赫尔曼·霍特将军指挥的第3装甲集群和海因茨·古德里安将军指挥的第2装甲集群）；“南方”集团军群辖一个（埃瓦尔德·克莱斯特将军指挥的第1装甲集群）。与近期德军从克里特岛到北非实施的战役不同，东线至少有一个清晰可辨的进攻重点：战线在莫斯科地区，沿比亚韦斯托克—明斯克—斯摩棱斯克方向进行。“巴巴罗萨”战役有可能受到的主要批评是装甲力量太过分散，毕竟有两个满编装甲集群部署在北面和南面的非决定性地域。这种安排暴露出希特勒与陆军总参谋部对“巴巴罗萨”行动目标已存在严重分歧的事实：总参谋部认为主要目标是莫斯科，而希特勒却认为主要目标在两翼，特别是乌克兰的经济资源区。

北面，德军迅速征服波罗的海诸国——这几个国家1940年刚刚纳入苏联。赫普纳装甲集群在战争爆发后的头五天迅速完成赶往列宁格勒的半数路程。担任该集群先锋的是第56装甲军，军长埃里希·冯·曼施泰因将军正是“黄色方案”的构思者。曼施泰因率领该军在首日推进了约80千米，并于战争头四天取得约300千米的进展[75]。同德军相配合的是芬兰人从北面发起的进攻，芬兰人称之为“继续战争”，列宁格勒很快陷入合围。

“中央”集团军群的进展极为惊人，霍特和古德里安的装甲集群在两翼行动，然后向内转，从而形成一个个合围圈。到6月26日，一个巨大的包围圈在比亚韦斯托克构成，之后是在明斯克形成的第二个包围圈，然后是7月份在斯摩棱斯克出现的第三个包围圈。苏联红军在这些合围战中的损失令人震惊：例如，德国人在明斯克俘获了33万名苏军士兵。在“巴巴罗萨”战役头七天，古德里安装甲集群取得惊人的434千米的进展。这不仅仅是一场机动，其中还包括了大量艰巨的战斗。

只有南方的进展较为缓慢，这种耽搁主要是因边境的结构所致。伦德施泰特前进中的部队必须穿过一个“瓶颈”——这条狭窄的通道位于西南方喀尔巴阡山与东北方无法通行的普里皮亚季沼泽之间。实际上，这片沼泽迫使任何一个试图从西面发起进攻的入侵者都不得不把兵力分散部署在沼泽地南面和北面。因此，伦德施泰特率部推进时，多多少少要解决这方面的问题。尽管如此，德军装甲部队也于7月底从那里进入了开阔地域，8月份在乌曼包围苏联红军部队，而罗马尼亚军队则攻往苏联南方的主要港口敖德萨。

对德军统帅部而言，“敖德萨”行动的开头几个月无疑是令人满意的，不仅因为他们的军队赢得重大胜利，还因为这些胜利证明了德国人确立的战争学说的有效性：短暂而又快速的战役将形成庞大的包围圈。若说德军总参谋部有一种“坎尼情结”，那么，“敖德萨”是坎尼会战的又一次重演。这也是运动战最辉煌的时刻，是200年来为之不断训练的真正顶点。7月3日，德国陆军总参谋长弗朗茨·哈尔德将军在日记中写下了著名的评论，“对俄国进行的战役在14天内取得胜利”因为德国军队已粉碎德维纳河和第聂伯河以西的苏军主力。有趣的是，他又补充道，“当然，这场战争并未结束。鉴于领土的范围和敌人采取一切手段实施的顽强抵抗，还将耗费我们许多周时间。”[76]

哈尔德将军的这番话真可谓是有先见之明。随着德军装甲力量越来越深入苏联腹地，一些问题开始出现。首先是敌人的性质。虽说苏军遭到战争史上前所未有的猛烈打击，但他们顽强防御，而且一直没有停止过反击——这些临时实施的反击大多较为拙劣，可还是给德国军队造成了破坏。例如在“巴巴罗萨”战役的头几周，基辅特别军区司令员M.P.基尔波诺斯将军在乌克兰投入了不下4个步兵集团军和6个机械化军打击入侵者[77]。苏军投入的力量，远远超过德国军队以往遭遇到的抵抗的规模。德国情报部门完全没有意识到苏联军事动员的庞大规模，这一点同他们在克里特岛和沙漠中的失败如出一辙。例如，苏联政府到6月底已征召起了500多万人的预备力量。德国人战前估计苏联有300个师，可到了12月，苏联人却掌握着600个师。世界上没有哪支军队能像苏联红军那样，损失100个师后仍能在战场上继续战斗[78]。

不仅苏联的人力资源看似无穷无尽，他们的装备也比德国人一直以来以为的好得多。特别是苏联的坦克，比德国军队拥有的任何一款战车都要好。配有独特的斜面装甲的T-34中型坦克，对沿通往莫斯科的道路前进时首次遭遇这种坦克的德国人而言是一个巨大的冲击。而重型KV-1坦克则更是个庞然大物，德国人的反坦克炮根本无法击穿其装甲板。因此，尽管赢得了胜利，但德军的伤亡相当高，而遥远的距离给德军坦克造成的磨损也比以往其他战役严重得多。这与“黄色方案”截然不同，绝非那种前进160千米便能赢得胜利的战争。

希特勒的干涉始终是这场战争中一个颇具争议的话题。当年8月，随着苏联红军遭受重创，通往莫斯科的道路已然敞开，希特勒开始担心南北两翼的缓慢进展。当然，从态势图上看，“中央”集团军群的进展远远超过两翼友军。希特勒下令从霍特装甲集群中抽调一个军，派往北面协助对列宁格勒的进攻。严重偏离“巴巴罗萨”原定计划的是，希特勒命令整个古德里安装甲集群转身向南，协助合围乌克兰的苏军部队。克莱斯特率部从西面而来时，古德里安装甲集群从北面俯冲而下，从而使德军在基辅形成一个庞大的合围圈——他们困住苏联红军四个集团军（第 5 集团军、第 37 集团军、第 26 集团军、第 21 集团军），共俘获 66.5 万名苏军士兵[79]。具有讽刺意味的是，斯大林的横加干预至少要为这场惨败承担部分责任——以及特别是因为他下令任何擅自撤离基辅的人都将被枪毙。

德国人在基辅赢得的胜利令人叹为观止，这也许是有史以来最伟大的战役成就。但这场战役也需要加以仔细评估。一方面，不能简单地把这场宏大的胜利，以及整个战区的敌军几乎彻底灰飞烟灭视为一个“错误”。这不仅仅是德国的传统，也是由古至今军事历史的共同智慧，即军事行动的真正目标是消灭敌人的有生力量，而非占领其领土。消灭敌人，你就可以好整以暇地做你想做的一切，得到你想得到的领土。但是，德国人的确在这场基辅分兵中失去了某样东西，而且再也无法得到——这就是时间。若没有这场分兵,古德里安也许能在 9 月份攻占莫斯科，这与 12 月再攻占莫斯科有很大的不同。

最重要的是，让大军在赶往莫斯科的途中停下，并把“中央”集团军群的装甲力量调离，希特勒此举违背了自腓特烈大帝以来的德国军事行动的基本原则——所有行动必须有一个突破重点。用保罗・冯・兴登堡元帅的话来说就是“一场没有突破重点的战役就像一个没有个性的人，只能听从于命运的安排”[80]。自 6 月下旬战争爆发以来，莫斯科便是“巴巴罗萨”行动的突破重点。到 8 月份，这个目标不再那么重要，这是初期计划不佳或希特勒和德军指挥官们表现出一种不合情理的冲动的标志。在此背景下值得一提的是，为协助夺取列宁格勒而向北方的分兵，绝对是对兵力的一种浪费。德国人于 9 月 9 日攻入列宁格勒的尝试是一场灾难，因为他们的坦克陷入了列宁格勒军民构造的防坦克壕和障碍物网内。

直到当年 10 月，“中央”集团军群才重新收回其装甲力量，并再次准备攻往莫斯科。这次不再是“巴巴罗萨”行动,而是“台风”行动。德军三个装甲集群（第 4 装甲集群、第 3 装甲集群、第 2 装甲集群）以一连串向心突击攻往苏联首都。用两次世界大战期间反复出现过的一句话来说就是，情况再度对德国人变得有利起来。德军装甲部队在维亚济马困住苏联红军六个集团军的残余力量，随后在布良斯克包围了苏军的另外三个集团军。在这两场战役中，超过 75 万名俘虏、1200 辆汽车和 5400 门火炮落入德国人手中。虽然苏联人设立起了一道道防线，但被德军装甲部队逐一突破——与七月初一样，德军似乎已胜利在握。纳粹党报《人民观察家报》10 月 10 日的标题就是“东线战役大局已定！”

只不过，这种胜利突然间变得遥不可及。10 月 8 日开始降雨，当月中旬，上百万士兵和数千辆坦克已将苏联的土路变为一片泥潭。到 10 月 22 日，霍特第 3 装甲集群困在加里宁城外的泥沼中。“中央”集团军群司令博克 10 月 21 日在日记中写道，“与泥泞和降雨相比，苏联人算不上什么障碍。”所谓的德国机械化军队，实际上不得不以马匹这种陈旧的方式来运送他们的装备和火炮。10 月 25 日，博克又在日记中抱怨他的军队“深深地陷在泥沼中”[81]。

11 月 6 日，袭来的寒潮宣布苏联的冬季就此降临。对德国人来说，好消息是因为寒潮将泥泞冻结，他们终于可以重新向前推进，坏消息是温度陡降至零下 40℃。虽然并不缺乏冬季补给物资，但这些物资都堆放在遥远后方的仓库。由于运输工具不足，为迅速赢得胜利，德方策划者们决定优先交付燃料和弹药，而不是为部队提供冬季物资。当德国军事学说不得不在中欧和西欧这些气候宜人的战区之外贯彻时，就再度暴露出了这一学说的不足——缺乏冬装和装备导致数千名德军士兵被冻死。此外，对运动战来说同样严峻的问题是如何让坦克和卡车在酷寒中行驶。德国科学家们正在研究这个问题，但他们直到 1942 年才找出解决方案——届时将出现乙二醇和防冻剂。尽管如此，“台风”行动仍继续向前缓慢发展，这是该战役自发起以来取得庞大势头的最后迹象。到 12 月，德军侦察巡逻队实际上已看见了克里姆林宫的尖顶。

虽然已濒临灾难边缘，但苏联红军从未停止抵抗。自 6 月份以来，苏联红军指战员们已学到一些如何同德国人战斗的经验。最严重的威胁来自南面，古德里安装甲集群在那里构成对准莫斯科的庞大铁钳之南颚。在至关重要的铁路镇图拉，苏联红军成功遏止了德国人的进攻势头。古德里安的装甲力量从两侧迂回图拉，但始终没能攻克该镇[82]。另外，苏联人和酷寒给他造成的损失也很严重，古德里安已无力继续攻往莫斯科。

交战双方此刻都已步履蹒跚。尽管在图拉赢得胜利，但苏联红军的情况仍很严重，他们的损失难以尽述，可能已超过 400 万人。外国领事馆已从苏联首都疏散，苏联政府正准备随之撤离，焚烧政府文件的烟雾几千米外都能看见。而德国人的状况也很悲惨，最后的预备队已投入，各前线师的作战兵力仅剩编制力量的一小部分，许多空军前线部队的实力仅剩 25%——这是因为提供燃料、零部件和维修保养的后勤工作已然崩溃。尽管如此，希特勒和他的将领们仍确信苏联红军已告覆灭。

彻底出乎他们意料的是，12 月 5 日清晨，苏联人在莫斯科门前发起了一场规模宏大的反攻——他们投入的力量相当庞大，共涉及两个方面军（西方面军和加里宁方面军）的 14 个集团军。率领进攻的是调自西伯利亚的新锐部队，他们接受过冬季作战训练，配有滑雪板和风雪大衣，被从 8000 多千米外的远东地区秘密运抵莫斯科。指挥这场反攻的是年轻、杰出的苏联红军总参谋长 G.K. 朱可夫将军（译注：朱可夫此时是西方面军司令员，苏联红军总参谋长是沙波什尼科夫元帅）[83]。而另一些年轻的苏联红军将领也在莫斯科扬名立万，例如第 16 集团军司令员 K.K. 罗科索夫斯基和加里宁方面军司令员 I.S. 科涅夫。这不仅仅是一场武力演练，还让朱可夫证明了自己对战役层级作战的掌握。加里宁方面军和西方面军力图合围莫斯科门前的德国军队，其中加里宁方面军负责消灭克林突出部，掰断威胁莫斯科的北钳：第 29 和第 31 集团军进攻突出部北侧，第 30 和突击第 1 集团军进攻突出部，另外三个集团军（第 20 集团军、第 16 集团军、第 5 集团军）则对突出部南侧施以打击。至于快速兵团（主要是骑兵军和坦克旅）冲入步兵突击打开的缺口。此外，还在南面展开了第二场大规模推进，打击古德里安位于图拉的第 2 装甲集群。苏联红军第 50 集团军和 1 个骑兵 – 机械化集群击退了古德里安麾下的部队——德军这股一度势不可挡的力量现在已丧失斗志[84]。面对这场不可思议的猛攻，德军战线全面后撤，数个地段遭到突破。一时间，“中央”集团军群似乎即将土崩瓦解。

整个 12 月，苏联红军将饥寒交迫、士气低落的德国人驱离了莫斯科，并给他们造成了严重损失。斯大林显然认为对“中央”集团军群发起最后一击的时机已到（但这是一种荒谬、不成熟的想法），他命令扩大进攻，将西北方面军辖内部队加入其中——他们将对德国人的遥远左翼和后方实施打击，并深深楔入敌人设在大卢基和斯摩棱斯克的阵地。此外，斯大林还下令在北方展开了一场意图解救列宁格勒，但最终徒劳无获的攻势，在南方则设法夺回奥廖尔和哈尔科夫[85]。

许多德军将领惊慌失措——这似乎是 1812 年战事的某种重演，而德国国防军扮演的就是拿破仑大军的角色。德军将领中还有许多人抱有一种荒谬的想法，认为不如干脆撤出苏联，到 1942 年再重新发起进攻。正如现在众所周知的那样，希特勒否决了所有专家的建议，下令所有人坚守阵地直到最后一刻（这是对相关情况的正确评估）。到次年 1 月，苏联红军的进攻势头已耗尽。苏联红军的后勤能力和指挥控制机制都不足以使其继续前进，冬季给朱可夫军队造成的影响同样严重——德国人坚守有利阵地、城镇和交通动脉，而苏联红军则在森林里。希特勒的“坚守令”挽救了危局——事实证明，他是对的，而他那些将领却大错特错，他现在决定解除大批将领的职务。三位集团军群司令（莱布、博克、伦德施泰特）很快会离开，而古德里安这位迄今为止德国战争中最耀眼的明星同样如此。如同德皇威廉二世将兴登堡和鲁登道夫撤职那样，此举表明独裁者希特勒的权力比威廉皇帝的君主制更大。接替这些“闪电战明星”的大多是更年轻的将领，无疑，他们更忠于希特勒。不管怎样，现在这已是希特勒的战争。

评价“巴巴罗萨”和“台风”行动

入侵苏联是对运动战的一场严峻考验。尽管取得令人印象深刻的战役胜利，但德国自腓特烈大帝时代以来的主要作战理念还是未能通过这场考验。本来，“巴巴罗萨”行动旨在以一场持续六周的战役彻底消灭苏联。但为中欧和西欧的短期战役打造、训练、装备的军队，以及几乎完全以这种方式思考问题的军官团和总参谋部，显然无法在苏联欧洲部分的核心地区从事一场持续时间长达六个月的战役，就像沙漠中后勤主导的战争超出了他们的能力那样。德军与其补给基地的距离超过 1609 千米，而他们的敌人正退往自己的后勤基地。也就是说，这次德军从事的是一场错误的战争。在我们分析德国军队遂行的战役时，相同的问题总是会出现：如果德军就连短暂的胜利也无法赢得会怎样？在这种情况下的应急方案是什么？

1941 年夏季出版的《军事周刊》颇具启迪意义——这是德国军队的半官方杂志，每周出版一期，在“大德意志独立战争”的系列标题下总结前线战事，使其具备“设身处地”的性质，并传递一连串惊人胜利所带来的厚望，以及这种希望随着战役的拖延而逐步幻灭所带来的迷茫。7 月 4 日出版的《军事周刊》描述了初期的战斗，并宣布了戈罗德诺（6 月 23 日）、布列斯特—立托夫斯克（6 月 24 日）、维尔纳（6 月 24 日）、科夫诺（6 月 24 日）和杜纳堡（6 月 26 日）的陷落。《军事周刊》指出，已摧毁了 4107 架苏联红空军战机和 2233 辆坦克——包括“苏联军队曾寄予厚望的许多重型坦克”。德国军队已到达明斯克地域，从这里和从东普鲁士发起的向心突击已在比亚韦斯托克形成合围，德军已俘获 4 万名敌军士兵[86]。接下来的一期《军事周刊》（7月11日）继续介绍比亚韦斯托克的传奇，称已在那里实施“歼灭战”，并使用了德国军事传统中一个具有特定内涵的词——“最终成就”。“战役持续了十天，俘虏和缴获物资的数量仍无从统计”，这场胜利与德军当初在维斯瓦河河曲部歼灭波兰军队（也是十天）或1940年“弗兰德斯和阿图瓦战役”（德国人几乎总是用这个名字称呼黄色方案）同样伟大——《军事周刊》宣布这是“敌军的崩溃”，并称这是“具有世界历史意义的胜利”。[87]

这类文章在7月出版的《军事周刊》中持续发表，这些文章认为每场战役都比上一场更庞大，每场胜利都会给人留下更加深刻的印象，抓获更多俘虏，缴获更多战利品，摧毁更多坦克和战机，每场战役都宣布苏联红军的抵抗即将最终崩溃——明斯克包围圈标志着“苏联灾难的到来”，随着“苏联中央地带的彻底崩溃”，通往维捷布斯克和斯摩棱斯克的道路已打开。此外，《军事周刊》还称苏联红军被俘人数已多达32.4万人。“就连辩称敌坦克、火炮、战机预备力量取之不尽的那些人也不得不承认，这种损失是灾难性的，并将导致不可避免的最终失败”[88]，而接下来便是突破“斯大林防线”[89]和斯摩棱斯克歼灭战，“这是莫斯科前方最后一座大城市。”[90]

可到了8月1日，《军事周刊》不再使用必胜的语调，而是开始以一种新的调子总结战役过程：

> 鉴于所涉及的庞大力量，一场宏大的“物资战”正在发展。上一场战争的物资战只是让交战双方耗尽力量，没能实现任何决定性结果。东部战场恢复了运动战的条件，类似于1940年6月初德军在法国突破“魏刚”防线后的态势。东线刚刚结束的第五周战事，也同1940年6月7日—14日这一周的西线战事存在明显的相似之处——当初的战役发生在默兹河与海峡之间一条仅400千米的战线上。而目前针对苏联军队的决定性战役，战线总长度约2500千米，自然需要耗费与战线总长度相符合的时间。[91]

显然，一些事件推延了“苏联的灾难”。《军事周刊》现在谈论的是斗争的“艰巨性、困难性、严酷性”，以及苏联人还在“顽强战斗”，并一次次把他们的部队投入战火之中。尽管8月15日出版的一期《军事周刊》称苏联俘虏的总数已达89.5万人（这个数字于9月26日上升到180万），但各处都存在“激烈抵抗”。这个数字太过庞大，以至于读者们可能没有注意两个不和谐的音符：首先，是在将莫斯科列为主要目标数周后，《军事周刊》出现了“现在显然将在侧翼寻求决定性胜利”这样的描述。其次，在这期杂志中首次提及了德方损失——稍稍超过 10.2 万人，比以往诸次战役高得多[92]。

不过，德军在基辅实现大规模合围后，《军事周刊》的编辑们又恢复了信心：

在我们的敌人喋喋不休、虚张声势之际，德国国防军正在采取行动。东线，过去一周结束的庞大战役决定了基辅东面和东南面布琼尼集团军群的命运。到目前为止，我们已习惯于我方军队在这场战争中赢得的胜利。可是，那里发生的事情超出了我们能想象的范围，它代表着一场与世界史上见过的东西截然不同的胜利——66.5 万名俘虏——世界大战爆发时，德国军队的总兵力也就这么多。[93]

可即便是此时，这场战事似乎也存有疑问。虽说截至 10 月 10 日，德国人已俘获了 250 万名苏联红军士兵，但只有“歼灭性打击”才能实现“具有深远目标的新行动”[94]。尽管运动战学说已取得显著成功，但苏联军队显然不清楚这个事实。德军迷失方向感和混乱是显而易见的，因为“继续进攻莫斯科”[95]突然变为“东部阵地战”[96]，然后又改为“东线的顽强防御作战”[97]——它似乎超越了训练有素的德军参谋人员的心态，毕竟在一连串的“歼灭战”之后。“东部阵地战”这句话肯定令他们心生恐惧——毕竟这不是德国军队来苏联的原因。

这是理解德国在东部作战行动的关键，比重复希特勒与他那些将领之间相同的旧论点来说更为重要。虽然德军在“巴巴罗萨”行动与“台风”行动的头几周取得了前所未有的胜利，但这两场战役均以失败告终——这不足为奇，因为它们的战前计划都是为较小的战区和较为适宜的气候条件设计的。通常古德里安将军被视为 20 世纪装甲战最伟大的实践者之一，人们以为他会有更好的认识，但他对此的回应却是在图拉及其周围进行战斗，直至麾下坦克力量几乎彻底耗尽。发给他的侦察报告越来越多，这些侦查报告明确说明了该作战地域苏联红军实力的增长情况，以及每天都有新锐敌军开抵。有趣的是，这几乎就是同一时刻隆美尔在北非针对“十字军”行动采取的对策：战至最后一辆坦克，最后一发炮弹。显然，这就是运动战未能奏效后所导致的结果。

因此，虽然希特勒解除他那些将领的职务是个极端之举，但并非全无道理。

Militär-Wochenblatt

UNABHÄNGIGE ZEITSCHRIFT FÜR DIE DEUTSCHE WEHRMACHT

126. Jahrgang | Berlin, 26. Dezember 1941 | Nummer 26

Inhaltsübersicht:

In sämtlichen Aufsätzen handelt es sich um private Ansichten einzelner Persönlichkeiten, keinesfalls um Anschauungen maßgebender militärischer Dienststellen

Großdeutschlands Freiheitskrieg.

124. Bulgarien, Kroatien, Slowakei, Ungarn und Rumänien erklären England und Nordamerika den Krieg. Neue Kaminrede Roosevelts. Der Stellungskrieg im Osten. Abwehr der britischen Nordafrika-Offensive. Luft- und Seekrieg. Die militärischen und politischen Ereignisse vom 12. bis 17. Dezember 1941.

Japan im Angriff auf Hongkong und Singapur, Vorrücken japanischer Truppen auf den Philippinen, Landung auf Borneo, Kalifornien im Belagerungszustand, New York verdunkelt: diese Feststellungen bedeuten nur eine kleine Auswahl der Ereignisse, die in der vergangenen Woche die Lage im Osten schlagartig erhellten. Als Roosevelt bei den Verhandlungen mit Japan sein frevelhaftes Spiel mit dem Inselreich trieb, hoffte er, durch geschickte Winkelzüge die endgültige Entscheidung über das Verhältnis zwischen Japan und den Vereinigten Staaten so lange hinauszögern zu können, bis die englisch-amerikanischen Vorbereitungen zum Vernichtungskriege abgeschlossen waren. Das schnelle Zuschlagen der japanischen Wehrmacht riß ihn und die Kriegshetzer in USA. und England unsanft aus allen Illusionen und enthüllte mit einem Schlage das Bild einer Lage, die für Amerikas und Englands Position in Ostasien und im Stillen Ozean alles andere als rosig ist. Dazu kommt, daß die Frage, wer an der Ausweitung des Krieges zu einem neuen Weltbrand von ungleich tieferer Wirkung als der Kampf der Jahre 1914 bis 1918 Schuld trägt, selbst für die Augen des daran nicht oder noch nicht beteiligten Teiles der Welt klar liegt. Roosevelt hat sich gegenüber den Achsenmächten in den letzten Monaten, ja im Grunde schon vor Beginn des europäischen Krieges so viele Neutralitätsverletzungen und offene Kampfhandlungen zu Schulden kommen lassen, daß niemals mit größerem Rechte von angegriffenen Staaten das Eintreten des Kriegszustandes mit dem Angreifer festgestellt worden ist. Dasselbe gilt von der Haltung der Vereinigten Staaten und Englands gegenüber Japan, dem zuletzt nicht weniger als die Preisgabe seiner Existenz als Großmacht zugemutet wurde. Roosevelt und Churchill haben es also zu verantworten, wenn der Krieg nunmehr zu einer Auseinandersetzung zwischen Europa und dem unter der Führung Japans stehenden Ostasien mit dem britisch-amerikanischen Empire geworden ist. Dieser Charakter des großen Krieges wird auch dadurch unterstrichen, daß in der Berichtswoche Bulgarien, Kroatien, die Slowakei, Ungarn und Rumänien an England und Amerika den Krieg erklärt haben. Gewiß war, formal gesehen, der Schritt dieser Staaten zunächst eine Folge der Verpflichtungen, die sie bei ihrem Anschluß an die Achsenmächte übernommen hatten. Zugleich aber spricht daraus die sich in Europa verstärkende Erkenntnis, daß in einer kriegerischen Auseinandersetzung, die über das Schicksal des europäischen Kontinents für Jahrhunderte entscheidet, kein selbstbewußter Staat tatenlos beiseite stehen kann, der auf die Berücksichtigung seiner eigenen Wünsche Wert legt. Wer in diesem Kriege nicht Amboß werden will, muß Hammer sein.

Beachtlich ist die Reaktion, die die Ereignisse im Pazifik beim nordamerikanischen Volk und insbesondere bei Roosevelt ausgelöst haben. In den Vereinigten Staaten herrschte in den ersten Tagen des Kriegsausbruchs unter dem vernichtenden Eindruck der Katastrophe von Hawai eine ausgesprochene Panikstimmung, der USA.-Präsident selbst aber ist aus dem siegessicheren Schwätzer, der vorher nicht genug mit Nordamerikas Macht und Stärke und mit der Unerschöpflichkeit seiner Lieferungen zu prahlen wußte, plötzlich zu einem — stillen Philosophen geworden, der in seiner letzten „Kaminrede" elegische Betrachtungen über die angeblich durch die französische Revolution entdeckten „Menschenrechte" und ihre Verteidigung durch England und Amerika anstellte. Seine nachdenklichen Erörterungen paßten besonders gut für einen Augenblick, da die Vereinigten Staaten den widerstrebenden Ländern Mittel- und Südamerikas ihren Willen aufzuzwingen versuchen und den Wert dieser Menschenrechte nachdrücklich vor Augen führen, indem sie auch ihnen die Segnungen des amerikanisch-englischen Krieges zuteil werden lassen möchten. Man braucht nicht daran zu zweifeln, daß Roosevelt seine Selbstsicherheit wieder finden wird. Churchill, der ja öfter in ähnlicher Lage war, bietet dafür ein treffliches Vorbild, und die in England bewährten Methoden der Schönfärberei sind denn auch in New York bereits im Gange. Es ist allerdings anzunehmen, daß auf die Dauer die Ereignisse stärker sein werden als alle Versuche, sie hinwegzuinterpretieren.

Neben den Ereignissen in Ostasien stehen die Kämpfe auf dem Kriegsschauplatz der Achsenmächte natürlich weiterhin in Mittelpunkt des militärischen Interesses. Die Operationen in der Sowjetunion werden, da der deutschen Ankündigung entsprechend dort strategische Ziele während der Wintermonate nicht verfolgt werden sollen, ausschließlich von taktischen Erwägungen diktiert. Während die deutschen Stellungen, die auf dem Vormarsche erreicht worden waren, bisher nach dem Gesichtspunkt beurteilt wurden, ob sie sich als Basis für die Fortsetzung der Angriffsmaßnahmen eigneten, wird jetzt die Frage entscheidend, welche Geländeabschnitte den besten Erfolg bei der Abwehr feindlicher Vorstöße verheißen. Dieser durch den Gedanken der strategischen Defensive bedingte Gesichtspunkt kann im einzelnen sowohl eine planmäßige Zurücknahme vorgetriebener Angriffskeile wie auch Angriffsoperationen taktischen Charakters verlangen, die auf die Einnahme beherrschender Geländepunkte ab-

2

▲ 国军队的漫长噩梦就此开始：德国著名的军事杂志承认“东线阵地战”的开始。摘自《军事周刊》第126卷，1941年12月26日第26期。

评价德军在二战中的作战行动

德军总参谋部抱着迅速赢得胜利的愿景投入战争，他们以为可以通过一场运动战在战役层面赢得胜利——以坦克和战机为先锋的一系列快速、高机动性战役将形成庞大的歼灭战。只是决定这种作战倾向的是假设，而非具有实际意义的论证。无法迅速赢得胜利意味着一场消耗战，而德国完全不适合从事这种资源战、人力战。德军将领们认为他们的军事学说正确无误，在两次世界大战之间，他们辛辛苦苦地通过作战演习制定出这一学说，而这些演习围绕的主题是空中与地面力量的协同配合。在战胜波兰后，他们的自信心更加膨胀了，黄色方案取得令人难以置信的胜利后更是如此。正是这种自信和骄傲，让德军将领继续建议历史学家和军事人员寻找可供模仿的榜样。

当然，德国军队中的许多高级将领都是训练有素的专业人员，是专注而又冷静的战争艺术分析家——其中许多人还是出色的作战指挥官。少数人，例如古德里安和曼施泰因，则更是才华横溢，既是战争艺术分析家，又是出色的作战指挥官。我们从德国军队身上可以学到一些经验教训——其中之一就是军官们应当认真从事战争研究。战争不仅仅是一份工作，坦率地说，它也不是一场冒险。和医学、法律、学术研究一样，战争是个“专业”，需要从业人员付出专一而又无私的奉献。而另一个教训则是制度文化的重要性，德国军队允许下级军官向他们的上级提出在一定程度内的质疑和建议。最后一点，分权式指挥方式将许多作战决策权留给战地指挥官。这个可追溯到腓特烈大帝时代的概念我们称之为任务式战术（Auftragstaktik），它多年来使德军的军事行动进行得相当顺利。

尽管德国人的这些学说颇具价值，但现代军队必须对依葫芦画瓢的做法持谨慎态度。德国人从事战争的方式源自德国的历史、文化和地理环境，它不仅无法移植，还会引发一个问题：为何会有人想这样做？战役层面的运动战是一场赌博，这种冒险存在固有风险——所有赌注都押在投下的骰子上。我在这里要提出一个最明显的问题，一支只受过歼灭战训练的军队，若无法迅速实现这种歼灭战，会发生怎样的情况？这是德军总参谋部面临的真正问题，它远比侧重于机动这一迷人领域以及后勤这种平凡而又沉闷的领域的常见批评严重得多。德军总参谋部计划在两场世界大战中赢得速胜，但以失败告终，而在之后的许多年里，他们也一直在检讨这场极具破坏性且已然失败的战争。

注释：

1. 参见《大德意志 1940 年的独立战争》(*Grossdeutschlands Freiheitskrieg 1940*) 第 44 篇，《1940 年 6 月 2 日至 8 日一周内，弗兰德斯和阿图瓦歼灭战的结束以及德国越过索姆河和瓦兹河—埃纳运河开始新的进攻》(*Der Abschluss der Vernichtungsschlacht in Flandern und im Artois sowie der Beginn der neuen deutschen Offensive über die Somme und den Oise—Aisne-Kanal in der Woche vom 2. bis 8.6.1940*)，刊登在《军事周刊》第 124 卷，1940 年 6 月 14 日第 50 期，第 2241—2248 页，一连几个段落都使用了这句话（第 2245—2246 页），另外还有“有史以来最成功的战役”这句话（第 2245 页）。

2. 参阅威廉姆森·穆雷的《1940 年 5 月：德国军事变革的偶然性和脆弱性》一文，收录于麦格雷戈·诺克斯和威廉姆森·穆雷主编的《军事变革的动力，1300—2050 年》（剑桥：剑桥大学出版社，2001 年），第 154—174 页。

3. 对德军空降兵部队兴起和发展的总结，参阅 F. 施图尔曼的空降兵（Fallschirmjäger），刊登在《军事周刊》第 125 卷，1940 年 12 月 20 日第 25 期，第 1191—1192 页。对斯堪的纳维亚战役的研究必须从近期一部著作着手，这就是亚当 · R.A. 克拉森的《希特勒的北方战争：德国空军命运多舛的战役，1940—1945 年》（劳伦斯：堪萨斯大学出版社，2001 年）。克拉森参阅了关于这场战役的大批二次文献，将之与他从事的大量档案研究相结合，从而创作出比以往任何一部著作更加细致入微的作品，详细阐述了德军在北方实施的诸军种联合战役。这本书的范畴远远超出德国空军的作战行动，还包括陆地和海上的战斗，以及三个军种的协同。另一篇重要文章是当代学者詹姆斯 · S. 科勒姆的《德国在挪威实施的联合战役》，刊登在《战略研究杂志》第 21 卷，1998 年 12 月第 4 期，第 50—77 页，文中不仅详细研究德国人在这场战役中多军种合作的成功，还包括盟军在该领域的失败。他总结道：“在挪威，不是德军精妙计划和掌握作战艺术的问题，而是一个平庸的计划但获得强有力的执行，对抗一个糟糕且执行得很拙劣的计划”（第 74 页）。近期重新发行的新版埃里希·雷德尔回忆录《海军元帅》（纽约：达卡波出版社，2001 年）仍是一部很有价值的一手资料，特别是第 300—318 页。另可参阅克里斯·史密斯《北部战役：德国入侵斯堪的纳维亚，1940 年》一文，刊登在《指挥杂志》1996 年 9 月第 39 期，第 18—27 页，文中的分析令人信服，这份现已停刊的军事史和战争游戏杂志还配有出色的地图。

4. 关于挪威战役的政治背景，参阅《大德意志 1940 年的独立战争》第 36 篇，《德国对列强违反中立宣战的回应：派德国军队占领丹麦和挪威》(*Deutschlands Antwort auf die Kriegserklärung der Weltmächte an die Neutralität: Die Besetzung Dänemarks und Norwegens durch deutsche Truppen*)，刊登在《军事周刊》第 124 卷，1940 年 4 月 19 日第 42 期，第 1923—1926 页。

5. 对丹麦战役的出色总结可参阅马赫尔少校的《占领丹麦》(*Die Besetzung Dänemarks*)，刊登在《军事周刊》第 125 卷，1941 年 5 月 9 日第 45 期，第 1793 页，这篇文章写于战役一周年纪念之际。

6. 参阅克拉森《希特勒的北方战争：德国空军命运多舛的战役，1940—1945 年》一书第 62—65 页。

7. 马赫尔的《占领丹麦》，第 1793 页。

8. 关于德军最初的登陆和挪威人对此的应对，《第二次世界大战史杂志》上刊登的两篇总结性文章依然有用，分别是 J.L. 莫尔顿的《希特勒向北进攻》，1978 年第 3 期，第 68—74 页；列夫·博恩的《挪威人的观点》，同上，第 77—78 页。

9. 克拉森在《希特勒的北方战争：德国空军命运多舛的战役，1940—1945 年》一书第 43—44 页探讨了协调不同机构并让他们及时到达目的地的巨大困难，这些机构包括“出口集团”“海军第一运输群”和 3 艘油轮组成的一个集团。关于德国海军战斗序列，参阅汤姆 · 德沃夏克的《“威悉河演习”行动：德国海军在挪威，1940 年》，刊登在《指挥杂志》1996 年 9 月第 39 期，第 28—33 页。

10. 克拉森《希特勒的北方战争：德国空军命运多舛的战役，1940—1945 年》一书第 70 页。

11. 关于“布吕歇尔”号的沉没，可参阅卡尔 · O. 舒斯特的《海岸防御的胜利：“布吕歇尔”号在奥斯陆》，刊登在《指挥杂志》1996 年 9 月第 39 期，第 30—31 页，该文是对德沃夏克《“威悉河演习”行动：德国海军在挪威，1940 年》的补充，一如既往，同杂志中所有配图一样，附带的地图非常出色。舒斯特指出，应该以当天登陆的突击部队从陆地发起对要塞的冲击（最终的确如此），就算失败，也应以“更轻、更快、更廉价的舰只”实施鱼雷突击，而不是以“一艘载有重要人物的军舰”。另可参阅克拉森《希特勒的北方战争：德国空军命运多舛的战役，1940—1945 年》一书第 66 页。小理查德 · D. 胡克和克里斯多夫·克格利亚内斯的《“威悉河演习”行动：战役法的一个研究实例》，收录于小理查德·D. 胡克主编的《机动作战文集》（加利福尼亚州诺瓦托：要塞出版社，1993 年），文中指出，与舰船损失同样具有灾难性的是，此举仅仅使德军夺取奥斯陆耽搁了半天（第 380 页）。

12. 关于福内比机场，可参阅克拉森《希特勒的北方战争：德国空军命运多舛的战役，1940—1945 年》一书第 68—69 页。提摩西 · J. 库塔的《夺取福内比机场》，刊登在《指挥杂志》1996 年 9 月第 39 期，第 20—21 页，该文是对史密斯《北部战役：德国入侵斯堪的纳维亚，1940 年》一文的补充，包含对参战飞行员的详细描述。

13. 关于挪威战役鲜为人知的这一方面的详情，可参阅《关于挪威战役》(*Aus dem Feldzuge in Norwegen*) 第一、第二部分，《1940 年 4 月，德龙泰伊姆陆地连接线之战》(*Die Kämpfe um die Landverbindung nach Drontheim im April 1940*)，刊登在《军事科学杂志》第 6 卷，1941 年第 2、第 3 期，第 185—192、第 232—241 页，以及《关于挪威战役》第三部分，《从德龙泰伊姆到纳姆索斯》(*Von Drontheim bis Namsos*)，刊登在《军事科学杂志》第 6 卷，1941 年第 4 期，第 323—331 页。

14. 关于纳姆索斯—翁达尔斯内斯登陆和德国空军实施轰炸造成的破坏性影响，可参阅克拉森《希特勒的北方战争：德国空军命运多舛的战役，1940—1945 年》一书第 100—117 页，以及 J.L. 莫尔顿的《征服挪威》，刊登在《第二次世界大战史杂志》，1978 年第 4 期，第 85—94 页。

15. 戴维 · G. 汤普森的《1905—1940 年，挪威的军事政策：对相关著作的评判性评价和综述》，刊登在《军事史杂志》第 61 卷，1997 年 7 月第 3 期，第 503—520 页，对从挪威人的角度了解这场战役提供了很大的帮助。联军在挪威登陆后，挪威人对他们的看法可参阅第 518—519 页。

16. 关于希特勒的命令，可参阅克拉森《希特勒的北方战争：德国空军命运多舛的战役，1940—1945 年》一书第 108—109 页。

17. 参阅《大德意志 1940 年的独立战争》第 39 篇，《英国在挪威的政治和军事失败》(*Englands diplomatische und militärische Niederlage in Norwegen*)，刊登在《军事周刊》第 124 卷，1940 年 5 月 10 日第 45 期，第 2041—2044 页。

18. 德军舰艇沉没后，约 3000 名水兵幸存，他们加入了迪特尔将军守卫纳尔维克的地面部队，参阅雷德尔《海军元帅》一书第 310 页。

19. 希特勒如何应对纳尔维克传来的坏消息，关于这方面的探讨可参阅德国国防军最高统帅部的瓦尔特 · 瓦利蒙特将军的回忆录，《德国国防军大本营，1939—1945 年》（加利福尼亚州诺瓦托：要塞出版社，1964 年），第 76—81 页。瓦利蒙特写道：“希特勒蜷缩在房间角落的一张椅子里，沉默无语，呆若木鸡，一幅充满抑郁气氛的场景……我转过身去，以避开这一有失尊严的场面”（第 79—80 页）。他不禁将之与“毛奇在波希米亚和法国战场上泰然自若的冷静和自信”相比。

20. 对纳尔维克战役更详细的描述可参阅克里斯 · 史密斯《北部战役：德国入侵斯堪的纳维亚，1940 年》一书第 24—26 页。

21. 对“战役空战”的探讨，参阅詹姆斯·S. 科勒姆的《德国空军：创造战役空战，1918—1940 年》。

22. 关于克里特岛战役的著作非常多，大多出自英国或新西兰。最佳学术著作依然是伊恩·麦克杜格尔·格思里·斯图尔特的《克里特岛之战，1941 年 5 月 20 日—6 月 1 日：一个错失良机的故事》（伦敦：牛津大学出版社，1966 年），这是一部年代相当久远的著作，但内容清晰明了，提出的批评（对遂行进攻的德军和实施防御的英联邦军队）恰如其分，特别参阅第 481—483 页的探讨。对这场战役一篇很好的简短介绍，可能仍是看的人最多的简述，可以在汉森·鲍德温的《胜仗和败仗：第二次世界大战中的重要战役》（纽约：哈珀 & 罗出版社，1966 年）一书中的第 57—113 页（克里特岛—空降入侵）中找到。另可参阅约翰·艾克曼·赫瑟林顿的《空降入侵：克里特岛之战》（纽约：迪尤尔、斯隆 & 皮尔斯出版社，1943 年），这是当时一名新闻从业人员的记述；乔治·福蒂的《克里特岛之战》（萨里郡赫舍姆：伊恩·艾伦出版社，2001 年），书中含有精心挑选的图片和交战双方参与者大量未经编辑的证词；D.M. 达文的《克里特岛：第二次世界大战中的新西兰，官方史，1939—1945 年》（新西兰惠灵顿：战争历史部，1953 年），这仍是一部权威之作，特别是讨论第 5 新西兰旅在马莱迈战斗中的不幸角色时；弗里德里希·奥古斯特·冯·德尔·海特男爵的《代达罗斯归来：克里特 1941》（伦敦：哈钦森出版社，1958 年），这是一名德军伞兵营营长的记述。艾伦·克拉克的《克里特岛的陷落》（伦敦：A. 布朗德出版社，1962 年）是这位深受欢迎的作者一部相当优秀的著作。另可参阅克里斯多夫·巴克利的《希腊和克里特岛，1941 年》（伦敦：皇家印务局，1952 年），这是《第二次世界大战，1939—1945 年》系列丛书的组成部分，"这套八卷本丛书是由多位作家撰写的通俗军事历史"，书中对干预希腊和克里特岛战役的失败做出颇具吸引力的比较；杰弗里·考克斯的《两场战斗的故事：关于 1941 年克里特岛和西部沙漠的个人回忆录》（伦敦：威廉·金伯出版社，1987 年），这是第 23 新西兰营一名士兵的回忆录，书中提供了对克里特岛和北非沙漠的比较分析；弗朗茨·库罗夫斯基的《克里特岛之战》（*Der Kampf um Kreta*）（波恩黑尔福德：马克西米利安出版社，1965 年），该书面世时提供了许多新内容，特别是关于德军在克里特岛登陆部队的实力；汉斯 - 奥托·米莱森的《克里特岛 1941："水星"行动，1941 年 5 月 20 日—6 月 1 日》（*Kreta 1941: Das Unternehemen Merkur, 20. Mai–1. Juni 1941*）（弗莱堡：罗姆巴赫出版社，1968 年），这份相当苛刻的记述是由德意志联邦共和国军事历史研究办公室出版的，记录了包括大量德国方面的一手文献资料；卡勒姆·A. 麦克唐纳的《败仗：克里特岛 1941》（纽约：自由出版社，1993 年），该书不仅追溯了德国伞兵部队的起源（至 1941 年），还提供了关于库尔特·施图登特将军的大量传记资料。安东尼·比弗的《克里特岛：战斗和抵抗》（伦敦：约翰·默里出版社，1991 年），该书不仅把故事一直阐述到 1945 年（含一些新内容），还记载了"超级机密"发给弗赖伯格将军的一些信息（他将之用于战役前和战役期间的作战部署）。托尼·辛普森的《"水星"行动：克里特岛之战》（伦敦：霍德 & 斯托顿出版社，1981 年）是一部扎实的战役和战术史。最后是德国军官战后所做的分析（德方报告系列的组成部分），参阅《空降作战：德方评述》（华盛顿特区：军事历史中心，1989 年）。关于德方报告系列及其对战后美国陆军的影响，可参阅凯文·苏特的《遏制赤潮：德方报告系列及其对美国防务学说的影响，1948—1954 年》一文，它刊登在《军事史杂志》第 57 卷，1993 年 10 月第 4 期，第 653—688 页。一份目前依然很少被使用的德方一手资料是康拉德·赛布特未出版的手稿，《克里特岛之战，1941 年 5 月》（*Einsatz Kreta Mai 1941*），也是德方报告系列中的一部，B-641，战役期间，他是第 11 航空军的军需官。这份报告的副本，以及这个庞大系列中的其他报告，都在宾夕法尼亚州卡莱尔兵营的美国陆军军事历史研究中心存档。这是个丰富的资料来源，其中很大一部分尚未被学者们开发。

23. 鲍德温《胜仗和败仗：第二次世界大战中的重要战役》一书第 69 页，引自英国官方史。另可参阅达文《克里特岛：第二次世界大战中的新西兰，官方史，1939—1945 年》一书第 79 页。

24. 施图登特向麾下军官们所做的简报，可参阅冯·德尔·海特《代达罗斯归来：克里特 1941》一书第 40—43 页。

25. 德国元帅阿尔贝特·凯塞林谈及在缺乏突然性的情况下实施一场空降行动的困难时，他甚至说"克里特战役是不应实施这种行动的经典范例"。参阅《空降作战：德方评述》一书第 3—4 页，麦克唐纳的《败仗：

克里特岛 1941》和比弗的《克里特岛:战斗和抵抗》,都对“超级机密”作出了详细的阐述,特别是后者。另可参阅雷蒙德·卡拉汉对这两部著作的评价,刊登在《军事史杂志》第 58 卷,1994 年 10 月第 4 期,第 759—761 页。

26. 冯·德尔·海特回忆,军情报官在空降发起前的任务简报会上告诉指挥官们,“岛上只有 2—3 个希腊师残部,他们已被大陆上的战斗严重削弱,此外还有一支师级力量的英军部队。”另外,“岛上部分居民会对德军的进攻报以善意。”(《代达罗斯归来:克里特 1941》一书第 43 页)

27.《空降作战:德方评述》,第 4—5 页。

28. 引自斯图尔特《克里特岛之战,1941 年 5 月 20 日—6 月 1 日:一个错失良机的故事》一书第 205—206 页。参加首日战斗的许多新西兰士兵的证词,可参阅辛普森《“水星”行动:克里特岛之战》一书第 152—186 页。

29. 参见《克里特岛的入侵和战斗》,网址:*www.feldgrau.com/cretewar.html*。另可参阅弗里德里希·奥古斯特·冯·德尔·海特男爵的《关于德军空降作战的说明》,这是《空降作战:德方评述》的附录,第 45—56 页。

30. 数字差异较大,也是英联邦在克里特岛上指挥安排混乱的一个标志。参阅鲍德温《胜仗和败仗:第二次世界大战中的重要战役》一书第 66 和第 410n.17 页。

31. 引自麦克唐纳《败仗:克里特岛 1941》一书第 173 页。

32. 第 22 新西兰营在 107 高地为自身生存而战时就是如此——另外两个新锐姊妹营(第 21 和第 23)在附近袖手旁观。相关探讨可参阅达文《克里特岛:第二次世界大战中的新西兰,官方史,1939—1945 年》一书第 135 页。

33. 斯图尔特《克里特岛之战,1941 年 5 月 20 日—6 月 1 日:一个错失良机的故事》一书第 27 页。

34. 107 高地上发生的决定性事件构成了新西兰官方史的核心。参阅达文的《克里特岛:第二次世界大战中的新西兰,官方史,1939—1945 年》,特别是第 114—116 页,文中核查了第 22 新西兰营营长安德鲁中校的动机和行动,第 131—138 页核查了他的上司哈格斯特准将(第 5 新西兰旅旅长)。总的说来很糟糕,相关定论在今天的著作中仍能找到。这方面的细致探讨可参阅斯图尔特《克里特岛之战,1941 年 5 月 20 日—6 月 1 日:一个错失良机的故事》一书第 480—482 页。

35. 关于施图登特的决定,可参阅一篇未署名文章“征服克里特岛”(*Die Eroberung von Kreta*),它刊登在《军事周刊》第 126 卷,1941 年 8 月 8 日第 6 期,第 147—150 页(特别是第 149 页)。

36. 达文《克里特岛:第二次世界大战中的新西兰,官方史,1939—1945 年》一书第 115—116 页。

37. 同上,第 138 页。

38. 引自鲍德温《胜仗和败仗:第二次世界大战中的重要战役》一书第 83 页。

39. 关于第 5 山地师在克里特岛发挥的作用,参阅《山地猎兵 1941 年 5 月征服克里特岛的战斗叙述》(*Schilderungen aus den Kämpfen der Gebirgsjäger bei der Eroberung von Kreta im Mai 1941*),刊登在《军事科学杂志》第 6 卷,1941 年第 3 期,第 262—273 页。

40. 引自斯图尔特《克里特岛之战,1941 年 5 月 20 日—6 月 1 日:一个错失良机的故事》一书第 478 页。

41. 关于施图登特对他同希特勒的交谈所做的叙述,可参阅 B.H. 利德尔·哈特《德国将领谈话录》一书第 159—161 页,尽管存在一些错误之处,但仍是一部很有帮助的著作。另可参阅斯图尔特《克里特岛之战，1941 年 5 月 20 日—6 月 1 日：一个错失良机的故事》一书第 477 页。

42. 利德尔·哈特《德国将领谈话录》一书第 159 页。

43. 关于勒尔将军发挥的作用，参阅米莱森《克里特岛 1941："水星"行动，1941 年 5 月 20 日—6 月 1 日》一书第 25 页。

44. 第二次世界大战中的任何一个地区可能都不及沙漠战争那样拥有大量专著。但这些著作较为陈旧，而且很少有新作品能够取而代之。也许这就是那种稀有物种：一个被榨干的领域。一个罕见的例外是，对整场战役的出色概述可以参阅乔治·福蒂的《隆美尔的军队》（伦敦：兵器和铠甲出版社，1997 年）。另可参阅 W.G.F. 杰克逊的《北非之战，1940—1943 年》（纽约：梅森 & 查特出版社，1975 年），罗纳德·勒温的《非洲军的沉浮》（伦敦：巴茨福德出版社，1977 年）。在该领域的历史著作中，军事传记带着所有传统的优点和缺点，依然占据主导地位。例如科雷利·巴奈特的《沙漠中的将领们》（布鲁明顿：印第安纳大学出版社，1982 年）；奈杰尔·汉密尔顿的三卷本著作《蒙蒂》（伦敦：哈米什·汉密尔顿出版社，1981—1986 年）；约翰·基根的《丘吉尔的将领们》（纽约：格鲁夫·韦登菲尔德出版社，1991 年）；罗纳德·勒温的《军事指挥官蒙哥马利》（伦敦：巴茨福德出版社，1971 年）和《军事指挥官隆美尔》（伦敦：巴茨福德出版社，1968 年）；肯尼思·麦克西的《隆美尔：战斗和战役》（伦敦：兵器和铠甲出版社，1979 年）。这些著作中的优秀之作会对它们的主题提出许多问题，从而使其值得一读。但这些书籍经常落入"圣人言行录"的俗套，其题材通常使它们无法超越"名人"这个话。另一些值得一读的著作包括大人物和小人物撰写的大量回忆录。参阅 R.L. 克里姆普的《一名沙漠之鼠的日记》（伦敦：利奥·库珀出版社，1971 年）；罗伯特·克里斯普的《铜墙铁壁》（纽约：巴兰坦出版社，1961 年），这可能是战争中出现的最佳著作；B.H. 利德尔·哈特编撰的《隆美尔战时文件》（伦敦：柯林斯出版社，1953 年）；伯纳德·劳·蒙哥马利的《从阿拉曼到桑格罗河》《从诺曼底到波罗的海》（伦敦：巴里 & 詹金斯出版社，1973 年）和《阿拉曼子爵蒙哥马利元帅回忆录》（克利夫兰：世界出版社，1968 年）；隆美尔的副官海因茨·维尔纳·施密特所写的《与隆美尔在沙漠中》（纽约：班塔姆出版社，1977 年）。在二手文献中，迈克尔·卡弗的几本著作很重要：《托布鲁克》（伦敦：巴茨福德出版社，1964 年）、《阿拉曼》（伦敦：巴茨福德出版社，1962 年）、《沙漠战的困境》（伦敦：巴茨福德出版社，1986 年）。数百部画册中有两部非常出色，参阅 A.J. 巴伯的《非洲军》（伦敦：比松出版社，1977 年）和乔治·福蒂的《战争中的沙漠之鼠：北非》（伦敦：伊恩·艾伦出版社，1975 年）。最后还有三本著作值得专门提及：沃尔夫·赫克曼的《隆美尔在非洲的战争》（纽约花园城：双日出版社，1981 年），这是敢于刺破隆美尔"泡沫"的第一部著作，书中指出这位将领许多个人和作战方面的失误；汉斯－奥托·贝伦特的《沙漠战役中隆美尔的情报，1941—1943 年》（伦敦：威廉·金伯出版社，1985 年），是专门探讨这个关键问题的唯一一部著作；布鲁斯·古德蒙松主编的《在非洲军内》（伦敦：格林希尔图书出版社，1999 年），这是德军上校赖纳·克里拜尔为美国军队所起草报告的修订版，仅仅是为表明这些战役仍有些新内容值得一提，也值得一看。

45. 关于隆美尔起初是如何引起希特勒注意的，参阅施密特《与隆美尔在沙漠中》一书第 90—94 页。对这位将领的生平简介，可参阅罗伯特·M. 奇蒂诺《装甲部队：历史和原始资料》（康涅狄格州韦斯特波特：格林伍德出版社，1994 年）一书第 266—269 页。

46. 对隆美尔冲出阿盖拉这场开局战役的出色阐述是 F.W. 冯·梅伦廷的《坦克战：对装甲力量在第二次世界大战中使用问题的研究》（纽约：巴兰坦出版社，1956 年），第 52—65 页。较新的著作可参阅福蒂《隆美尔的军队》一书第 115—119 页；布鲁斯·艾伦·沃森《沙漠之战：比较的视角》（康涅狄格州韦斯特波特：普雷格出版社，1995 年）一书第 1—13 页。

47. 福蒂《隆美尔的军队》一书第 117 页。另可参阅利德尔·哈特主编的《隆美尔战时文件》第 101 页。

48. 此时他与的黎波里补给基地的距离超过 1448 千米。参阅沃德·A. 米勒《第 9 澳大利亚师抗击非洲军：一个步兵师与坦克的对抗一利比亚托布鲁克，1941 年》（堪萨斯州莱文沃斯堡：美国陆军指挥与参谋学院，1986 年）一书第 5—6 页。

49. 爱德华 · B. 韦斯特曼《高射炮：德军的对空防御，1914 年—1945 年》（劳伦斯：堪萨斯大学出版社，2001 年）一书第 121 页。

50. 关于 88 炮，可参阅约翰 · 威克斯《单兵反坦克：反坦克作战史》（纽约：梅森 & 查特出版社，1975 年）一书第 64—65 页。关于德军反坦克炮的总体情况，可参阅 W.J.K. 戴维斯《德国陆军手册：1939—1945 年》（纽约：阿科出版社，1973 年）一书第 100—107 页。另可参阅克里斯普的《铜墙铁壁》，"'88'这个词作为一个粉碎性打击的象征进入坦克组员们的词汇表……敌人以他们的反坦克武器配合坦克一同向前推进，整个战役期间，我们一直无法找到有效应对手段"（第 33 页）。有一次，在率领一支携带拖曳式反坦克炮的队伍投入战斗时，克里普斯绝望地写道："我不知道会发生什么情况，除非我们被彻底包围，这样一来，反坦克炮就派上用场了"（第 167 页）。而德国人对反坦克炮的使用一向非常熟练。

51. 参阅帕蒂 · 格里菲斯的《英军在西部沙漠的坦克战》，收录于 J.P. 哈里斯和 F.H. 托阿瑟主编的《坦克战》（伦敦：巴茨福德出版社，1990 年）一书第 70—87 页。另可参阅《德军在利比亚沙漠的作战方式》（华盛顿特区：军事情报局，1942 年）。多年来，隆美尔一直是战争游戏社区最受青睐的人物。参阅 A.A. 努菲的出色文章《沙漠之狐：隆美尔的北非战役，1941 年 4 月至 1942 年 12 月》，刊登在《战略与战术杂志》1981 年第 87 期，第 4—15 页，文中对一场典型的沙漠交战做出战术分析。

52. 克里斯普《铜墙铁壁》一书第 13、第 31 页。

53. 米勒的《第 9 澳大利亚师抗击非洲军：一个步兵师与坦克的对抗—利比亚托布鲁克，1941 年》一书详细描述了第一次托布鲁克战役。另可参阅赫克曼《隆美尔在非洲的战争》一书第 69—86 页。

54. 米勒《第 9 澳大利亚师抗击非洲军：一个步兵师与坦克的对抗—利比亚托布鲁克，1941 年》一书第 31 页。

55. 同上，第 4 页。

56.《二战期间德国在沙漠战中的经验》第一卷，原先是德方报告系列的组成部分，最近作为"舰队陆战队参考教材"（FMFRP）12-96-I 出版发行（弗吉尼亚州匡蒂科：美国海军陆战队，1990 年），第 3—4 页。当初的写作团队包括德军将领弗里茨 · 拜尔莱因、阿尔贝特 · 凯塞林、西格弗里德 · 韦斯特法尔等人。

57. 对"十字军"行动的最佳简述（全文清晰明了、令人信服，对这样一场混乱的作战行动来说，这绝非易事）依然是巴奈特《沙漠中的将领们》一书第 83—120 页，通过艾伦 · 坎宁安将军的经历加以阐述。没有哪部著作比克里斯普《铜墙铁壁》一书更好地传递出战斗的混乱，特别参阅第 147—148 页的友军火力误击事件，以及第 141—142 页对"武力展示"与"战斗侦察"之间差异的热烈探讨。最后是古德蒙松主编的《在非洲军内》，从德方视角提供了最详细的阐述。

58. 巴奈特《沙漠中的将领们》第 88 页。

59. 克里斯普《铜墙铁壁》一书第 33 页。

60. 巴奈特《沙漠中的将领们》一书第 88—89 页。

61. 克里斯普《铜墙铁壁》一书第 41—42 页描述了混乱的局面，第 49 页将战场态势称为"一团糟"。

62. 巴奈特《沙漠中的将领们》一书第 101—102 页。

63. 克里斯普《铜墙铁壁》一书第 82—84 页。书中坦率地写道："我们听闻指挥部和补给地域产生恐慌，一想到那些将军和参谋人员逃往亚历山大港或在狭窄的战壕中把自己弄得浑身湿透，我们便毫无爱国心地感到高兴”（第 82 页）。另可参阅巴奈特《沙漠中的将领们》一书第 114 页。

64. 克里斯普《铜墙铁壁》一书第 128 页。

65. 实际上是“巫婆的大锅”（Hexenkessel）。关于加扎拉之战，可参阅巴奈特《沙漠中的将领们》一书第 123—158 页，以及梅伦廷《坦克战》一书第 107—137 页。

66. 关于李 / 格兰特坦克，可参阅埃里克·格鲁夫、克里斯多夫·钱特、戴维·里昂和休·里昂《二战中的军事装备：坦克、飞机和海军舰艇》（纽约：军事出版社，1984 年）一书第 52—54 页。关于它们对战斗的影响，可参阅施密特《与隆美尔在沙漠中》一书第 147—148 页。

67. 关于蒙哥马利的简短生平，可参阅奇蒂诺《装甲部队：历史和原始资料》一书第 258—261 页。

68. 蒙哥马利《阿拉曼子爵蒙哥马利元帅回忆录》一书第 178 页。

69. 同上，第 352 页。

70. 关于阿拉曼战役一部较新、非常有用的著作是吉尔·爱德华兹主编的《回顾阿拉曼：阿拉曼战役及其历史意义》（开罗：开罗美国大学，2000 年）。这是 1998 年 5 月 2 日在美国大学举办的一场研讨会的相关论文汇编，其中包括迈克尔·霍华德的介绍性文章（《阿拉曼战役》），以及托马斯·舍本从德方视角对该战役作出的细致分析（《从德方视角看 1940—1942 年的北非战争：三维，洲际战争》）。另可参阅弗雷德·马奇德拉尼的《阿拉曼战役：沙漠中的要塞》（费城：利平科特出版社，1965 年），这是较老，但依然有用的《历史上的大战役》系列丛书中的一部，另外还有卡弗的《阿拉曼》。

71. 蒙哥马利《阿拉曼子爵蒙哥马利元帅回忆录》一书第 116 页。

72.《二战期间德国在沙漠战中的经验》第一卷，第 14 页。

73. 苏联解体后，曾经封闭的档案资料对研究人员开放，因而出现了一场名副其实的“历史事件革命”，其结果是，之后的许多书籍对苏联红军做出了比以往更加详细的描绘和叙述。这一发展的核心人物是戴维·M. 格兰茨，他是西方国家研究苏联军事的权威。他的全部著作也许可以这样描述：以苏联为中心，但公平客观；干脆利落，甚至有些简洁；使用的相关文件真的可以说是堆积如山，而西方学者过去从未见过这些文件。至于“最辉煌的胜利和最具灾难性的失败”这一说法，则是从两本著作开始的：“巴巴罗萨”之前的逐渐发展，可参阅戴维·M. 格兰茨的《泥足巨人：战争前夕的苏联红军》（堪萨斯州劳伦斯：堪萨斯大学出版社，1998 年）；关于苏德战争，可参阅戴维·M. 格兰茨和乔纳森·M. 豪斯的《巨人的碰撞：苏联红军是如何阻止希特勒的》（劳伦斯：堪萨斯大学出版社，1995 年），传统的分析通常是从德国军队如何输掉战争的角度着眼，而本书是个可喜的转变。其他学者对俄罗斯档案资料的研究也取得了丰硕成果，包括理查德·W. 哈里森的《俄国的战争方式：战役法，1904—1940 年》（劳伦斯：堪萨斯大学出版社，2001 年），以及卡尔·范戴克的《苏联入侵芬兰，1939—1940 年》（伦敦：弗兰克·卡斯出版社，1997 年）。近期另一部较有影响力的著作着眼于 20 世纪军事史上的苏联战役法，这就是希蒙·纳维的《寻求军事卓越：作战理论的演变》（伦敦：弗兰克·卡斯出版社，1997 年）。纳维不是历史学家，而是个理论家，该书专注于系统逻辑的语言和概念，可能会非常难懂。诸如“偏离机动的幅度”（第 146 页）、“抑制作战认知的前提”（第 112 页）、“作战目标的抽象性和整体性”（第 132 页）这些短语随处可见，另外还有下述这种令人倍感痛苦的段落：“通过阻止防御体系内部实现重要的协同，分散的打击反映出实现战役目标的消极方面，而大股机动力量以同样分散的打击方式进入纵深，则反映出战役打击机动发展的积极方面”（第 215 页）。在较老的著作中，仍值得一提的是艾伦·克拉克的《巴巴罗萨：苏德战争，1941—1945 年》（纽约：奎尔出版社，1985 年）。以往的著作倾向于将德国军队 1941 年遭受的灾难归咎于希特勒，这种观点得到幸存的德军将领们的支持，利德尔·哈特在《德国将领谈话录》一书中加以出色阐述，但克拉克很有说服力地指出，德军战地指挥官和总参谋部应为此承担很大一部分责任。这种观点的发展高潮是杰弗里·P. 梅加吉的《希特勒最高统帅部内幕》（劳伦斯：堪萨斯大学出版社，2000 年），它彻底打破了德军总参谋部永远正确的传统观点。约翰·埃里克森的两部著作也很有用，它们分别是《通往斯大林格勒之路》（纽约：哈珀 & 罗出版社，1975 年）和《通往柏林之路》（伦敦：韦登菲尔德 & 尼克尔森出版社，1983 年）。此外，一些指挥官也留下了他们的回忆录。海因茨·古德里安的《装甲指挥官》（纽约：巴兰坦出版社，1957 年）仍是一部不可或缺的著作，埃里希·冯·曼施泰因的《失去的胜利》（加利福尼亚州诺瓦托：要塞出版社，1982 年）同样如此。苏联视角的著作可参阅 G.K. 朱可夫的《朱可夫元帅最大的战役》（纽约：哈珀 & 罗出版社，1969 年）和《朱可夫元帅回忆录》（纽约：德拉科特出版社，1971 年）；V.I. 崔可夫的《斯大林格勒战役》（纽约：霍尔特、莱因哈特 & 温斯顿出版社，1964 年）和《第三帝国的末日》（莫斯科：进步出版社，1978 年）；伊万·科涅夫的《胜利之年》（莫斯科：进步出版社，1969 年）。《希特勒的败仗：东线苏联红军将领亲述二战》（纽约：理查森 & 斯泰尔曼出版社，1986 年）这部合集也很重要，其中包括 G.K. 朱可夫的《战争初期》和 V.D. 索科洛夫斯基的《莫斯科战役》。关于莫斯科战役，可参阅雅努什·皮耶卡尔基维茨的《莫斯科 1941》（加利福尼亚州诺瓦托：要塞出版社，1981 年）。关于这些著作的重要参考书目和其他内容，可参阅罗尔夫－迪特尔·米勒和格尔德·R. 于贝夏尔的《希特勒的东线战争，1941—1945 年：一份关键评估》（罗得岛州普罗维登斯：博格翰图书出版社，1997 年），但书中一些条目以德文音译俄语名字，例如 Suworow 和 Wolkogonow，可能会令一些英文读者感到困惑。

74. 约翰·W. 道尔的《无情之战：太平洋战争中的种族和权力》（纽约：万神殿图书出版社，1986 年）。

75. 关于第 56 装甲军的推进，参阅曼施泰因《失去的胜利》一书第 175—188 页。

76. 瓦利蒙特《德国国防军大本营，1939—1945 年》一书第 179 页。

77. 这些机械化军中的 5 个（第 8、第 9、第 15、第 19、第 22 军）在战争爆发后的几天里卷入激烈战斗。参阅格兰茨和豪斯《巨人的碰撞：苏联红军是如何阻止希特勒的》一书第 53—55 页，以及一篇值得广为传播的文章：万斯·冯·鲍里斯的《巴巴罗萨行动：南翼》，刊登在《重点突破杂志》1993 年 9 月第 1 期，第 6—10 页，显然这是该杂志发行的唯一一期。还可参阅克拉克《巴巴罗萨：苏德战争，1941—1945 年》一书第 53—54 页。

78. 格兰茨和豪斯《巨人的碰撞：苏联红军是如何阻止希特勒的》一书第 68 页。

79. 同上，第 75—78 页。这方面的生动叙述还可参阅亚历山大·沃思《战争中的俄国》（纽约：卡罗尔 & 格拉夫出版社，1992 年）一书第 202—212 页。

80. 引自海因茨－卢德格尔·博尔格特的《从施利芬到古德里安，陆战的基本特点》（*Grundzüge der Landkriegführung von Schlieffen bis Guderian*），收录在《德国军事史手册，1648—1939 年》（*Handbuch zur deutschen Militärgeschichte 1648–1939*）第九册，《军事作战的基本特点》（*Grundzüge der militärischen Kriegführung*）（慕尼黑：伯纳德 & 格雷费出版社，1979 年），第 543 页。

81. 参阅皮耶卡尔基维茨《莫斯科 1941》一书第 113、第 160、第 163 页。

82. 关于图拉之战的主要资料来源，德方视角可参阅古德里安《装甲指挥官》一书第 185—203 页；另可参阅格兰茨和豪斯《巨人的碰撞：苏联红军是如何阻止希特勒的》一书第 83—87 页。

83. 关于朱可夫的简略生平，可参阅奇蒂诺《装甲部队：历史和原始资料》一书第 279—280 页。关于莫斯科城下的反攻，可参阅索科洛夫斯基的《莫斯科战役》，收录于《希特勒的败仗：东线苏联红军将领亲述二战》一书第 51—61 页。另可参阅皮耶卡尔基维茨《莫斯科 1941》一书第 208—237 页。

84. 格兰茨和豪斯《巨人的碰撞：苏联红军是如何阻止希特勒的》一书第 87—94 页。

85. 关于苏联红军扩大进攻的尝试，参阅同上，第 91—97 页。

86.《大德意志独立战争》第 99 篇，《十字军东征布尔什维克主义》（*Kreuzzug gegen den Bolschewismus*），刊登在《军事周刊》第 126 卷，1941 年 7 月 4 日第 1 期，第 6 页。

87.《大德意志独立战争》第 100 篇,《比亚韦斯托克歼灭战》(*Die Vernichtungsschlacht von Bialystok*)，刊登在《军事周刊》第 126 卷，1941 年 7 月 11 日第 2 期，第 29—30 页。

88.《大德意志独立战争》第 101 篇,《比亚韦斯托克和明斯克的两场战役》(*Die Doppelschlacht von Bialystok und Minsk*)，刊登在《军事周刊》第 126 卷，1941 年 7 月 18 日第 3 期，第 57—58 页。

89. 参阅炮兵上将路德维希的《突破“斯大林”防线》(*Der Durchbruch durch die Stalin-Linie*)，刊登在《军事周刊》第 126 卷，1941 年 8 月 1 日第 5 期，第 123—125 页。

90.《大德意志独立战争》第 102 篇,《苏联的灾难标志》(*Katastrophenanzeichen in der Sowjetunion*)，刊登在《军事周刊》第 126 卷，1941 年 7 月 25 日第 4 期，第 87 页。

91.《大德意志独立战争》第 103 篇,《东线取得决定性胜利之前》(*Vor der Entscheidung im Osten*)，刊登在《军事周刊》第 126 卷，1941 年 8 月 1 日第 5 期，第 113 页。

92.《大德意志独立战争》第 105 篇,《东线战事第七周》(*Die 7. Woche des Ostkampfes*),刊登在《军事周刊》第 126 卷，1941 年 8 月 15 日第 7 期，第 171 页；《大德意志独立战争》第 111 篇,《继续压缩列宁格勒》(*Einschnürung Leningrads schreitet fort*)，刊登在《军事周刊》第 126 卷，1941 年 9 月 26 日第 13 期，第 341 页。

93.《大德意志独立战争》第 112 篇,《庞大的基辅战役之过程和结束》(*Verlauf und Abschluss der Riesenschlacht von Kiew*)，刊登在《军事周刊》第 126 卷，1941 年 10 月 3 日第 14 期，第 368 页。

94.《大德意志独立战争》第 113 篇,《元首宣布苏联人的崩溃》(*Der Führer kündigt den Zusammenbruch der Sowjets an*)，刊登在《军事周刊》第 126 卷，1941 年 10 月 10 日第 15 期，第 395—397 页。

95.《大德意志独立战争》第 121 篇,《继续进攻莫斯科》(*Der Führer kündigt den Zusammenbruch der Sowjets an*)，刊登在《军事周刊》第 126 卷，1941 年 12 月 5 日第 23 期，第 395—397 页。

96.《大德意志独立战争》第 124 篇,《东部阵地战》(*Der Stellungskrieg im Osten*)，刊登在《军事周刊》第 126 卷，1941 年 12 月 26 日第 26 期，第 715 页。

97.《大德意志独立战争》第 125 篇,《东线的顽强防御作战》(*Harte Abwehrkämpfe an der Ostfront*)，刊登在《军事周刊》第 126 卷，1942 年 1 月 2 日第 27 期，第 715 页。

第三章
盟军寻求决定性胜利

与德国人一样，同他们对阵的盟军也在寻求快速且具决定性作用的战场胜利，从而迅速结束战争。从表面上来看，盟军完全有理由做到这一点。苏联、英国和美国组成的“伟大联盟”，远比他们的对手德国更加富裕。苏联、英国和美国拥有巨大的资源基础优势——他们都是重工业领域的巨人，每个月都能生产出数以千计的坦克、飞机和海军舰艇。特别是美国和英国，他们是世界上最繁荣的国度，拥有受过高等教育、积极进取的国民，在技术方面具有极大天赋。此外，美国还是世界上第一个实现“机动化”的社会。若说战争现在是“车轮上的军队”所从事的工作（就像 S.L.A. 马歇尔在 1941 年的著作中所写的那样），那么，美国军队完全有理由走在最前沿[1]。至于英国，毕竟是把坦克引入现代战场的国家——若说战争现在已变为坦克战，那么，英国应该是个中高手。

可是，实际情况却并非如此简单。虽然盟国最终赢得了胜利，但他们却为此耗费了太多时间。1941 年 12 月初，德国人在莫斯科到达他们“战争事业”的巅峰——这也是他们最接近于赢得战争的时刻。从那时算起，到盟军赢得最终胜利还有三年半的时间——而且这种胜利是以数量优势和各种资源赢得的。换句话说就是，盟军是通过消耗而非作战方面的优势取得胜利。实际上，至少到 1944 年，德国军队一直是战场上最精通作战行动的部队[2]。

战争最后两年呈现出一幅复杂的画面。一方面，20 世纪 30 年代关于机械化的大规模军事辩论已告结束。各参战国均实现了机械化，将各种车辆用于战术、行政和后勤目的。另一方面，以装甲力量实施大胆推进、实现大规模合围并取得决定性胜利的时代似乎也已过去。尽管出现了各种战车，但“机械化作战”的规则似乎与 1939 年之前的战争原则没什么不同[3]。在守军学会了如何应对坦克冲击，从而避免恐慌和崩溃后，某种均衡便得以恢复。就连苏联红军在东线赢得的引人瞩目的胜利，在很大程度上也是一支具有数量优势的军队切断、突破与包围装备较差之敌并重创对方的结果。简单地说，苏联红军 1943 年或 1944 年并未像德国人 1941 年进攻莫斯科那样，构成取得突破后一路奔向柏林的威胁。苏联红军设法突破德军绵亘防御阵地，但他们的后勤支援却总是跟不上。同样，在诺曼底登陆后，虽然盟军在西线赢得了胜利，但却仅仅是以装备精良的机械化军队在完全掌握制空权的情况下猛攻水准参差不齐的敌人的抵抗。虽然整个战场并未回到第一次世界大战那种状况[4]，但这场战争再也没有重现德国人 1939 年至 1941 年间取得的那种迅速、损失相对较小的胜利。

自战争爆发以来，历史学家们评价各支军队已成惯例。虽然大多数分析人士承认德国军队的作战优势一直保持到了战争后期，但对盟国军队的相对优点却存有很大争议。从英国历史学家们倾向于指出美军在战术和战役方面的缺点（特别是他们在北非和西西里这些早期战斗中体现出的问题），到时隔六十多年后，美国历史学家们仍在审视英国将领伯纳德·劳·蒙哥马利显而易见的错误，再到不久前，几乎所有西方历史学家都在战术和战役方面给苏联红军打出了最低分，将其取得的胜利描述为不需要动脑筋、全凭数量优势压倒对方的必然结果。只是需要说明的是，现在也还是有许多人认为苏联红军是盟军阵营中最优秀的军队，是“战役法”的创造者。

实际上，这种评定毫无意义。首先，三支盟国军队都是赢家，仅从统计数据看，便值得任何一场战役加以记录。其次，他们都根据自己的历史、传统和文化从事作战行动。例如，美国陆军作战学说强调以大规模军事力量打击敌野战主力，对危险的战役机动持藐视态度。美国陆军 1923 年版野战条令简明扼要地指出其目标：“所有军事行动的最终目标都是在战场上歼灭敌人的武装力量。”[5]

第一次世界大战期间，英国在付出了高昂的代价后才制定出了一种在现代战场上切实可行的战术方式，因此他们把这种战术保持到第二次世界大战期间——这种战术的关键词是“对阵战”“合理的短期作战目标”“时间表”和“调整线”。一般来说，英军指挥官首先会集结战机波次、大批支援坦克和重型火炮对目标实施轰炸

△▽ 盟军坦克的质量参差不齐。上图：苏联的T-34/76坦克，东线战事爆发时，这款坦克比德国当时投入的任何一款战车更优秀，令攻往莫斯科的德国军队深感震惊。下图：美国的M-4谢尔曼坦克，这款坦克的设计用途是追击，而非对付敌坦克，他们发现自己在欧洲的整个战斗中落于下风。摘自美国陆军军事历史研究所的《坦克手册》第一册。

和炮击，然后命令步兵向前推进。对“伟大联盟”中大多数人口稀少的国家来说，这是一种合理的策略，且最有可能避免重演第一次世界大战期间索姆河战役那样的灾难。

最后，评判盟国军队的唯一办法是比较他们的作战学说。他们的学说与他们不得不从事战斗时的实际情况有多接近？他们遵循自己作战学说时的表现如何？最重要的也许是，前线的客观条件迫使他们暂时放弃自己的学说，考虑并采用其他方式进行战斗时，这些军队会做何反应？我们将看到，英国军队不得不在西西里和法莱斯从事一场运动战；美国军队无法将其压倒性力量用于意大利和诺曼底；而苏联红军面对狡猾、即便整个防线已然破裂也拒不认输的德军时，一次次施以突然性打击。正如我们将见到的那样，他们在这段关键时期的作战记录显然是喜忧参半。

苏联红军和“战役法”

苏联的“战役法”概念近期引发了西方国家军事研究人员的极大兴趣，以至于这句短语有可能沦为一个没有客观内容的口号。毫无疑问,在两次世界大战之间，苏联为现代战争做出了大量有趣的理论工作。实际上，关于战争“战役层级”的整个主张（显然不同于更高的战略层级或更低的战术层级），是从沙俄以及后来的苏联理论学家那里传递给我们的。“大纵深战役”概念与苏联元帅 M.N. 图哈切夫斯基和 G.S. 伊谢尔松早在 1929 年所著的文章有关，第一个“机械化军”1932 年秋季组建，而新学说出现在 1936 年的《工农红军暂行野战条令》中。可以说，苏联红军是两次世界大战之间新学说与新装备的出色试验台，他们对空降兵兵团的高度重视就是一个明证。德国人对苏联红军 1936 年秋季大演习做出了以下评估：

> 将坦克用于遭遇战，用于突破，用于夺取前进阵地，用于打断一场战斗，用于反冲击，用于追击，用于对河流渡口的猛烈突击，它们既能在战术上同步兵力量直接配合，也可以被编入机械化兵团，并赋予其战略任务。也就是说，可以要求坦克从事一切工作。我们可以看见苏联红军在使用坦克力量方面拥有一种广阔的视野，对所有的可能性都进行积极尝试，并持有一种近乎无限的信任。[6]

一如既往，苏联军事学说的根源在于过去——在苏联红军的第一批指挥员中，有许多人来自昔日的沙皇军队。苏联的军事学说继承了大规模步兵兵团（在独立作战地带称为“方面军”）以布鲁西洛夫的风格实施宽正面进攻和快速打击的传统，通常以骑兵担任快速军[7]。而改变这种传统的是布尔什维克从俄国内战中获得的经验，其中包括对进攻行动而非防御的强调、偏爱新技术，以及最重要的“连续作战”理论。

现代军队已变得如此庞大，且具有强大的恢复力，不可能以拿破仑或老毛奇时代的方式，在一场战役中将其歼灭殆尽。相反，还有必要反复发起大规模进攻行动，对敌人施以一连串使其无法恢复元气的连续打击[8]。图哈切夫斯基的愿景是：先用步兵、坦克和火炮混成集团负责达成突破，再用第二、第三梯队装甲和骑兵力量组成的快速集群紧随其后以扩大胜果。然后，深入敌后方地域，沿突破方向不断投入新锐部队，并由空中力量和空降兵提供协助。这是一种快速但紧密编排的新的战斗方式，被人们称作“大纵深战斗”。

不幸的是，苏联这个令人印象深刻的学说已在1939年9月前沦为一纸空文。图哈切夫斯基殒命，成为斯大林清洗苏联红军的另一个受害者（即便在今天也很难以言语来描述这场清洗对军队造成的影响）。单纯的统计数据只能说明部分问题，但已足够。遇难者中包括全部16位军区司令员，军、师级指挥员中的80%，几乎所有团级指挥员及其参谋人员。幸免于难的军官团人员屈从于惰性，对自己在战斗中犯错几乎抱有一种病态的恐惧[9]。

自相矛盾的是，斯大林在杀害军队指挥员和参谋人员的同时，也在监督一场庞大的军事扩张，这是他对日益危险的国际局势做出的应对——苏联红军兵力从1937年的150万人增长到1941年6月德国入侵时的500万人。不过，苏联在进行战争准备时受到的负面影响也不容小觑——当时的苏联红军由大批缺乏训练的士兵组成，新任命的指挥员领导能力欠佳，不过是些政客而已[10]。

大清洗的另一个受害者是图哈切夫斯基的心血——“大纵深战役”。由于同这位名誉扫地的元帅相关，所以该理论不仅变得“政治不正确”，还甚至有些危险。苏联军事策划者现在从西班牙内战中获得了许多坦克作战方面经验教训，他们在那里的表现基本上消除了德国人当初注意到的“对坦克持有近乎无限的信任”的影响。取代大纵深战斗的是一种谨慎、保守的学说，军事策划者们把少量坦克编为规模较小的旅，用于支援步兵——换句话说，这与法国人的做法不同。

苏联红军在二战中的经历，实际上就是关于现代作战该如何实施的进步理论与抗击有史以来最娴熟、最强大军事力量的严峻现实之间的不一致。在 1941 年那个可怕的夏季和秋季，德国军队几乎是随心所欲地歼灭了苏联红军的大股力量。不断后退的苏联红军从这些战斗中得到了一些深刻教训——他们最终在理论与实践之间找到一种平衡，并在这场战争的第一个冬季开花结果。只是，虽然苏联红军最终赢得了胜利，但这种胜利的代价太过高昂，甚至高昂到了有些令人不可思议的地步，以至于没人愿意对此加以模仿。

芬兰的灾难

对苏联来说，他们是以一种令人震惊且蠢笨的方式拉开了“冬季战争”帷幕。1939 年 11 月 30 日，苏联红军入侵芬兰，所谓的“冬季战争”就此爆发[11]。回过头来审视历史，我们可以非常清楚地看到，斯大林期望在芬兰轻松赢得闪电战式的胜利。尽管拥有巨大的兵力优势、极其精良的装备和制空权，但这场战争的第一个月对入侵者而言却不啻为一场灾难。苏联红军士兵的训练很糟糕，而大批高级将领在斯大林近期的大清洗中死于非命，导致部队指挥不力。此外，苏联红军无法顺利实施作战行动还有另一个祸根：仓促。斯大林没有提供任何准备期便下令发动入侵，军方人员不得不把乌克兰军区编成内的各个师，从气候条件相对温和的地区变更部署到寒冷的北方[12]。苏联红军指挥员对芬兰军队或他们的防御准备知之甚少，对作战地区的地形情况也不太了解。

芬兰军队指挥官卡尔·冯·曼纳海姆元帅熟练地同时从事两场战争。他把正规军主力（9 个常规师中的 6 个）部署在南面卡累利阿地峡约 145 千米长的防线上，并在那里构筑了强大的筑垒阵地——“曼纳海姆防线”——这是一片坦克陷阱、战壕、强化混凝土掩体与机枪巢构成的相互关联的防御体系，试图以此来威吓苏联人不要发起进攻。虽然没起到威吓的作用，但这种防御体系却奏效了，K. 梅列茨科夫将军指挥的苏联红军第 7 集团军展开了笨拙的正面突击，结果被芬兰人的防御火力粉碎。一位现代历史学家指出，“第 7 集团军各级指挥层的组织工作均力有不逮”[13]。而在北面 1126 千米长的漫长边境线上，曼纳海姆则展开了一场游击战——身负重任的是自卫军、民兵和神枪手，他们对每一寸土地了如指掌，严寒对他们毫无影响[14]。这些战士踏着滑雪板参加战斗，从森林悄然而出，以机枪火力扫射笨重的苏联红军队列，然后又消失进森林里——苏联红军的战地厨房和补给大车是他们的重点打击目标。此外，这些芬兰战士还使用了粗糙的自制汽油弹，事实证明用这种武器对付苏联红军坦克极为有效。这些被称作“莫洛托夫鸡尾酒”的自制汽油弹是一款真正的穷人的武器，也是这场战争的永久遗产。

芬兰自卫军是个勇猛的对手，他们在苏奥穆斯萨尔米伏击、围困，并歼灭了苏联红军两个师（第44和第163师），在托尔瓦耶尔维消灭了苏联红军另外两个师（第75和第139师）。到圣诞节时，芬兰人已将卡累利阿地峡外的苏联红军切为相互隔绝、无法动弹的“碎片”——他们饥寒交迫，陷入包围，不断遭到芬兰军队的攻击——芬兰人把他们称作motti（堆放在森林里的柴火堆，意思是日后再收拾）。至此，苏联红军的伤亡已达数十万人，斯大林也因此而处决了一两名作战不力的将领。类似的历史先例只有布尔战争头几个月英国军队遭遇的情况。但苏芬战争更加糟糕，而且变为一场受到天气影响的真正考验。一名苏联红军士兵写下酒精在这种情况下的重要性：“他们开始每天给我们提供100克伏特加。这使我们在严寒中稍感温暖和振奋，不再畏惧战斗。”[15]

可是，同布尔战争一样，苏芬战争的最终结果从长远来看不会有任何疑问，毕竟交战双方的实力悬殊实在是太大了。新年到来后，战局态势亦随之扭转，斯大林派出色的年轻将领S.K.铁木辛哥将军（刚刚44岁）负责指挥这场战争。铁木辛哥做出了显而易见的安排：以第7和第13集团军对曼纳海姆防线展开一场协同一致的正面进攻[16]——参与其中的是获得了战机和火炮大力支援的60万苏联红军士兵（他们被编为四个突击梯队）。虽然苏联红军的损失惊人，但芬兰人根本无法匹敌如此庞大的力量。这并非大纵深战斗，只是残酷而又直接的厮杀。此外，铁木辛哥也展现出了自己巧妙的策略，他以步兵第28军绕过芬兰人右翼，踏着冰面穿过冰冻的芬兰湾攻往至关重要的维伊普里港。这场突击于2月1日发起，2月11日前已突破芬兰军队的主要防御阵地。2月25日，维伊普里陷落，从维伊普里通往赫尔辛基的主干道也落入苏联红军手中。芬兰人的伤亡已达3万，而他们的总人口只有400万，因此除了投降别无选择。苏联人赢得了冬季战争，攫夺了他们所需要的领土：维伊普里、佩萨莫的北部港口和卡累利阿约5万平方千米的土地。不过，苏联人为此付出的代价几乎令人难以置信。后来，苏联领导人尼基塔·赫鲁晓夫称斯大林独裁统治的无能不啻为犯罪，指出苏联红军在这次战争中的阵亡人数高达100万。虽然赫鲁晓夫的说法肯定有些夸大其词，但哪怕是最客观的评估数据也很惊人：苏联红军伤亡了约38万人，远远超过战争爆发时芬兰军队的总兵力。

自 19 世纪的欧洲创建总参谋部制度以来，世界各国的军队都很关注当代发生的战争，并从中谨慎地汲取经验教训。冬季战争是一场很成问题的冒险，违背了一切科学或客观标准。当代军事分析家们对冬季战争进行了分析，并认为苏联方面犯下常见的错误，即过于强调战争的开局，却忽略了战争的结局。冬季战争第一阶段，苏联红军实施了人们所能想象的最笨拙、最无能的正面突击："于阳光灿烂的日子里，在清晰的视野中，他们选择了以士兵们的胸膛抵抗暗堡内射出的机枪子弹与火炮火力"[17]。好在这次战争的第二阶段与第一阶段截然不同：年轻且具天赋的苏联红军指挥员展示出了他们对现代军事行动的扎实掌握，巧妙地部署了一支队伍庞大、装备精良的军队，迅速粉碎了在前不久还看似不可战胜的敌人。或许，只有时间才能证明哪个才是真正的苏联红军。

值得赞扬的是，苏联人自己已经意识到了这场战争实际上是一场惨败。在他们看来，自己犯下了过度反应的常见错误。大纵深战斗现在已成为遥远的回忆，现在苏联红军关注的是一些基本要素：侦察、行军安全和隐蔽，以及精心策划分阶段进攻的重要性。此外，当代苏联军事著作也展现出了一种痴迷于冬季战斗细节的氛围，比如强调在坦克穿越深深的积雪时应使用哪种齿轮、酷寒气候下快速急救的重要性，以及滑雪道的准备[18]。而指挥训练现在也强调"通过逐渐积累力量并耐心'咬穿'敌人防御工事上的缺口，以此克服敌人的长期防御"——据一名年轻的指挥员称，这更像"工程科学"，而不是作战或机动艺术。对进攻一个马奇诺式的综合防御体系来说，1940 年春季可能是最糟糕的时机[19]。

德国的入侵及其影响

我们已对德国入侵苏联第一阶段的战局做过分析。苏联红军在这段时期面临的真正挑战与战役法没太多关系，而完全是生存的问题。苏联红军在此阶段的"战斗荣誉"包括反复站在历史上规模最大的合围战的错误一端。"巴巴罗萨"阶段的比亚韦斯托克、明斯克、斯摩棱斯克与基辅包围圈，"台风"行动发起后紧随其后的布良斯克、维亚济马合围战，在军事史上都实属罕见。

可是，即便以这些惊人的事件为背景，某些真理依然适用。德国人在后勤末端展开行动，并按照他们的习惯，从补给基地向前推进数百千米，而苏联人正退往自己的补给基地。因此，德军的实力不可避免地受到了削弱，而苏联红军的实力则在不断加强。关键时刻，也就是克劳塞维茨所说的战役"顶点"，出现在莫斯科门前[20]。此时，率领苏联红军的是年轻（当时年仅44岁）、精力充沛、才华横溢的总参谋长G.K.朱可夫元帅，他冷静地决定了发起反突击的准确时刻。他集结了主要由步兵部队组成，但获得了火炮支持和坦克直接支援的“突击集群”，对通过侦察确定的德军防线上极为狭窄与虚弱的地段展开冲击，达成突破并为梯次部署在后方的快速力量打开缺口，使其能得以扩大胜果。虽然苏联红军并不打算楔入敌纵深——指挥体系和后勤网都不允许他们这样做——但这些短促而又猛烈的打击不仅将德国军队永久性地驱离莫斯科，还破坏了德国人的指挥体系，并给整个德国国防军的士气造成临时性打击。

从苏联人的角度来看，莫斯科反攻的结局令人失望。为前线部队提供的补给物资不足，指挥和控制体系严重依赖于中央方向，这些问题导致进攻行动戛然而止。朱可夫本人写道：“我们的弹药尤为短缺……也许这令人难以置信，但我们不得不规定每门火炮24小时内只能射击1—2次。请记住，这种情况发生在进攻期间！”[21]斯大林决定将莫斯科反攻发展为沿整条战线展开的全面进攻，在北部设法解救列宁格勒，在南部将敌人从高加索地域逐入克里木，但这个计划显然为时过早。苏联的军事体系根本没有为这样一场大规模行动做好准备，至少目前还没有。冬季战局中最大的浪费可能是斯大林坚持投入的伞兵力量——苏联方面以多个伞兵团在德军后方的梅登、乌格拉河河曲部实施大规模空投，并重点在维亚济马以西展开了一系列行动，但这些作战行动都没能取得与其成本相称的战果。

不管怎样，这场反攻都是苏联军事史的分水岭。随着国家的生存得到确保，苏联最高统帅部可以更多地考虑实施作战行动的方式。研究二战期间苏联红军的两位美国权威人士称“苏联军事学说在这一时期获得复兴”[22]。1942年1月10日，朱可夫下达大本营第03号训令，这份文件确定了苏联在战争剩余岁月里的作战方法，并强调了突击集群在集团军或方面军级进攻行动中担任先锋的作用。比如，指挥员应将辖内力量集中在一片极为狭窄的正面地段，从而对德军单个部队形成压倒性优势；方面军级进攻战役，突破地段宽度为30千米，集团军级进攻战役的突破地段宽度仅为15千米；每次冲击前应实施炮兵进攻，每千米正面的火炮密度为80门；炮兵首先打击目标应该是敌人预有准备的防御，随后再延伸至纵深目标，以此支援突破，然后继续向更深处延伸，为发展胜利提供支援（对地支援战机同样以这一方式进行攻击）。

这道训令指出两支军队在接下来的战争中的发展方向，这代表苏联红军将从巨大的物资优势地位展开战斗。而这道训令若是 1942 年或 1943 年的某位德军指挥官所提出的，并建议将整个集团军部署在 15 千米宽的进攻地段，那么他肯定会遭到嘲笑。谁来据守另外 80 千米长的防线或两翼？另外，每千米正面集中 80 门火炮也超出德国军队的最大想象力。就算把苏联红军非常成功的欺骗努力（通常掩盖他们在一个地段的虚弱，并将力量集中到另一个地段）纳入考虑，他们从事的也是一种远远超出德国能力的战争。交战一方横跨两大洲，他的大部分重工业和资源位于乌拉尔山区无法打击到的地方，盟友也非常富有，能起到一种“第二国民经济”的作用，为他提供无法自行生产的一切。而交战的另一方则挤在中欧，其工厂和矿区遭到西线盟军不分昼夜地轰炸。这是一场不对等的战争。苏联红军在这场战争中极为有效地将先进的机动学说和物资战融合在了一起。

蓝色方案和苏联的应对

德国没能实现迅速战胜苏联的目标，还毫无必要、几乎有些草率地将美国推入了敌对阵营，自 1942 年起，德国开始面临一场在两线进行的消耗战。从历史和传统来看，这是德国无法获胜的一场战争。但德国人仍握有一柄极为迅捷、强大的利刃，这就是德国国防军——这可能是世界上最优秀的战争机器，无论它在战略、资源和人力方面遭到了怎样的削弱。尽管苏联的军事学说得以复苏，但德国军队仍是个危险的对手。他们在机动性、即兴发挥和灵活性方面远远超过苏联人，特别是诸兵种合成的紧密配合——他们的行政勤务和参谋工作在世界上首屈一指。因此在接下来的两年里，朱可夫的行动不得不仅限于反突击。

希特勒认为 1941 年的失败源于俄罗斯的寒冬，因而下令于 1942 年夏季重新发起一场大规模攻势。由于德军的实力不足以支持在三个地区同时推进，所以希特勒不得不做出决断——他显然觉得莫斯科和列宁格勒门前的茂密林地实在太多（他那些参谋人员也有同感），因此，蓝色方案的目标是战线南部地区[23]。“南方”集团军群一分为二：A 集团军群攻往巴库、迈科普和格罗兹尼的油田，深入高加索山区；B 集团军群的目标是伏尔加河畔的工业城市斯大林格勒——该城不仅是苏联的坦克和拖拉机生产基地，还掩护着因 A 集团军群进入高加索而形成的漫长北翼。

当代的军事分析家们会很容易地找出蓝色方案在作战概念上的错误。攻往巴库意味着几乎无法克服的后勤困难——这片作战地域已开始让德国人大伤脑筋。

德军分出兵力肃清克里木，毫无必要地推迟了进攻行动的发起日期，而此时，每一天，每一周对他们都很重要。另外，与以往所有学说和历史实践相违背，这场两路推进会造成分散。德军参谋人员过去曾写过关于“分散兵力的作战行动”的大量文章，例如瓦尔德马・爱尔福特将军近期对这个概念的研究。他的文章先以连载的方式刊登在总参谋部的《军事科学杂志》上，后又集结成册，该文用拿破仑经典的“内线作战”概念与毛奇的“外线向心作战”加以对比[24]。这两种类型都曾有过在有利条件下取得胜利的先例，但从未有哪种学说要求分割一个集团军群并朝彼此背离的方向前进。两股力量分开后，他们之间必然出现巨大的缺口，而苏联人肯定会注意到这一点。希特勒的权宜之策是以战斗力较差的轴心国军队（主要是罗马尼亚人）填补缺口，却忽略了此举或将导致灾难性的后果。

不过，没等德国人展开行动，苏联红军便发起了战争期间的第一场大规模进攻。铁木辛哥元帅指挥的西南方面军投入向心行动，意图合围哈尔科夫地域的德国军队[25]。这场合围的北翼由苏联红军第 28（D.I. 里亚贝舍夫将军）和第 21 集团军（V.N. 戈尔多夫将军）构成，他们集结在一条 15 千米宽的战线上，以打击弗里德里希・冯・保卢斯第 6 集团军编成内的第 17 军。待里亚贝舍夫突破敌防线后，近卫骑兵第 3 军将穿过缺口发展胜利，从北面包围哈尔科夫。而南面，苏联红军第 6 集团军（A.M. 戈罗德尼扬斯基将军）和博布金集群（以其指挥员的名字命名）将粉碎德国第 8 军的防御阵地。和北面一样，苏联红军坦克第 21 和第 23 军将在南面穿过第 6 集团军打开的缺口扩大胜果——他们将同近卫骑兵第 3 军会合，完成合围。骑兵第 6 军负责发展博布金集群打开的缺口，其任务是据守新形成的“哈尔科夫包围圈”，抗击德国人从包围圈外发起的救援进攻。

这场进攻在地图上看起来相当完美。另外，苏联红军 5 月 12 日发起的冲击，也确实出乎了德国人的意料，4 个集团军和 1000 多辆坦克一举楔入德军防线。但战事发展很快证明，苏联红军在运动战方面仍与德国人相距甚远——他们面对的不是去年 12 月饥寒交迫、疲惫不堪、瘫痪停顿的德国军队。德国人非常熟练地阻挡住苏联红军在南北两面的冲击，随后展开了一场精心策划的反冲击，并深深插入苏联红军侧翼。

这就是德军 5 月 17 日发起的“弗里德里库斯”行动。德国人最初策划这个行动，是打算以一场两翼合围切断伊久姆突出部——这正是他们目前所做的，只不过现在他们困住一大批苏联红军人员和装备：苏联红军计划中的哈尔科夫铁钳的

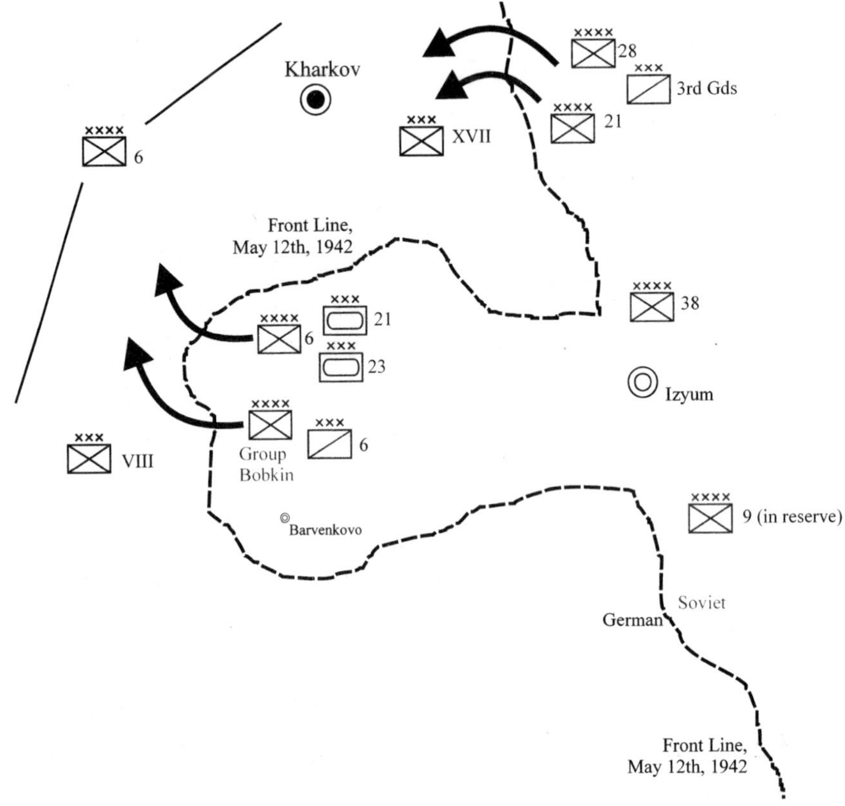

学习战役法：1942年5月12日—17日，苏联红军攻向哈尔科夫。

整个南颚，共计 2 个集团军和 3 个军。德国第 6 集团军进攻突出部北肩，第 17 集团军和第 1 装甲集团军进攻南肩，于 5 月 22 日前轻而易举地实现一场大规模合围。数十万俘虏落入德国人手中，而交战双方似乎都对此习以为常。

因此，这股虚弱的苏联红军部队成为蓝色方案首当其冲的打击目标。德军在 6 月 28 日发起进攻，起初取得了极大战果——他们一举突破苏联红军防线，于战役第一周推进了 160 千米，并渡过该地区的主要障碍——“强大的”顿河。乌克兰南部是理想的坦克沙场，和堪萨斯一样平坦，一样开阔，当德军装甲先锋隆隆向前进发时，肯定会觉得自己势不可挡——一位历史学家将之描述为“处于巅峰状态的德国军队”。[26]

不过，这里还存在一个不祥的迹象。德军未能实现大规模合围，证明苏联红

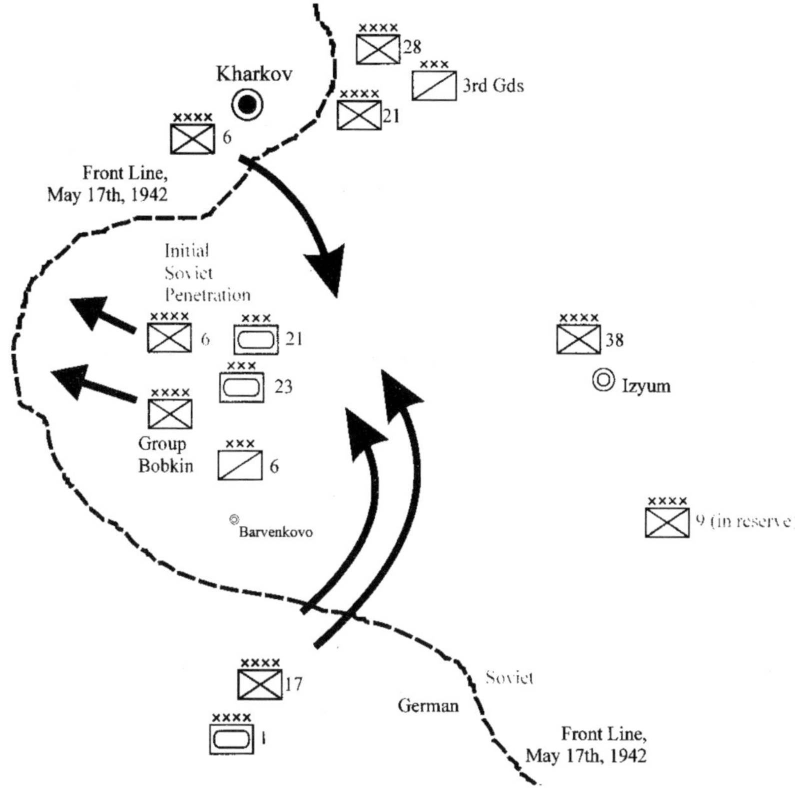

△ 德军在哈尔科夫的反突击：1942年5月17日—22日的“弗里德里库斯”行动。

军从去年的运动战中学到了一些经验教训，或至少是学到了在德国人发起进攻时后撤己方部队的经验——就连希特勒也因俘获敌军数量较少而公开提出质疑。尽管如此，蓝色方案还是以惊人的方式继续展开。到8月9日，第1装甲集团军（埃瓦尔德·冯·克莱斯特将军）已夺得迈科普——虽然苏联红军撤离前已将那里的油田付之一炬。9月时，第4装甲集团军（赫尔曼·霍特将军）和第6集团军（弗里德里希·冯·保卢斯）（译注：虽然许多英文著作都为保卢斯的姓氏加上了“冯”这个前缀，但这却是错误的，因为保卢斯家族从来就不是贵族）已伫立在斯大林格勒郊外。

守卫这座城市的是V.I.崔可夫将军指挥的第62集团军——总参谋长朱可夫给他下达的命令非常简单，但执行起来却非常困难：不惜一切代价守住该城，且不能指望援兵[27]。从9月至11月中旬，一场残酷的巷战发生在斯大林格勒，德国第6集团军试图一个街区接一个街区地肃清该城。这不再是“战役层级”的战争，也不是军、师级部队间的交战，而是由班、机枪近距离火力，甚至是20世纪战争中相当罕见的白刃战构成的战斗。在斯大林格勒，训练有素且习惯于运动战的德军士兵们发现，就算是穿过一条街道都有可能被猛烈的机枪火力击毙。个别建筑物成为战斗焦点：如捷尔任斯基拖拉机厂（苏联坦克在隆隆驶下装配线后便直接投入战斗）。为争夺谷仓、伏特加厂、被称作“巴甫洛夫大楼”的一座建筑，以及被称为“网球拍”的铁路环线，双方士兵付出了惨烈的代价。这基本上是一场围攻战，苏联人将每一座建筑都打造成了小型要塞，而德国人则以特别突击队（配备炸药包的战斗工兵）对其发起冲击。双方士兵在这座垂死城市里的各条街道和各个工厂流血牺牲。崔可夫按照命令沿伏尔加河坚守城内一片越来越狭窄的地段，掩护河上的渡口，以便对岸的援兵和补给物资运入城内。

不过，斯大林格勒战役只是一场更大规模的会战之前奏。苏联红军统帅部正在策划一场典型的合围，即“天王星”行动。苏联红军策划者肯定对地图上呈现出的态势深感震惊。伟大的瑞士军事分析家亨利·约米尼男爵曾将一场典型战斗的几何形状描述为矩形[28]。两个对手沿平行线对峙，第三条边通常包括某种障碍，例如河流、森林或国境线。为控制第四条边（即敞开的侧翼）而展开的斗争往往是战斗结果的决定性因素。只是，亨利·约米尼男爵也许会对蓝色方案的“形状”感到困惑。两个箭头从出发点伸出，相隔甚远。这些箭头的顶端伫立着接受过快速机动作战训练的强大集群，但出于各种实际目的，这些集群已彻底停滞不前。就A集团军群而言，第1装甲集团军这股坦克重兵奉命在高加索山区展开行动——该集团军完全不适合用于那里的环境。而对B集团军群来说，第6集团军和第4装甲集团军都是重型机械化兵团，却深深陷入到了斯大林格勒的巷战中。

斯大林格勒两边是延伸得过长的侧翼，没有可用于加强防御的地形特征。而德军一方用于掩护漫长侧翼的却是两个倒霉的罗马尼亚集团军——第3集团军部署在北面，第4集团军部署在南面——他们缺乏训练，装备低劣，且几乎没有反坦克武器，面对苏联红军的猛烈突击，他们所能实施的抵抗微乎其微。此外，在德军的A和B集团军群之间是一个约305千米宽的缺口，只有一个部署在埃利斯塔的德军师（第16摩托化师）负责对缺口部加以巡逻监视。德军两个集团军群的生存都依赖于遥远后方第聂伯河上的一个渡口，即第聂伯罗彼得罗夫斯克的铁路桥。高加索深处，A 集团军群的交通线不得不穿过罗斯托夫这座门户城市。德军在这条战线上没有任何预备力量，这个事实无疑会成为苏联红军选择此处发起一场进攻的原因。而且，A 集团军群没有自己的司令，其指挥工作由希特勒顺便兼管[29]——用埃里希·冯·曼施泰因元帅的话来说就是，德军的指挥体制“怪诞至极”。

这些愚蠢举措的大部分责任应归咎于希特勒，他现在给作战策划的几乎每一个方面下达详细指令，德军允许个别指挥官掌握灵活性和自由度的“任务式战术”时代早已一去不返。正如一位现代学者所写的那样：“尽管总参谋部的表现有时候存在缺陷，但希特勒的决策更加糟糕”[30]。实际上，希特勒对蓝色方案的构想与整个普鲁士—德意志的军事传统都格格不入——其并非以歼灭敌有生力量为目标，而是以经济为目标——夺取高加索油田[31]。希特勒一直宣称，德国要想将战争继续下去，就必须夺取并控制一些重要的矿藏或工业区：迈科普的油田、顿涅茨盆地的煤矿、尼克波尔的锰矿、佩萨莫的镍矿和另一些资源[32]。在这位原二等兵看来，这是他在将领们面前展现自己超凡能力的方式——他们只是从事战争，而他却在考虑更大的问题。A 集团军群向迈科普的进军遭到苏联红军越来越激烈的抵抗，最终导致德国人无法在高加索立足。迈科普 8 月份落入德军手中，但苏联红军破坏了那里的油井和炼油厂。在得不到石油的情况下，德国又设法坚持了三年。

那么，苏联红军的反攻构想究竟应该归功于谁？这个问题至今仍存有争议。虽然朱可夫总是有他的支持者，但也有大量证据指向年轻（时年仅 41 岁）、充满进取精神的西南方面军司令员 N.F. 瓦图京将军[33]——“胜利多父亲”这句话千真万确。不管怎样，斯大林现在更愿意把策划大规模行动的工作交给他那些受过专业训练的下属（哈尔科夫进攻战役的灾难显然给他造成深深的影响）。斯大林通过这种方式扮演的角色与希特勒截然相反，后者在给各级部队制订详细命令的过程中发挥越来越重要的负面作用。

无论策划者是谁，苏联红军的反攻计划都是合理的。苏联人有能力将足够多的作战力量集结在两翼，从而一举歼灭倒霉的罗马尼亚人[34]。瓦图京指挥的西南方面军形成北钳，并排部署的两个集团军（第 21 和坦克第 5 集团军）将突破罗马尼亚第 3 集团军薄弱的防御。而快速部队会随后穿过步兵力量打开的缺口。坦克第 1、第 26 军（隶属坦克第 5 集团军）和坦克第 4、近卫骑兵第 3 军（隶属第 21 集团军）将奔向东南方，从北面包围斯大林格勒。最后一支快速兵团（坦克第 5 集团军辖下的骑兵第 8 军）则将赶往西南方，防止德军展开救援。至于斯大林格勒方面军的辖内部队，则会形成南钳。苏联红军第 51 和第 57 集团军负责突破罗马尼亚人的防御，而快速兵团（坦克第 13 和机械化第 4 军）将同坦克第 5 集团军从北面而来的快速力量会合——会合点定于顿河河畔的卡拉奇镇。而最后一个骑兵军（骑兵第 4 军）则将在该地域形成合围后的对外正面攻击力量。

这一次，一切都照计划进行。11 月 19 日，“天王星”行动正式展开，德国方面部署在两翼的罗马尼亚集团军在苏联红军的猛烈打击下溃不成军。11 月 23 日，苏联红军两支铁钳的先遣力量在卡拉奇会合，将德国第 6 集团军困在斯大林格勒及其周边一个约 48 千米 ×40 千米大小的包围圈内。有人认为，若不是希特勒让保卢斯不要理会第 6 集团军从“蓝色行动”出发线经过长途跋涉后面临的惨淡补给状况，保卢斯本来可以突出包围圈。这种观点是把所有灾难归咎于希特勒的另一个尝试，但实际上需要对此负责的人很多。

当然，德国人并未彻底完蛋。虽然他们犯下一个严重的错误，将一个集团军深深楔入了苏联红军的防线，并被朱可夫以一场堪称经典的坎尼式机动歼灭（这是苏联红军战役法的出色范例）。但苏联红军在北面的另一场进攻（旨在包围勒热夫突出部内德军部队的“火星”行动），却以惨败而告终——苏联红军猛攻德军防御工事，为此付出的伤亡可能超过了 40 万人[35]。

当苏联人设法将他们在南方实施的行动延长到整个冬季时，情况变得更加糟糕了起来。消灭德军战斗序列中另外一个集团军的伟大前景正向苏联红军招手。苏联红军包围斯大林格勒时，其先遣力量距离罗斯托夫这座门户城市（它是 A 集团军群交通线上的关键所在[36]）仅有约 297 千米。相比之下，A 集团军群主力离罗斯托夫仍相距约 603 千米。苏联红军攻往罗斯托夫的第一次尝试，代号“土星”行动，是一场向心突击，由西南方面军投入辖内三个集团军（从右至左分别为近卫第 1、近卫第 3、坦克第 5 集团军）打击意大利第 8 集团军和德国“霍利特”集团军级支队。一旦这些兵团突破轴心国军队设在奇尔河的防线并到达卡缅斯克，第二梯队（基本由近卫第 2 集团军组成）就将攻往罗斯托夫，切断德国 A 集团军群的后撤路线。最后，这些部队会在斯大林格勒形成的包围圈，其规模令人难以置信。苏联人起初估计能困住 9 万名敌军官兵，但很快就把这个数字上调到 20 万人左右。这迫使苏联人放弃了第二梯队行动计划，将近卫第 2 集团军用于消灭斯大林格勒包围圈。“土星”行动现在缩减为“小土星”行动，仅试图对意大利第 8 集团军和“霍利特”集团军级支队实施一场较浅的合围[37]——最终，苏联人成功粉碎了这两支不幸的军队，鉴于苏联红军巨大的数量优势，这一点不足为奇。更重要的是，“小土星”行动牵制住了曼施泰因“顿河”集团军群本打算用于解救斯大林格勒的预备力量，就此注定了被困于斯大林格勒的德军部队之命运[38]。苏联红军1943年2月—3月的另外两场进攻，分别是西南方面军遂行的“跳跃”行动和沃罗涅日方面军实施的“星”行动。苏联红军计划向西深入推进，并逐步拉长德军北翼，但由于狡猾的曼施泰因随后展开了一场反突击，从而导致这两场行动均已灾难性的失败而告终。

在情况岌岌可危之际，曼施泰因将自己的能力发挥得淋漓尽致[39]，他来回调动麾下部队，设法破坏苏联红军的“小土星”行动——这种同时兼顾几个作战方面的举动，很少有其他指挥官能与之相提并论。德军师级部队及其指挥官也以典型的技能从事战斗，他们在小型包围圈内坚守，经常长时间迟滞苏联红军大股力量的前进，以便让其他德军部队在后方设立一道新防线。此外，苏联人未能掌握后勤学也造成了一些影响。例如在“小土星”行动中，苏联红军快速集群在得不到系统化再补给的情况下，每次只能持续行动12天——他们在冬季攻势中一次次重复这种做法，曼施泰因则往往在他们达到强弩之末、实力遭到消耗、汽油和弹药即将耗尽时展开大胆的反突击，使苏联红军蒙受严重损失。

最重要的是，斯大林格勒包围圈遭粉碎，战场上的机动条件得到恢复，曼施泰因便能够在他选择的时间和地点以多个军发起协同一致的突击：他以党卫队装甲军、第48、第40装甲军打击“跳跃”行动，在克拉斯诺格勒与红军城之间粉碎苏联红军拉伸的战线[40]。针对“星”行动，苏联红军坦克第3集团军向南发起进攻，在他们被党卫队装甲军歼灭后，由“大德意志”装甲掷弹兵师、党卫队装甲军和第48装甲军组成的一个“突击集群”[41]切断了沃罗涅日方面军，重新夺回哈尔科夫。彻底陷入混乱的苏联红军不得不逃至顿涅茨河后方。曼施泰因将战线恢复到去年夏季“蓝色”行动发起前的大致位置。鉴于两支军队的相对规模，以及战役开始时德军在斯大林格勒的灾难，可以说曼施泰因获得了非凡的成就。因此，曼施泰因自己认为的“作为一场后撤行动，肯定不会获得荣耀”[42]是大错特错的。

苏联红军在第二次世界大战中的行动

尽管取得的胜利并不完整，但苏联红军刚刚实现有史以来最引人注目的复苏——他们在去年的战斗中几乎被彻底消灭，可现在却夺得了在乌克兰的主动权。

更重要的是，德国人现在知道，他们面对的是一个深刻理解了高机动性与战役层面作战的对手。德国人发现，他们原以为自己所独有的机动战概念，现在已变得人人皆知。而且，苏联人还在这个概念中加入自己的理解，将物资战添加到了其中。运动战拥有这种规模的部队和如此奢侈的支援水平时，就意味着一件事：给德国军队造成了麻烦。

1943—1945 年，东线的行动几乎持续不断。1943 年夏季的库尔斯克会战就是一场典型的物资战[43]。“堡垒”作战是德国人企图切断库尔斯克突出部的一场行动，可对他们来说不幸的是，库尔斯克这个目标太过明显，对其发起进攻标志着德军作战思想的破产——朱可夫和任何一位指挥员都能从地图上看出端倪。苏联红军的空中和地面侦察，以及在德国人后方活动的游击队，都能准确勾勒出德军的集结和意图。朱可夫在库尔斯克构设的同心筑垒防线不下八道，超过 130 万名官兵为迎击德军的进攻做好了准备。据守突出部的是两个方面军：K.K. 罗科索夫斯基将军指挥的中央方面军位于突出部北翼，瓦图京将军指挥的沃罗涅日方面军位于南翼。两个方面军的总兵力超过 100 万人，其任务是阻止德军的进攻——敌人的兵力不到他们的半数，结果可想而知。

1944 年 6 月，苏联红军在白俄罗斯发起了一场大规模攻势（“巴格拉季昂”战役）[44]。司令部设在明斯克的德国“中央”集团军群，处境变得越来越艰难，苏联红军围绕该集团军群集结起了四个方面军，这股打击力量编有约 116 个步兵师和 43 个坦克师，拥有约 5000 辆坦克。苏联红军的兵力优势比为 4 比 1，此外还有游击队在德军后方活动，而红空军也控制了整个天空。苏联的伊尔 –2“斯图莫维克”现已取代德国的“斯图卡”，成了这场战争中占主导地位的对地攻击机。“巴格拉季昂”将以军事史上规模最大的炮火准备拉开帷幕（每千米正面 400 门火炮），苏联红军策划者希望在初期阶段取得不少于六处突破，这一点毫不奇怪。一如既往，大股快速集群随后将穿过由步兵、炮兵与坦克打开的缺口发展胜利——此时，这种做法已成为苏联红军的惯例。最初的冲击在德军防线上撕开了一个约 402 千米宽的缺口，“中央”集团军群遭歼灭——被苏联红军以优势火力和兵力彻底打垮，损失高达 50 万人。

冷战时期很多美国读者对苏联人的常见看法是：他们是个毫无个性的亚洲部落，纯粹凭借数量庞大的兵力和装备击败了训练有素、文明程度更高的德国对手[45]。渲染这幅画面的始作俑者通常是德国人，甚至是像保罗·卡尔·施密特（化名“保罗·卡雷尔”）这种原纳粹德国公众启蒙与宣传部的工作人员[46]。认同德国人的看法，这种几乎察觉不到的过程发生在西方读者中——大家只要想想美国人参考“东线”的倾向即可[47]。

时至今日，学者们已彻底改变了对苏联人的既有形象，这种印象已和冷战一起消逝。二战中的苏联红军是数量与技能的强大组合，排山倒海的士兵和堆积如山的装备并非想象中的虚构场景。不过，很多西方人士却彻底忽略了的是苏联红军指挥部门迎战德国军队时的出色作战技能。朱可夫、科涅夫、罗科索夫斯基和瓦图京这些将领精心策划并加以彻底准备的行动，经常使德国人完全不知道苏联红军下一场打击的时间和地点。随后，这些德国人便会遭这些行动的打击——以坦克、步兵、火炮和对地攻击机波次发起的高度集中的突击，粉碎了突破地段倒霉的德国（或德国的盟友）兵团[48]。

下面，让我们再次观察军事学说的主要动态。所谓军事学说，它源于每支军队及诞生该军队的社会的特殊情况和传统。俄国和后来的苏联，其军队为战役层级作战奠定的理论基础，源自该国的地理位置、弱点、大小和社会结构。斯大林的国家工业化是一种不人道，甚至可以说是有些凶残的政策，使他的那些军事指挥官寻求军事学说达到了此前无法想象的程度。苏联红军在每千米正面阵地集结起的火炮数量远远超过军事史上任何一支军队，科涅夫元帅将“精心组织的炮兵进攻”视为“我军力量的体现”[49]。虽然我们把苏联红军看作“大纵深战役”的实践者，他们对德军战术防区内的部队及最靠近的战役预备队施以最猛烈的打击，但实际上其作战纵深为 18—20 千米。

从消极的一面来看，仍有大量不容置疑的证据将苏联红军描绘成一个僵化的庞然大物，他们赢得的胜利仅限于精心策划与紧密协同的行动。进攻行动初期阶段（1943 年后苏联红军很少失败，因为他们的物资优势极大），即便取得后续战果的机会早已消失，苏联红军兵团仍坚持在选定的方向继续进攻。在苏联红军的“火星”行动惨败后，德国第 9 集团军的一份报告谈及了这种趋势：

虽然敌指挥层在进攻准备和初步实施期间展现出了他们的技能和适应力，但随着战役的发展，他们旧有的缺点却再度暴露无遗。的确，敌人已学到了许多东西，可事实再次证明，他们无法利用至关重要的不利局面。他们怀着极大的意图发起战役，但一旦遭遇初期严重损失和不可预见的状况，局部胜利沦为对固定前线阵地毫无意义的疯狂猛攻时，这种情况便会重现。[50]

“毫无意义的疯狂猛攻”——的确，灵活性并非苏联红军的特点，作战态势突然改变时，他们很少能做出出色的应对。斯大林格勒的英雄崔可夫将军在回忆录中谈及，他的部队在对付德国人的弹性防御时是多么的困难，对方先是“在快速预备队的支援下发起一场出人意料的反冲击”，随之而来的便是“一场预有计划的后撤”[51]——他描述的是1944年的作战行动，这种防御方式当时应该不再是什么新东西，德国人已使用了两年。换句话说，德国的入侵使苏联红军猝不及防，被迫转入防御，德国人在几个月内攻陷了苏联欧洲部分大部。此后，苏联红军耗时三年半才反向完成这段距离。即便在苏联红军赢得胜利的行动中，他们的指挥员也往往不太顾及自身部队的损失，其结果是，就连苏联红军的崇拜者也对居高不下的伤亡数字感到不可思议。可朱可夫和另一些苏联红军将领却认为，这是胜利的代价。

没有哪个国家能模仿这种模式，或者说，没有哪个国家愿意去这样做。从20世纪80年代起，许多美国陆军军官越来越迷恋苏联的“战役法”，这个词很快便成了美国军界的“明日黄花”。参谋人员应该研究苏联红军战役策划的可取之处，并认真考虑人力成本。美军指挥官根本无法承受苏联红军集团军和方面军为赢得胜利而付出的那种损失，公众舆论也永远不会支持这样的做法。没有哪位美军指挥官会对麾下的军官指指戳戳，并当场打发他到惩戒营去——就像朱可夫不止一次所做的那样[52]。作战学说只有一条定律:最终，每支军队必须根据其民族价值观、传统和文化制订自己的学说。

心存芥蒂的伙伴：美国和英国在二战中的作战行动

很难孤立地看待英国和美国的作战行动。语言、文化和历史将这两个国家紧密相连，形成有史以来最亲密的军事联盟之一——他们的参谋人员一同制定战略、战役，甚至是战术计划。西欧最优秀的战斗机是P-51野马，起初这款美国设计的战机并不起眼，直到设计师为它配上了英国制造的罗尔斯－罗伊斯引擎后才一飞冲天——这也许是英美战争努力的完美象征。

不过，英国和美国的战略背景却存在较大差异。英国在战争的头两年独自抵抗德国，其军队先是在同德国人的作战中失败，后来又再度受挫。1940年，英国军队仓促撤离欧洲大陆。1941 年 4 月，英国军队退出希腊，同年 5 月，英国军队又撤出了克里特岛。实际上，在 1942 年之前，敦刻尔克疏散（“发电机”行动）对英国人而言就是战争的顶点，这种说法不可谓不厚道。美国人于 1941 年 12 月参战时，英国已倍感拮据：缺乏活力，缺乏资源，最关键的是缺乏兵力。战争最后三年的战斗中，英国一直受到一个很大的限制：如果他们损失了一支军队，可能再也无法找到替代者。

相比之下，美国“充斥着财富”，拥有巨大的经济和财政储备，是个不会遭到轰炸的工业基地。美国独特的世界观，既有其积极的一面（一个乐观进取的态度）[53]，也有其消极的一面（对一个特定问题的复杂性往往会持过于简单的看法），而这一点在美国参战的头几天便彻底暴露了出来。参战后，美国迅速展示了其工业能力，通过租借法案为盟友提供了大量援助（仅苏联就获得了 7000 架飞机、1.5 万辆坦克与 5 万辆卡车的援助）。而后，美国还组建了一支强大的战略轰炸机部队，从空中打击德国的城市。此外，美国还对一支庞大的军队加以训练，准备反攻欧洲大陆。到 1945 年，在武装部队服役的美国男女已经超过了一千万人。值得一提的是，尽管丘吉尔和罗斯福一致同意，优先事宜是击败德国，但美国仍设法以海军力量抗击日本。美国为这场战争付诸的努力，甚至在他们踏上欧洲大陆参加战斗前，便已达到前所未有的规模。

反映出这些不同战略因素的是英国和美国军队的军事学说。在美国规划者，特别是陆军参谋长乔治·马歇尔将军看来，战略是个非常简单的问题。美国军队必须为主要努力做好准备：对西欧发动一场跨海峡入侵。只有在那里，盟军才能逮住并消灭大股德军。美军参谋人员立即着手拟制 1942 年的入侵计划（“大锤”行动），随后又拟定了 1943 年的入侵计划（“围捕”行动）——这两个计划都是为了防止苏联的卫国战争突然发生崩溃。但有研究表明，直接入侵西欧将是一项艰巨、代价高昂，且极其复杂的任务。

坦率地说，英国人对跨海峡入侵这种想法不太热衷。一场跨海峡入侵意味着直接对抗德军主力，而敌人据守的阵地自 1940 年起便有可能获得了加强——换句话说就是，这意味着损失。30 年代，英国曾就英国军队在未来战争中的使用问题进行过一场声势浩大的战略辩论。一些人（军事评论员兼记者利德尔·哈特是其中最重要的参与者）认为英国在日后的战争中“应将其责任限制在”空军和海军力量，这是“英国从事战争的传统方式”，应摒弃造成英国有史以来最惨烈牺牲的做法：第一次世界大战中的堑壕战[54]。另一些人（利德尔·哈特不时加入其中）则主张建立一支配备现代武器、坦克和飞机的远征军用于欧洲大陆。1939 年，第二种观点占据上风。一支英国远征军按时开赴法国，但没过一年，他们又通过一场有史以来规模最大的疏散行动撤回英国，武器和技术装备基本损失殆尽。因此，英国并不急于重复这场经历。

不过，这两支军队有一个共同点——当他们置身战争中时，都对战场学说问题存有严重分歧，在如何最好地使用装甲力量这个重要问题上尤为如此。英国于 1916 年首先制造出了坦克，并在 1927 年组建了一支试验性机械化部队，率先在两次世界大战之间对坦克加以测试。30 年代，英国丧失了机械化方面的领先地位，曾经和未来的对手德国后来居上。“装甲力量均衡”发生这种转变的原因很多。大萧条的十年，导致军队实现机械化所需要的研发经费难以为继，更高的国防开支无法达成全国共识。此外，在英国对未来军队的形式也发生过一场激烈辩论——这支军队的主要用途，是作为在欧洲大陆参战的重型打击力量，还是守卫本土的轻型“宪兵”或“警察”力量？显然，前者需要更重型的配置，需要更多坦克[55]。

伴随这些问题而来的是大量战术方面的混乱。这是装甲史上的周期性时刻之一，在此期间，反坦克武器的出现似乎令坦克的威力黯然失色。利德尔·哈特再次反映出当时的热潮，他认为现代防御武器已强大到足以抗击哪怕是最重型坦克发起的攻击。此外，重型坦克还存在另一些问题。比如，它们对大多数桥梁和道路而言分量过重，尺寸过大使它们沦为敌火力的硕大目标，以及重型坦克过于昂贵，无法大批量生产等。利德尔·哈特认为未来的趋势应是以“卡登－劳埃德”和“莫里斯－马特尔”式的小型坦克为主，装甲部队的基本属性是速度，而非装甲厚度或火力。英国人开始痴迷于轻型坦克，他们认为分量越轻、速度越快的坦克就越好——这些战车由 1—2 名车组成员操纵，构成了战争爆发时英军坦克力量的主要组成部分。但事实证明，这些战车在战斗中几乎毫无价值。

也就是说，过于痴迷轻型坦克的概念性论证阻止了阐明英国装甲学说的尝试。骑兵人员喜欢轻型坦克，这能让骑兵团在发展胜利和追击中担任的传统角色得到保留。曾在康布雷指挥坦克军的休·埃利斯将军于 1934 年出任军械局局长，成为所谓的“步兵坦克”的支持者[56]。他理想中的战车，需要配备厚重的装甲（能抵御当时标准的 37 毫米反坦克武器），且不能有太快的速度——不要比步兵的前进速度快太多。马克 I 型步兵坦克应运而生——它重 11 吨，由两名车组人员操作，配有 1 挺机枪，最高时速在 13 千米左右——这款战车的力量体现在它厚达 60—65 毫米的装甲覆盖上。后来又出现改进型的马克Ⅱ（即在西部沙漠成名的“玛蒂尔达”），它配有更厚的装甲板（75 毫米）和 1 门 40 毫米火炮。与此同时，在“Q”马特尔的影响下，还出现了一系列新的“巡洋”坦克。首先推出的是 A.9（或称为马克Ⅰ巡洋坦克），这款坦克的速度更快（后来的马克Ⅲ巡洋坦克能达到时速 48 千米左右），并配备了与“玛蒂尔达”相同的 40 毫米主炮[57]。英国人将坦克分为“巡洋”和“步兵”坦克两类，再加上轻型坦克，可以说是“点歪了科技树”——他们分割了坦克的两个主要属性：机动性和防护力。本来，若是设计一款坚固的通用坦克，可以更好地使用稀缺的资源，但英国人推出的却是配备同一种火炮的两款坦克。40 毫米火炮适用于步兵坦克，但事实证明，它完全不适用于巡洋坦克——因为它根本无法对付德国人的战车。

而更严重的战术缺点，则是以削弱其他兵种为代价来过度强调坦克的威力。这种观点的始作俑者是皇家坦克军的军官们，随后扩散到了军方的其他人员，脾气暴躁的第 7 装甲师师长珀西·霍巴特将军就是个典型的例子（他是个彻头彻尾的坦克兵，是富勒的精神传人[58]）。当以削弱其他兵种为代价来过度强调坦克威力的观点逐渐传播给 30 年代参加机械化辩论的那些人之后，“坦克师”出现了：这是一支会带来灾难性后果的坦克重兵部队，编有六个坦克营，共 321 辆巡洋和轻型坦克（为其提供支援的只有 1 个摩托化步兵营）。1941 年在西部沙漠，德国人惊讶地看着英军的坦克部队——他们没有获得步兵或炮兵掩护，以骑兵式的风格冲向了德国人的 88 毫米反坦克炮。很显然，英军的坦克兵团并没有做到诸兵种合成。

美国在两次世界大战之间的军事学说并没有太多可谈的内容。实际上，要说美国 1940 年前有相关学说，这可能是个错误。高级军官委员会 1919 年召开会议，评估第一次世界大战的教训。在只能被称为对事件的惊人误读中，他们认为美国远征军的成功证实了美国“公开战争”的概念（这个术语战前并不存在）[59]。委员会坚称：“只有通过进攻才能取得决定性结果，1917 年在法国盛行的稳定的堑壕战，在很大程度上是因为交战双方缺乏进取精神所致。步兵必须自力更生。如果他们太过依赖于辅助武器，而自身掌握的手段不够。那么，这种倾向会给主动性造成破坏。”[60]

随着 1920 年的国防法批准美国陆军编有 1.7 万名军官和 28 万名士兵，坦克军团撤编，并将其职能转为步兵，让美国陆军学说几乎不能站在两次世界大战之间的学说前沿[61]。此外，美国军方 1923 年和 1939 年颁布的两套野战勤务条令并没什么改进。1923 年版野战条令指出了空中和装甲力量的宗旨：支援地面步兵。虽然 1939 年版野战条令做出了一些折中，但仍把装甲部队的任务规定为支援步兵："通常说来，坦克应协助步兵的推进"。航空兵的任务依然是协助"地面部队完成任务"[62]。到了 1939 年，当德国集团军群和装甲军横扫波兰时，美国陆军超过营级的机械化部队仍寥寥无几。

1940 年改变了许多事情，其中之一是美国的军事。1940 年 7 月，随着德国在法国赢得了戏剧性的胜利，美国陆军参谋长乔治·马歇尔将军组建了装甲力量，

等待命运召唤的两名军人。左图：德怀特·D.艾森豪威尔上尉1919年或1920年在马里兰州米德营的坦克中心，德怀特·D.艾森豪威尔1919—1930年的藏品，RG199S，美国陆军军事历史研究所提供。下图：1918年7月在法国朗格勒附近负责坦克兵学校第一坦克中心的小乔治·S.巴顿中校，美国陆军军事历史研究所提供（乔治·S.巴顿藏品，RG689S）。

并交由阿德纳·R. 霞飞将军指挥。起初，小霞飞麾下只有一支部队，即第 7 骑兵旅（机械化），但该旅很快便扩充为两个完整的装甲师（第 1、第 2 师）。由于小霞飞是一名骑兵，所以将骑兵的观点带入了坦克战——他认为坦克的“主要任务是对敌后方地域展开进攻行动”[63]。但同时，美国军方也保留独立坦克营，以便为步兵提供直接支援。

导致这一新生学说更加复杂的是美国陆军地面部队司令莱斯利·麦克奈尔将军的观点[64]——作为一名炮兵，他不相信坦克的目的是打击另一辆坦克。他后来写道，坦克之间展开厮杀的构想“既无根据亦无必要”。坦克应该协助步兵突破敌人的防御，然后迅速向敌后方发展，它并不是用来对付敌人的坦克的。完成消灭敌坦克是另一种战车，即“坦克歼击车”的任务——这是一种配有一门反坦克炮，且速度较快、装甲较薄的战车。坦克歼击车的任务是猎杀德军坦克，从而腾出美军装甲力量发挥骑兵的作用：发展胜利和进行追击。事实证明，这是当时最大的错误学说之一。主要问题是坦克歼击车完全不适合用于进攻行动，薄弱的装甲反而使它们成为被追踪的德军坦克可轻而易举获取的猎物。一位现代学者将坦克歼击车称为“麦克奈尔的袖珍战列舰解决方案，一款可以逃避麻烦的装甲战车”[65]。当美军在诺曼底树篱地陷入困境时，肯定很想知道是怎么会搞到这步田地的，他们可能已考虑过战斗序列中的 45 个坦克歼击营（这些战车本来足以再组建 15 个装甲师）。

美国的战争学说也对陆军将在欧洲使用的坦克产生了深远影响。坦克的装甲和火力对预计中“骑兵发展胜利”的任务并不重要，重要的是速度。虽然一门大口径主炮肯定对打击德军当时的五号“豹”式和六号“虎”式坦克有用，但美军坦克并非用于“驱虎猎豹”——这个任务将由坦克歼击车完成。因此，M-4“谢尔曼”中型坦克应运而生了。这是一款用途广、坚固、可靠的战车，可以改装成各种不同变款。此外，配有陀螺稳定设备的主炮是个真正的概念性突破，它使坦克即便在行进时也能持续瞄准目标。不过，这款坦克同样无法击穿“豹”式或“虎”式坦克的正面装甲——大部分的击毁战果都是通过成群结队对付一辆德军坦克的方式获得的。

西西里：作战和学说

7 月 10 日，蒙哥马利指挥的英国第 8 集团军和巴顿率领的美国第 7 集团军登陆西西里[66]。虽然在“爱斯基摩人”行动中盟军经过五周的艰苦战斗后夺得了该岛,但这场战役依然存在一些问题。比如空降部队在夜间跳伞,导致伞兵分散严重。此外，由于视线不佳许多人落入海中被淹死，144 架滑翔机也折损了 47 架。而且，还有一些飞机飞越盟军的舰队上空，结果沦为友军防空火力的牺牲品。而地中海战区盟军总司令哈罗德·亚历山大将军制订的作战计划同样存在缺陷。由于缺乏对盟友的信任，他让蒙哥马利在岛屿东侧登陆，先夺取锡拉库扎港，然后赶往墨西拿，切断德军后撤路线，而巴顿的任务仅仅是掩护蒙哥马利的侧翼。

盟军本来是不会做出这种糟糕的决定的——让粉碎敌人最顽强抵抗的任务落在英军肩头。可是，在亚历山大将军的脑海中，美国军队战斗力较差的印象挥之不去。就在几个月前，美国军队在卡塞林山口遭到德军痛击，被打得丢盔弃甲。劳埃德·弗雷登道尔将军指挥的美国第 2 军损失惨重，一些英军参谋人员将身穿草绿色军装的美国兵称为“我们的意大利人”。可是，蒙哥马利集团军登陆后犹豫不决，而此时恰恰是德国人最混乱、最脆弱的时刻。蒙哥马利高度关注自己的战斗队形,似乎不愿向内陆推进——他的确夺得了最靠近的目标锡拉库扎,但四周后,该集团军距离墨西拿仍有半数路程，被阻挡在德军设于卡塔尼亚和埃特纳火山的防御阵地前。

巴顿在卡塞林山口之战后接替弗雷登道尔出任第 2 军军长，干劲十足的他在突尼斯战役中表现得相当出色，可亚历山大的作战计划却要求他沿岛屿边缘展开一场漫长且毫无必要的推进，打击敌人虚弱的抵抗。在这种情况下，巴顿却抢在蒙哥马利之前到达了墨西拿，看看西西里地图就会知道这是一件多么令人震惊的事情。美军推进期间遇到的最严重问题是德国人埋设的地雷、诡雷和他们实施的各种爆破——特别是在德军穿过西西里东北部撤退的最后阶段。伟大的美国战地记者厄尼·派尔写道，德国人“几乎将他们跨过的每一座桥梁悉数炸毁”，仅在美军作战地域就有 160 座。“他们在桥梁周围的路旁埋设地雷，他们在海滩上埋雷，他们甚至在果园和树林中埋雷——那是我方部队合理的露营地。”一名中士告诉厄尼·派尔 :“这是一场推土机战役。”[67] 待巴顿的工兵肃清穿过雷区的通道并修复桥梁时，大多数德军部队已逃之夭夭。意大利投降后，盟军在意大利本土登陆，这场战役更成问题，让战争沦为了漫长而又艰巨的厮杀。

地中海战区给盟军造成了很大的困难，英国人被迫在西西里和意大利实施两栖登陆——这些行动需要冲劲、速度和登陆时的即兴发挥能力。蒙哥马利谨慎、有条不紊的行动方式给这两场登陆带来了严重问题，尽管这些方式完全符合英军的体制。同样，美国军队也发现他们的战争学说与遇到的实际情况并不相符。与集中压倒性力量打垮敌人的传统概念相反，巴顿集团军在西西里岛的打击基本落空，其结果是毫无意义的“墨西拿赛跑”[68]。在意大利战役中，在萨勒诺和安齐奥，他们发现自己对付的是优势之敌，两次都险些全军覆没。在意大利战役剩下的时间里，美军作战地区是意大利“靴子”西侧一条狭窄的走廊，位于高耸的亚平宁山脉与大海之间，这条走廊是大自然的杰作，可以让小股守军阻挡住大批入侵之敌——这正是德国人设法从事的任务。地中海战役是战争爆发前制订并灌输给军队的战争学说与仅仅一周前落在策划者肩头上的任务产生冲突后，会发生些什么的真实写照。

▲ 为实战做准备。1943年2月，第3集团军在路易斯安那州波尔克营演习期间，车组人员跳离一辆损坏的M-3坦克。美国陆军通信兵照片，165-L1-43-330，美国陆军军事历史中心提供。

盟军在西欧的作战行动

登陆

马克·克拉克将军那辆著名的吉普车驶过罗马竞技场的次日，1944 年 6 月 6 日，盟军在法国西北部实施期待已久的登陆行动。经过长期策划的“霸王”行动是一次史诗般的行动，这场庞大而又复杂的行动涉及 300 万盟军士兵、5000 艘海军舰艇与 11000 架战机，堪称两栖“巴巴罗萨”。鉴于其复杂性，这场登陆进行得可以说是较为顺利。在犹他海滩，美军第 4 步兵师与第 82、第 101 空降师展开出色的协同突击，克服敌人稀疏的抵抗并攻入内陆。在金滩、朱诺滩与剑滩，获得第 79 装甲师的特种坦克（其中包括一些泅渡上岸的两栖坦克，以及“鳄鱼”喷火坦克——它配有一具火焰喷射器，在消灭敌支撑点和暗堡时非常管用）协助的英国和加拿大的军队在登陆时未遭遇意外。盟军只有在奥马哈海滩登陆时遭遇到真正的抵抗[69]——美军第 1 和第 29 步兵师在那里登陆，恰逢德军一个满编步兵师（第 352 师）在实施海滩防御演习。这一整天，美军部队被猛烈的火力压制在滩头，只能依靠自身火力和近海驱逐舰的轻型火炮还击。美国第 1 集团军司令奥马尔·布拉德利将军认真考虑了是否将部队撤离的问题，他后来写道：“简直是一场噩梦。”最后，几名战地指挥官召集起身边的士兵，率领他们离开滩头。虽然仍处在危险中，但到当晚，他们已在奥马哈海滩夺得立足之地——身后倒伏着 2000 多具阵亡者的尸体。

美军在奥马哈海滩近乎灾难性的遭遇，主要是因各军种缺乏协同所致的。今天，在两栖登陆方面拥有丰富经验的军兵种是美国海军陆战队。他们在太平洋地区学到一些深刻的经验教训，其两栖登陆学说更是反映出了这一事实——在白昼展开行动的必要性，令人难以置信的炮火准备规模和破坏程度（包括航空母舰、战列舰、巡洋舰和驱逐舰），以及不断加强的炮击时限（硫磺岛持续了整整三天，冲绳持续了七天），都是海军陆战队获得的经验。突然性和隐蔽是不太重要的因素，登陆前以持续数日的火力消灭敌人，并于登陆期间辅以不断加强的火力打击才是关键。诺曼底行动的策划者在黎明的昏暗中抢滩（这至少是对美军偏好白天，英军偏好夜间的某种妥协）并完全依赖空中支援的决定，导致第 1 步兵师危险地暴露在一片杀戮场中，除了自身的勇气，他们几乎无法召唤其他支援。登陆奥马哈的士兵运气也较差，他们遭遇的抵抗远比另外四片海滩强。不过，虽然在他们登陆后面临了一场灾难，但美国陆军（包括将级、校级军官和普通士兵）有足够的灵活性和聪明才智（更不必说勇气了）去从事一些听上去简单，做起来却非常困难的事情——他们冒着枪林弹雨挺身而出，朝内陆冲去——这是步兵最光荣的时刻之一。

诺曼底：英国人的困难

登上海滩后，盟军面临的问题与意大利战役中妨碍作战行动的困难基本相同。现在，美国军队显然是盟军中的主力，他们拥有庞大的人力资源和近乎无限的工业资源。但英国人又一次身处险境，要求他们摆出最积极的姿态，从事最艰苦的战斗并付出最惨烈的牺牲。位于右侧的美国军队不得不杀开一条血路，穿过诺曼底的树篱，在这种情况下，他们依然无法发挥为其提供支援的压倒性工业力量。诺曼底海滩的分配是基于这样一个简单的事实：登陆前英军驻扎在英国东部，而美军部署在英国西部。可这样一来就将英国军队置于卡昂市前方，这座城市给他们造成了阻碍，英军耗时整整一个月也没能将其攻克[70]。

蒙哥马利曾承诺，战役首日便拿下卡昂。可是，面对德军装甲师（第 21 师）的先遣力量，他失败了。一周后的 6 月 13 日，号称“沙漠之鼠”的英军第 7 装甲师试图向西挥出一记右勾拳，从侧翼迂回卡昂的防御，结果在维莱博卡日遭遇到了一场灾难——该师第 22 装甲旅（配备的主要是性能平庸的“克伦威尔”坦克）在那里落入了党卫队二级突击队中队长米歇尔·魏特曼和一个“虎”式装甲排（隶属党卫队第 501 重装甲营）巧妙布设的陷阱中。没过几分钟，该旅的主力战车便化为了一堆熊熊燃烧的残骸。魏特曼和排里的其他坦克从隐蔽处现身，在战场上来回奔波，他们无所畏惧，肆意打击英军坦克和运兵车。英军进攻卡昂的第三次尝试是 6 月 25 日的“埃普索姆”行动——这是以英国第 2 集团军（登普西）主力对卡昂以西挥出的一记短促的右勾拳，其目标是渡过奥东河，从西南面包围该城。但是，英军在奥东河对岸的 112 高地被德军击败。直到 7 月 8 日，蒙哥马利才以“查恩伍德”行动夺得了卡昂城北半部——这场行动的独特之处是盟军的地毯式轰炸（将重型战略轰炸机用作战术任务）为英军的推进铺平道路。可即便如此，仍有大批德军部队在轰炸的“漩涡”中存活了下来，并把英军的推进阻挡在奥恩河北岸。

这番连败纪录最糟糕的时刻无疑是 7 月 18 日那场灾难性的突破尝试——“古德伍德”行动。这场堪称经典的对阵战出了问题，“古德伍德”是一场规模庞大的行动，由蒙哥马利整个第 21 集团军群遂行（辖登普西指挥的英国第 2 集团军和 H.D.G. 克里勒将军指挥的加拿大第 1 集团军）。虽说猛烈的地毯式轰炸再度粉碎了德军防线，炸死数千人，并导致同等数量的人两耳失聪、精神失常，但蒙哥马利的进攻还是被阻挡在了布尔盖比山脊的德军阵地前。尽管获得了空中支援，尽管掌握了庞大的力量，尽管一再声称突破在即，可蒙哥马利这场进攻再次以失败而告终。艾森豪威尔愤怒地指出，“古德伍德”行动耗费了7000吨炸弹，却只取得了11千米（约7英里）的进展。许多人（不仅仅是美军指挥层）认为，是时候让蒙哥马利离开了。

这种愤怒仅仅是个人化制度失败的一个例子，英国军队在诺曼底表现平平的原因有很多。比如，这支军队正同不断减少的补充兵源做斗争，他们不可替代的步兵遭受到了严重损失。再比如第7装甲师和第51高地师这种经验丰富的老部队（曾在若干场战斗中赢得胜利），现在已经疲惫不堪，斗志萎靡。更为麻烦的是，可能整个英国军队都处在疲惫状态下，有些人甚至已经在战场上战斗了五年之久。此外，英国仍过度依赖于坦克的装甲学说也是原因之一。英军这些进攻的特点是投入性能低劣的英制坦克，在没有步兵或其他武器支援的情况下，对德军预有准备的防御反复发起冲击。

仔细观察我们就不难发现，在这几次战役中发生的事情远比一名拙劣的指挥官和一支疲惫的军队更多。D日、维莱博卡日、埃普索姆和古德伍德之间真正的联系是，它们都没有以机动作战的精神加以执行。一切都被紧密控制，计划详细到事无巨细的程度，留下的机动空间寥寥无几。每一场行动都有许多机会以机动性战胜或迂回德军，甚至有可能突破到开阔地，却被一一错过。英国军队缺乏的是那些能在转瞬即逝的机会出现时识别出它们的军官，以及鼓励他们抓住这些机会的军事文化。虽然蒙哥马利永远不会被视为大胆的“装甲指挥官”，但我们也很难说诺曼底的英军或加拿大军队指挥体系中，有哪位指挥官会做得更好。

美军的推进：眼镜蛇

自6月份登陆以来，美军在诺曼底取得了一些战果。他们扩大了登陆场（包括很成问题的奥马哈），通过一连串艰巨、步兵主导的战斗穿过困难的树篱乡村。他们已席卷科唐坦半岛，并夺得对盟军后勤至关重要的瑟堡港，这些战果的代价是约10万人的伤亡[71]。自那以后，他们已越来越不耐烦，甚至用有些轻蔑的目光注视着蒙哥马利在东面为达成突破而进行的失败尝试。美军指挥官们似乎认为，蒙哥马利最优先的事宜并非突破本身，而是在他的作战地区取得突破，并指派美军担任侧翼掩护任务。美军将领奥马尔·布拉德利写道："我总是对蒙蒂的计划心存疑虑，因为这些计划往往同'这对蒙蒂有何影响'有关……，他总是想成为头条新闻。"[72]但到了7月中旬，随着盟军在诺曼底地区真正陷入困境，情况变得越来越让人无法忍受。实际上，盟军方面几乎每一部回忆录都提及来自新闻媒体的压力，他们对战场上的僵持表现得越来越不耐烦。

7月10日前后，布拉德利构思了一个将改变战争进程的行动。他率领的第1集团军将在西面发起一场大规模进攻，即"眼镜蛇"行动[73]。这次行动将会在一段非常狭窄，并经过细心选择的战线上实施的突破尝试。这片地段是一条短短的东西向道路，长度约6.4千米，从圣洛延伸到佩里耶尔。约瑟夫·柯林斯将军指挥的美国第7军，以苏联红军的方式集结在这条短短的战线上，并将在地毯式轰炸的协助下粉碎德军防线——这种空袭方式已成为盟军近期进攻行动的特点。布拉德利沿公路标出了一个约5.6千米宽、2.4千米长的矩形，他觉得这条公路很容易成为能在空中识别的地标，从而避免误炸美军部队的风险，他表示，"我认为轰炸机可以沿公路平行飞行，这样就不会有弄错我军防线的危险。"[74]

待轰炸机打垮德国守军后，美军地面部队就将达成突破，并撑开突破口肩部，以便大股快速力量发展胜利。起初，"眼镜蛇"行动投入的兵力并不算太多：两个师用于最初的突破，另外两个师负责发展胜利。随着策划工作的进行，布拉德利对该行动的信心越来越强，遂将用于突破和发展的兵力分别扩大为三个师。第7军的三个步兵师（第9、第4、第30）负责突破，而发展胜利的任务则由克拉伦斯·许布纳将军率领的第1步兵师（摩托化）、爱德华·布鲁克斯将军率领的第2装甲师和勒罗伊·沃森将军率领的第3装甲师执行——他们将向西南方攻往库唐斯[75]。随着进攻规模越来越大，布拉德利开始考虑将第8军（由特洛伊·米德尔顿将军率领）调至第7军右翼，在战役第二天或第三天投入行动。米德尔顿军将攻往正南方，困住他与第7军之间的所有德军部队。虽然尚不清楚布拉德利对"眼镜蛇"行动报以多大期望，但可能远不止从树篱地带突破到南面更加开阔的地区。

与这股强大，且获得了大力支援的力量对峙的是党卫队将军保罗·豪塞尔所指挥的德国第7集团军。该集团军仅辖2个实力不足的军（第84军和第2伞兵军），前者位于"眼镜蛇"行动地域，后者则部署在东面，面向科蒙。此外，豪塞尔还可调动新近开到的装甲教导师。不过，豪塞尔面临的主要问题是，美军过去几周向圣洛发起了一连串猛烈突击，他已将麾下的大部分预备力量用于阻止美军。豪塞尔负责守卫的并非纵深配置的防御阵地，而是一道脆弱的前沿防线，预备队寥寥无几。德国人本来有兵力为他提供增援（完整的第15集团军），但希特勒不愿投入这股力量，他要以该集团军来应对他认为的盟军对欧洲壁垒的真正进攻：登陆加来海峡。这个令人难以置信的例子说明了希特勒犯下的愚蠢错误，以及盟军出色的欺骗行动。

7月25日发起的“眼镜蛇”行动开局不利，地毯式轰炸出现了一系列失误。地面部队与空中力量关于轰炸路线（无论是与公路垂直还是平行）的争执造成了严重的误击事件。实际上，这种事件是饱和轰炸所特有的——重型轰炸机是面杀伤性武器，无论其投弹瞄准器或机组人员有多么优秀。柯林斯麾下的第9师和第30步兵师伤亡惨重，不得不把第9师的一个突击营换下，而第30师也在两处遭到己方轰炸机误炸。美国陆军地面部队司令麦克奈尔将军也在这场轰炸中身亡，这是盟军在西欧阵亡的最高级别将领。

好在空军最后还是完成了布拉德利希望他们完成的任务。第9航空队反复投入的战斗－轰炸机波次率先展开行动，第8航空队的1500架重型B–17和B–24轰炸机尾随其后。这些轰炸机一举粉碎德军防御前沿，炸死了数千名敌人，并令侥幸生还者呆若木鸡。布拉德利表示，“虽然空中打击误伤了己方部队，但也粉碎了这片‘地毯’上的敌人，破碎的田野和道路上散落着被烧毁的坦克的黑色残骸，士兵们支离破碎的尸体，以及臃肿且四肢僵硬的牛尸。”在这次轰炸中，最惨的是据守圣洛以西防线的装甲教导师，该师几乎彻底消失在了这场“炸弹风暴”中。装甲教导师的师长弗里茨·拜尔莱因将军对此的描述最为生动：“敌机从上空不断飞过，就像一条传送带。当雨点般的炸弹不断落下时，我的防线看上去就像月球上的情景，至少70%的人员丧失战斗力——阵亡、负伤、发疯或呆如木鸡。”[76]

战役首日，柯林斯的步兵师小心翼翼地进入废墟瓦砾，只遭到了德军的零星抵抗。次日，第8军加入进攻，但进展依然缓慢。第三天，越来越不耐烦的柯林斯将第2装甲师插入他的左翼——该师迅速向前进攻。很快，第7和第8军也向前攻去。美军取得了盟军自六月以来一直苦苦寻求的东西：突破。由于德军的装甲主力仍在抗击英军部队，美军装甲部队趁此机会迅速穿过前线攻往库唐斯。协助他们穿过复杂地形（这里仍有大片树篱）的是一项巧妙的发明——“库林”树篱切割坦克（又被称之为“犀牛”）。随着第7军从东北面而来，第8军继续向南攻击前进，美国军队在龙塞形成了他们在战争期间的第一个合围圈。第8军辖内装甲师（第4与第6师）

现在成了这场“演出”的主角，在第 9 航空队战术空中力量几乎压倒一切的掩护下，一路向南攻往阿夫朗什——他们穿过阿夫朗什瓶颈，终于突出诺曼底地区。此时，这些师和第 8 军有了一位新上司：乔治·巴顿将军——他出任新成立的第 3 集团军司令，而第 8 军隶属该集团军。虽然新指挥部要到 8 月 1 日才正式接手指挥工作，但布拉德利已告诉巴顿要密切关注第 8 军，并协助解决该军在攻往阿夫朗什的途中可能遭遇的问题。而布拉德利则升任第 12 集团军群司令（辖内都是美军部队），并把第 1 集团军的指挥工作交给考特尼·霍奇斯将军。

接下来发生的事情，所引发的争议持续至今。8 月 1 日，美军第 4、第 6 装甲师离开诺曼底地区，同德军迅速脱离接触，进入布列塔尼半岛——他们的目标是沿基伯龙湾夺取半岛上的布雷斯特港和圣马洛港——此举并非巴顿的即兴发挥，布拉德利进入布列塔尼半岛的构想是“眼镜蛇”行动的组成部分。作为一名高级将领，布拉德利非常清楚盟军面临的补给问题，布列塔尼半岛上的港口将极大地缓解这种状况。

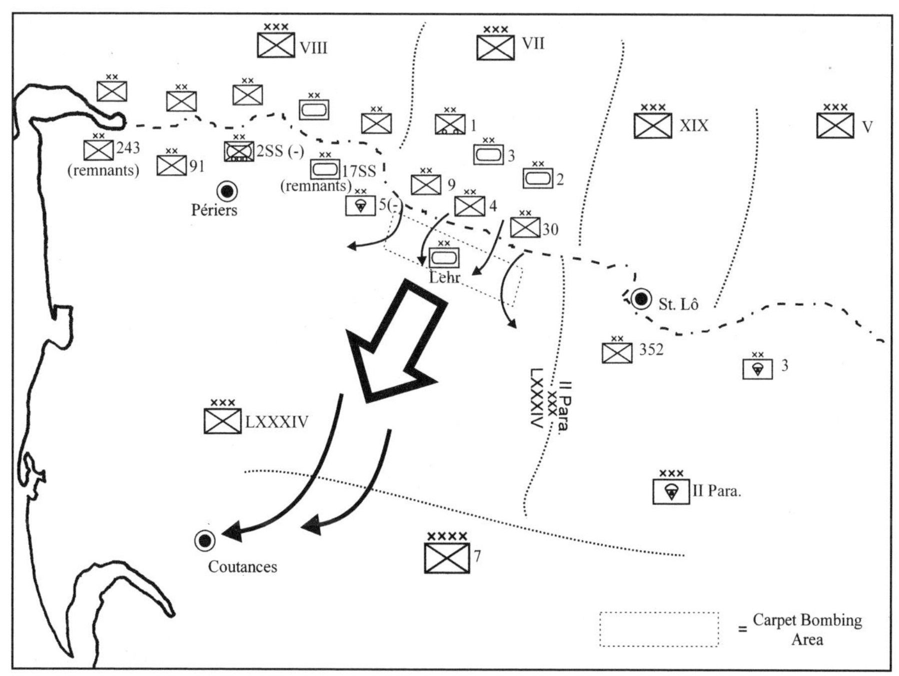

奥马尔·布拉德利将军的作战艺术：1944年7月25日的“眼镜蛇”突破。

不幸的是，从长远规划看，这场行动选择的时机相当不好。美国人已在德军防线上打开了一个缺口，在可预见的未来，德国人无力填补这个缺口。此时，美军两个先遣装甲师却离开了突破口，上级部门甚至不知道他们接下来几天要去哪里——他们前进的速度太快，已超出通信范围。布拉德利很快意识到，这股庞大的装甲力量应该有更重要的任务，遂于 8 月 3 日命令巴顿在布列塔尼留下“小股力量”，集团军余部向东攻往塞纳河。

随着“眼镜蛇”行动的展开，若干美军悄然绕过那些仍与蒙哥马利交战的德军部队之南翼。对此，德国人明智的应对应该是一场迅速、分阶段实施的后撤，并在后方重新设立防线。但希特勒对“眼镜蛇”行动做出的回应恰恰相反，称之为“希特勒的回应”而非德军总参谋部的应对完全恰当——他命令德军装甲部队攻往莫尔坦，然后直奔海岸。这就是“列日”行动，旨在切断位于布列塔尼和阿夫朗什以南的美军师。希特勒命令：“所有可用的装甲部队，无论他们目前的任务是什么，应立即调离诺曼底前线其他地段，由一名特别优秀的装甲指挥官统一指挥，尽快发起一场集中力量的进攻。”[77] 京特·冯·克鲁格将军显然对这些命令深感震惊，他知道这意味着德军整个诺曼底防线的崩溃，但尽管如此，他还是在 8 月 7 日发起“列日”行动。这是一起令人沮丧的事件。正如一位分析人士指出的那样，“列日”行动发起时，“已远远落后于迅速发展的作战态势。”摩托化炮兵没能到达指定位置，匆匆参与行动的各个师陷入交通堵塞后乱成一团，德国空军完全无法为地面部队提供空中掩护。虽然德国人凭借党卫队第 1 师和第 2 师，以及陆军第 2 师与第 116 装甲师向莫尔坦取得了一些进展，但在那里遭遇了美军新开到的第 30 师部分力量的顽强抵抗。美军第 30 师是从泰西赶来的[78]，在经过一场疲惫的行军后，留给他们准备防御阵地的时间只有几个小时，不过好在空中有盟军铺天盖地的战斗轰炸机提供支援。对德国人来说，形势很严峻。巴顿继续向东疾进，他的第 3 集团军已远远位于莫尔坦东面，而德军最精锐的快速兵团位于西面，已落入盟军在法莱斯附近架起的一道“绞索”之中。合围战的“舞台”搭设完毕，这是一场消灭诺曼底地区所有德国军队的歼灭战。

加拿大军队：“总计”行动

德军并未被歼灭[79]。为封闭法莱斯包围圈，蒙哥马利麾下部队所要做的是展开一场短途推进，从北面向下，同巴顿的部队会合。随着美军向东疾进，蒙哥马利集团军群前方的德军装甲“围墙”已消失。所以，现在轮到蒙哥马利实现突破了。克里勒将军的加拿大第1集团军充当先锋，加拿大第2军从卡昂南面展开的短途推进将一锤定音：构成一个困住德军的包围圈。

“总计”行动于8月8日晚发起。加拿大第2军军长G.G.西蒙兹将军知道，他率部前进的这片地域是理想的坦克沙场，非常适合于德军坦克进行远程火力攻击。因此，他决定夜间展开行动。虽然夜间环境会给部队的集中造成些麻烦，但却比在白天迎着“虎”式坦克向前推进安全得多。西蒙兹排出的战斗队形或许会又一次让苏联最高统帅部深感骄傲，他把两个满编装甲师（斯坦尼斯拉夫·马切克率领的波兰第1装甲师和乔治·基钦率领的加拿大第4装甲师）塞入了各一千米宽的正面突击地段，形成了一个坚实的装甲集群。一名加拿大坦克兵离开自己的坦克返回团里的车队，他写道：“我们靠得太近了，以致我的双脚根本就没落地，我只是从一辆辆坦克上走过。”[80]这个庞大的战车方阵8月8日夜间隆隆向前，很快便穿过了德军防线。当日晨，加拿大军队的进攻路线上，党卫队第12装甲师师长库尔特·迈尔震惊地看见大批坦克向他驶来：“看见这些坦克的集结，几乎把我们吓得魂飞魄散。”[81]

不过，此时却发生了某些令人费解的事情。迈尔写道：“我们无法理解加拿大人的行为，这股势不可挡的坦克力量为何不展开进攻？”西蒙兹手上掌握着一支庞大的装甲力量，前方德军的抵抗稀稀落落，他却停下了进攻的脚步。“总计”行动第二阶段要求遂行进攻的兵团停止前进，等待第8航空队B-17轰炸机组成的庞大力量对前方的德军阵地实施地毯式轰炸——在坚持调整线和作战计划的严格时间安排方面，加拿大人并不亚于英国人。杰出的加拿大历史学家约翰·A.英格利什称“克里勒基本上抱有一种堑壕战心态”，而西蒙兹偏好狭窄进攻正面“代表一名炮术专家的倾向”。英格利什认为，加拿大人选择在8月8日发起“总计”行动绝非偶然，这是1918年协约国军队猛攻亚眠的周年纪念日，对第一次世界大战中的德国军队来说是个倒霉的日子[82]。

几小时后，479架轰炸机正式出现在战场上空，并将诺曼底乡村夷为平地。但是，当这些轰炸机到来时，迈尔已着手以两个装甲战斗群展开一场反冲击，此举令加拿大人深感不安。而造成更大混乱的则是又一场空袭误击事件，几个美军轰炸机中队投下的炸弹导致300多名加拿大官兵伤亡，其中包括加拿大第3步兵师师长R.F.L.凯勒将军。“总计”行动改日继续，未获得支援的加拿大坦克对德军小股“豹”式和“虎”式坦克战斗群展开进攻，并为此付出了代价。虽然这场行动的确取得了约 13 千米的进展，并重创了 2 个德军步兵师，但却没能达成突破。蒙哥马利直到 8 月 19 日才封闭法莱斯包围圈，可很大一部分德军部队（可能有 4 万人左右）已设法逃出了包围圈。另外，德军各级指挥部门（2 个集团军司令部、4 个军部中的 3 个、14 个师部中的 12 个）也逃之夭夭[83]。同第 15 集团军辖内部队（位于加来海峡，且相对完整）和法国南部的军队一起，这些指挥部形成了恢复中的德国军队，并在当年秋季阻挡住了盟军。

西线盟军在二战中的作战行动

面对北非、西西里、意大利和西欧的德国军队，西线盟军凭借极大优势的资源和物资基础展开了行动。但是，只有“眼镜蛇”行动实现了一场真正的战役突破。虽然英国军队先前已在诸如阿拉曼这种对阵战中表现出了自己顽强的精神和娴熟的作战技艺，但在诺曼底，事实却又证明他们尚不具备足够的机动性，无法与德国军队进行遭遇交战或追击战。蒙哥马利将军似乎是一位细心策划、算无遗策的统帅，但他却未能以足够的积极性展开进攻，从而突破当面的大股德军部队。直到德国人将大批装甲力量调离后，蒙哥马利才得以再次向前突击，可即便如此，他也没能迅速前进，以实现在法莱斯取得决定性胜利。

美国军队在意大利和诺曼底发现自己的作战行动存在严重缺陷——在这两处，他们都没能充分利用美国工业产能的优势力量。美国军队的装甲学说，以任何合理的标准来看都是一场“灾难”，他们的坦克打算以昔日骑兵的风格从事追击任务，而坦克歼击车则承担起抗击德军诸如“豹”式和“虎”式等坦克的重任。不过，美国军队通过反复试验、即兴发挥和美国人特有的灵活性克服了这些问题。诺曼底战役期间，美国军队彻底改造了自己，并以新的方式和创造性方案来解决问题，这对他们的传统来说是一种新颖的做法。

虽然“眼镜蛇”行动取得了蔚为壮观的胜利，但很显然，这次行动也存在一些问题，最明显的是布拉德利将军进出布列塔尼半岛的行动。布拉德利已成为美国的英雄，许多关于这场战役的著作都充斥着对他的巧妙指挥的溢美之词。虽然，布拉德利是个颇具天赋而又谦逊的人，非常关心部下们的福祉，但在“眼镜蛇”行动期间，他先是命令巴顿进入布列塔尼半岛，随后又命令他离开。法莱斯包围圈的战斗结束后，他又命令巴顿转身返回，对布雷斯特发起进攻。美军为了夺得这座港口，遭受到了严重损失。很难说布拉德利对布列塔尼重要性摆出的这三种姿态都是正确的。不管怎样，随着安特卫普的陷落，占领布雷斯特变得毫无意义，没有一丝一毫补给物资从该港口运入。另外，“眼镜蛇”行动期间美军指挥层的变动也是件奇怪的事，即将出任突击部队（第4与第6装甲师）高级指挥官的人，居然在战役的头几天以非官方身份跟随在部队身后，这是现代战争史上独一无二的咄咄怪事。指挥层面的问题必然会导致出现一些不良影响，而第4与第6装甲师在斜穿布列塔尼半岛时果然发生了问题。

尽管如此，美国军队在历史中这一标志性时刻获得高度赞誉。当时的美国军队还较为“稚嫩”，6月6日在主要突击海滩勉勉强强登上滩头[84]，随后耗时近两个月，试图以传统方式击败诺曼底地区的德国人：集结大股力量，然后在各处齐头并进。这番尝试以失败告终，仅仅增加了6月6日以来的伤亡而已。然后，在“眼镜蛇”行动中，一位思想最传统的指挥官（他作为集团军司令登陆法国时“仍在摸索的过程中”[85]）想出了解决方案——这个方案不过是德国或苏联战役级作战的美国版而已。布拉德利将军发现并孤立了德军防线上的一个薄弱点，遂在大批坦克和战机支援下沿狭窄正面达成突破，然后以大股快速力量穿过缺口，深入德军后方。一位历史学家近期写道，“理解并利用美国军队的能力”[86]来之不易，是这场战役的关键。对美国陆军而言，“眼镜蛇”行动是一种新思维的诞生，是从宽正面推进变为以机动为基础的战役作战的概念性突破，将之同物资战相结合，可大幅度提高作战效能——这是一种新的“美国战争方式”。

注释：

1. 参阅 S.L.A. 马歇尔的《车轮上的军队》(纽约：莫罗出版社，1941 年)，特别是第八章“机器与人”，第 207—242 页。

2. 参阅罗伯特 · M. 奇蒂诺的《德国国防军军事优势方面的名声符实吗？》，收录于丹尼斯 · E. 肖沃尔特主编的《存有争议的历史》第四册，《第二次世界大战，1939—1945 年》。

3. 参阅帕蒂 · 格里菲斯的《投入战斗：从滑铁卢到不远将来的作战战术》(加利福尼亚州诺瓦托：要塞出版社，1990 年)，特别是作者对“所谓装甲力量战胜步兵”提出质疑的章节 (第 95—135 页)。

4. 同上。格里菲斯引用了苏联元帅 V.I. 崔可夫对 1944 年马格努谢夫登陆场一处阵地的描述。这是一幅战壕、铁丝网、机枪巢、地下掩体、持续不断的炮击和虱子构成的场景。这段文字让人想起埃里希 · 玛利亚 · 雷马克的《西线无战事》。另可参阅 V.I. 崔可夫《第三帝国的末日》一书第 60—68 页。

5. 引自戴维 · E. 约翰逊的《从边防警察到现代军队：两次世界大战之间的美国陆军》，收录于哈罗德 · R. 温顿和戴维 · R. 梅茨主编的《变革的挑战：军事机构和新现实》(林肯：内布拉斯加大学出版社，2000 年)，第 180 页。另可参阅约翰逊的《快速坦克和重型轰炸机：美国陆军的创新，1917—1945 年》(纽约州伊萨卡：康奈尔大学出版社，1998 年)。

6.M. 布劳恩少校的《对俄国 1936 年秋季演习中使用坦克和飞机的思考》(*Gedanken über Kampfwagen- und Fliegerverwendung bei den russischen Herbstman vern 1936*)，刊登在《军事周刊》第 121 卷，1937 年 1 月 22 日第 28 期，第 1589—1592 页。另可参阅美国派驻莫斯科的武官菲利普 · R. 法莫维勒中校关于 1935 年基辅演习的报告，这场演习包括 500 名伞兵实施的一场空降和“一个强大的快速坦克支队”对伞兵发起的进攻，参阅戴维 · M. 格兰茨的《观察苏联人：三十年代派驻东欧的美国武官》，刊登在《军事史杂志》第 55 卷，1991 年 4 月第 2 期，第 153—183 页。

7. 这方面的例子可参阅布鲁斯 · 门宁的《俄国和苏联军事史中的纵深打击》，刊登在《苏联军事研究杂志》第 1 卷，1988 年 4 月第 1 期，第 9—28 页。俄国和苏联军事概念最极端的倡导者之一是布莱恩 · 富盖特，参阅他的《巴巴罗萨行动》(加利福尼亚州诺瓦托：要塞出版社，1984 年) 和《第聂伯河上的惊雷：朱可夫 - 斯大林和希特勒闪电战的失败》(加利福尼亚州诺瓦托：要塞出版社，1997 年)。后一部著作包含了令人震惊，也许是荒谬的说法，声称“斗争精神和学说一致性的历史可追溯到更早的鞑靼人占领和莫斯科公国崛起时期”，书中将“学说”一词延伸到尽可能遥远的过去。对富盖特著作理所当然的怀疑性评论，可参阅厄尔 · F. 齐姆克对《第聂伯河上的惊雷》一书的评论，刊登在《军事史杂志》第 62 卷，1998 年 4 月第 2 期，第 423—433 页。

8. 理查德 · W. 哈里森《俄国的战争方式：战役法，1904—1940 年》(劳伦斯：堪萨斯大学出版社，2001 年) 一书第 34—35、第 157—168 页。

9. 戴维 · M. 格兰茨《泥足巨人：战争前夕的苏联红军》(堪萨斯州劳伦斯：堪萨斯大学出版社，1998 年) 一书第 30 页。

10. 大清洗对军队效率的影响，可参阅格兰茨的《观察苏联人：三十年代派驻东欧的美国武官》，以及格兰茨《泥足巨人：战争前夕的苏联红军》一书第 33 页。

11. 目前关于冬季战争的最佳著作当属卡尔 · 范戴克的《苏联入侵芬兰》(伦敦：弗兰克 · 卡斯出版社，1997 年)，书中包括新近公开的苏方资料。多年来一直没有受到挑战，现在依然有用的著作是艾伦 · F. 丘的《白色死亡：苏芬冬季战争史》(东兰辛：密歇根州立大学出版社，1971 年)。芬兰派驻卡累利阿的第 2 军军长的记述，可参阅厄赫奎斯特将军的《一位芬兰指挥官经历的苏芬战争》(*Ein finnischer Armeeführer über den Finnish-Russischen Krieg*)，刊登在《军事周刊》第 125 卷，1941 年 4 月 4 日第 40 期，第 1660—1663 页。最后还有大量关于这场战争的通俗文学，例如可参阅埃洛伊丝 · 恩格尔和劳里 · 帕纳宁的《冬季战争 ：苏联进攻芬兰》（宾夕法尼亚州哈里斯堡 ：斯塔克波尔图书出版社，1973 年），该书虽不是学术性著作，但还是传达出这场战争的特色。

12 戴维 · M. 格兰茨和乔纳森 · M. 豪斯的《巨人的碰撞 ：苏联红军是如何阻止希特勒的》（劳伦斯 ：堪萨斯大学出版社，1995 年），第 19—20 页。

13. 范戴克《苏联入侵芬兰》一书第 74 页。

14. 恩格尔和帕纳宁描述了这些自卫军成员的“制服”：“不一定配套的毛线外套、保暖帽、围脖、手套和袜子”（第 44 页）。

15.M.I. 卢基诺夫的《波兰战役（1939 年）和苏芬战争（1939—1940 年）笔记》，刊登在《斯拉夫军事研究》第 14 卷，2001 年 9 月第 3 期，第 120—149 页。卢基诺夫所在的团参加了进攻曼纳海姆防线的激烈战斗，参阅第 134—145 页。

16. 铁木辛哥的进攻可参阅范戴克《苏联入侵芬兰》一书第 135—187 页。这位将军对正面突击持续效用的看法，参阅第 127—128 页。

17. 卢基诺夫《波兰战役和苏芬战争笔记》一书第 147 页。

18. 这方面的例子可参阅苏联《红星报》刊登的以下文章，美国陆军战争学院将其译为英文，并在宾夕法尼亚州卡莱尔兵营美国陆军军事历史研究中心存档 ：《部队为冬季作战行动进行的训练》，1939 年 12 月 11 日 ;P. 昌诺夫的《坦克在深雪条件下的行动》，1939 年 12 月 30 日 ;I. 科列斯尼科夫的《冬季作战行动》，1940 年 1 月 12 日 ；P. 米哈伊洛夫的《滑雪部队在森林地域的战术使用》，1940 年 1 月 18 日。

19. 哈里森《俄国的战争方式 ：战役法，1904—1940 年》一书第 246 页。

20. 关于莫斯科，可参阅格兰茨和豪斯《巨人的碰撞 ：苏联红军是如何阻止希特勒的》一书第 87—97 页。

21.G.K. 朱可夫的《莫斯科会战》，收录于弗拉基米尔 · 谢夫鲁克主编的《莫斯科 1941，斯大林格勒 1942 ：回忆、故事和报道》（莫斯科 ：进步出版社，1974 年），第 67—68 页。

22. 这两位权威专家是格兰茨和豪斯，参阅《巨人的碰撞 ：苏联红军是如何阻止希特勒的》一书第 99—101 页。苏方视角的哈尔科夫进攻战役，可参阅戴维 · M. 格兰茨的《哈尔科夫 1942 ：从苏方角度剖析一场军事灾难》（萨里郡谢珀顿 ：伊恩 · 艾伦出版社，1998 年）。从交战双方的角度对这场战役的整体描述，可参阅斯蒂芬 · B. 帕特里克的《哈尔科夫 ：苏联红军的春季攻势》，刊登在《战略与战术杂志》1978 年 6 月第 68 期，第 4—14 页。

23. 研究 1942 年戏剧性战事的恰当出发点是路易斯 · C. 罗通多的《斯大林格勒会战 ：1943 年苏联红军总参谋部的研究》（华盛顿特区 ：帕加马 – 布拉西出版社，1989 年），这不仅是一部出色的战役研究，也是苏联红军坦率分析他们近期作战经历的一个好例子。从德方视角阐述这场战役的最佳学术著作是乔尔 · S.A. 海沃德的《止步于斯大林格勒 ：德国空军和希特勒在东线的失败，1942—1943 年》（劳伦斯 ：堪萨斯大学出版社，1998 年），虽然表面上说的是空中战役，但该书实际上是从空中和陆地行动全面阐述蓝色方案，基于出色的一手和二手资料收集，完全摆脱了此前描述斯大林格勒战役的大多数历史著作中常见的神话和轶事。安德烈 · 叶廖缅科的《斯大林格勒会战》一文依然有用，收录于《希特勒的败仗 ：东线苏联红军将领亲述二战》（纽约 ：理查森 & 斯泰尔曼出版社，1986 年）一书第 62—75 页。

24. 参阅瓦尔德马 · 爱尔福特的“军队各股分散力量的配合”（*Das Zusammenwirken getrennter Heeresteile*），刊登在《军事科学杂志》第 4 卷，1939 年第 1 期第 14—41 页，第 2 期第 156—178 页，第 3 期第 290—314 页，以及第 4 期第 472—499 页。

25. 参阅格兰茨和豪斯《巨人的碰撞：苏联红军是如何阻止希特勒的》一书第 111—116 页。

26. 艾伦·克拉克的《巴巴罗萨：苏德战争，1941—1945 年》，第 205—219 页。

27. 对普通读者来说，近期一部相当出色、经过细致研究、唤起斯大林格勒痛苦回忆的著作是安东尼·比弗的《斯大林格勒》（纽约：维京出版社，1998 年）。

28. 亨利·安托万·约米尼男爵的《战争艺术》（康涅狄格州韦斯特波特：格林伍德出版社，1971 年；1862 年版的再印版），第 71—72 页。

29. 埃里希·冯·曼施泰因的《失去的胜利》（加利福尼亚州诺瓦托：要塞出版社，1982 年），第 291—293 页。

30. 杰弗里·P. 梅加吉的《希特勒最高统帅部内幕》（劳伦斯：堪萨斯大学出版社，2000 年），第 178 页。

31. 关于德国战时经济对高加索石油的迫切需求，可参阅海沃德《止步于斯大林格勒：德国空军和希特勒在东线的失败，1942—1943 年》一书第 1—13 页。

32. 关于顿涅茨和尼克波尔，可参阅曼施泰因《失去的胜利》一书第 199 页。

33. 格兰茨和豪斯的《巨人的碰撞：苏联红军是如何阻止希特勒的》，第 130 页。

34. 关于“天王星”行动的著作非常多，大多读起来差不多，因为它们都基于同样的德方记述。两部著作值得一读，关于苏联方面的文件可参阅格兰茨和豪斯《巨人的碰撞：苏联红军是如何阻止希特勒的》一书第 129—147 页；对这场行动清晰的记述可参阅克拉克的《巴巴罗萨：苏德战争，1941—1945 年》中的章节（第 6 集团军的覆灭），第 239—248 页。

35. “火星”行动在西方国家鲜为人知（在苏联同样如此），这种情况直到最近才有所转变。参阅戴维·M. 格兰茨的《与斯大林格勒对应的“火星”行动：朱可夫元帅最大的败仗》（堪萨斯州莱文沃斯堡：外军研究处，1997 年）。这篇文章也可以在网上查阅，*http://rhino.shef.ac.uk:3001/mr-home/rzhev/rzhev3.html*. 关于这场战役的完整叙述，可参阅戴维·M. 格兰茨的《朱可夫最大的败仗：苏联红军在“火星”行动中的惨败》（劳伦斯：堪萨斯大学出版社，1999 年）。

36. 德国人对罗斯托夫的担心，可参阅曼施泰因《失去的胜利》一书第 369 页。苏联红军视角的冬季战役，可参阅戴维·M. 格兰茨的《从顿河到第聂伯河：苏联红军的冬季攻势，1942 年 12 月—1943 年 8 月》（伦敦：弗兰克·卡斯出版社，1991 年）。

37. 关于“土星”/“小土星”的转变，参阅格兰茨《从顿河到第聂伯河：苏联红军的冬季攻势，1942 年 12 月—1943 年 8 月》一书第 10—18 页。

38. 曼施泰因否认他对这场灾难负有任何责任，并把责任归咎于希特勒和保卢斯，他为此而受到批评。参阅约阿希姆·维德尔和海因里希·冯·艾因西德尔主编的《斯大林格勒：回忆和重评》（伦敦：兵器和铠甲出版社，1995 年），这是 1962 年版的扩充版，书中指责曼施泰因对接管“顿河”集团军群“缺乏信心，行事优柔寡断”。另可参阅曼弗雷德·克里希的“斯大林格勒：战役分析和相关文件”（Stalingrad: Analyse und Dokumentation einer Schlacht）（斯图加特：德意志出版社，1974 年），这是联邦德国武装力量军事历史研究处主持下出版的著作。

39. 格兰茨的《从顿河到第聂伯河：苏联红军的冬季攻势，1942 年 12 月—1943 年 8 月》，第 80—81 页。

40. 曼施泰因的《失去的胜利》，第 428—433 页；格兰茨的《从顿河到第聂伯河：苏联红军的冬季攻势，

1942 年 12 月—1943 年 8 月》，第 121—125 页。

41. 曼施泰因的《失去的胜利》，第 433—437 页；“突击集群”这个词引自格兰茨《从顿河到第聂伯河：苏联红军的冬季攻势，1942 年 12 月—1943 年 8 月》一书第 213 页。

42. 曼施泰因的《失去的胜利》，第 367—368 页。

43. 戴维 · M. 格兰茨和哈罗德 · S. 奥伦斯坦近期翻译、编辑了苏联方面策划库尔斯克会战的一手文件。参阅《库尔斯克会战，1943 年：苏联红军总参谋部研究》（伦敦：弗兰克·卡斯出版社，1999 年）。另可参阅戴维·M. 格兰茨和乔纳森·M. 豪斯的《库尔斯克会战》（劳伦斯：堪萨斯大学出版社，1999 年），书中提供了直至团级部队的详细阐述，附录中列有大量参考书目的信息。尼克拉斯·泽特林和安德斯·弗兰克森的《库尔斯克 1943：统计分析》（伦敦：弗兰克 · 卡斯出版社，2000 年），其内容正如书名指出的那样。罗宾 · 克罗斯的《堡垒：库尔斯克会战》（纽约：巴尔内斯 & 诺贝尔出版社，1994 年），第 229—231 页，书中延续了降低这场“有史以来最大的坦克战”中击毁坦克数量的趋势，更不必说人员损失了。例如，德军在库尔斯克的损失仅占其 1943 年总损失数的 3%。特别受到重新评价的是普罗霍罗夫卡坦克战的神话地位，交战双方在那里损失的坦克数量似乎都不太多。斯蒂芬·K. 罗思韦尔、约翰·德施、蒂莫西 · 库塔的《党卫队装甲军：库尔斯克浴血记》，刊登在《指挥杂志》1996 年 3 月第 36 期，第 16—34 页，尽管这篇文章的标题耸人听闻，但提出的观点与克罗斯相似，特别参阅第 32—33 页。罗思韦尔还为备受诟病的“象”坦克歼击车做出辩护（第 28—29 页）。

44. 关于 1944 年的白俄罗斯战役，一部较新、内容翔实的著作是沃尔特·S. 邓恩的《苏联的闪电战：1944 年的白俄罗斯战役》（科罗拉多州博尔德：林恩 · 林纳出版社，2000 年）。邓恩的资料来源是“根据已公布的苏联红军战斗序列和德方情报报告”编辑的一份苏联红军战斗序列表，包含 9100 个作战部队（第 12 页）。

45. 典型的例子是 F.W. 冯 · 梅伦廷《坦克战：对装甲力量在第二次世界大战中使用问题的研究》一书第十九章，题为“苏联红军”，第 349—367 页。题为“俄国士兵的精神状态”一节开头处写道：“西方文化圈里的人，没有谁能理解这些出生、成长在欧洲大陆另一侧的亚洲人的性格和灵魂。”（第 349 页）

46. 保罗·卡雷尔的代表作是《焦土：苏德战争 1943—1944》（波士顿：小布朗出版社，1970 年）。

47. 参阅凯文 · 苏特关于德国军事历史项目的文章，《遏制赤潮：德国报告系列及其对美国防务学说的影响，1948—1954 年》，刊登在《军事史杂志》第 57 卷，1993 年 10 月第 4 期，第 653—688 页。

48. 苏联方面关于战役法的代表性著作，特别是对“在决定性方向上集结兵力和物资”的强调，可参阅 A.A. 格列奇科的《苏联武装力量：苏方观点》（莫斯科：军事出版局，1975 年），该书在美国空军主持下翻译出版（苏联军事思想系列，第 12 期），特别是第 204—207 页；V.Ye. 萨夫金的《战役法和战术的基本原则：苏方观点》（莫斯科：军事出版局，1972 年），该书也由美国空军翻译出版（苏联军事思想系列，第 4 期），特别是第 201—240 页；V.G. 列兹尼琴科的《伟大卫国战争中的战术演变》，刊登在《军事思想》第 10 卷，2001 年 9 月 /10 月第 5 期，第 74—77 页；伊万 · 沃罗比耶夫的《二十世纪战争和武装冲突中的战术演变》，刊登在《军事思想》第 11 卷，2002 年 1 月第 1 期，第 84—95 页。

49. 伊万 · 科涅夫的《胜利之年》（莫斯科：进步出版社，1969 年），第 10 页。

50. 引自格兰茨《与斯大林格勒对应的“火星”行动：朱可夫元帅最大的败仗》一书第 24 页。

51.V.I. 崔可夫的《第三帝国的末日》，第 20—21 页。

52. 关于朱可夫“惩戒营”的故事，参阅罗伯特 · M. 奇蒂诺《装甲部队：历史和原始资料》（康涅狄格州韦斯特波特：格林伍德出版社，1994 年）一书第 280 页。当然，为朱可夫撑腰的是约瑟夫 · 斯大林。较新、较公正的斯大林传记是苏联将军德米特里·沃尔科戈诺夫的《斯大林：胜利和悲剧》（纽约：

格鲁夫·韦登菲尔德出版社，1991 年），其中一些章节和段落谈及斯大林的战时暴行，包括他对被俘将领的家属采取的措施。特别参阅作者对战争爆发时的“严酷时期”所做的探讨，第 415—424 页。

53. 乐观进取的态度对美国军事表现的影响，可参阅威廉·S. 利德《美国军队的一些学说问题》一文，刊登在《军事评论》第 57 卷，1977 年 3 月第 3 期，第 54—65 页，特别是第 56—57 页。

54. 参阅 B.H. 利德尔·哈特的《英国的战争方式》（伦敦：费伯－费伯出版社，1932 年）。

55. 对整个问题的最佳学术探讨当属哈罗德·R. 温顿的《改变一支军队：约翰·伯内特－斯图尔特爵士将军和英国装甲学说，1927—1938 年》（劳伦斯：堪萨斯大学出版社，1988 年）。

56. 埃利斯的简略生平可参阅奇蒂诺《装甲部队：历史和原始资料》一书第 232 页。

57. 马特尔的简略生平可参阅奇蒂诺《装甲部队：历史和原始资料》一书第 256 页。

58.J.P. 哈里斯的《1918—1949 年的英国装甲力量：学说和发展》，收录于 J.P. 哈里斯和 F.H. 托阿瑟主编的《装甲战》（伦敦：巴茨福德出版社，1990 年），第 48 页，文中将霍巴特称为“陆军中最粗暴的家伙，对他自己的装甲力量理念狂热不已”。霍巴特的优秀传记依然是肯尼斯·麦克西所写的《装甲十字军：珀西·霍巴特爵士少将传》（伦敦：哈钦森出版社，1967 年）。霍巴特的简略生平可参阅奇蒂诺《装甲部队：历史和原始资料》一书第 243—244 页。

59. 参阅罗伯特·L. 贝特曼对威廉·O. 奥多姆《堑壕战之后：美国陆军学说的转型，1918—1939 年》（德克萨斯州大学城：德州 A&M 大学出版社，1999 年）一书的评论，刊登在《参数杂志》总第 29 期，1999 年 /2000 年冬季第 4 期，第 141—142 页。

60. 约翰逊的《从边防警察到现代军队：两次世界大战之间的美国陆军》，第 167 页。

61. 同上，第 170 页。

62. 同上，第 180—181 页。

63. 同上，第 191—192 页。

64. 埃利斯的简略生平可参阅奇蒂诺《装甲部队：历史和原始资料》一书第 256—257 页。

65. 罗曼·约翰·亚里莫维奇的《坦克战术：从诺曼底到洛林》（科罗拉多州博尔德：林恩·林纳出版社，2001 年），第 92 页。

66. 对于“爱斯基摩人”行动，美国陆军官方史依然有用。参阅阿尔伯特·N. 加兰、霍华德·麦高·史密斯在马丁·布鲁门森协助下编写的《西西里和意大利的投降：第二次世界大战中的美国陆军，地中海战区》（华盛顿特区：军事历史中心，1993 年）。该书最初出版于 1965 年，为纪念二战五十周年再版发行。同所有官方史一样，它不太关注战役层级（军、集团军）的行动，相反，其内容从班级战斗到大战略，范围相当广。德方观点可参阅保罗·康拉特未发表的手稿“西西里之战”（*Der Kampf um Sizilien*），1951 年撰写的这篇文章是德方报告系列的组成部分，C-087，由当时参加战役的“赫尔曼·戈林”伞兵装甲师师长撰写，这份报告的副本在宾夕法尼亚州卡莱尔兵营美国陆军军事历史研究中心存档。关于西西里战役的优秀著作当属卡洛·W. 德斯特的《苦涩的胜利：西西里战役，1943 年》（纽约：达顿出版社，1988 年）。同他所有著作一样，该书研究了大量一手和二手资料，将之汇编成流畅、深具可读性的叙述。他还耗费大量篇幅来描述了多位著名人物，不仅评判个别指挥官，经常对他们之间的不和阐明自己的立场，还记录了许多无关紧要的传记细节，以此满足大众读者。在完成此书的过程中，卡洛·W. 德斯特经常把高度复杂的事情个性化。

67. 厄尼·派尔的《勇士》（纽约：格罗塞 & 邓拉普出版社，1943 年），第 40 页。

68. 巴顿以他典型的夸大其词将之称为“战争史上最辉煌的篇章”，参阅乔治 · S. 巴顿的《我所知道的战争》（纽约：班塔姆出版社，1979 年），第 62 页。

69. 关于奥马哈登陆，参阅艾德里安 · R. 路易斯的《奥马哈海滩：一场有缺陷的胜利》（教堂山：北卡罗来纳大学出版社，2001 年），书中对入侵前的策划工作提出严厉批评；关于美国第 1 集团军在奥马哈和犹他海滩登陆的“海王星”行动，参阅史蒂文 · T. 罗斯主编的《美国的战争计划：1938—1945 年》（科罗拉多州博尔德：林恩 · 林纳出版社，2002 年），第 187—224 页。罗斯在书中重现了作战计划——包括用于突击、后续投入、集结的兵力和车辆的确切数字（第 201—224 页）。对 D 日登陆的最佳阐述当属卡洛·W. 德斯特的《决战诺曼底》（纽约：哈珀出版社，1994 年），第 107—150 页，以及查尔斯 · B. 麦克唐纳的《强大的努力：美国在欧洲的战争》（纽约：达卡波出版社，1992 年），第 285—309 页。

70. 诺曼底战役一直是大量著作的主题，几乎所有专著都为刻画战役中的著名人物耗费了太多篇幅：美国历史学家们齐声谴责蒙哥马利缺乏进取精神、傲慢自大，有时候甚至对他的衣着打扮也看不顺眼；而英国历史学家们主要争论的是蒙哥马利的草率，并对他们所说的业余盟友加以讥讽。但面对更多诺曼底之战的系统性问题时，这种无聊的争吵便烟消云散：地形；盟军没有一款坦克能抗击德国人部署在诺曼底的坦克；该战区德军装甲兵团的精锐性；最重要的是，美国、英国、加拿大军队的学说。关于这场显然无法停止的争论之细节，可参阅相关著作的研究，G.E. 帕特里克 · 默里的《艾森豪威尔与蒙哥马利：持续争论》（康涅狄格州韦斯特波特：普雷格出版社，1996 年）；斯蒂芬 · T. 鲍尔斯的《诺曼底战役：挥之不去的争议》，刊登在《军事史杂志》第 56 卷，1992 年 7 月第 3 期，第 455—471 页。例如，德斯特的《决战诺曼底》是一部包含大量作战细节的优秀著作，但被通篇散发的反蒙哥马利论调所破坏。德斯特将批评重点置于蒙哥马利战后是否将突破计划过多地归功于自己这个问题——这实在算不上什么重要的事。亚里莫维奇的《坦克战术：从诺曼底到洛林》是一部较新的著作，也很有趣：这位加拿大作者严厉批评盟军的装甲学说，特别是美军的坦克歼击车概念，以及英国和加拿大军队对“对阵战”的偏好。近期另外两部作品为此类著作设立起新标准，分别是詹姆斯 · 杰伊 · 卡拉法诺的《D 日之后：眼镜蛇行动和诺曼底突破》（科罗拉多州博尔德：林恩 · 林纳出版社，2000 年），该书通过“团、营级指挥官和校级军官的作战指挥”（第 4 页）看待这场战役，认为最终达成突破的关键是“理解力和美国军队全部能力的发挥”，而非“库林”树篱切割机、猛烈的火力或地毯式轰炸这些神奇的技术手段（第 260 页）；以及拉塞尔·A. 哈特详尽、潜心钻研的《激战：盟军是如何在诺曼底获胜的》（科罗拉多州博尔德：林恩 · 林纳出版社，2001 年），书中强调了美国军队的“机制灵活性”，以及与其盟友相比更好的适应能力，书中还提出颇具争议性的论点，“德军在诺曼底的顽强防御必须以意识形态加以解释”，另外，作为探讨诺曼底战役后续研究的必要条件，本书还全面涵盖加拿大军队的经历。另一种类型的著作（现在已彻底淹没其他作品）是“最伟大的一代”这种流派。此类著作的最佳范例是已故的斯蒂芬·安布罗斯，这是西摩 · 利普塞特“美国例外论”的产物，体现出美国人与众不同、命中注定、并被赋予特殊使命的意思。这不是学术性历史。以下段落摘自安布罗斯的《平民战士：从诺曼底海滩到突出部再到德国投降的美国军队，1944 年 6 月 7 日至 1945 年 5 月 7 日》（纽约：点金石出版社，1997 年）一书第 159 页：“那里有数百名像富塞尔这样的年轻军官，这些中尉 1944 年秋季来到欧洲并投身战斗。有钱人家的孩子、聪明的小伙、高中橄榄球冠军队的四分卫、班上的班长、象棋冠军、班级演出的领导者、春季音乐会的独奏者、化学课上的奇才。为对付德国人，美国投入了她最优秀的年轻人。”当然，这段文字中的每一句话都可用于描述德国军队、英国军队或罗马尼亚军队里的士兵。

71. 关于美国在欧洲“学习曲线”的最佳著作是迈克尔 · D. 达布勒的《逼近敌人：美军士兵是如何在欧洲进行战斗的，1944—1945 年》（劳伦斯：堪萨斯大学出版社，1994 年）。10 万人这个数字出自该书第 60 页。

72. 默里《艾森豪威尔与蒙哥马利：持续争论》一书第 72 页。另可参阅奥马尔·N. 布拉德利的《一个军人的故事》（纽约：亨利 · 霍尔特出版社，1951 年）。

73. 关于“眼镜蛇”行动，可参阅卡拉法诺的《D 日之后：眼镜蛇行动和诺曼底突破》；哈特的《激战：盟军是如何在诺曼底获胜的》，特别是“战役概述”一章第 247—264 页，以及亚里莫维奇的《坦克战术：从诺曼底到洛林》，第 107—202 页。另一部相当有趣的著作，在加拿大和英国的知名度远远超过美国的是米尔顿 · 舒尔曼的《西线的失败》（东萨塞克斯瓦尔登伯里：马斯克莱德出版社，1986 年），舒尔曼当时是加拿大情报官，采访过 26 名被俘的德军高级将领，包括格尔德 · 冯 · 伦德施泰特、约瑟夫 · 泽普 · 迪特里希、库尔特 · 施图登特。从许多方面看，这是一部比 B.H. 利德尔 · 哈特《德国将领谈话录》更优秀的著作，因为书中没有拐弯抹角地谋求恭维，或为后一部著作的准备工作而大拍马屁。

74. 布拉德利的《一个军人的故事》，第 330 页。

75. 官方史可参阅马丁 · 布鲁门森的《突破和追击：第二次世界大战中的美国陆军，欧洲战区》（华盛顿特区：军史处处长办公室，1961 年），对战斗序列信息和一份一手资料来源来说，这仍是一部非常有用的著作。另可参阅布鲁门森的《决战法国，1944 年：改变欧洲命运的人和战斗》（纽约：达卡波出版社，2000 年）。

76. 布拉德利的《一个军人的故事》，第 358 页；拜尔莱因的说法可参阅麦克唐纳《强大的努力：美国在欧洲的战争》一书第 334 页。

77. 引自德斯特《决战诺曼底》一书第 414 页。

78. 关于莫尔坦战事的出色研究，可参阅马克 · J. 里尔登的新作《莫尔坦的胜利：阻止希特勒的装甲反攻》（劳伦斯：堪萨斯大学出版社，2002 年）；阿尔文 · 费瑟斯顿的《挽救突破：第 30 师在莫尔坦的英勇坚守，1944 年 8 月 7 日—12 日》（加利福尼亚州诺瓦托：要塞出版社，1993 年），虽说侧重于通俗历史，但不失为一部有用的著作。

79. 关于加拿大第 2 军为“总计”行动付诸的不懈努力，可参阅两部出色著作，约翰 · A. 英格利什的《加拿大军队与诺曼底战役：高级指挥部门的失误》（康涅狄格州韦斯特波特：普雷格出版社，1991 年），特别是第 263—288 页；以及亚里莫维奇的《坦克战术：从诺曼底到洛林》，第 163—183 页。

80. 亚里莫维奇的《坦克战术：从诺曼底到洛林》，第 166 页。

81. 参阅胡伯特·迈尔《党卫队第 12“希特勒青年团”装甲师战史》（温尼伯：J.J. 费多罗维奇出版社，1994 年）一书第 173 页。欲深入了解战斗中的“任务式战术”，可参阅迈尔给麾下各战斗群下达的反冲击令（第 172 页）。

82. 英格利什的《加拿大军队与诺曼底战役：高级指挥部门的失误》，第 267—268、第 271 页。

83. 约阿希姆 · 路德维希的《1944 年，德军撤离法国》（*Der deutsche Rückzug aus Frankreich 1944*）（弗莱堡：罗姆巴赫出版社，1995 年），第 116 页。

84. 路易斯《奥马哈海滩：一场有缺陷的胜利》一书第 291—307 页，对策划工作和奥马哈登陆的构想提出严厉批评；他对“稚嫩性”的探讨参阅第 301—303 页。

85. 里尔登的《莫尔坦的胜利：阻止希特勒的装甲反攻》，第 14 页。

86. 卡拉法诺的《D 日之后：眼镜蛇行动和诺曼底突破》，第 260 页。

第四章
不再被遗忘：朝鲜战争

一些军事战役似乎注定要被遗忘。这或许是因为这些战役所持续的时间太过短暂，很难在同时代人的脑海中留下印象（这不免让人想起美国入侵格林纳达，甚至是北约在科索沃的战争[1]）；或许是战争的起源过于模糊，似乎不值得向后人解释；也或许仅仅是时机问题——这是谈及朝鲜战争时经常提及的观点。朝鲜战争夹在美国陆军史上另外两场最富戏剧性的战争（第二次世界大战和越南战争）之间，似乎注定永远不会引起学者和公众给予它应有的关注。而另一个事实是，朝鲜战争以混乱的僵局结束，对于这样的一场战争，美国人绝不会像铭记二战的光荣胜利那样加以认真关注，或者像他们对越南战争具有争议性的失败那样付诸热情[2]。1986 年出版的一部著作称之朝鲜战争为“越战前的战争”，这似乎是个很好的总结。

几乎所有人都赞同朝鲜是一场“被遗忘的战争”，他们在每出版一部关于这次战争的专著时，都会这样说。近期的一次书目调查显示，与朝鲜战争相关的著作约有 2000 多部——从猪排山或长津湖之战唤起的身临其境感（S.L.A. 马歇尔的惯用手法[3]），到关于战争起源一系列深具挑战性的意识形态争论（布鲁斯·卡明斯教授的著作[4]），再到咖啡桌上的图片书，以及它们之间的“每一站”，每个人都能从中找到适合自己的东西。最近，中国人对这场战争的看法（这在西方国家是个几乎不为人知的话题）不仅成为两部学术著作的主题[5]，还早另一部重要著作中有所体现[6]。美国“公民宗教”的关键部分是对这个或那个周年纪念日的观察，朝鲜战争爆发 50 周年纪念日对汗牛充栋的官方著作来说是个机会[7]。虽然美国人对朝鲜战争的痴迷也许永远达不到他们对南北战争或第二次世界大战那种程度，但也绝非“詹金斯之耳战争”的 20 世纪翻版。因此，是时候结束“被遗忘的战争”这种说法了[8]。

从作战方面来看，朝鲜战争非常重要，它是第二次世界大战这种具有明确输赢感的庞大传统战争，与杜鲁门主义导致美国决定采取的长期冷战之间的一座桥梁。战争第一阶段的特点是朝鲜人民军、美国为首的联合国军和中国人民志愿军实施的一系列快速机动进攻战。战争第二阶段则大不相同，是一场凭借火力和消耗的静态阵地战——这场阵地战持续了整整两年，在诸如“老秃岭”“猪排山”这些关键地形上反复爆发相当激烈的战斗。在士兵们丧命于这部“绞肉机”时，停战谈判一直在幕后进行——军事历史学家们对朝鲜战争的恶评可能都源于这个阶段[9]。

朝鲜战争的第一年是一场快速战争，充斥着灾难性后撤：美国和韩国军队沿半岛退却，北朝鲜人紧追不舍。美军在仁川登陆，胜利实现其历史上最伟大的战役机动后，朝鲜人民军以更快的速度向后退却。随后，美国军队再度后撤，这次是惊慌失措地逃离一连串毁灭性打击，是一场“大撤退”。具体说来，美国军队从灾难到决定性胜利再到灾难，这一切发生在短短的五个月期间——军事史上找不到与之类似的其他战争。

朝鲜人民军的胜利：从入侵到釜山防御圈

第二次世界大战结束后仅仅五年便爆发了朝鲜战争，对美国人来说，这场“警察行动”适逢战后复员和裁撤军队严重削弱美国军事力量之际[10]。美国陆军只剩下 10 个师，5 个驻扎在美国本土，1 个派驻德国，另外 4 个在日本——这些师的实力严重不足，每个师仅有 2 个团，每个团也只有 2 个营。鉴于当时美军的整体水平，他们不得不以代价低廉的方式从事朝鲜战争，这是一场“和平时期的战争”。[11]

另一方面，这场战争对美国军队而言也存在不确定性，他们将从事一场有限战争，这在美国历史上尚属首次。这的确是一场有限战争：地理上限制在仅控制一半的朝鲜半岛，美国政府愿意耗费多少资源和生命方面（公众舆论的反映）的限制，以及美国在制定战时战略时的限制（必须高度关注世界舆论，特别是联合国组织[12]）。这就要求对部分美军指挥官做出巨大的调整，这些人几乎都参加了

1944—1945 年打垮德国军队的战争（并非所有人都要调整）。这场新型有限战争最著名的“伤亡者”是远东总司令道格拉斯·麦克阿瑟将军，他的衰落对一支传统目标是打垮并彻底消灭敌人的军队来说带有某种象征意义，他们现在不得不乞求平民政府批准他们轰炸这个或那个目标。

虽然是“有限战争”，但若当你置身其中时，也许会发现朝鲜战争与全面战争并无二致。这场战争爆发时，朝鲜人民军展开了强大突击，跨过三八线进入朝鲜南部。初期战斗中的朝鲜人民军是个凶猛的对手，事实证明他们远比大韩民国的军队更强大，就连美军也难以抵挡他们的攻势[13]。朝鲜人民军的七个前线师（番号为 1—7）构成了其打击力量的核心，这些师配备了苏制武器，并接受苏联顾问的训练。而且,这支军队并非首次参加战争。朝鲜人民军的编制采用了传统的三三制，即每个师辖 3 个团，每个团辖 3 个营——全师约 1.1 万人。此外，每个师都配有完整的支援武器。一位分析人士认为他们与二战初期的苏军师非常相似。朝鲜人民军每个师拥有 12 门 122 毫米榴弹炮、24 门 76 毫米火炮、12 门 SU–76 自行火炮、12 门 45 毫米反坦克炮与 36 支 14.5 毫米反坦克步枪[14]。另外三个师（第 10 师、第 13 师、第 15 师）是战争爆发前刚刚组建的新部队，主要由朝鲜共青团的应征入伍者组成。非师级部队包括 1 个独立步兵团（第 766 团），1 个摩托车侦察团（第 17 团），以及朝鲜人民军精锐部队：坦克第 105 旅——该旅配有 120 辆苏制 T–34/85 坦克，平均分配给三个团（第 107 团、第 109 团和第 203 团）。此外，坦克第 105 旅还配备了一个机械化步兵团，总兵力为 6000 人[15]。另外还有 30 辆 T–34 也将参加初期战斗，因此，朝鲜人民军共掌握了 150 辆坦克[16]。而且，朝鲜人民军还有一支实力雄厚的边境警察部队——共 5 个旅，1.8 万人。另外，朝鲜人民军也有一小股战术空中力量，共 180 架苏制飞机，其中三分之一是教练机[17]。朝鲜人民军的参谋人员和指战员具有高度积极性，在复杂地形从事现代战争的装备也很精良，这 13.5 万名将士即将在战争中证明自己的能力[18]。

面对敌人从北面而来的初步猛攻，大韩民国军队的力量完全不足。这支军队由八个小师组成（第 1 师、第 2 师、第 3 师、第 5 师、第 6 师、第 7 师、第 8 师和“首都”师），其配置几乎纯粹是为边防和内部保卫任务[19]。虽然每个师的编制为 1 万人，但只有四个师接近这个标准——有些师有 3 个团，有些师只有 2 个团，第 5 师有 2 个团又 1 个营。而且，韩国人没有坦克，没有中型火炮，也没有战斗机或轰炸机——韩国空军只有用于联络和训练的 22 架飞机，他们的快速力量也仅仅是 27 辆装甲车。美国人一直帮助韩国人训练部队，威廉・L. 罗伯茨将军率领的一个美国驻朝鲜军事顾问团驻扎在韩国，他们必须为即将发生的事情承担部分责任。韩国军队 1949 年年末便要求美国军事顾问团提供 189 辆 M–26“潘兴”式坦克，但由于朝鲜复杂的地形，以及道路和桥梁糟糕的状况，罗伯茨拒绝了这一要求。总的说来，美国政府想在这里走一条折中路线。他们支持南朝鲜独立，愿意武装该国保卫自己，但却认为没有必要激怒苏联和中国。另外，他们也不相信韩国总统李承晚，认为他可能会用美国提供的现代武器镇压国内政治对手[20]。

鉴于这种力量对比，北朝鲜人民军初期赢得决定性胜利也就显得顺理成章了。1950 年 6 月 25 日星期日晨，从东海岸到西海岸，朝鲜人民军大规模跨过三八线[21]。从表面上看，这是两个军团一场简单的推进：西面的第一军团攻向汉城和大田，东面的第二军团沿半岛中部而下，穿过春川和原州，最终目标是半岛东南角的釜山港。实际上，与极其破碎的地形相符的是，朝鲜人民军发起的主要推进不下六个，每个推进必须沿主要的南北向走廊穿过山区。第一军团战线上，第 6 师第 14 步兵团和一个边防警察旅进攻瓮津半岛，而四个步兵师和第 105 坦克旅组成的另外两股队列则从西北面和东北面攻往汉城。第二军团战线上，另外两支队列（各辖 1 个师，分别是第 2 师和第 7 师）在中央地带展开冲击，前者直奔春川，后者绕过春川赶往洪川。另外一场推进则沿朝鲜东海岸而下，太白山脉将之与人民军的主要突击群隔开，这个突击群编有第 5 步兵师、第 766 独立团和第 17 摩托车侦察团。在第一军团（译注：第二军团）作战地域内，人民军甚至以第 766 独立团部分力量和人数不详的游击队对江陵和三陟发起两场小规模两栖登陆，这些游击队很快进入山区，对该地域的韩国守军实施骚扰[22]。

朝鲜人民军对汉城的进攻明确且恰如其分，是战役的重点突破。西北集群辖第 1、第 6 步兵师（后者欠第 14 团，该团正参加瓮津的作战行动）和第 105 坦克旅编成内的第 203 坦克团，其行进路线依托平壤—汉城铁路线，穿过高丽王朝的古都开城，然后到达汶山里，最后沿与汉江大致平行的方向直奔汉城。而从东北面展开向心推进的集群编有第 3、第 4 步兵师和第 105 坦克旅余部，他们将沿不同的道路赶往议政府，穿过这条“议政府走廊”奔向汉城。总之，朝鲜人民军四个经验丰富的步兵师和几乎所有坦克力量都将攻向汉城。虽然这是一场宽正面进攻，北朝鲜人意图在战役头几日尽可能多地粉碎虚弱的韩国军队，但还是拥有精心构思和出色策划。这场战争发生在当时的冷战气氛下，被视为苏联四处出击的初步证据，但我们今天不需要再相信这一点。20 世纪的历史充满小国或第三世界国家为解决他们的政治问题而设计的出色作战方案——1912 年第一次巴尔干战争中的保加利亚，1971 印巴战争中的印度，以色列打击阿拉伯邻国的一系列战争——无论从莫斯科得到了多少军事援助，北朝鲜都有资格进入这份名单[23]。

这场入侵令韩国军队和指导他们的美军顾问团猝不及防。当日清晨 4 点，从西部的瓮津到东海岸，北朝鲜军队的进攻几乎在各处都取得了成功[24]。黄海将瓮津与韩国本土隔开，在那里，朝鲜人民军第 6 团迅速解决了韩国守军（“首都”师第 17 团）。次日夜幕降临前，第 17 团丢下一个 105 毫米炮兵营，经海路疏散。第 6 团将半岛防御任务交给第 3 边境守备旅，自己迅速归建，朝汉城而去。向韩国首都发起的第一路推进穿过开城，该城位于三八线以南 2 千米处，北朝鲜人前一天晚上悄悄修建了铁路，朝鲜人民军第 6 师一部搭乘火车径直攻入城内，这使他们从韩国守军（第 1 步兵师第 12 团）后方进入开城，与第 6 师其他部队的正面冲击相配合——没过 5 小时，开城便落入朝鲜人民军手中。一位西方军事分析家认为这是朝鲜人民军惯用的战术：

> 北朝鲜人一次次重复使用一种非常有效的办法：他们直接对固定敌阵地展开正面冲击或火力打击，然后派部队从两翼迂回。若有可能，他们就包围敌人，将其逼入一个小小的环形防御圈后予以歼灭，或迫使对方投降；若不成功，他们便在敌后方设置路障，切断其后撤路线或阻挡援兵的到来。[25]

打击韩国军队的这种战术几乎在各处都奏效，即便不成功（例如遂行辅助突击的朝鲜人民军第 1 师和第 203 坦克团对高浪浦里直接发起进攻，未能达成突破）也无关紧要。由于战线其他地段仓促后撤，就算一些韩国军队想要坚守也无法做到。总的说来，韩国第 1 师已被拉伸得太过薄弱，导致在延安—开城—高浪浦里这条约 56 千米长的战线上只有两个团的兵力。

决定性突破发生在议政府走廊。在那里，朝鲜人民军的两支队列（获得第 107 坦克团支援的第 4 师，获得第 109 坦克团支援的第 3 师）沿两条道路冲下，朝议政府汇聚——位于其前进道路上的是韩国第 7 步兵师。在遭到坦克和火炮的猛烈打击后，无力抵抗的韩国第 7 步兵师向后退却。韩国陆军参谋总长蔡秉德 6 月 26 日下令发起反冲击，也以惨败而告终[26]——他计划以第 7 师赶往东豆川公路，新开到的第2师前往抱川公路，但后者辖内却几乎没什么部队（该师2个营可以从32千米外的汉城赶来，但余部仍在大田，此时正用火车向北运送）。蔡秉德下令，不管怎样都要发起进攻。韩国第7师确实取得了一些进展,但第2师不肯投入进攻，只是以2个营就地据守——很难因此而指责该师师长，因为这种进攻本来就是一场自杀。结果，朝鲜人民军第3师在坦克强有力支援下展开猛烈冲击，一举粉碎第2师设在议政府前方的防线。面对陷入包围的威胁，韩国第7师不得不匆匆撤往汉城。通往韩国首都的道路就此敞开。

虽然朝鲜人民军受到一些阻挡，但战役头两天的行动非常成功。韩国军队在各处都遭到重创，缺乏协同的反击也以失败告终。个别韩国部队打得很出色，在春川，韩国第6师第7团依托预有准备的暗堡阻挡住了朝鲜人民军第2师的冲击，并给对方造成严重损失。朝鲜人民军随即调来第7师，并以少量T-34坦克提供支援，这才决定了韩国守军的命运。总的说来，若只遭到步兵进攻，韩国部队通常会实施顽强抵抗，但只要北朝鲜人的坦克一出现，韩国部队便会惊慌逃窜。韩国第1师师长白善烨将军在他的回忆录中也承认了这一点，并谈及似乎令他的部下们深感痛苦的“T-34症”:“这种疾病的症状很明显，只要一听见‘坦克’两个字，他们便会陷入恐慌状态。”[27]

接下来的几天，一种恐慌情绪笼罩了汉城。许多居民开始向南逃亡，导致可供援兵使用的几条公路严重堵塞。朝鲜人民军娴熟的进攻打垮了城市北面的几个韩国师，尽管一些韩国部队仍在以不协调的行动抗击入侵者，但北朝鲜第1师、第3师、第4师和第105坦克旅辖内部队构成的一道强大弧线正向汉城汇聚。这是自老毛奇时代以来便广为人知的战役级作战：从相隔甚远的作战基地而来的部队实施向心机动，直至决定性战场才汇合到一起。

事实证明，韩国军队正在崩溃。当被击败的部队撤入汉城时，其指挥控制（正如先前战斗表明的那样，这并非韩国军队的强项）土崩瓦解。韩国政府和韩军司令部决定放弃汉城，后者于6月27日离开汉城，没有通知美国驻韩军事顾问团。韩军高级指挥部门和美军顾问团早已拟定一份详细计划，一旦汉城遭受攻击便实施爆破、布设街垒和障碍物，但在当时混乱的情况下，这项计划未能实施。

7月27日傍晚前,朝鲜人民军抵达汉城郊外,显然准备发起突击。8月28日凌晨，汉城的恐慌情绪达到最高潮，这是因为韩军工兵引爆了布设在汉江公路桥下的炸药，这座大桥通往汉城南面，桥上挤满了逃难的平民和士兵，炸毁这座大桥导致仍在汉城的所有韩国军队的退路遭切断[28]。究竟是谁下令炸毁桥梁，这个问题至今仍存有争议，所有相关负责人否认是自己下的命令。不管怎样，后撤已变成一支军队的解体。三五成群的士兵们不得不设法游过汉江——他们的装备、车辆和重武器悉数落入北朝鲜人手中。当日上午晚些时候，朝鲜人民军占领汉城。虽然被击败的韩军师长们在接下来的几天设法在汉江南岸收容他们的残部，但战争头三天对韩军造成的影响却深具灾难性。这支军队 6 月 25 日有 9 万人，到 6 月底就只剩下了 2.2 万人。这是北朝鲜人在朝鲜半岛形成的战役级作战的狭窄范围内实现的一场闪电战，是这种作战样式的杰作[29]。

经过短暂休整和补充，朝鲜人民军位于汉城的各个师向南进攻，渡过汉江攻往大田。整条战线上，韩国军队惊慌逃窜。至此，北朝鲜与南朝鲜之间的这场内战已告结束。当月月底，全世界的目光投向朝鲜。联合国投票谴责朝鲜对韩国的入侵,杜鲁门总统授权在朝鲜半岛使用美军地面部队。麦克阿瑟将军命令沃尔顿·H.沃克将军指挥的第 8 集团军开赴朝鲜，而沃克则命令驻扎在日本九州岛的美军第 24 师（威廉·迪恩将军）投入行动。

接下来发生的事情是美国陆军史上最恶名昭著的时刻之一。第 24 师先遣部队 7 月 1 日空运到釜山，这是查尔斯·史密斯中校率领的第 21 团第 1 步兵营两个连，他们还获得了一个迫击炮和无后坐力炮排的加强[30]。在朝鲜半岛东南角的釜山着陆后，史密斯特遣队奉命沿穿过大邱通往大田的主公路跨越朝鲜半岛，“可能的话，越过大田”——他们的目标是尽可能将北朝鲜人阻挡在远离釜山处。穿过釜山时，友好的人群朝他们欢呼，7 月 2 日，史密斯特遣队乘火车到达大田。各条道路上挤满向南涌动的韩国难民，紧张不安的战斗工兵正准备炸毁美国人经过的每一座桥梁，一番艰难跋涉后，史密斯特遣队 7 月 5 日到达乌山以北 3 千米的拦截阵地——史密斯中校已亲自侦察过这里。这支特遣队的人数不超过 540 人，刚刚离开了他们在日本的舒适的兵营，即将面对朝鲜人民军一个满编师在坦克支援下展开的进攻。

没人能质疑史密斯的防御部署，他们似乎足以胜任这项任务。史密斯和他的部下守卫着道路两侧的高地，并在防线上部署了很强大的火力：步枪、机枪、4.2 英寸迫击炮、“巴祖卡”火箭筒和 75 毫米无后坐力炮。4 门 105 毫米榴弹炮在防线后方占据了有利的发射阵地——第 52 野战炮兵营一部奉命赶至乌山为特遣队提供支援。

不过，史密斯特遣队有一个致命的弱点——缺乏反坦克武器。史密斯没有真正的反坦克炮，只得把第五门 105 毫米榴弹炮靠前部署。对这场自 1945 年以来首次同敌坦克发生的遭遇战，史密斯只有 6 发破甲弹——这是美军军火库里唯一能射穿 T-34/85 坦克正面装甲的武器。实际上，第 52 野战炮兵营在日本佐世保装载时，全营只有 18 发破甲弹。

7 月 5 日清晨，在 33 辆坦克率领下，北朝鲜人对史密斯特遣队发起进攻。美军榴弹炮以令人印象深刻的火力实施炮击，但普通高爆弹直接在 T-34 坦克的斜面装甲上弹飞，而无后坐力炮和 2.36 英寸“巴祖卡”火箭筒也对敌坦克全无影响。靠前部署的那门榴弹炮的确击毁了 2 辆在前方的坦克，但其他坦克却径直穿过美军阵地，隆隆驶入乌山，从后方将史密斯特遣队切断。自这一刻起，这支特遣队便走上了毁灭之路。

在坦克达成突破后，中午前后，朝鲜人民军一部开始迂回史密斯特遣队的侧翼，那里是一连串突起的山丘和山脊。正面是北朝鲜步兵的猛烈进攻，左右两翼遭迂回，敌坦克位于后方，面对这种情况，史密斯只得下令后撤。但撤退很快沦为一场溃逃，这是因为北朝鲜人以极具毁灭性的交叉火力逮住了后撤中的美军。特遣队丧失了纪律，丢下了大部分装备，以及包括他们的伤员（只有一个勇敢的军人不肯丢弃负伤的战友）。史密斯特遣队基本上被打散，损失近半，个别成员在乡村游荡数日后，设法逃往南部城镇。

史密斯特遣队在乌山的覆灭，是缺乏准备、贸然投入战斗的典型例子。美国败于一个弱小的亚洲国家之手，对他们而言可谓是奇耻大辱。一名生还的炮兵说：“所有人都认为，一旦敌人发现谁在和他们进行战斗，他们就会转身退走。”[31] 就连麦克阿瑟将军后来也把史密斯特遣队称为“一种傲慢的力量展示”。但乌山的教训并不是什么新东西：坦克仍能轻而易举地突破没有反坦克武器的步兵阵地，无论是美国人 1950 年据守的乌山，抑或是德国人 1917 年守卫的康布雷防线。

同样重要的是，不要把史密斯特遣队这段插曲肆意夸大为一支强大的美军部队遭遇了惨败。随着第 8 集团军的逐渐集结，每天赶至朝鲜的部队越来越多。第 24 师余部的到来协助挽救了局势，匆匆运抵的还有更大口径的 3.5 英寸“巴祖卡”火箭筒，使部队获得了急需的用于对付 T-34 坦克的武器。第 24 师当然没能一战而胜，但在沿半岛后撤的 15 天内，他们的确实施了迟滞行动，为其他美军部队占据釜山前方的防御阵地争取到了时间。尽管如此，朝鲜人民军还是从一处到另一处不断发起冲击，几乎总是将正面进攻与出色执行的侧翼机动相结合，给美军造成了严重损失。这种情况既发生在 7 月 13 日—16 日守卫锦江的第 24 师第 19 步兵团身上，也发生在该师据守大田的第 34 步兵团身上。灾难性的大田保卫战期间，第 24 师师长迪恩将军遭遇了北朝鲜人设置的路障，不得不逃入乡村，随后从一处陡坡跌落，头部严重受伤——他在山上游荡了一个多月后，最终落入北朝鲜人手中。此时，第 24 师的士气已然崩溃——鉴于过去几周发生的事情，这一点可以理解。面对朝鲜人民军的坦克突击，第 24 师辖内部队一次次惊慌失措，他们丢下自己的武器装备，甚至抛弃己方伤员，不顾一切地向南逃窜[32]。

不过，其他师正在进入战区。美军第 25 师（由威廉·基恩将军率领）7 月 10 日—15 日间抵达釜山，第 8 集团军司令沃克将军立即命令该师赶往半岛中部，协助在那里的韩国部队。第 1 骑兵师 7 月 15 日—22 日间在釜山北面的浦项洞登陆，负责掩护釜山西北接近地（那里看来像是北朝鲜军队的主要突击方向），以及接替彻底丧失斗志的第 24 师，第 24 师撤至大邱休整恢复。但新开到的美军师，经历的情况与第 24 师异曲同工。两个师向前推进后同敌人发生接触，很快便被迫后撤，原因是朝鲜人民军再次以娴熟的正面冲击牵制美军部队，然后迂回美军东南翼，构成将他们与釜山隔开的威胁[33]。

另外，韩军指挥官已利用在汉城遭受损失的部队之残部、补充兵和新应征入伍者重新组建了他们的部队。第 1 军（首都师、第 8 师）和第 2 军（第 1 师、第 6 师）扼守中央防线，第 3 师直属韩军司令部，部署在东海岸。因此，到 7 月下旬，美韩联军已构成了一道防线，从左至右排列着第 24 师、第 1 骑兵师、第 25 师、韩国第 2 军、韩国第 1 军，以及韩国第 3 师。韩军部队向正南方后撤，而美军师则把他们的后撤路线从南面调整到东面。

由于将朝鲜人民军阻挡在更北面的希望似乎不大，所以当时已经有守卫“釜山防御圈”的说法。南北流向的洛东江在釜山西面构成了一道天然屏障，据守该防御圈的问题要比彼此丧失联系的师在半岛中部遂行机动作战简单得多。尽管如此，随着战线稳步向南移动，相关态势很不稳定。虽说彻底掌握了制空权，但美军仍未能控制住局势——他们的情报工作糟糕至极，美国军队似乎完全不知道他们会在何时遭遇敌人的哪支部队[34]。

实际上，朝鲜人民军的一个师（第 6 师）在作战态势图上彻底消失。自汉城陷落后，第 8 集团军情报部门便对该师的去向一无所知。7 月下旬，这个师突然再度出现，并与第 4 师一同实施对第 8 集团军左翼的迂回——他们沿半岛南部海岸而行，一路赶往晋州，意图从西面攻向釜山。沃克将军不得不迅速从预备队中抽调第 24 师的一个团，并命令该团火速赶往晋州——虽然他对这种权宜之策没有抱太大信心。朝鲜人民军第 6 师在晋州击退该团后，沃克又从预备队中派出另一个团（这次是第 25 师第 27 步兵团）。这种及时加强终于稳定住态势。这是朝鲜人民军攻向釜山、切断第 8 集团军并赢得一场战略胜利的最佳良机，但也是他们的最后一次机会——他们和美国军队一样，越来越接近于一场灾难。

釜山、仁川、平壤：美军的胜利

当时间来到 8 月 4 日，美国和韩国军队都已进入釜山防御圈内[35]——从地图上来看，这似乎是一道可靠的防御阵地，可实际情况却并非如此。这个矩形防御圈从北至南延伸 160 千米，由东向西伸展约 80 千米，守军并未强大到足以扼守这样一道防线——至少以西方人常见的思维来看是这样的——例如，三个美军师需要在西侧据守约 144 千米长的防线。虽然北面的情况看上去稍好些，五个韩国师守卫着一道 80 千米长的防线，但组成这些部队的都是新兵，以及一个多月前面对同一股敌人惊慌逃窜的士兵。与韩国军队这个对手相比，朝鲜人民军仍具有决定性的士气优势。

只是，以后世的目光来看。虽然并未立即显现出来，但这场战争的转折点已然到来，美国和韩国军队面临的危机已过去。朝鲜人民军以令人印象深刻的方式一路杀至半岛最南端，赢得了一场场胜利，可在釜山，他们已到达克劳塞维茨所说的“顶点”。随着损失不断增加，这支军队开始显露出疲态，实际上，朝鲜人民军已征召了大批心不甘情不愿的南朝鲜人加入部队。在朝鲜人民军部署在釜山周围的总兵力中，南朝鲜人最终达到了近三分之一。不过，在前线突击部队中有多少南朝鲜人？这一点值得斟酌。朝鲜人民军的补给线不断拉伸，不仅跨过了韩国境内几乎所有的山区，还每天都遭到美国空军和海军战机的猛烈打击。这是个严重的问题，因为朝鲜人民军几乎每支补给车队都不得不穿过汉城南面的狭窄走廊，这种情况简直就是为美国空中力量度身定制了一套完美的攻击路线。

与此同时，随着时间的流逝，越来越多的美军部队开抵战区，第 5 团级战斗队、第 2 师辖内部队、第 1 暂编海军陆战旅都已进入防御圈。据估计，美国和韩国军队此时的兵力已超过进攻方，他们以 9.2 万人（美国人约占一半）抗击 7 万名北朝鲜人。最重要的是，运动和机动战暂时告一段落，那里已没有更多真正意义上的机动空间。相反，朝鲜人民军现在要想突破釜山防御圈，就不得不从一个静止出发点发起一连串正面突击。这是一场典型的阵地战，朝鲜人民军将丧失他们掌握

釜山防御圈激烈战斗中的短暂间歇。1950年8月19日，海军陆战队一等兵哈罗德·R.贝茨和一等兵理查德·N.马丁眺望洛东江。海军陆战队中士弗兰克·C.克尔拍摄，“作战人员”藏品，NH 96991，海军历史中心提供。

的一个优势：在朝鲜的山地地形迂回美军的能力。

随着机动能力不再“溢价”，这场战争开始变得更像是火力战和后勤战。而事实上，美军从事这种战争可能比世界上任何一支军队都更拿手。抗击敌人的正面冲击时，美国和韩国军队不再需要担心自己的侧翼。随着美军航空兵集结在相对较小的半岛角落，而不是试图覆盖整个半岛，空中力量将发挥越来越重要的作用。而在此之前，由于缺乏合适的机场、阴雨天气与空军侧重于突袭北韩纵深目标等，削弱了美军战术空中力量对地面战斗的影响力。总之，美军地面部队一直在没有空中掩护的情况下战斗——这已导致陆军与空军之间的嫌隙。此外，使用喷气式战机还是螺旋桨飞机，这个问题引发了一番尤为激烈的争执。空军的 F-80 战机不得不从日本飞抵，在半岛南部战术目标上方逗留的时间太短。许多地面部队指挥官实际上更喜欢速度较慢的活塞式战斗机，例如 F-51 野马，因为它们能在目标上方“逗留得更长”——虽然这款战机的液冷式引擎很容易被地面火力击伤[36]。虽然海军陆战队带着他们专用的战机赶来，但却对缓解陆军毫无帮助，因为这些战机的打击目标是北朝鲜的工业和基础设施,陆军部队不得不在劣势下从事战斗。另外，美军还严重缺乏空地协同指挥组——几年前美军在该领域的表现相当出色，但朝鲜战争爆发的头几周，这里却发生了数起恶名昭著的误击友军事件。

不过现在，釜山防御圈内不再是这种状况。在这片相对较小的矩形阵地内，空军、海军航空兵和海军陆战队的战机悉数发挥了作用。8 月 16 日，98 架 B-29 甚至对集结起来准备渡过洛东江的北朝鲜军队实施了一场大规模地毯式轰炸，以 900 吨炸弹将其粉碎，这一刻令人想起了二战期间的“眼镜蛇”行动[37]。猛烈的海军炮火也起到很大作用，它们对任何一支企图在西南或东北方向楔入防御圈侧翼的朝鲜人民军部队施以打击。坦率地说，一支现代美军部队据守一个范围有限的防御圈，在获得足够的炮火支援、享有制空权，并控制着一个安全的港口之后，几乎可以无限期地坚守下去。

尽管如此,沿防御圈周边还是发生了激烈的战斗。北朝鲜人进攻西南面的马山，冲击防御圈西侧中央的“洛东江突出部”，攻往大邱这个矩形防御圈的角落，最重要的是，他们对据守防御圈北翼，部署在庆州前方的韩国军队也发起了打击。

一连六周，朝鲜人民军保持着对釜山防御圈的压力。8 月 7 日，他们在南面展开一场进攻，与美军“基恩特遣队”（第 25 师主力、第 5 团级战斗队和第 1 暂编海军陆战旅）冲出防御圈西南角实施的一场冲击迎头相撞[38]。在血腥的战斗结束时，交战双方都疲惫不堪。北面，朝鲜人民军一再击败韩国师，这种情况促使沃克将军把整个美军第24师投入交战地域——该师现在由约翰·丘奇将军指挥，所从事的战斗与几周前侧翼敞开、作为半岛上唯一一支美军部队孤身奋战的情况完全不同，他们在随后的防御作战中表现得非常出色[39]。

美军战车也出现在战场上。对韩国军队实施初期突击后，坦克便在战斗中发挥次要作用。复杂的地形，以及对欧洲的防御承诺，排除了美军在半岛投入完整装甲师的可能性。不过，乌山失利后，美军迅速集结其装甲力量。三个中型装甲营于8月7日抵达釜山，分别是第6营（拥有M–46坦克）、第70营（拥有M–26和M4A3坦克）和第73营（拥有M–26坦克）。第6中型装甲营8月份在大邱附近担任第8集团军预备队，第70营加入第1骑兵师，第73营的几个连部署在釜山防御圈各处阵地上。8月中旬，80辆坦克作为援兵赶至，随之而来的还有另一个中型装甲营（第72营），这是第2步兵师的建制部队。总之，夏末时已有六个中型装甲营部署在朝鲜半岛，每个营平均有69辆坦克。另外，四个团属坦克连和约30辆轻型坦克也已投入部署。截至8月下旬，釜山防御圈内的美军坦克达到500多辆，远远超过朝鲜人民军的坦克数量（美军坦克数量至少超过了朝鲜人民军五倍）。8月期间，双方在洛东江突出部后的五峰里（“无名岭”）和尚州—大邱走廊（“保龄球道”）展开一连串交战。在后一场战斗中，美军第73装甲营的M–26坦克、配备3.5英寸“巴祖卡”火箭筒的步兵和对地攻击机反复投入的架次击毁了一些朝鲜人民军的T–34/85坦克——这一事实证明，虽说苏制坦克是一种卓有成效的武器，但并非不可战胜[40]。总的说来，釜山防御圈之战的特点是，朝鲜人民军能在他们选中的几乎任何一处取得局部突破，但事实又证明，这种将战术胜利扩大为任何形式的战役突破远远超出了朝鲜人民军的能力。朝鲜人民军力图改变这一点，他们像斯大林格勒的德国第6集团军那样奋战到底，这使他们很容易遭受作战态势突然发生变化的影响。

麦克阿瑟将军很快对他新发现的优势加以利用。麦克阿瑟早已决定，在发动反攻时绝不采用沿半岛艰难推进的笨办法，相反，他将利用美军的两栖机动性（就像二战期间他在西南太平洋所做的那样），遂行一场打击，深深楔入北朝鲜人的侧翼和后方。策划“铬铁”行动时，麦克阿瑟和他的参谋人员核查了朝鲜半岛两侧海岸的几个潜在登陆点，包括东海岸的注文津和西海岸的群山——后者位于锦江江口，在那里登陆较有把握，因为北朝鲜人在那里的防御很薄弱，而且很难获得增援。只是，麦克阿瑟的性格却使他选择了更富戏剧性且更具风险的计划：在仁川实施两栖登陆——这是为汉城提供服务的港口[41]。对被占领的朝鲜半岛核心地域发起这样一场打击，将使一支美军部队横跨朝鲜人民军的补给线，并导致对方难以据守汉城以南的整个阵地。韩国首都突然获得解放，会对士气产生巨大影响。另外，这次行动如果成功，还将使朝鲜半岛最好的机场——金浦机场，重新回到美军手中。

从现有文件记录看，似乎没有一个负责任的美军策划者或政策制定人认为仁川登陆是个好主意。例如，时任参谋长联席会议主席的奥马尔·布拉德利将军认为，这种大规模两栖登陆的时代已是“过去式”[42]，目前还有几个不那么博人眼球，但却更加保险的替代方案。而且，倘若有额外部队可用，为何不把他们直接投入釜山防御圈呢？或者，干吗不以这些部队在防御圈附近对敌侧翼实施一场短距离迂回呢？此外，陆军参谋长约瑟夫·柯林斯则更倾向于在群山登陆。麦克阿瑟、柯林斯与海军作战部长福雷斯特·P. 谢尔曼海军上将于 7 月 23 日在东京召开会议，麦克阿瑟指出，群山登陆形成的合围太浅，无法切断朝鲜人民军通往汉城的交通线。没错，在仁川进行登陆的确有风险，但这种冒险能确保突然性，麦克阿瑟说：“敌指挥官会认为，没有谁会如此轻率地做出这种尝试。”[43] 最后，麦克阿瑟按自己的想法行事。

在仁川实施登陆确实有许多困难。海军少将詹姆斯·H. 多伊尔就这样一场行动的可行性发表意见时，将之描述为“并非不可能”——这种说法较为贴切[44]。在仁川实施登陆的主要问题是潮汐——仁川高潮与低潮间的潮差达到令人难以置信的 10.6 米。而且潮水退去后，暴露在外的是约 5486 米的泥滩。因此，登陆行动必须在涨潮时实施，这段时间每天只有六个小时。航道中的岛屿使潮水以较高的速度涌入（特别是在穿过“飞鱼航道”时），这使引航工作变得很危险。下船后，登陆部队必须使用云梯翻越一道约 3.7 米高的石制海堤。此前从未有哪场两栖行动针对的是仁川这样的建筑密集区。夺取仁川后，登陆部队还将推进 32.1 千米，赶往他们真正的目标：汉城。这些因素也决定了登陆的时间——5 月到 8 月常见的是低潮，从 10 月份，汹涌的波涛将是个严重问题。因此，登陆行动将在 9 月中旬实施。

一旦计划获得批准，麦克阿瑟就必须为这场登陆集结力量。他的参谋长爱德华·M. 阿尔蒙德将军负责率领新组建的第 10 军，不过，设法弄到部队填补该军是个问题。麦克阿瑟提出要求后获得了第 1 海军陆战师余部，该师调自美国本土的部分力量将加入第1暂编海军陆战旅，这个旅现在已成为釜山防御圈保卫战中经验丰富的部队。此外，阿尔蒙德还获得调自日本的第7师——该师实力严重不足，因为他们已将兵力调拨给运往朝鲜半岛的其他部队。麦克阿瑟不得不以调自美国的补充兵和8600名南朝鲜志愿者填补该师——这些志愿者是“韩国人扩充美国陆军项目”（KATUSA）的组成部分[45]。至于担任第10军预备队的，则是一个韩国海军陆战团。另外还有些形形色色的工作人员，为这场雄心勃勃的行动做好了相应的预算。

9月15日晨，“铬铁”行动付诸实施。第5海军陆战团第3营突击部队，在坦克支援下进攻掩护仁川港的月尾岛。退潮迫使美军稍事停顿后，第1与第5海军陆战团分别冲击红滩和蓝滩，径直攻入仁川。一些部队用云梯翻越海堤，其他部队则穿过舰炮轰击在海堤上炸开的缺口。虽然附近有少量北朝鲜部队，但美国空中力量已将仁川与内陆彻底隔开。接下来几天，第7师将踏上滩头，而海军陆战队已向内陆挺进[46]。

向汉城的推进并非一帆风顺。9月20日，第5海军陆战团冒着敌人持续不断的火力，在幸州艰难渡过汉江，随后不得不为夺取125高地同下定决心的北朝鲜守军展开激战。过河后，第5海军陆战团还必须将北朝鲜一个旅的精锐部队驱离296高地上的主要防线（日本人占领朝鲜期间曾把这些山脊作为战术训练场）。与此同时，在第5海军陆战团的右侧，普勒上校率领的第1海军陆战团在永登浦的工业郊区遭遇朝鲜人民军的顽强抵抗。朝鲜人民军投入的5辆T–34坦克，被海军陆战队员们用随身携带的3.5英寸火箭筒迅速解决。两个支援炮兵营的火力，以及从“巴东海峡”号护航航母飞来的陆战队“海盗”战机实施的空中打击削弱了朝鲜人民军的抵抗。尽管如此，第1海军陆战团的士兵们还是不得不翻越葛川河的堤坝和高耸的河岸，并为此蒙受严重损失[47]。

汉城之战开始于9月22日。虽然麦克阿瑟向海军陆战队保证，与他们交手的是敌后方部队，但实际情况显然不是这样的。由于麦克阿瑟因对进攻汉城的行动进展缓慢而变得越来越不耐烦，所以第10军军长阿尔蒙德将军希望两个海军陆战团分头行动，以一场向心突击攻入汉城：第5团从西面实施，第1团从南面展开，远远越过永登浦。不过，第1海军陆战师师长奥利弗·史密斯将军反对这个方案，阿尔蒙德的计划意味着海军陆战队将在主力被汉江隔开的情况下投入战斗，然后再让他们实施一场对向进攻。阿尔蒙德最终决定投入一个陆军团（即刚刚登陆的

1950年9月15日，美国海军陆战队攀越海堤的标志性照片。为首的是巴尔多梅罗·洛佩斯中尉，他在红滩北端率领第5海军陆战团第1营A连第3排。片刻后，洛佩斯在战斗中阵亡，他被追授荣誉勋章。美国海军陆战队照片，NH 96876，海军历史中心提供。

第 7 师第 32 团）从东南面进攻汉城，而海军陆战队则从西面遂行冲击。这将导致史密斯与阿尔蒙德、海军陆战队与陆军之间的嫌隙持续一段时间。

只是，突入城区和肃清城市并不是一回事。汉城是一座拥有 100 多万人口的大型城市，北朝鲜守军在各主要路口筑起了沙袋路障，海军陆战队必须逐一将其铲除。隐蔽在建筑物内和屋顶上的北朝鲜狙击手对美军的行动造成了很大破坏。虽然M–26潘兴坦克和“海盗”式战机为美军提供了宝贵的支援，但随着战斗的发展，战机实施的轰炸越来越少，更多地以机枪、机炮和火箭弹遂行对地打击。不过，海军陆战队员们发现，3.5英寸火箭筒不仅是一款颇具威力的反坦克武器，还可有效破坏建筑物和墙壁。在这次战争中，美军人人都能感觉到上级为迅速完成任务而施加的压力很大。第1海军陆战团的一位连长说：“谁知道呢？师里的某个人催普勒，第10军的某个人催师里，而催促第10军的可能也是此人，或是在东京为他撑腰的某个家伙。”[48] 第10军军长阿尔蒙德将军和“东京为他撑腰的某个家伙”过早地宣布这座城市已然解放，这使那些仍在竭力夺取该城的人感到不快。两个海军陆战团从西面攻入城内，另一个团（第7团）赶往城市北面切断议政府—汉城公路，而第32团则从东南面攻来——美军终于在9月29日收复汉城。只是，大半个城市已沦为大片阴燃的废墟。《这类战争：美国措手不及》一书于1963年出版时，对美国军队里的知识分子产生了巨大影响。T.R. 费伦巴赫认为这种破坏合情合理：

> 美国人在城镇从事巷战的方式与其他军队不同。在美国人看来，血肉之躯和生命总是比木材和石块更宝贵，无论这些木材和石块堆积成何种类型。一位美军指挥官面对从敌人手中夺取卢浮宫的任务时，若能挽救一名部下的生命，毫无疑问，他会炸掉或烧毁整座宫殿而不会有丝毫犹豫。而且，他这种做法完全符合美国的理想和道德。[49]

费伦巴赫一语成谶，他所描述的这种情况以后将在越南重演。

汉城陷落的关键因素，除了进攻部队的实力和火力外，还有很重要的一点是北朝鲜人无法增援该城——麦克阿瑟的确达成了战略突然性。但是，在仁川登陆十天后，争夺该城的战斗仍在激烈进行中。据说约瑟夫·斯大林建议朝鲜人民军立即从釜山抽调4个师增援汉城——在很多时候，分析人士都想知道这种情况为何没有发生。实际上，这没有什么值得探究的。因为朝鲜人民军已被牵制在釜山防御圈外围，出于以下几个原因，将四个主力师脱离战斗并把他们派往北面是不可能做到的。第一，他们已沿战线同美国和韩国军队交战。第二，他们的损失正接近灾难性的水平，士气低落。第三，挥师北上意味着必须穿越美军空中火力的夹射——而此时的美国空中力量也许可以确切地描述为“不可逾越”。

仁川登陆起初并未对釜山周围的战斗产生太大影响。沃克将军的第 8 集团军正准备从防御圈发起一场突破行动，从 7 月份那些黑暗的日子起，他的部队获得了 4 个美军师及其支援部队的大力加强。远东司令部已决定在该集团军设立军级编制，这是为后续作战行动采取的重要措施。第 1 军于 8 月中旬正式成立，辖第 24 步兵师、第 1 骑兵师、第 5 团级战斗队、英国第 27 步兵旅与韩国第 1 师。成立第 2 个军（即第 9 军）的命令也已拟制完毕，但由于缺乏通信人员和技术装备，该军的组建工作不得不推迟到 9 月下旬。因此，沃克在即将到来的战斗中直接指挥第 2 师和第 25 师——在如此重要的一场进攻行动前夕做出这种指挥安排着实让人觉得奇怪。

这场突破开始于 9 月 16 日——此时，海军陆战队仍在夺取仁川。突破重点位于矩形防御圈的角落处，攻往倭馆和尚州。虽然朝鲜人民军在那里的抵抗或许是最为激烈的，但从那里获得的回报也可能也是最大的——这个位置最靠近新登陆的第 10 军。虽然距离并不近（直线距离为 289 千米，可当士兵们在朝鲜崎岖蜿蜒的山路上行进时，实际距离会远得多），但却为第 8 集团军提供了与第 10 军会合的最快捷路线。

事实证明，这场会合远比沃克或麦克阿瑟预想的快得多。9 月 16 日，第 1 军以第 5 团级战斗队为先锋，在倭馆附近同敌人展开战斗。接下来的五天，第 5 团级战斗群粉碎了朝鲜人民军第 3 师右翼。此外，第 1 骑兵师在右侧的进攻也达成突破。第 3 师是朝鲜人民军在压力下土崩瓦解的第一支部队，北朝鲜士兵们四散溃逃或大批投降。西面的美军第 2 师攻往洛东江，面对敌方的虚弱抵抗，该师第 38 步兵团于 9 月 18 日渡过了河——美军部队在这里也俘获大批俘虏。右翼，韩国军队两个重新组建的军都取得了突破。韩国第 2 军配合左侧美军部队的突破，向北进入朝鲜半岛中部；韩国第 1 军在东海岸据守最右翼，他们在海军炮火支援下，径直向北攻往浦项洞。韩国军队在战争初期经历了一段黑暗时期，于现在获得引人瞩目的复苏。

我们很容易就能找出朝鲜人民军发生崩溃的原因。首先，随着美国空军重新学习 1944 年粉碎德国军队的技战术，美韩地面部队的进攻都获得了真正令人印象深刻的战术空中支援。对朝鲜人民军这一方一切移动物体来说，使用机枪、机炮、火箭弹，以及大量凝固汽油弹的螺旋桨式 F–51 战机和喷气式 F–80 战机非常可怕。其次，朝鲜人民军指挥部命令辖内部队沿包围圈不断实施无谓的进攻（这些进攻实际上一直持续到美韩军队发动反攻)，导致其自身力量严重受损——一些部队仅剩一具空壳，并彻底丧失斗志。此外，北朝鲜人无法得到补给和兵员补充也是重要原因，据守在釜山前方的部队只能获得所需要的补给物资中很少的一部分[50]。虽然关于朝鲜人民军里的老兵射杀新兵的说法很多，但大多不太可信——据说这些新兵多为南朝鲜人，他们在进攻中缺乏斗志。最后，美国人在仁川登陆的传闻似乎也已在朝鲜人民军的部队里传播开来——尽管他们的指挥官竭力封锁这个消息。总之，交战一方在一场典型消耗战中直接崩溃的时刻已然到来。朝鲜人民军在釜山遭遇的情况就是这样，无论有没有仁川登陆。

尽管如此，随着朝鲜人民军在南方逐渐瓦解，第 8 集团军在其身后紧追不舍，第 10 军如入无人之境般地伫立在汉城，麦克阿瑟成为纵览一切的掌控者。他现在将一支庞大、装备精良的力量远远地部署在敌战略纵深。"铬铁"行动标志着一场最重要的战役突破，并提醒我们：实施一场闪电战并不需要大批坦克，只需要投入其中的士兵和指挥官对成功执行一项艰巨而又复杂的任务充满信心——能做到这一点的部队并不多。这场行动的后续可能性几乎无穷无尽，它既可以向南发起打击，以一场歼灭战消灭进攻釜山防御圈的北朝鲜军队，也可以向东推进，建立消极拦截阵地，并切断朝鲜人民军的补给线，甚至还可以向北突击，跨过三八线进入北朝鲜。最后一个选择只能发生在釜山周围的朝鲜人民军不再构成威胁的假设上，而恰好 9 月底的情况正好如此。

不过,麦克阿瑟并没有选择以上几个选项。从釜山而来的第 1 骑兵师辖内部队，经过一番狂奔后，于 9 月 26 日同冲出仁川的第 7 师会合。第 8 集团军余部很快会靠近汉城，并接掌这一重要地段的作战行动。麦克阿瑟现在计划将第 10 军带回仁川，重新登船并发起另一场两栖登陆。"尾板"行动将是一记右勾拳，与仁川登陆打击相辅相成，行动目标是朝鲜半岛东北海岸的重要工业城市元山。再一次，美国军方几乎所有人都认为这是个荒谬的想法。超过 10 万人的部队正全速向北进击，急需运输部门将补给运至汉城，现在重新登船会造成极大的混乱。这一次，批评者的意见是对的。第 1 海军陆战师经海路，第 7 师先乘火车赶至釜山，再从海路出发——这两支部队完全是与前进中的士兵和装备大潮逆向而行[51]。

到头来，整件事变得毫无必要。从釜山冲出的联合国军推进速度极快，韩国军队率先进抵元山。当运送第 10 军的舰队最终到达港外时，却发现港口密集的水雷阻挡住他们的通道。舰队官兵不得不投入五花八门的扫雷艇（和平时期的海军优先事项清单上，扫雷艇总是排在后面）肃清航道，而停在港外的运输船只上载满物资和一大批越来越肮脏、病恹恹且士气低落的海军陆战队员。从 10 月 19 日起，整个舰队每隔 12 小时便下令由南至北掉转航向，以此作为身处潜在敌对水域的预防措施——士兵们称之为“上下起落”行动[52]。海军陆战队员们直到 10 月 26 日才在元山登陆，迎候他们的是面带讥讽之色的韩国士兵——他们已在这里待了 16 天。几天后，第 7 师开始在海岸上方的利原登陆。第 10 军在仁川重新登船，向东北方展开一场毫无意义的进军——这是麦克阿瑟一连串站不住脚的决策中的第一个，这些决定最终破坏了这场战役。

南朝鲜的解放并未结束这场战争。在华盛顿的支持下，麦克阿瑟决定跨过三八线入侵北朝鲜，并彻底消灭朝鲜人民军，重新统一朝鲜半岛（可能会由李承晚领导）。随之而来的战役以一场胜利进军为开始，组织松散的联合国军全速前进，并在向北推进期间搜捕士气低落的北朝鲜战俘。虽然朝鲜人民军有一些小股残部偶尔会实施抵抗，但却被联合国军快速粉碎。大批战利品落入第 8 集团军手中：这里缴获 50 辆满载弹药的棚车，那里找到 20 辆 T-34 坦克——不幸的是，他们还发现了许多被北朝鲜人杀害的美军战俘的尸体。不过，似乎没有什么能阻挡联军的前进势头。10 月 19 日，第 8 集团军攻克平壤，10 月 20 日，第 187 团级战斗队（伞兵）在肃川和顺川实施空降，封锁从朝鲜首都通往北面的道路。此时，美军的计划是逼近鸭绿江，粉碎朝鲜人民军在先前战斗中幸存的残部。

不过，任何一个在态势图上研究这些行动的人都能清楚地看出一个问题。第 10 军在元山登陆时，麦克阿瑟出于某些永远无法被彻底理解的原因，没有把这个军纳入第 8 集团军编成。沃克将军指挥的第 8 集团军编有第 1 军（第 24 师、第 1 骑兵师）和第 9 军（第 2 师、第 25 师）。第 10 军仍直属远东司令部，也就是由麦克阿瑟亲自指挥。也许麦克阿瑟是想保留一些战地指挥的痕迹，但这种荒谬安排的结果是，第 10 军不得不向东京汇报情况。沃克似乎很早就意识到这一点（专业人员几乎都能看出这一点），他不得不与麦克阿瑟保持联系，以便随时掌握第 10 军的计划和安排。为了向鸭绿江发起追击，第 10 军随后将在一片近乎真空的独立战区展开行动——他们与第 8 集团军的主力之间隔着 160 千米远的山脉。

中国介入：轻步兵的胜利

从 10 月下旬起，联合国军开始遭遇更顽强的抵抗。第 8 集团军渡过清川江（这是中国边境前方最后一道天然屏障）后，便遭遇了一连串相当激烈的战斗。不过，与美军交战的这些部队似乎完全不存在釜山战役后一直困扰着朝鲜人民军的士气低落的问题。美国人很快发现与自己交战的是中国军队，也就是中国人民志愿军（以下简称“志愿军”）。11 月 1 日，第 1 骑兵师第 8 骑兵团在云山附近沦为一场出色协同的进攻的受害者。志愿军夜间渗透了该团阵地，建立起了拦截阵地，并在清晨展开了一场正面冲击，将这个团切为碎片[53]。

我这里并不想就美国情报部门的严重失误重新展开激烈探讨，但我们可以发表一些意见。10 月份时，麦克阿瑟很清楚志愿军已出现在北朝鲜。志愿军以某种方式悄然跨过鸭绿江上的桥梁而没有被美军侦察机发现，战争这一阶段，美军侦察机实施的侦察漫不经心。同样明确的是，参谋长联席会议批准麦克阿瑟跨过三八线进入北朝鲜的指令中规定，不得以美军部队沿鸭绿江展开行动，而麦克阿瑟无意遵从这些命令。公平地说，他麾下的几位指挥官对所发生的事情心知肚明。云山失利后，沃克立即将第 8 集团军辖内部队撤至清川江以南，仅在北岸保留一座登陆场。东面，第 1 海军陆战师师长奥利弗·史密斯将军对前方之敌的频繁活动焦虑不已，遂集结全师，在冰冻的长津湖附近从事战斗。采取这一举措时，他一再冒着激怒第 10 军军长阿尔蒙德将军的风险——后者不断敦促辖内部队继续前进。到 11 月中旬，阿尔蒙德麾下部队已太过分散，根本无法作为一支具有凝聚力的兵团展开行动。

麦克阿瑟在这场战役中最严重的错误就是于 11 月 24 日（译注：10月 24 日）下令继续前进。第 8 集团军向北推进，第 10 军则转身向正西面攻击前进，两支铁钳将困住位于他们之间的朝鲜人民军残部——这场“圣诞节前回家”的攻势将导致美国军事史上最严重的一场灾难。这个计划完全忽略了涌入麦克阿瑟、沃克与阿尔蒙德指挥部，关于一场危机正在酝酿中的大量情报报告——这是最高统帅只相信他愿意相信的东西，忽视与之相反的情报的一个典型例子。麦克阿瑟的继任者，直言不讳的伞兵将领马修·李奇微后来批评第 10 军的处置方法：

> 我惊讶地发现，那些训练有素、作战经验丰富的专业人员居然会批准并试图实施第 10 军 1950 年 11 月在朝鲜东北部的战术行动计划——它似乎纯粹是一群业余人士提出的图上演习，理论上看似可行，但完全无视庞大山区地形、在很大程度上缺乏地面通信这些现实，并在面临迅速逼近的亚寒带冬季时下令执行。[54]

马修·李奇微的这番话倒不如说是对麦克阿瑟此时鸭绿江战役的整个执行情况所做的批评。

面对联合国军的推进，志愿军在悄然进入阵地方面所取得的成就特别值得一提。志愿军在夜间完成了几乎所有的调动，而在白天，他们被证明是伪装大师，在联合国军战机的眼皮下隐蔽了阵地、人员、驮畜和装备。志愿军的行军纪律近乎完美。一支志愿军16—19天内跋涉了近482千米，从东北的安东开至指定集结地域。其中一个师沿一条更为曲折的路线翻越山脉，只在晚7点至凌晨3点间行军，平均速度为每天28千米，一连跋涉了18天。朝鲜战争的一位现代权威把志愿军在这场战役中取得的成绩同古代的最佳行军成就相提并论：例如色诺芬率部离开波斯的那场远征[55]。志愿军没有更现代化的辎重，在轻装上阵、快速行进与翻山越岭方面比他们面对的联合国军更高效。

截至11月底，已有20多万志愿军跨过了鸭绿江。清川江对面，沃克面对的是志愿军的六个集团军，就算考虑到这些集团军的规模大致相当于西方国家军级部队这一事实，志愿军司令员彭德怀掌握的力量还是远超第8集团军（译注：按照志愿军的编制，下文将这些“集团军”和“集团军群”改为“军”和“兵团”）。沿一条由西向东延伸的弧线，彭德怀掌握着第50军、第66军、第39军、第40军、第38军和第42军，这些军构成了第13兵团——他们准备对第8集团军刚刚渡过清川江的兵团发起一场向心打击。由西向东部署的联合国军包括：第1军（第24步兵师、韩国第1步兵师和第27英联邦旅），第9军（第25步兵师、第2步兵师和新近开到的土耳其旅），以及担任集团军右翼掩护的韩国第2军（韩国第7师与第8师）。此外，沃克还以第1骑兵师、英国第29旅和第187团级战斗队（伞兵）担任预备队。

志愿军第38和第42军首先在山区对韩国第2军展开冲击，几乎毫不费力地粉碎了后者。志愿军找到了两个韩国师之间的分界线，于11月25日—26日夜间以一股强有力的力量（第112师主力）对韩国人发起猛攻。没过几分钟，韩国第2军防区中央便出现了一个约0.8千米宽的缺口，志愿军第38师主力（译注：原文如此）涌入其中，向德川突破16千米。韩国第2军军长临近午夜才收到消息，此时，离这场灾难的发生已过去了5个小时（韩国军官很少向上级汇报坏消息）。韩国第2军军长匆匆投入了一个预备队团，试图封闭缺口，但全然无效——志愿军的先遣部队已设立起拦截阵地。次日晚，志愿军对两个韩国师展开了一场全面进攻，并将他们一举歼灭。这导致了第 8 集团军的整个右翼都暴露在外，只要这些志愿军转身向西，就会使第 8 集团军处于致命的危险下。此时，立即遭受到威胁的是美军第 2 师，沃克对此的应对是从预备队中抽调第 1 骑兵师和土耳其旅来加强第 2 师右翼——他们立即遭到志愿军的火力打击（对方似乎无处不在），土耳其人的损失尤为严重。

与此同时，大批志愿军跨过第 8 集团军的整条战线。志愿军第 39 军和第 40 军猛攻美军第 2 师与第 25 师，惊慌失措的第 25 师第 24 团土崩瓦解。此时，美军其他部队的表现也好不到哪里去。西面，志愿军第 55 师（译注：原文如此）和第 60 军进攻韩国第 1 师，迫使该师仓皇后撤。因此，“清川江战役”（11 月 25 日—28 日）以第 8 集团军遭重创并全面后撤而告终。志愿军第 38 军和第 42 军正赶往第 8 集团军的后撤路线，美军第 2 师必须为集团军辖内其他部队守住侧翼，然后再设法沿军隅里至顺川这片“笞刑场”实施后撤[56]。只有大规模投入盟军战术空中力量，才能为这个支离破碎的美军师残部打开一条生还通道。

美国军事史上最漫长的一场后撤就此拉开帷幕。正如众所周知的那样，这场全面后撤直到他们穿过平壤，再次退过三八线后才停止。从不倾向于夸大美军损失的官方史描述了第 8 集团军的困境：

> 在清川江失利后，沃克将军意识到，必须抢在志愿军迂回他依然敞开的右翼前，将第 8 集团军从当前位置后撤。他下令立即退兵，以便在平壤周围设立一块飞地。但是，尽管部队占据了新阵地，他还是觉得自己没有足够的力量据守一道绵亘防线。三个韩国师（第 6 师、第 7 师和第 8 步兵师）土崩瓦解，美军第 2 步兵师陷入混乱，其他所有部队都在人员、物资和士气方面遭到了重创。[57]

一名军官称他的部下患有“转进热”，这是他能找到的最佳表述方式。联合国军匆匆炸毁弹药库，破坏急需的技术装备。从过早实施的爆破到神经过敏引发的友军火力误击，各种事故给联合国军造成了大量人员伤亡。而且，自伤作为一种离开作战部队的方法也出现了。部队里的传闻是，集团军正退往釜山周围的新防线，还有人声称第 8 集团军将彻底离开朝鲜半岛——这些小道消息通常能获得士兵们的热烈响应。最严重的“热度”过去后，第 8 集团军已在清川江北面出发点的 482 千米外。

志愿军的情况如何？尽管作为轻步兵，他们据有一些优势，但却由于缺乏“后勤尾巴”，只能实施一些短期作战行动。志愿军可以秘密集结并携带 4—5 天的补给物资，可一旦发起进攻，他们就将暴露在空阔处，并遭到美军空中力量的猛烈打击。随着补给线的延长，志愿军越来越容易遭受空中力量的袭击。虽然第 8 集团军许多人担心不已，但志愿军实际上很难把他们赶下大海。

第 10 军的情况可能更具灾难性——他们与第 8 集团军主力相隔绝，辖内三个师在这个隆冬季节广泛散布于朝鲜半岛东北部山区，很容易遭到一场精心实施的打击。对彭德怀来说，这是歼灭一个美国军的机会，但从他的角度来看，志愿军的初步突击不幸撞上了第 1 海军陆战师——该师已在长津湖周围掘壕据守[58]。第 1 海军陆战师实施了一场不错的防御，险恶的环境使这场防御作战更富戏剧性。陆战队员们面对的是志愿军第 9 兵团主力，六个志愿军师（第 60 师、第 58 师、第 59 师、第 89 师、第 79 师和第 80 师）向心排列在他们周围。11 月 27 日深夜，志愿军沿冰冻的水库两侧展开进攻。东面，志愿军第 80 师打垮了包括美军第 32 步兵团第 1 营一部在内的“费斯特遣队”——这支特遣队刚刚到达作战地域接替第 5 海军陆战团，这使史密斯将军得以把他的师集结在水库东南侧。海军陆战队也遭到猛烈冲击，志愿军第 79 师和第 89 师对他们设在柳潭里的阵地遂行冲击，并以另外三个师迂回其后方。这些陆战队员设法实施一场战斗后撤，退往师部所在地下碣隅里。接下来几天，该陆战队从那里冲破了志愿军控制的约 80 千米道路和山丘，赶往最近的港口兴南。为肃清道路两侧的山脊，陆战队巡逻队进行了不间断的战斗，以便主要队列（师部、费斯特遣队残部和越来越多的难民）顺利通行。该师师长说，海军陆战队并未撤退，而是“朝另一个方向进攻”。撤退行动的高潮，是空投八个巨大的车辙桥构件（每个重约 1133 千克），以填补黄草岭附近被炸毁的一段道路（12 月 7 日）。三天后，海军陆战队同第 7 步兵师获得火炮加强的“猛犬特遣队”取得联系。最危险的时刻已过去[59]。

麦克阿瑟已命令第 10 军撤离兴南，在朝鲜半岛西部重新加入第 8 集团军。海军陆战队率先出发，该军 12 月 9 日—24 日撤离兴南。在这场美国版敦刻尔克行动中，超过 10.5 万人和 1.8 万辆汽车顺利撤至海上。志愿军在经过艰苦的作战后，也不愿同海军陆战队交手，他们看着美军撤离，并未加以阻拦。作为一份奖励（对第 10 军在朝鲜半岛东北部令人遗憾的整个作战行动史来说，这份奖励已足够），美军运输船还带离 9.1 万名决定逃往南方的朝鲜平民。

朝鲜战争的教训

正如丘吉尔曾指出的那样，战争不是靠成功的撤退赢得的。12 月底，志愿军对第 8 集团军发起了最后一击。这场“第三次战役”于 12 月 26 日拉开帷幕，再度迫使已彻底丧失士气的第 8 集团军迅速后撤。汉城又一次失守，在这场短暂的战争中，这已是该城第三次易手，联合国军撤至西海岸平泽与东海岸三陟之间的 D 线，位于他们过圣诞节处以南约 104 千米。由于后勤线过度拉伸，补给和体力已耗尽，志愿军并没有进行追击。

正是在这里，联合国军结束了他们的后撤。沃克将军在一场车祸中丧生后，第 8 集团军迎来他们的新司令。李奇微是一位空降兵指挥官，是在正确时间出现的正确人选，他迅速恢复了第 8 集团军的士气和斗志。李奇微很清楚志愿军“白天行进，夜间行进，远比我们更了解地形”，他知道对方能以更先进的西方军队

这种战争：1951年3月23日，向三八线推进期间遭到志愿军火力压制后，美国第3步兵师第15团级战斗队的士兵们就地隐蔽。美国陆军通信兵藏品，第8箱第6号，美国陆军军事历史研究所提供。

早已不习惯的方式翻山越岭，但这种状况必须改变。李奇微觉得“我们过于依赖公路是因为我们自己不愿放弃舒适的条件”，是时候离开公路，进入野外，投身战斗了。

李奇微开出的“处方”非常简单：“找到他们！咬住他们！打击他们！消灭他们！”[60] 在一连串的进攻中，通过大量战机和火炮支援下典型的对阵战，李奇微率领部队让志愿军回到了北面。美国 20 世纪从事战争的方式在这里重现：目标不是攻城略地，而是彻底歼灭敌有生力量。当年春季，联合国军又一次回到了“三八线”附近。

朝鲜战争留下了一份含糊的遗产。一方面，许多美国军方人员只想忘掉所发生的事情，并确保它再也不会发生。“别再有更多的朝鲜战争！”成为某种口号，再也不应该要求美国士兵在他们曾在朝鲜经历过的那种限制下从事战斗了。美军飞行员几乎每天都与对手交手，可他们却不能攻击对方的基地。最后两年的冲突似乎是“哨所战”，以这道山脊或那条山谷为拉锯战的目标——仅仅是为了在有限的作战地段赢得局面优势，或确保部队的战斗力，对战争的结果并无显著影响。最后，许多军官对自己不得不要求部下们“为一场平局奋战到死”抱怨不已，这是一场僵局，而非美国军队在过去所有战争中赢得的那种决定性胜利。紧随“别再有更多的朝鲜战争！”而来的是“别再有更多的史密斯特遣队”这句口号。美国再也不应该像 1950 年 7 月初那样毫无准备地投入战争了，这里说的是和平时期的幻想，以及军事预算的削减。

今天，美国军方声称将朝鲜战争视作一场胜利，但哪怕是从美国的角度看都并非如此——至少对联合国来说是这样。关于这场战争，从大批甚至有些重叠的官方史到 2000 年为纪念朝鲜战争五十周年而出版的数十本纪念性小册子，可用的官方材料可谓汗牛充栋。这些书籍对前线事件的描绘基本准确，总的来说并未吝谈 1950 年的灾难。它们也倾向于将责任归咎于麦克阿瑟，而不是把相关问题解释为美国军队的系统性或制度性缺陷，但大多数书籍都传递出了一种“任务完成”的论调。军方人士近期出版的一部著作称朝鲜战争对军队来说是“一场真正的胜利”，因为它使“军队的规模和预算得到暂时性增加”[61]。这种论调与许多强调美军小股部队在整个战争所有阶段英勇奋战的通俗著作相呼应。对那些曾在朝鲜奋战过的战士们来说，这是一份应得的敬意。

坦率地说，很难把“别再有更多的朝鲜战争！”与“美国赢得这场战争”的

朝鲜的阵地战：配属韩国第1师的第68师属炮兵营以90毫米高射炮开火射击。朝鲜战争藏品，RG6S-KWP .474，美国陆军军事历史研究所提供。

观点相协调。毕竟，人们为何要坚决抵制重演一场业已证明是胜利的战争呢？实际上，这场战争唯一能被视为胜利的事实是，战争结束后韩国依然存在，而且麦克阿瑟入侵北朝鲜以灾难告终这一点被轻而易举地忘掉了。这场灾难的根源并非“人海战术”“亚洲人不看重人命”或几十年后仍有人提及的另一些措辞。中国的轻步兵迅速而又沉默地向前推进，能够一次次击败一支技术上更先进、装备更精良的军队——从作战角度上说，他们比其对手打得更好。或许志愿军并不具备实施连续作战的能力，但他们投入战场后的第一场打击便迫使美军后撤约 482 千米，这一点令人震惊——这是一段相当漫长的距离，美军因而与志愿军彻底脱离接触。

新指挥官李奇微重新恢复部队的士气，联合国军再度形成一道绵亘防线，并获得火炮、坦克和空中力量支援后，志愿军很难再达成突破。可以肯定，当时的志愿军和他们的轻武器对付韩国军队绰绰有余，却无法同联合国军硬碰硬。

有趣的是，中国方面似乎对这场战争表现出同样的矛盾心态。整个谈判期间和战争结束后的几年里，毛泽东向全世界宣布中国赢得的胜利。遭受帝国主义者数世纪欺压的耻辱后，中国人民终于站了起来。他说："帝国主义侵略者应该记住这一点，中国人民现在团结在一起，谁也别想肆意宰割他们。一旦被激怒，他们会展开不屈不挠的斗争。"彭德怀对此表示赞同："经过三年激烈的战斗，中国人民志愿军将资本主义世界最强大的工业大国第一流的武装力量阻挡在他们'对北朝鲜'发动入侵处。"一个新的时代已到来，他警告道："西方列强像过去一百年来所做的那样，仅凭几门火炮便能肆意征服一个东方国家的时代一去不复返了。"[62]

不过，似乎并非所有人都认同这一点。在一些人看来，志愿军遭受了严重伤亡，特别是在最后两年的阵地战期间的损失较大。

这场战争的主要教训是步兵的持续重要性[63]。就在世界各国的现代军队越来越强调他们的机械化重型编制，世界各地的许多理论家宣布核武器使步兵军队已然过时之际，身穿卡其色或草绿色军装的中国步兵挺身而出，为自己的持续相关性做出一个令人信服的范例。战争初期的朝鲜人民军，釜山防御圈、仁川、汉城的美国陆军和海军陆战队，以及 1950 年冬季攻势中的志愿军，都曾主导过战斗。装甲和空中力量扮演的纯属配角，为防御或进攻中的步兵提供支援，就好像 20 年代关于这些新式"机械武器"所发挥作用的军事大辩论从未发生过，或得出的结论完全相反似的。

可以肯定的是，美国空军几乎从战争刚一爆发便对北朝鲜发起一场战略性战役。打垮北朝鲜寥寥无几的空中力量后，他们尽情享受着整个半岛位于其脚下，随心所欲地制造一切破坏的诱人场景。在这场漫长的战争中，一切具有经济或战略价值的目标都成为他们的打击对象。这些目标包括 1951 年 1 月遭燃烧弹轰炸的平壤，1952 年 7 月被炸毁的福山水电站，1953 年 5 月被炸毁的德山和慈山水坝，另外还有其他许多目标[64]。轰炸还几乎摧毁了北朝鲜的每一座桥梁。北朝鲜的经济可能到今天都没能恢复。但这种破坏对结束战争的作用微乎其微，它仍在继续，当时与联合国军交战的主要是志愿军。对志愿军来说，更直接的影响可能是这样一个不同寻常的统计数据：补给车队成为美国空军的主要打击目标后，志愿军卡车司机的伤亡率约为20%，远远高于前线士兵。

尽管今天的说法不同，但美国军方应该没有人对美军在朝鲜的整体表现深感满意。特别是在战役层面，很少见到积极的一面。美国军队对朝鲜人民军的入侵迅速做出的应对的确令人印象深刻。史密斯特遣队的覆灭是个令人不快的事实，但它往往掩盖了另一个事实：这支特遣队投入战斗时，战争刚刚爆发11天，不到两周前，史密斯及其部下从事的不过是和平时期的驻军任务而已。

乌山失利后，情况变得更加糟糕。必须指出，美军又一次以令人印象深刻的方式派来第24师。7月13日，也就是战争爆发后第19天，该师辖内一个团已在锦江投入战斗。朝鲜人民军又将该师打垮。7月20日，大田灾难随之而来，第24师大部及其师长陷入没顶之灾。从作战意义上说，这个师执行的是一项毫无成功希望的任务。朝鲜人民军士兵训练有素，装备精良、士气高昂，各个师迅速席卷朝鲜南部。在没有侧翼掩护、作为友军的韩国军队土崩瓦解的情况下，麦克阿瑟命令第24师沿公路赶往大田，抗击已表现出惯于侧翼迂回的敌人。公正地说，“别再有更多的史密斯特遣队”这句口号应该扩展到“别再有更多被牺牲的师！”——通常的解释是，麦克阿瑟和美军指挥部门傲慢地认为，简单地展示一下武力就能吓退朝鲜人民军，可这根本不是解释，甚至不是个充分的借口。

撤至釜山的美军沿防御圈边缘从事了一场激烈的阵地战。待他们彻底消耗朝鲜人民军进攻釜山的各个师后，他们便冲出防御圈，随后在仁川实施一场大胆的两栖登陆战。仁川登陆对麦克阿瑟来说是一场大胆的赌博，但对迅速收复朝鲜半岛南部似乎只起到次要作用。几乎可以肯定，即便没有这场登陆，第8集团军还是会冲出釜山。迅速夺回韩国首都极大地振奋了联合国军的士气，并无疑给北朝鲜人造成了沉重打击。仁川登陆使朝鲜人民军在釜山的失利沦为一场溃败，这支军队仓促向北撤退期间几乎全军覆没。

不过，从这一刻起，情况发生了变化。第1海军陆战师在仁川重新登船，第7步兵师经铁路赶往釜山，这番调动几乎立即对赶往汉城及更北面的第8集团军的补给和交通造成严重破坏——整个第10军完全耗费在“上下起落”行动中可谓愚蠢至极。韩国军队实际上赶在第10军之前到达元山，这使美国人大肆吹嘘的两栖机动性的优势似乎有些言过其实。第10军军长阿尔蒙德将军对等待扫雷艇肃清港口感到厌烦，便乘坐直升机飞入元山，一同前往的还有鲍勃·霍普。部队登陆后，阿尔蒙德把麾下几个师分散在一片庞大、原始、完全缺乏道路交通网的穷乡僻壤中，去执行一项就连他的许多部下都心生怀疑的任务。麦克阿瑟投入的是麾下军队的很大一部分力量（美军投入这场战争的七个师中的三个），并与他的主力相隔绝。11 月，第 8 集团军为自身生存苦战之际，这些部队本来可以在清川江附近派上用场。第 10 军幸免于难完全靠的是运气——志愿军打击的是海军陆战队，这是美军战斗序列中最顽强的步兵部队。一名海军陆战队中尉描述了他的连队在元山登陆时受到韩国士兵满怀讥讽意味的迎接："他们学会了用中指敬礼，并以极大的热情向我们展示了这一点。"[65] 这是对这场拙劣行动的完美评判。

至于第 8 集团军，他们在釜山的静态阵地战中表现出色。转入一场引人瞩目的进攻后，他们从半岛南端的釜山出发，在一个月内几乎一路杀至北朝鲜边境。但在志愿军参战后，第 8 集团军的进攻行动暴露出了他们在作战方面的严重缺陷。诚然，志愿军达成突然性，但必须承认，这只是部分原因。自 1950 年以来，大批著作已对志愿军为何能取得突然性的原因做出了分析，麦克阿瑟总是不乏支持者和批评者（今天看来，后者似乎多于前者）。即便志愿军 10 月底的"第一次战役"在云山痛击美军第 1 骑兵师第 8 骑兵团后，第 8 集团军也并未采取应对或保护措施，或是考虑以他们掌握的令人难以置信的火力对敌人实施一场进攻。因此，志愿军 11 月下旬规模庞大的"第二次战役"令第 8 集团军猝不及防——不可原谅的是，该集团军甚至没做好自身防御准备。当然，个别部队在这里或那里打得很好，也不乏一些美国、英联邦、土耳其和韩国士兵顽强战斗的故事，但这里的重点不在于他们的勇敢。第 8 集团军在战役层面遭遇挫败。志愿军士兵于夜间渗透联合国军阵地，从正面、侧翼，甚至是后方展开进攻后，第 8 集团军的指挥部门缺乏灵活性，无法应对志愿军反复实施的侧翼迂回。部队开始奔逃，他们的指挥官却缺乏决心和意志力对此加以阻止。表明第 8 集团军各部队迫切希望得到强有力领导的迹象是，他们对李奇微的命令迅速做出反应——后者在短时间内把他们重新打造成一支战斗力量。

那么，中国人呢？他们已明确表明自己是东亚地区未来任何一场战争中都不可被忽视的力量。他们在战术方面非常熟练，部队在困难条件下实施的大规模行军几乎都在夜间进行；他们在进攻中似乎无所畏惧；他们使用哨子、摇铃、鼓和军号相互联系——这种方式看似简单，却很有效。如果大批回忆录可信的话，那么，在陌生的朝鲜，这种方式也令身处黑暗中的美军士兵心惊胆寒[66]。志愿军的支援武器起初只有迫击炮，这是一种简单的武器装备，但同样能发挥出致命的效率。志愿军的意志非常坚定，他们重创一些联合国军部队，并在长津湖将美国一个海军陆战师打得焦头烂额——并非每支军队都能做到这一点。另外需要特别提出的是，志愿军是在面对一个拥有明显火力优势（更不必说空中支援）的对手时取得的这些战果。

对志愿军作战方面的评判好坏参半。他们对第 8 集团军和第 10 军的初期进攻的确能达成突然性，也能将最初的胜利势头保持数周。但由于缺乏后勤、轮换与管理的现代化体系，他们无法一路深入朝鲜南部。熟悉二战期间苏联作战理论的人也许会说，志愿军缺乏实施“连续作战”的能力，因而无法以一连串的打击彻底消灭敌人。另外，苏联军队是在集结起庞大的数量优势后才得以实现这一点，而在朝鲜同联合国军交手的中国军队，兵力并不占优势。志愿军与联合国军之间的火力差距使他们只能赢得局部胜利，整个战争期间唯一的例外是在长津湖歼灭一个美军团（第 7 师第 32 团）。但志愿军从未能消灭联军师级部队，尽管这些师有时候的确已陷入包围——联合国军炮兵或空中力量付诸的火力几乎总是能挽救陷入困境的部队[67]。

时至今日，学者们仍在争论朝鲜战争给中国军队造成的影响。志愿军司令员彭德怀在担任国防部长期间，鼓励军队指挥员职业化，坚持要求规范部队的训练，并赞成获得新的现代武器装备。

注释：

1.1999 年的科索沃战争是北约历史上第一次军事冲突，迄今为止造就了一部著作，即北约盟军总司令韦斯利·K. 克拉克的《从事现代战争：波斯尼亚、科索沃和未来的战斗》（纽约：公共事务出版社，2001 年）。

2. 这种观点的典型例子是克莱·布莱尔的《被遗忘的战争：美国在朝鲜，1950—1953 年》（纽约：时代图书出版社，1987 年）。从各个角度看，这都是一部重量级著作，仅凭其尺寸就足以让人相信书名的观点。另可参阅卡勒姆·A. 麦克唐纳的《朝鲜：越战前的战争》（纽约：自由出版社，1986 年）。

3. 可参阅 S.L.A. 马歇尔的《河流和夹击：1950 年 11 月在朝鲜清川江被中国军队击败的第 8 集团军》（弗吉尼亚州亚历山大：时代－生活图书出版公司，1982 年），这是 1953 年版的再版。

4. 参阅布鲁斯·卡明斯精心创作、引发诸多争议的两卷本著作：《朝鲜战争的起源》第一卷，《光复和独立政权的出现，1945—1947 年》（新泽西州普林斯顿：普林斯顿大学出版社，1981 年），第二卷《洪水的咆哮》（新泽西州普林斯顿：普林斯顿大学出版社，1990 年）。他还在同乔恩·哈利迪合著的《不为人知的战争》（纽约：万神殿图书出版社，1988 年）和近期的《阳光下的朝鲜宫殿：一部现代史》（纽约：W.W. 诺顿出版社，1997 年）两部著作中提出他的主要观点——朝鲜战争始于朝鲜内战，而这场内战被美国 1950 年的大举介入所阻。批评卡明斯更像理论家而不是历史学家的指责声不断出现。参阅艾伦·R. 米利特的《朝鲜战争读者指南》，刊登在《军事史杂志》第 61 卷，1997 年 7 月第 3 期，第 583—597 页。

5. 参阅张曙光、李小兵、艾伦·R. 米利特和于滨编著的两本书。

6. 康拉德·C. 克兰的《美国空中力量在朝鲜的战略，1950—1953 年》（劳伦斯：堪萨斯大学出版社，2000 年）。

7. 例如，美国陆军军事历史中心再版了官方史现存的所有著作：罗伊·E. 阿普尔曼的《南至洛东江，北至鸭绿江》（华盛顿特区：军事历史中心，1961 年），这是有史以来以官方史名义出版的最具争议性的著作；沃尔特·G. 赫姆斯的《停战的帐篷和战斗前线》（华盛顿特区：军事历史中心，1966 年）；詹姆斯·F. 施纳贝尔的《政策和方向：战争第一年》（华盛顿特区：军事历史中心，1972 年）；比利·C. 莫斯曼的《潮起潮落：1950 年 11 月—1951 年 7 月》（华盛顿特区：军事历史中心，1990 年）。除了封面上"朝鲜战争 50 周年纪念"的印章，其他都和早先的版本完全相同。另可参阅朝鲜战争系列，由五部标为"小册子"的短篇著作构成，包括对战役级作战（师和师以上）的简述，以及很有吸引力的出色地图：威廉·J. 韦伯的《爆发，1950 年 6 月 27 日—9 月 15 日》；斯蒂芬·L.Y. 甘蒙斯的《联合国军的进攻，1950 年 9 月 16 日—11 月 2 日》；理查德·W. 斯图尔特的《中国的干预，1950 年 11 月 3 日—1951 年 1 月 24 日》；约翰·J. 麦格拉斯的《恢复均势，1951 年 1 月 25 日—7 月 8 日》；安德鲁·J. 伯尔特的《僵持岁月，1951 年 7 月—1953 年 7 月》。虽然由军史处处长约翰·S. 布朗准将推荐，并列为"50 周年纪念"系列，但这些书籍未标明出版日期。空军也推出几部纪念性著作。参阅韦恩·汤普森和伯纳德·C. 纳尔蒂的《限制范围内：美国空军和朝鲜战争》（麦克斯韦空军基地：空军大学图书馆，1996 年）；威廉·M. 利里的《任何时间、任何地点、任何东西：朝鲜战争中的作战运输》（麦克斯韦空军基地：空军大学图书馆，2000 年）；威廉·T. 亚布洛德的《米格走廊：争夺空中优势》（麦克斯韦空军基地：空军大学图书馆，2000 年）；以及两部姊妹篇，A. 蒂莫西·沃诺克主编的《美国空军在朝鲜：年表，1950—1953 年》（麦克斯韦空军基地：空军大学图书馆，2000 年），朱迪·G. 恩迪科特主编的《美国空军在朝鲜：战役、部队和驻地，1950—1953 年》（麦克斯韦空军基地：空军大学图书馆，2001 年）。海军再版了柯蒂斯·A. 乌茨的《来自海上的突击：仁川两栖登陆》（华盛顿特区：海军历史中心，2000 年），该书初版于 1994 年；另外还有两部新著：约瑟夫·H. 亚历山大的《机动战中的舰队行动：1950 年 9 月—1951 年 6 月》（华盛顿特区：海军历史中心，2001 年），托马斯·B. 比尔的《海军领导层在朝鲜：最初六个月》(华盛顿特区：海军历史中心，2002 年)，这两部著作是爱德华·J. 马罗尔达主编的《美国海军与朝鲜战争》系列的组成部分。但在这方面遥遥领先的是美国海军陆战队。《纪念朝鲜战争中的海军陆战队系列丛书》质量很高，配有精心挑选的照片和清晰易懂的文字，完全值得列入历史著作中。参阅约翰·C. 查宾的《救火队：釜山防御圈的美国海军陆战队》(华盛顿特区：美国海军陆战队历史中心，2000 年)；埃德温·H. 西蒙斯的《越过海堤：美国海军陆战队在仁川》(华盛顿特区：美国海军陆战队历史中心，2000 年)；约瑟夫·H. 亚历山大的《街垒战：复夺汉城行动中的美国海军陆战队》(华盛顿特区：美国海军陆战队历史中心，2000 年)；罗纳德·J. 布朗的《反攻：从浦项到无名线的美国海军陆战队》(华盛顿特区：美国海军陆战队历史中心，2001 年)；艾伦·R. 米利特的《北进：美国海军陆战队在大钵盆地》(华盛顿特区：美国海军陆战队历史中心，2001 年)；伯纳德·C. 纳尔蒂的《僵局：从邦克山到钩子山的美国海军陆战队》(华盛顿特区：美国海军陆战队历史中心，2001 年)；约翰·P. 康登(彼得·B. 摩斯基补充)的《从海盗船到美洲豹：美国海军陆战队航空兵在朝鲜》(华盛顿特区：美国海军陆战队历史中心，2002 年)。

8. 可参阅莱斯特·H. 布龙主编的《朝鲜战争：文献和研究手册》(康涅狄格州韦斯特波特：格林伍德出版社，1996 年)，这部详尽的著作由 23 篇学术文章构成，从几乎每一个所能想到的角度审视这段战争史，其中包括金澈豹的《研究朝鲜战争的韩国学者》(第 157—174 页)；陈兼的《中国的政策与朝鲜战争》(第 189—205 页)；杰克·J. 吉福德的《朝鲜战争中的美国军队》(第 223—249 页)；沃伦·A. 特列斯特的《空军资料来源：对空战的反思》(第 250—265 页)；莱斯特·H. 布龙的《朝鲜战争中的美国海军和海军陆战队》(第 266—284 页)。同样还可参阅《军事史杂志》上刊登的至少三篇评论文章：约翰·爱德华·维尔茨的《朝鲜：被遗忘的战争》，刊登在《军事史杂志》第 53 卷，1989 年 1 月第 1 期，第 95—100 页；格伦·史蒂文·库克的《朝鲜：不再被遗忘的战争》，刊登在《军事史杂志》第 56 卷，1992 年 7 月第 3 期，第 489—494 页；艾伦·R. 米利特的《朝鲜战争读者指南》，刊登在《军事史杂志》第 61 卷，1997 年 7 月第 3 期，第 583—597 页。最后要特别赞扬美国海军研究所，他们在 2000 年发布《朝鲜战争中的海上勤务，1950 年—1953 年》(马里兰州安纳波利斯：美国海军研究所，2000 年)，这张 CD 包含两卷本美国海军官方史、五部海军陆战队官方史、美国海岸警卫队官方史和海军－海军陆战队全面的图文报道，可以说是一个掌握在手中的图书馆。

9. 例如布莱尔《被遗忘的战争：美国在朝鲜，1950—1953 年》以近 900 页篇幅描述战争第一年，而后两年所占的篇幅不到 100 页。参阅维尔茨的评论文章《朝鲜：被遗忘的战争》。吉福德在《朝鲜战争中的美国军队》一书第 235 页明确指出这一点，并抱怨对战争最后两年缺乏关注。他指责赫姆斯《停战的帐篷和战斗前线》这部官方史忽视了阵地战："赫姆斯从未审视这些战斗的战略重要性或它们对美国军队的影响，因为阵地战违背了美国陆军秉承、传授的战争原则。"

10. 参阅罗伯特·L. 贝特曼的《我们没学到的东西》，刊登在《军事评论》第 80 卷，2000 年 1 月—2 月第 1 期，第 49—55 页，他指出，一场大战后裁撤军队是美国传统的组成部分，美国军队的学说应重视"国会给部队结构造成的现实"。

11. 参阅 J. 劳顿·柯林斯的《和平时期的战争：朝鲜的历史和教训》(波士顿：霍顿·米夫林出版公司，1969 年)，这是美国陆军参谋长的回忆录。

12. 参阅戴维·里斯的《朝鲜：有限战争》(纽约：圣马丁出版社，1964 年)，他认为就像英国为保持其大国地位不得不从事无数次小规模战争那样，美国也应如此。关于这场战争最具影响力的著作(但书中的散文式语调似乎太过狂热)之一是 T.R. 费伦巴赫的《这类战争：美国措手不及》(纽约：麦克米伦出版社，1963 年)，他认为美国这样的自由民主国家总会在朝鲜战争这种有限冲突发生时遇到困难，因为"除圣战外的任何战争，过去、现在、将来都不会得到民众支持"。一支应征兵组成的军队永远无法有效从事这样一场战争，因而需要些不同的东西："但令自由社会反感的是，那些愿意在边缘地区捍卫自由世界的人居然不是可靠的国民士兵。他们随遇而安，不求回报；他们在丛林和山脉中打击神出鬼没的敌人，不斤斤计较；他们在令人难以置信的艰难条件下受苦牺牲，却毫无怨言，从罗马帝国到大英

帝国再到民主的美国，他们一直如此。他们是构成军团的中坚力量。”（第 658 页）

13. 朝鲜人民军战斗序列可参阅阿普尔曼的《南至洛东江，北至鸭绿江》，第 8—12 页；施纳贝尔的《政策和方向：战争第一年》，第 36—39 页；韦伯的《爆发，1950 年 6 月 27 日—9 月 15 日》，第 7 页；贝文·亚历山大的《朝鲜：我们第一次战败》（纽约：希波克里尼出版社，2000 年），第 1—4 页；戴维·J. 里奇的《朝鲜：被遗忘的战争》，刊登在《战略与战术杂志》1987 年 5 月第 111 期，第 12—24 页。

14. 阿普尔曼的《南至洛东江，北至鸭绿江》，第 11 页。

15. 里奇的《朝鲜：被遗忘的战争》，第 24 页。

16. 阿普尔曼的《南至洛东江，北至鸭绿江》，第 10 页。

17. 同上，第 12 页。

18. 参阅费伦巴赫《这类战争：美国措手不及》一书第 12—14 页；詹姆斯·L. 斯托克斯伯里《朝鲜战争简史》（纽约：威廉·莫罗出版社，1988 年）一书第 38—39 页。

19. 阿普尔曼的《南至洛东江，北至鸭绿江》，第 12—18 页，包括第 15 页非常有用的韩国军队战斗序列表。施纳贝尔的《政策和方向：战争第一年》，第 31—36 页；韦伯的《爆发，1950 年 6 月 27 日—9 月 15 日》，第 6—7 页；里奇的《朝鲜：被遗忘的战争》，第 14—15 页。

20. 柯林斯的《和平时期的战争：朝鲜的历史和教训》，第 17 页；迈克尔·卡弗的《自 1945 年以来的战争》（纽约：G.P. 帕特南出版社，1981 年），第 154 页。值得注意的是，美国人对李承晚的信任度极低。第 8 集团军实际上有一份有案可查的“常备作战”计划，以防李承晚不遵从联合国的指示。参阅保罗·M. 爱德华兹的《承认战争：历史记忆中的朝鲜战争》（康涅狄格州韦斯特波特：格林伍德出版社，2000 年），第 93 页。

21. 朝鲜人民军进攻韩国军队的初期战斗仍像无人理会的弃儿。大多数作者，特别是美国作者，似乎想尽快结束这段内容，以便探讨“主要事件”——美国军队的到来。一如既往，阿普尔曼《南至洛东江，北至鸭绿江》一书第 19—35 页，是这一规则的例外。相比之下，施纳贝尔的《政策和方向：战争第一年》，几乎未对此加以阐述——只写了短短一段（第 61 页）。同样，费伦巴赫的《这类战争：美国措手不及》只写了 11 页（第 54—64 页），布莱尔庞大的《被遗忘的战争：美国在朝鲜，1950—1953 年》一书也只写了 5 页（第 57—61 页）。斯托克斯伯里的《朝鲜战争简史》，尽管书名是“简史”，但还是以慷慨的篇幅描述了朝鲜人民军的初期行动（第 33—49 页）。这些著作中，除了番号，朝鲜人民军各个师的其他信息非常含糊，例如，没有一部著作提及具体的师指挥员，尽管这方面的原因是朝鲜封闭档案和对保密的狂热。

22. 阿普尔曼的《南至洛东江，北至鸭绿江》，第 27—28 页；费伦巴赫的《这类战争：美国措手不及》，第 59—60 页。

23. 施纳贝尔的《政策和方向：战争第一年》，第 36—37 页，书中谈及朝鲜人民军“在俄国人的紧密控制下”，但也承认，在 1948 年，朝鲜人民军每个师有 150 名苏联顾问，而到了 1950 年，这个数字下降到 3—8 人。

24. 目前尚不清楚是谁在瓮津开的第一枪。那里的战斗（也许是韩国军队先发起越境袭击）是卡明斯和其他修正主义者所持看法的关键，他们认为李承晚政权故意挑衅北韩，意图激起美国大举干涉朝鲜内战。

25. 贝文·亚历山大的《朝鲜：我们第一次战败》，第 4 页。这是个很好的观点，但亚历山大画蛇添足地指出，朝鲜人民军“以擅长合围的最伟大的军队为榜样，即 13 世纪成吉思汗及其继承人统率的蒙古人”（第 5 页），从而延续了一种令人不安的趋势：研究战争的当代学员们认为“大汗之手”仍在现代军队中发挥作用。二战期间德军的范例可参阅弗尔克尔中校的“作为现代装甲——骑兵范例和老师的成吉思汗”（*Tchingis-Chan als Vorbild und Lehrmeister des modernen Pz.-Kavalleristen*），刊登在《军事周刊》第 126 卷，1941 年 9 月 19 日第 12 期，第 322 页。

26 阿普尔曼的《南至洛东江，北至鸭绿江》，第 63—64 页；费伦巴赫的《这类战争：美国措手不及》，第 63—64 页；亚历山大的《朝鲜：我们第一次战败》，第 28 页。

27. 参阅白善烨的《从釜山到板门店》（弗吉尼亚州杜勒斯：布拉西出版社，1992 年），这是韩国军队指挥官撰写的一部饶有趣味的回忆录，尽管书中对白善烨“过去曾在日本军队服役”以及他“1948—1950 年间在南部对游击队穷追猛打”的经历保持沉默（米利特的《朝鲜战争读者指南》，第 590 页）。

28. 阿普尔曼的《南至洛东江，北至鸭绿江》，第 30—35 页。

29. 韦伯的《爆发，1950 年 6 月 27 日—9 月 15 日》，第 9 页。

30. “史密斯特遣队”的覆灭，可参阅阿普尔曼《南至洛东江，北至鸭绿江》一书第 59—76 页，其他人的记述都以此为基础，包括罗伯特 · M. 奇蒂诺的《装甲部队：历史和原始资料》（康涅狄格州韦斯特波特：格林伍德出版社，1994 年）第 110—111 页和乔纳森 · M. 豪斯的《二十世纪的诸兵种合成作战》（劳伦斯：堪萨斯大学出版社，2001 年）第 185—187 页。乌山事件（这里发生的小规模交战即将演变为一场庞大的战争）以特遣队士兵们的生命为代价，成为作家们勾画他们希望得出的一切教训的画板。在费伦巴赫（《这类战争：美国措手不及》）看来，史密斯特遣队是危险的无纪律行为的一个教训：“史密斯特遣队中的这些年轻人打着陆军正规部队的番号，实际上却是美国正规军里的异类，他们不喜欢服役，并在公众支持下坚持认为军旅生涯应该尽可能过得像家里的平民生活。纪律令他们恼火，国会议员注意到了这一点，却没太过理会。他们一个个都长胖了”（第 100 页）。同样，豪斯也把乌山交战视作他所描述的主题（诸兵种合成）之重要性的证明。布莱尔《被遗忘的战争：美国在朝鲜，1950—1953 年》一书为史密斯开脱，把这场失败归咎于第 24 师师长威廉 · 迪恩将军的战术部署。小爱德温 · L. 肯尼迪的《部队防护的意义：史密斯特遣队和第 24 步兵师，朝鲜，1950 年》，刊登在《军事评论》第 81 卷，2001 年 5 月 /6 月第 3 期，第 87—92 页，认为乌山交战对今天的军队仍有意义：“随着当前美军部队实力、训练准备和能力的下降，军方最好重新审视在冲突中逐渐增兵的历史先例。”史密斯特遣队似乎还造成一种夸大其词的倾向，斯坦利 · 桑德勒在《朝鲜战争：没有胜利者，没有失败者》（列克星敦：肯塔基大学出版社，1999 年）一书第 56 页称乌山是“一种几乎与珍珠港相似的猛然觉醒”。与费伦巴赫相反，贝文 · 亚历山大在《朝鲜：我们第一次战败》一书第 61 页指出：“整个美国历史中，没有哪一批士兵比史密斯特遣队这些大多未经受过考验的年轻人展现出更大的勇气和献身精神。”

31. 阿普尔曼的《南至洛东江，北至鸭绿江》，第 70 页。

32. 马克斯 · 黑斯廷斯的《朝鲜战争》（纽约：西蒙 & 舒斯特出版社，1987 年），一如既往，他毫不留情地批评美军步兵在朝鲜的战斗表现。“接下来的几周悲惨至极，可谓美国陆军史上最暗淡的时期，”第 24 师一次次失败，未能给予前进中的朝鲜人民军任何打击，“7 月份头几周，妨碍北朝鲜人推进的是地形、后勤、糟糕的通信和难民，而非前进道路上的美军步兵。”不同背景下的同样内容，可参阅他的《霸王行动：D 日，1944 年 6 月 6 日》（纽约：西蒙 & 舒斯特出版社，1984 年）。第 24 师灾难性表现的详情，可参阅阿普尔曼《南至洛东江，北至鸭绿江》一书第 121—181 页。

33. 阿普尔曼的《南至洛东江，北至鸭绿江》，第 190—200 页。

34. 黑斯廷斯《朝鲜战争》一书将糟糕的情报工作部分归咎于美国的种族主义（第 69—70 页）。

35. 釜山之战的详情，哪一部著作能超越官方史，这一点值得怀疑。参阅阿普尔曼《南至洛东江，北至鸭绿江》一书第 235—487、第 542—572 页；海军陆战队发挥的作用，可参阅林恩 · 蒙特罗斯和尼古拉斯 · A. 坎佐纳的《釜山防御圈：美国海军陆战队在朝鲜的行动，1950—1953 年，第一册》（华盛顿特区：海军陆战队司令部历史处，1954 年）。

36. 克兰的《美国空中力量在朝鲜的战略，1950—1953 年》，第 7—8 页。

37. 同上，第 36 页。

38. 查宾的《救火队：釜山防御圈的美国海军陆战队》，第 18—20 页。

39. 韦伯的《爆发，1950 年 6 月 27 日—9 月 15 日》，第 22—24 页。

40. 参阅阿普尔曼《南至洛东江，北至鸭绿江》一书第 353—363 页。经确认，北朝鲜人 8 月 18 日—25 日损失 13 辆 T-34/85 坦克、5 辆自行火炮和 23 辆军车（第 362 页）。

41. 对仁川登陆一直存在各种不同的争议，主要集中在它与突破釜山包围圈的关系上。仁川登陆是否使美军得以突破釜山包围圈？鉴于釜山防御圈内的部队不管怎样都会突围而出，仁川登陆是否必要？仁川是第 8 集团军这柄“铁锤”得以猛击北朝鲜人的“铁砧”吗？这些问题没有明确的答案。就连阿普尔曼通常都很可靠的《南至洛东江，北至鸭绿江》一书第 542 页对此似乎也不太确定。他认为第 8 集团军“将沿全线发起一场总攻，牵制敌人的主要作战力量，防止敌人从釜山包围圈抽调部队增援后方受威胁地域”。但他随后指出，“这场总攻还要力争突破敌人围困第 8 集团军达六周之久且日趋缩小的釜山包围圈。”他继续以“铁锤”（第 8 集团军）和“铁砧”（第 10 军）做比喻。施纳贝尔在《政策和方向：战争第一年》一书第 176—177 页指出，第 10 军在仁川登陆，促使“朝鲜人民军从釜山包围圈全面后撤，出于某种不明原因，这场撤军随后沦为溃逃。”仁川和釜山的分裂型争执持续至今。斯坦利·桑德勒在《朝鲜战争：没有胜利者，没有失败者》一书第 92—93 页指出仁川登陆可能没有必要，可他又在第 103—104 页称，美军部队出现在朝鲜人民军后方交通线上，这才导致釜山前方之敌发生崩溃。

42. 布莱尔的《被遗忘的战争：美国在朝鲜，1950—1953 年》，第 227 页。

43. 柯林斯的《和平时期的战争：朝鲜的历史和教训》，第 125 页。

44. 阿普尔曼的《南至洛东江，北至鸭绿江》，第 493 页。

45.KATUSA 项目的官方史可参阅理查德·韦纳特的《KATUSA 经验谈：韩国国民融入美国陆军，1950—1965 年》，刊登在《军事事务杂志》第 38 卷，1974 年 4 月第 2 期，第 53—58 页。

46. 对海军陆战队登陆行动的最新描述（附有地图），可参阅西蒙斯的《越过海堤：美国海军陆战队在仁川》。

47. 关于汉城的艰巨战斗，可参阅亚历山大的《街垒战：复夺汉城行动中的美国海军陆战队》。更全面的记述可参阅林恩·蒙特罗斯和尼古拉斯·A. 坎佐纳的《仁川—汉城作战：美国海军陆战队在朝鲜的行动，1950—1953 年，第二册》（华盛顿特区：海军陆战队司令部历史处，1955 年）。

48. 亚历山大的《街垒战：复夺汉城行动中的美国海军陆战队》，第 29—30 页。

49. 费伦巴赫的《这类战争：美国措手不及》，第 223—224 页。几乎每一位战争书籍作者都提及解放汉城的过程中这座城市遭受的可怕破坏，例如黑斯廷斯《朝鲜战争》一书第 112 页。

50. 参阅图表“一个典型的北朝鲜师获得的平均补给，1950 年 6 月—9 月”，收录于爱德华·马克的《三场战争中的空中遮断》（华盛顿特区：空军历史中心，1994 年），第 281 页。

51. 战争结束后，麦克阿瑟对“尾板”行动的构想引发一场猛烈的批评。参阅阿普尔曼《南至洛东江，北至鸭绿江》一书第 609—612 页，作为一部当时被认可的官方史也对此提出批评，特别是对第 10 军被置于单独指挥下。布莱尔在《被遗忘的战争：美国在朝鲜，1950—1953 年》一书第 331—333 页提出的批评相当尖刻，黑斯廷斯《朝鲜战争》第 119—120 页同样如此。费伦巴赫则在《这类战争：美国措手不及》一书第285页提出异议。铁一般的地理法则意味着朝鲜东部的所有部队都将与主力隔开，“无论战斗序列如何，第10军和第8集团军不得不以彼此隔离的方式生存、推进、战斗。不管下达怎样的命令，山脉都在那里。”

52. 关于元山登陆，参阅亚历山大《街垒战：复夺汉城行动中的美国海军陆战队》一书第50—64页；阿普尔曼《南至洛东江，北至鸭绿江》一书第631—637页。

53. 关于云山战役，可参阅阿普尔曼《南至洛东江，北至鸭绿江》一书第689—708页，以及他的《朝鲜的灾难》(德克萨斯州大学城：德州A&M大学出版社，1989年)。同阿普尔曼的所有著作一样，这不是一部战役级作战史，主要涉及营级行动，有时候甚至降至更低层面。对普通读者来说，详细程度不免令人望而生畏，勾勒全景的尝试并不总是那么容易。第8集团军经受的考验，一篇出色、简短的介绍是艾略特·A. 科恩和约翰·古奇的《军事灾难：对战争失败的剖析》(纽约：自由出版社，1990年)，第165—195页的《总体失败：美国第8集团军在朝鲜的失利，1950年11月—12月》。

54. 引自莫斯曼《潮起潮落：1950年11月—1951年7月》一书第47页。

55. 阿普尔曼的《朝鲜的灾难》，第14页。

56. 同上，第227—293页。

57. 斯图尔特的《中国的干预，1950年11月3日—1951年1月24日》，第20页。

58. 关于长津湖战役，可以从海军陆战队官方史着手：林恩·蒙特罗斯和尼古拉斯·A. 坎佐纳的《长津湖战役：美国海军陆战队在朝鲜的行动，1950—1953年，第三册》(华盛顿特区：美国海军陆战队司令部历史处，1957年)。然后可以参阅阿普尔曼的两部著作，《长津湖以东：在朝鲜的陷阱和突围，1950年》(德克萨斯州大学城：德州A&M大学出版社，1987年)和《逃离陷阱：朝鲜东北部的美国第10军，1950年》(德克萨斯州大学城：德州A&M大学出版社，1990年)。另可参阅谢尔比·斯坦顿的《美国第10军团：第10军在韩国，1950年》(加利福尼亚州诺瓦托：要塞出版社，1989年)，这是一部扎实的作战史，但也耗费大量篇幅描述阿尔蒙德将军的个性、他的南方背景和他的种族主义。

59. 对第10军这场严酷考验的战役层面分析，参阅理查德·W. 斯图尔特的《作战参谋：第10军在朝鲜，1950年12月》(堪萨斯州莱文沃斯堡：作战研究所，1991年)。

60. 马修·B. 李奇微的《朝鲜战争》(纽约：达卡波出版社，1967年)，第89页。

61. 豪斯的《二十世纪的诸兵种合成作战》，第206页。

62. 可参阅张曙光关于这次战争的著作。

63. 步兵小股部队在朝鲜的作战行动，可参阅S.L.A. 马歇尔的《对步兵在朝鲜的行动和武器使用的评论，1950年/1951年冬季》(马里兰州切维蔡斯：作战研究室，约翰·霍普金斯大学，1951年)和《河流和夹击：1950年11月在朝鲜清川江被中国军队击败的第8集团军》。另可参阅阿普尔曼在《军事事务杂志》第17卷，1953年夏季第2期第95—97页对后一部著作的评述。还可参阅拉塞尔·A. 古戈勒的《在朝鲜的作战行动》(华盛顿特区：军史处处长办公室，1970年)。

64. 克兰的《美国空中力量在朝鲜的战略，1950—1953年》，第120、第160页。

65. 亚历山大的《街垒战：复夺汉城行动中的美国海军陆战队》，第53—55页。

66. 马歇尔的《对步兵在朝鲜的行动和武器使用的评论，1950年/1951年冬季》，第134页。

67. 可参阅李小兵、艾伦·R. 米利特和于滨编著的相关书籍。

第五章
阿以战争

自第二次世界大战结束以来，战役级作战真正的“试验场”一直是中东。迅速赢得一场战役胜利，对以色列的重要性远甚于世界上任何一个国家。以色列这个国家太小，完全没有战略纵深，敌机可以在几分钟内飞越以色列的每一寸土地。1967 年，从西奈阿里什起飞的一架埃及战斗机，12 分钟后便“莅临”特拉维夫上空。这里没有可供被击败的以色列军队实施重组、工业设施疏散的安全腹地，在阿以战争中甚至没有“边境交战”这种事。任何严重的作战失利——例如以色列国防军主力遭重创或被迫后撤——都会给这个国家造成最严重的战略后果。即便在今天，“以色列绝不能输掉哪怕是一场战争”仍是以色列国防学说的基本组成部分[1]。由于这些战争中的敌人一再公开宣称，其战争的目的是消灭犹太国，因此，一系列阿以冲突也谈不上是“有限战争”，至少就 1948 年、1956 年、1967 年和 1973 年这几场重大战争而言是这样。

换句话说，以色列军事史是我们所说的“德国综合征”的一个极端例子。从历史上来看，这两个国家从来不认为他们能赢得一场长期战争，地理、人力、资源这些决定性因素总是倾向于他们的敌人。以最小的己方损失迅速、果断地赢得战场上的胜利，不是一种可取策略，而是必须采用的策略。正如普鲁士–德国军队自老毛奇时代起便在传统上寻求歼灭战那样，以色列国防军也同样如此。在各个方面（官兵训练、作战策划与后勤网），寻求速胜的概念从一开始便渗透进以色列国防军的每一个细胞。其结果的确引人瞩目——以色列国防军永远不会成为世界上最庞大的军队，但在同等规模的情况下，他们可能是最优秀的军队。

独立战争

以色列的第一场战争与后来几次大不相同。首先，这是一场步兵战，对一支在后来的冲突中驾驭坦克赢得胜利的军队而言，这是个不寻常的开端。用一位观察家的话来说就是，这场战争属于“轻装上阵、猛烈打击、快速移动的步兵”。[2]另一点与后来一系列战争不同的是，以色列人这次的伤亡相当惨重，高达6000人左右，约占巴勒斯坦犹太居民区人口的1%。最后一点，虽然以色列国防军很快会被公认为是一支出类拔萃的常规武装力量，但这场战争更像小股游击队展开的一场非正规作战，至少在最初阶段是这样。尽管如此，这场战争造就了以色列国防军，并为其后来的作战行动留下了不可磨灭的印记。

从联合国1947年11月宣布分治的那一刻起，巴勒斯坦的犹太人与阿拉伯人之间便爆发了战斗[3]，双方都竭力谋求英国人1948年5月离开后对自己更有利的态势。参战人员是双方的多个武装自卫团体。对阿拉伯人来说，作战力量是福齐·考克吉指挥的阿拉伯解放军和阿布德·卡德尔·侯赛因（耶路撒冷穆夫提的侄子）的阿拉伯救世军。而犹太人拥有哈加纳（译注：希伯来语，意思是“自卫队”）及其精锐快速部队帕尔马奇（译注：希伯来语，意思是“突击队”），这两股力量都由伊休夫（译注：希伯来语，意思是“犹太人定居点”）的民选领导层掌握。另一些团体，例如莱希（译注:希伯来语，意思是“以色列自由斗士”）和伊尔贡（译注:希伯来语，意思是“民族军事组织”），则会独立行动，有时候也与哈加纳对着干。双方都没有特别出色的武装力量或组织可用于长期冲突，他们都致力于伏击、进攻，以及对彼此的社区和村庄实施报复。即便在这个战斗较为零星的非常规阶段，哈加纳领导者也不得不将此视为全面战争。以色列国防军缔造者之一、战争中出色的战地指挥官伊加尔·阿隆将哈加纳这一时期的策略描述为守卫每一个犹太人定居点，无论它的位置多么偏远或是给防御造成多少问题[4]。

以色列人把战争第一阶段描述为“道路之战”。阿拉伯游击队控制了各主要犹太人定居点之间的交通道路，对其实施有效围困。犹太人的补给车队不得不在武装人员的护送下奔波于各定居点，阿拉伯人的火力和伏击给他们造成了严重伤亡。一支典型的车队可能由20—30辆大巴车组成，哈加纳卫队使用临时改装的装甲巴士或装甲车护送。虽然伊休夫的大部分人口居住在海法与特拉维夫之间的沿海平原，但战斗的关键地点是耶路撒冷城。对约 10 万名犹太人来说，耶路撒冷就是他们的家，这座城市完全依靠车队从沿海地区运来食物和武器。但是，从特拉维夫通至此处的 48 千米恶劣道路，大半控制在阿拉伯人手中。1947 年 4 月，哈加纳总司令部决定发起战斗中的第一场进攻。这是迄今为止犹太人规模最大的作战行动，代号为“纳赫松”[5]。参与行动的是哈加纳一个满编旅（实际上只有 1500 人，编为三个营），配备从捷克斯洛伐克购买的武器——他们成功肃清特拉维夫至耶路撒冷的道路，三支车队为圣城陷入围困的犹太居民送去武器、弹药和补给物资。

1948 年 5 月 14 日，巴勒斯坦分治决议生效。以色列宣布独立，埃及、黎巴嫩、叙利亚、外约旦和伊拉克这些阿拉伯邻国随即对其发动入侵。任何人看看地图就会发现，这个小小的国家似乎陷入了无助状态，从阿拉伯各国领导人到白宫，普遍认为阿拉伯联军将在几周内打垮以色列，并可能会杀光那里的所有居民。不过，以色列掌握着一些关键优势。首先，以色列的敌人组成的不过是个最松散的联盟——五个强国，外加一些巴勒斯坦游击团队，反对在巴勒斯坦成立一个犹太国家，可他们在其他问题上很难达成一致。其次，虽然阿拉伯国家的人口是以色列的 50 倍（准确地说是 3000 万人对 60 万人），但他们也许从来就不是真正意义上的现代社会——他们刚刚脱离殖民统治，缺乏现代战争需要的行政管理制度，以及强制征兵制的政治稳定性。

以色列人实际上在战争期间动员了更多兵员。到 1948 年年底，12 个以色列旅抗击阿拉伯国家的 14 个旅，几乎看不出交战双方在人力方面的巨大差异[6]。同昔日南非布尔人一样，以色列全民皆兵，很多国民的外表和举止与平民无异，不仅热衷于就自己不喜欢的命令展开争论，还相当精通射击和移动这些基本军事技能——实际上，他们中的许多人曾是二战期间西方国家或苏联军队的老兵。阿隆将他的士兵描述为“尼希米那些劳工的现代版，一手握工具，一手持武器”[7]。具有统一指挥机构的一支现代军队本来能让阿拉伯人于1948年干净利落地解决问题，可他们缺乏的恰恰是统一指挥。相反，以色列人做到了这一点。5 月 28 日，哈加纳、伊尔贡和其他犹太自卫团体合并为以色列国防军。虽说这支军队的外表看起来仍不太正规，但他们至少有了一位总参谋长，即原哈加纳的参谋长雅科夫·多利，他对意志坚强的总理戴维 · 本 – 古里安和保卫国家负责。

最后，地理情况和敌人的分散性使以色列得以利用中央阵地策略，先行粉碎当时最具威胁的敌集团，同时以少量部队阻挡其他敌军。这是一场战略防御，但必须在积极的战术和战役进攻背景下实施。阿隆描述了以色列国防军这一策略的优先事项：

> 第一项任务似乎最为紧迫：解放吕大和拉姆拉，突破沿海平原东面的丘陵地带，从而消除特拉维夫及其周边面临的危险；解除耶路撒冷遭受的围困；从北面迂回外约旦人控制的耶路撒冷老城。第二项任务是解放拿撒勒和下加利利剩余部分，从而确保海法地区的安全。与此同时，必须以定居点和快速部队为基础，通过积极防御战术拦截南面的埃及人、东面的伊拉克人和北面的叙利亚人，直至对他们发起进攻行动。[8]

这就是以色列国防军最初从事的战争。注意阿隆使用的几个词："解放、突破、消除、迂回。"另外需要注意的是，以色列国防军只是在发起进攻打击以色列的敌人前才遂行防御。他们是世界上最具进取精神的军事力量。若说婴幼儿期的事件对成人个性的形成具有决定性，那么，1948 年的战争的确是以色列国防军的形成性经历，与成功或失败的特定作战行动相比，这才是以色列独立战争的真正遗产。

"霍雷夫"行动是个很好的例子，这是以色列国防军在此次战争中最后一场重大作战行动（1948 年 12 月），旨在打击埃及，确保以色列对内盖夫的占领[9]。按照以色列国防军在这场战争中的标准来看，阿隆指挥着五个旅的庞大力量，包括第 8（装甲）旅。阿隆对这股力量的使用非常巧妙，他以小股快速力量渗透到埃及人后方，正面实施佯攻，然后以主力沿一条较老的小径穿越沙漠，从而迂回敌军。阿隆出色概括了以色列国防军的军事学说，将之描述为"游击战与大股力量快速推进的结合"[10]。这表明以色列国防军已从最初的民兵组织发展到了一定的程度，也是未来所发生的事情的一个先兆。

1956年的西奈战役

以色列国防军 20 世纪 50 年代初的历史与摩西·达扬将军的职业生涯交织在一起——他于 1953 年出任以色列国防军总参谋长。达扬的一生都在巴勒斯坦度过，他于 1915 年出生于德加尼亚，是一座以色列集体农场中出生的第一个婴儿。达扬 10 岁时第一次端枪，阿拉伯人 1929 年 8 月在耶路撒冷哭墙袭击犹太礼拜者，几天后又在希伯伦屠杀犹太定居者后，14 岁的达扬加入哈加纳。1937 年，阿拉伯起义如火如荼期间，他为驻扎在巴勒斯坦的一支英军部队担任向导。面对阿拉伯人的袭击，英军保卫伊拉克石油公司输油管的尝试频频受挫，促使达扬萌生了自己的军事学说："我很清楚，对付他们的唯一办法是掌握主动权，在他们的基地打击他们，然后在他们行进时对其施以突然袭击。"这句话勾勒出他日后在阿以战争中屡次赢得胜利所采用的策略。1939 年，达扬作为哈加纳成员被英国人囚禁，1941 年获释，为入侵叙利亚的英军担任向导。在那里的战斗中，他被法国人的一颗子弹射瞎一只眼睛。此后，达扬在公众场合佩戴的眼罩使他成为世界舞台上最明确无误的人物之一。以色列独立战争期间，达扬担任突击队指挥官，1948 年 5 月，他以步兵、燃烧瓶和火箭筒阻挡住了叙利亚坦克和装甲车对德加尼亚的进攻。

当年 7 月，达扬护送以色列国防军阵亡的一名美籍犹太军官的遗体前往纽约，在那里结识了亚伯拉罕·鲍姆，后者曾在克赖顿·艾布拉姆斯将军麾下的美军第 37 装甲营服役。据近期一位传记作者称，鲍姆讲述了他当年设法在战线后方约 64 千米里处解救哈默尔堡美军战俘营中的俘虏的行动，这个故事激发起了达扬的想象力。鲍姆描述了他的特遣队是如何仅以装甲车、半履带车和轻型坦克在白昼行进的，由于缺乏重武器支援，他命令部下，倘若遭遇德军，便以"我们手头的一切武器开火射击"。鲍姆特遣队成功解救了战俘，但在返回途中遭到德军打击，损失半数车辆，鲍姆本人也被敌人俘虏。不过，鲍姆告诉达扬，现代作战的本质是对一股毫无防备之敌施以全部火力，他说："你不会相信这一点，但它确实有效。我不知道你在以色列是怎么做的，但我建议你在遇到障碍的那一刻，以你手头拥有的一切，机枪，迫击炮，朝各个方向开火。你应该不停地射击、前进，射击、前进。"

按照鲍姆的建议，达扬制定了一份"该做和不该做的事"的清单，这成为以色列未来 30 年的战略基础，比如：不要以侦察巡逻队在战斗发起前 1—2 天提前进攻；他们收集到的信息通常无关紧要，他们的活动只会破坏达成突然性的机会；直接进攻，将侦察部队部署在主力前方；随时保持机动；在前线实施指挥，绝不依靠二手报告；如果作战地域有一条道路，对其加以利用；哪怕是一项小任务也应使用大股力量，总是给敌人留下你掌握更大力量的印象；沿狭窄正面展开进攻，哪怕是以单路纵队实施；持续施以猛烈火力，即为消灭敌人，也为恐吓并驱散对方；遂行突击后，立即重组装甲力量，并做好机动作战的准备；以步兵占据装甲力量夺取的地域[11]。

达扬灌输给以色列国防军的除了这些原则，还有无与伦比的进取精神。围绕在达扬身边的是一群才华横溢的年轻军官，例如阿里埃勒·沙龙少校。另外，在他的监督下，以色列国防军的武器库迅速扩张。在达扬出任军队领导人时，以色列国防军只有一个装甲旅，辖一个 M–4 谢尔曼装甲营、一个搭乘半履带车的步兵营和两个搭乘卡车的步兵营。但到 1954 年，以色列人已获得了约 100 辆配备 75 毫米高速火炮的法制 AMX–13 轻型坦克、150 门备用主炮和 150 辆翻新的美制 M–3 半履带车。总之，用这些武器来装备两个新的装甲旅绰绰有余。为此，达扬还成立了装甲兵司令部。1955 年，另外 60 辆谢尔曼坦克从法国运抵，以色列人用 AMX–13 坦克的 75 毫米主炮对这些谢尔曼进行了升级。1956 年战争爆发前，法国又运来一批 M–4A3E8，这款升级版谢尔曼配有更宽的履带和改进后的悬挂，搭载 76.2 毫米长身管主炮。因此，以色列装甲部队拥有不下四款谢尔曼坦克：法国制造的改进版（型号为 M–50），以色列改进版（型号为 M–51），配备 75 毫米短身管主炮和配备 76 毫米短身管主炮的 M–4。另外，以色列的装甲部队还有约 100 辆 AMX–13 坦克和约 400 辆半履带车[12]。从根本上说，达扬并非“坦克兵”，但他从还在突击队时起便对机动步兵报以信心。而且，不管怎样他现在都指挥着一支规模相当可观的装甲力量。

阿拉伯人的力量也在增长。自 1952 年军事政变以来，埃及已成为最强大的“前线”阿拉伯国家。加麦尔·阿卜杜勒·纳赛尔总统一再宣称他打算消灭以色列，并着手（通过捷克斯洛伐克）从苏联获得大量武器装备。到 1956 年，埃及军队拥有约 300 辆中型坦克（T–34/85 和 JS–3）、200 辆装甲运兵车、100 门 SU–100 突击炮、200 门 57 毫米反坦克炮及大批野战炮、榴弹炮、无后坐力炮和侦察车。无论以任何标准看，这都是一股强大的力量[13]。

基于简单的力量对比，以色列 1956 年对西奈半岛发动的进攻应该算一场彻底的失败，或者说充其量导致一场僵持。但对以色列新组建的装甲部队而言，“卡德什”行动却是一场压倒性胜利。该计划充满达扬大胆、积极进取的特点。10 月 8 日的战前简报会上，达扬向麾下指挥官们强调，必须以尽可能快的速度推进到尽可能远的纵深。达扬告诉他们，不必“担心被绕过的埃及部队发起反击或切断我方补给线。我们没有必要认为埃及人会像欧洲军队在类似情况下那样行事”。相反，他相信一旦被隔断，埃及人的整个防线就将彻底崩溃。达扬指出，优先事宜“首先是伞兵空投或空降，其次是穿过敌人被绕过的阵地向前推进，第三是突破”。以伞兵夺取纵深目标，远比“正面冲击埃及人的每一处阵地后逐渐推进，从以色列边境一路跋涉到苏伊士运河，从而到达这些目标”强得多。步兵和装甲力量也应以同样的方式直接绕过敌人的阵地，一路向西挺进。突击和突破是最后的手段，只有在无法迂回埃及人的情况下方可采用。这番思路得出了合乎逻辑的结论，达扬强调“卡德什”行动的首要任务是夺取运河附近的埃军阵地，以色列国防军离开以色列边境的加沙地区放在最后[14]。

有趣的是，“卡德什”行动的目的并未针对军事计划中的两个常见目标：消灭敌有生力量或占领其领土。前者需要实施艰苦的战斗，以色列人将为此付出高昂代价，而后者当时根本不在政治考虑范畴内。因此，“卡德什”行动的目标是“打乱西奈半岛埃及军队的组织，并导致其崩溃”[15]。达扬告诉本–古里安，以色列国防军夺取“十字路口和关键的军事要点，将使我们控制整片地域并迫使对方投降”，从而出色地实现作战目标[16]。至于剩下的工作，就由埃及军队低落的士气去完成。

整个行动只用了 100 个小时。10 月 29 日下午，以色列伞兵部队一个实力并不强的营（沙龙第 202 空降旅一部）在米特拉山口东面的帕克纪念碑实施了空投。这起事件“引发”了英国和法国的干预。该营随即掘壕据守，等待援兵赶至。以色列援兵很快就将到来——沙龙的部下搭乘吉普车和半履带车，正在一个 AMX–13 装甲连支援下，穿越西奈半岛，疾进约 305 千米赶来增援。沙龙在昆提拉一举打垮敌防御阵地，他在那里巧妙地指挥坦克部队伴随着夕阳逼近敌阵地。在塞迈德，他又利用升起的太阳实现了同样的效果。10 月 30 日，他的部队在奈赫勒同伞兵营会合，此时离他从边境出发仅过去了 30 个小时。

空投和会合以一种蔚为壮观的方式使以色列的威胁逼近了苏伊士运河，但这仅仅是主要突击的前奏。以色列的九个装甲和摩托化步兵旅将以两股队列穿越西奈半岛：北面的一支沿拉法赫—阿里什—坎塔拉方向推进，南面与之平行的一支队列于进攻行动次日穿过阿布阿盖拉，尔后赶往伊斯梅利亚。以色列人的主要障碍是埃及军队的主防御阵地，这是一片位于拉法赫、阿里什、阿布阿盖拉之间的三角地带。纳赛尔的德国顾问建议把埃军主力部署在西奈西部，在那里可以对任何进攻做出应对，纳赛尔没有理会这项建议，而是将几乎所有力量都部署在了这片三角地带的前沿阵地上。埃军主力靠前部署正中达扬下怀——这使他获得机会，从而赢得一场当前局势所要求的速胜。

不能说一切行动都按部就班地顺利实施。至少，中路支队的第 7 装甲旅是所有以色列部队中经历最坎坷的一股。该旅旅长乌里·本·阿里上校没等获得命令便提前一天进入西奈半岛，此举差一点让达扬心脏病发作[17]。达扬本打算在进攻次日投入装甲力量——届时，伞兵空投已完成，而步兵也已突破三角地带的敌防御。他认为这种方式会使埃及人相信，以色列国防军的举动仅仅是一场突袭的组成部分，也许是一场失败的突袭：伞兵落在后方遥远处，必须同一支机动步兵部队会合才能获救。达扬起初对本·阿里的擅自行动恼怒不已，但随后获知南部军区司令阿萨夫·西姆霍尼将军实际上已命令本·阿里投入行动。西姆霍尼觉得伞兵实施空投后，不能浪费任何一点时间，而达扬的计划安排有可能丧失突然性。

本·阿里装甲旅直接对乌姆·卡泰夫阵地发起冲击，但在埃军准确的反坦克火力打击下未能取得太大进展。就在这时，达扬赶至战场，他先去了南方军区司令部，然后又来到第 7 旅旅部。达扬本该考虑命令本·阿里率部返回出发线（军纪和正确的指挥链都要求这样做），但实际上，他却命令第 7 装甲旅绕过乌姆·卡泰夫，继续向西进击。达扬后来写道："这个旅没等接到命令便迅速投入战斗，我无法不对他们产生同情心。"他用一句谚语总结了他对此事的感受："与其热衷于驱使一头讨厌的骡子，不如驾驭一匹高贵的种马。"[18]

当晚，"这匹高贵的种马"交了好运。第 7 装甲旅绕过乌姆·卡泰夫一路向西，本·阿里发现德伊卡山隘未设防。次日晨，第 7 装甲旅从后方攻陷了阿布阿盖拉的埃军阵地，从而从西面楔入了这片三角形防区，并粉碎了据守在其中的大批埃及部队。平心而论，虽然以色列国防军负责从东面突破乌姆·卡泰夫防御的第 10 和第 37 步兵旅没能取得太大进展，但这已无关紧要。短暂休整后，本·阿里率领第 7 装甲旅转身向西，派出的小股战斗队在一天内穿越了西奈半岛中央的大部分地区。此时是 D+2 日，按照原先的计划，本·阿里应在此时跨过边境线，可实际上，他这时已赢得了战争。

不过，另一支违纪的部队的运气就要差得多了。沙龙空降旅同空投在米特拉附近的伞兵营会合后，他要求实施一场"侦察巡逻"，并获得了阿萨夫·西姆霍尼将军的批准。这支侦察巡逻队编有两个搭乘半履带车的步兵连、3 辆坦克、沙龙空降旅搭乘卡车的侦察队和一个重型迫击炮（120 毫米口径）连。可是，以沙龙空降旅相当一部分作战力量实施的这场"巡逻"在逼近山口时，却遭遇到了埃及人猛烈而又准确的火力打击，导致这支车载部队损失惨重。据守在此的并非象征性力量，而是埃军编有五个步兵连的一个加强营，他们隐蔽在山上的洞穴里，并获得了火炮和反坦克炮支援。战斗刚刚打响，以军车队中的油料车、弹药车和另外三辆汽车便中弹起火。伞兵们不得不冲上山坡，与埃及人展开白刃战。最后，虽然沙龙率领士兵夺得了米特拉山口，但由于他的旅仍位于帕克纪念碑，只得随即放弃米特拉山口。照以色列人的标准来看，这场战斗的代价极为高昂，用达扬的话来说就是“空前沉重”——以色列国防军精锐部队阵亡 38 人，负伤 120 人。

沙龙又一次倒了大霉，换作世界上任何一支军队，他的职业生涯都将处于岌岌可危的状态,以色列国防军里的许多人也持同样看法。但达扬又一次饶恕了沙龙，他在《西奈战役日记》一书中用很长的篇幅探讨了这个问题，并承认“没有必要进攻据守运河接近地的埃军部队”。尽管如此，“伞兵指挥官的英勇、大胆和战斗精神”还是值得赞扬的。伞兵们的战术错误使他们为之付出惨痛的代价，“事实上，我认为问题严重的是一支部队没能完成受领的战斗任务，而不是他们超出职责范围，从事了比上级所提要求更多的工作。”不过，沙龙在米特拉山口的冒险也的确令他深感困扰：

> 没有必要说我们对他们的重大伤亡是多么悲痛。我对伞兵指挥部门的意见，很尖锐的意见，并非针对这场战斗本身，而是对他们假借“巡逻”之名展开行动，以此“取悦”总参谋部。他们这样做，我感到很难过，我很遗憾没能在我们之间成功塑造起相互信任的关系，也就是说，若想违抗我的命令，他们可以直接而又公开地这样做。[19]

可以说以色列国防军是一支不同寻常的军队，而达扬则是一位极不寻常的指挥官。他对步兵进攻乌姆·卡泰夫的处理方式也极具启发意义，与他对西姆霍尼、本·阿里和沙龙的态度形成了鲜明对比——这些人为投入战斗而违抗上级下达的直接命令，达扬对此表示同情，并最终原谅了他们的抗命。但第 10 和第 37 步兵旅似乎不愿将他们对乌姆·卡泰夫的进攻坚持下去时，达扬召集两位旅长开了一场脾气暴躁的会议，他在会上向他们强调保持积极进攻的必要性。而当第 7 装甲旅和第 202 空降旅携带的补给物资即将耗尽，可乌姆·卡泰夫仍阻挡着西奈半岛寥寥几条铺装道路中的一条时，达扬写道：“虽然他们有一千零一条充分、可以理解的理由解释他们为何没有对埃及军队设有雷区且精心防御的阵地发起冲击，但我对此深感不耐。我不想听两位旅长提出的抱怨、问题和困难——他们的部下疲惫不堪，补给物资没能及时运抵，夜间很冷，白天又很热，尘埃导致士兵的步枪无法击发，他们的车辆陷入沙中——我知道这都是实情，可我对这些问题没有解决之道。我无法改变内盖夫沙漠，但新进攻方向必须打开。”[20]

10 月 31 日晚些时候，英国人和法国人开始对埃及空军实施空袭。虽然西奈半岛的埃及守军接到了后撤令，但他们现在已四分五裂。三角防区的三个顶点，阿布阿盖拉、乌姆·卡泰夫和拉法赫很快落入以色列人手中。穿过西奈半岛通往坎塔拉和伊斯梅利亚的北部和中部路线挤满迅速前进的以色列军队——他们全力实施机动，不屑于收容试图投降的埃及人。对于以色列军队而言，这些埃及人已不再是一支能构成威胁的作战力量。这是机械化军队一场堪称经典的战役发展，从 11 月 2 日持续到 5 日。与法国和英国达成一致后，以色列军队在距离苏伊士运河仅 16 千米处停下了脚步。不到一周的时间，以色列国防军便征服了西奈半岛，俘获 5000 多名埃及俘虏，并缴获大量战争物资[21]。以色列国防军的损失相当轻微，仅阵亡 172 人，负伤 700 人。不过，以色列军队领导层也为他们的高标准付出了高昂代价：在伤亡人员中，军官的数量过半。

“卡德什”行动表明，以色列国防军能像世界上少数几支军队那样运用快速力量——主要突击完全摒弃传统作战方式，避开正面冲击，在不考虑侧翼或交通线的情况下向前疾进，直扑埃及军队后方，而敌人大多数前线部队甚至没有从事交战。这场行动最终证明，一支依靠应征入伍者和仓促召集的预备役人员组成的军队（一些以色列电焊工驱车进入西奈，并一连几个小时穿着他们的工作服），完全可以在现代化火力环境下运用现代化的武器实施作战。事实证明，一支军队在发起破坏性和决定性行动时并不需要严格的军营纪律或展现出一丝不苟的军容军貌。这令一些外国军事观察员深感惊愕：

> 军官经常被他们的部下直呼其名，同僚们之间也是如此；他们之间很少敬礼；许多人胡子拉碴；这里没有尊重上级的外在迹象；希伯来语里没有“长官”这个词。我在英国和美国军队里的亲身经历教会我，战斗中的优秀纪律取决于军营里的良好纪律，但以色列军队似乎驳斥了这种论调。[22]

最后，“卡德什”行动还表明，任务式战术（Auftragstaktik）的概念依然存在于以色列国防军之中，并往往以极端的方式加以体现——它允许级别较低的指挥官发挥主动性，视具体情况采取行动，哪怕这意味着违背上级的命令。

在苏伊士运河赢得重大胜利后，以色列军队的指挥官们展开了大量激烈的争论，探讨行动中正确或错误的应对。达扬以步兵打开通道，突破敌人强化三角防区的计划未能奏效——完成所有工作的都是装甲兵团：不仅仅是穿越沙漠发展胜利的诱人任务，还包括了切断电线这种枯燥乏味的活儿。第 7 装甲旅的坦克就是个典型的例子，他们：

1. 对乌姆·卡泰夫发起正面进攻。
2. 被敌人击退后绕至其后方，幸运地穿过了德伊卡山隘。
3. 发起进攻，在阿布阿盖拉决定性地突破了三角防区的防御。
4. 转身向西，进行了整个战役发展期间最耀眼的“表演”。

虽然达扬本人是一名机动步兵，但他无法否认他的装甲部队取得的令人难以置信的成就。苏伊士运河战争后，空军和装甲力量的发展在以色列武装部队中获得了最优先权——仅凭他们，便能完成以色列较小的国土和国际政治局势所要求的快速与决定性战役。

最后，我们再来谈谈以色列国防军在 1956 年战争中的指挥控制——他们没有指挥控制，或者说几乎没有指挥控制。达扬给各独立特遣队分配任务，并让他们自由发挥——这些部队并不总是按照命令行事，他们很少拒绝前进，通常他们会提前离开出发线，或在接到明确命令不得进攻时发起进攻。我们很难不赞同马丁·范克勒韦尔德对 1956 年战争中以色列国防军的描述：以士气替代适当的组织。那些违抗命令的人不仅没有受到惩处，反而在私下里赢得了总参谋长的钦佩——倘若发生问题，甚至是出现导致麾下士兵阵亡的事件，他会将之视为“不幸”[23]。达扬本人的指挥风格是乘坐飞机或驱车赶赴前线，奔波于一个个指挥部，同他那些指挥官当面会晤，并经常聆听他们解释违抗命令的原因。这些短途行程期间，达扬有时候会用电台联络特拉维夫，有时候不会。确实，从事运动战需要分散指挥控制体系。越是偏好进行运动战，对分散指挥控制体系的要求就越极端。面对一个不实施机动，在以色列军队进入其后方后便举手投降的劣势之敌，以色列军队做得不错，不过后续的战争会再次对他们加以“测试”。

此外，埃及军队的情况又如何呢？他们彻底被一支积极进取的年轻军队打得猝不及防，甚至没来得及投入更多部队便被击败。从纸面上来看，埃及人拥有强大的力量。他们在西奈半岛部署了两个满编师：第2步兵师守卫运河，第3步兵师据守西奈北部和中部。第3步兵师盘踞在三角防区内，以加强旅守卫拉法赫（第5步兵旅）和乌姆·卡泰夫/阿布阿盖拉（第6步兵旅）。第4步兵旅一个营和两个坦克中队担任师预备队，准备提供增援或在必要时遂行反冲击。可在战斗打响后，这些部队的正面、侧翼和后方都遭到了攻击。这次战斗的节奏是如此之快，以至于第3步兵师各个旅甚至无法保持相互间的联系，更别说协同作战了。埃及人在这场战争中没有实施机动，仅仅是对出现在他们前方的以色列军队进行射击。正如我们所知的那样，虽然埃及人的火力打击有时候很有效，但大多数时候仍较为零星，并未进行集中方向的攻击。也就是说，埃及人并没有进行真正意义上的“作战”——一旦以色列人进入他们后方，埃及人就会很干脆地放弃阵地并设法逃回本土。

六日战争

在战场上赢得一场速胜，一直是运动战的传统目标。从1914年的德国军队（其目标是在六周内击败法国）到二战期间德国的闪电战和苏联的“大纵深战役”，机动作战的目标一直是迅速取得歼灭战的胜利。1956年，达扬夜以继日地工作，以确保他的军队能达成突然性——他认为这是赢得决定性胜利的先决条件。尽管出现了一些失误，但达扬在很大程度上实现了自己的目标。不过，1967年的以色列国防军更加出色。举世皆知的“六日战争”，其首要特点就是“简洁”——以色列国防军在这场战争中表明，他们甚至可以在冲突爆发前便取得决定性的胜利[24]。

虽然似乎是个悖论，但以色列国防军的目标显然是进行一次先发制人的打击。一方感觉到另一方优势力量的威胁，因而在对方甚至没有意识到自己已卷入战争时，便发起进攻并将对手“粉碎”。理想情况下，是一方展开了先发制人的战争，并将另一方轻而易举地击溃。也就是说，进攻方超越了“进入对手决策周期”的常见概念[25]——在一场先发制人的战争中，“防御”方没有决策周期。而这，这正是1967年所发生的事情——以色列国防军在这场战争中的胜利，为突然性、快速性和破坏性开辟了“新天地”。一位前以色列国防军军官称这场战争为“预期中的反击”[26]，一位当代分析人士则认为这是“闪电战的顶点”[27]，一位颇具同情心的观察者认为1967年的以色列国防军“没等埃及人对他们展开进攻便先下手为强”[28]。

毫无疑问，沦为这场先发制人的打击的倒霉受害者的埃及士兵不会这么说。

虽然 1956 年的胜利后来成为一些战争的传统模式，但这场大捷并未让以色列变得更加安全。法国和英国被迫放弃苏伊士运河，以色列不得不撤离西奈。接下来的十年，以色列和阿拉伯国家疯狂地武装自己的地面和空中力量。以色列早在独立战争期间便建立起了一支空军——他们在 1956 年的战争中表现出色，现已成为地面力量成熟的合作伙伴。1967 年，以色列空军配备了法国战机，20 架“超神秘”B–2 和 72 架“幻影”IIIC 成为以色列空军装备库里的超音速战机[29]。不过，以色列空军需要面对的“敌人”也不简单。苏联为他们的阿拉伯客户提供了大量装备：1955 年的一个伊尔 –28 轰炸机中队，1957 年的米格 –17，1960 年的萨姆 –2 地对空导弹。到 1967 年时，阿拉伯人手中约有 200 架米格 –21 一线战机。

至于地面武装，阿拉伯军队在 1956 年前拥有的 T–34/85 坦克，在进入 60 年代后，被大批 T–54 和 T–55 取而代之——这是苏联战后的新一代坦克，识别标志是低矮的车身轮廓和半球形炮塔。到了 1967 年，埃及约有 1200 辆战车：350 辆 T–34、500 辆 T–54 和 T–55、100 辆重型 JS–3 坦克，以及 150 辆 SU–100 突击炮。以色列军队配备的则是美制 M–48 巴顿、英制百夫长、主炮升级版的“超级谢尔曼”和法制 AMX–13 坦克——这些战车的质量普遍更好——更优秀的火控系统、更大的携弹量，以及更宽敞的车组成员的空间。此外，以色列人还进行了大量改进，以百夫长坦克性能更佳的 105 毫米主炮替换了 M–48 巴顿的 90 毫米主炮[30]——由此产生的混合型“巴顿百夫长”成了 1967 年战争中最有效的坦克之一。但是，这些性能优势能否弥补巨大的数量劣势，却值得商榷——叙利亚和埃及联军的坦克数量远远超过了以色列人，数量比至少达到了二比一。

鉴于 1956 年学到的教训，以色列高级指挥部门这次没有制定任何详细或规定性计划。实际上，1967 年的作战行动甚至没有正规代号——尽管以色列国防军的官员们事后努力想给它起个名字。正如以色列国防军总参作战部长埃泽尔 · 魏茨曼指出的那样：“我们为所有一切制订了计划——哪怕是夺取北极。这些计划就像砖块，可以随形势的发展一块块堆砌起来。但我们没有做出预想，以免形成不够灵活的总体计划。”[31] 需要补充说明的是，就算总参谋部预先制定一份计划，也无法保证战场指挥官们会遵循。相反，1967 年的战争衍生于七年来的训练、演习和沙盘推演，这使每一位以色列国防军军官对西奈半岛的关键地形了如指掌——事实证明，1956 年的经验非常宝贵。

1967 年 6 月，当战争爆发时，以色列的空中力量和装甲部队几乎彻底达成突然性，再次为以色列的胜利铺平了道路。以色列突然对阿拉伯国家的空军发动空袭，战争随之拉开帷幕。在 6 月 5 日短短的几小时内，以色列空军就彻底消灭了埃及和叙利亚的空中力量——最初的袭击中，就近 200 架飞机被摧毁在地面上。而当埃及和叙利亚幸免于难的战机升空后，却发现以色列飞行员具有世界上最娴熟的技艺。阿拉伯人在这场“六日战争”中共损失了 452 架飞机，而以色列仅折损了 46 架飞机。

在丧失空中掩护后，阿拉伯军队发现自己面对以色列的地面突击孤立无援。这一次，以色列人没有使用“破坏埃及军队的组织结构”和“致使对方崩溃”这些含糊其词或巧妙妥协的话语——以色列人此次的目标是歼灭敌人。西奈战线指挥官叶沙雅胡·加维什将军率领了三个师级特遣队，6 月 5 日晨 8 点 15 分，这三个师将同时跨过边境进入西奈半岛。从以色列军队右侧展开行动的以色列·塔尔将军（以色列装甲兵司令）将对沿海岸盘踞的埃及第 7 师遂行打击。塔尔的任务是突破拉法赫的防御并前出到阿里什，从而撬动埃及军队在北部的防御。位于塔尔左侧的是阿弗拉罕·约菲将军率领的一个规模较小的师，该师几乎完全由预备役人员组成，他们将穿过埃及人一直认为无法通行的阿布阿盖拉北部，并消灭埃军的装甲力量，使其无法支援阿里什的第 7 师。最后是沙龙将军位于南面的师，他们的任务相当艰巨——突破埃及军队设在阿布阿盖拉—乌姆·卡泰夫十字路口的主强化阵地。一旦实现了这些目标，以色列的三个师将全力向前推进，赶往米特拉和吉迪山口——这是为击败埃及军队而冲出西奈半岛仅有的两条路线[32]。

埃及军队在西奈半岛的战斗序列依然强大，他们共计有七个师。即便扣除在加沙地带据守防御阵地的第 20 巴勒斯坦师，埃及人仍有六个机动师可与以色列的三个师对峙。部署在前线的是位于拉法赫的第 7 步兵师及其右侧的第 2 步兵师，后者据守乌姆·卡泰夫—阿布阿盖拉阵地。第二道防线位于他们身后：第 3 步兵师部署在阿里什与利卜尼山之间，在其右侧的是第 6 步兵师，防御阵地从昆提拉到奈赫勒。最后是准备遂行反冲击的两个装甲师：位于比尔吉布加法周围的第 4 装甲师，以及部署在第 3 步兵师与第 6 步兵师之间，以其指挥官命名的“沙兹利部队”（沙兹利后来成为埃及武装部队总参谋长）。这种“盾牌与利剑”的部署非常合理：一旦以色列人陷入前线师的防御工事中，装甲部队便可投入战斗，并对敌人施以毁灭性打击[33]——但这一点只有在埃及军队做好战斗准备的情况下方能实现。同1956年一样，以色列再次赢得了迅速而又完整的胜利。虽然某些地方的战斗相当艰苦，需要对各个营的行动做出详细的逐时描述，但三个以色列师次日已在各处取得了突破。北面，进攻拉法赫的塔尔师以第7装甲旅（什穆埃尔·戈嫩上校）的坦克遂行正面冲击，以“巴顿”坦克和搭乘半履带车的伞兵组成的混成力量展开了一场迂回——他们面对的是埃军占据强化阵地的一个加强步兵师，尽管得益于突然性，但塔尔还是不得不一点点突破对方的防御。首日日终前，塔尔师的进展甚微。不过，塔尔召唤了以色列空军实施破坏性对地支援——在三个以色列师作战地域，这是个决定性因素。塔尔师各级部队的作战行动又一次进行了自由发挥。塔尔的一名参谋证实：“很难在塔尔师里找到一名按计划行事的指挥官。几乎所有计划都在战斗期间受挫，但所有目标都得以圆满实现，甚至比预计的更快。”[34]

南面的情况则不同。沙龙师执行的是最艰巨的任务：突破阿布阿盖拉/乌姆·卡泰夫防御阵地，这片阵地曾在1956年阻挡住了以色列步兵的冲击。沙龙在这里策划并实施了一场复杂且精心设计的突击，他认为这是突破对方强大防御阵地的唯一办法。沙龙认为，他的目标是“同时进攻埃军防御阵地的全纵深”。沙龙把丹尼·马特率领的小股伞兵投入埃军战壕北面数千米处——他们越过山丘，以一场致命的夜袭打垮了埃军炮兵。与此同时，以色列国防军各炮兵连对埃及人据守的阵地展开了一场在这些战争中相当罕见的大规模炮击，随后步兵也发起了冲击。这些步兵冲入三道战壕，用随身携带的彩色指示灯，指引己方炮兵以徐进弹幕射击的方式引导他们前进。在攻占堑壕北部地带后，工兵着手在战壕体系前方的雷区清理出一条通道。一个谢尔曼装甲营随即突破防御外围，同防御圈内的埃及坦克展开战斗——虽然后者的能力足以自保，但在另一个以色列百夫长装甲营从后方（即西面）投入战斗后，埃军坦克就遭到了破坏性打击。虽然以色列国防军在运动战方面的技巧无与伦比，但沙龙对乌姆·卡泰夫的突击证明，以色列仓促集结起来的国民士兵也能实施一场壮观的对阵战。这场突击取决于沙龙所说的tahboulah（译注：希伯来语，意思是“策略、计谋”），丧失勇气的守军对此深感震惊，沙龙认为：

这是个复杂的计划。但融入其中的元素是我多年来一直在研究和传授的东西，可以追溯到1953年伞兵的作战行动——关于近战、夜战、伞兵突袭、从后方进攻、冲击狭窄正面、细致的策划、tahboulah的概念，以及总部与战地指挥部之间关系的理念。虽然这是我首次在战斗中指挥一个师，但所有想法早已成熟，没有任何新东西。很简单，只要把所有元素放在一起并使它们奏效即可。[35]

没用几个小时，沙龙便夺得了至关重要的阿布阿盖拉—乌姆卡泰夫防御阵地，并粉碎防御中的埃及第2步兵师，以色列人为此付出的代价仅仅是40人阵亡、140人负伤。通往西奈的道路打开了。

约菲师与地形所做的斗争丝毫不亚于对付埃及人。约菲师的一个旅在以萨迦·伊斯卡·沙德米上校的率领下跨过了一连串柔软的沙脊，设法取得突破，他们驱散获得反坦克炮加强的一个埃及国民警卫连，并在比尔拉凡以南占据了一处伏击阵地。当日日终时，一个以色列装甲营在那里遭遇了两个埃及装甲旅主力。埃及人列队而来，一辆辆战车开着大灯，他们认为以色列坦克不可能出现在比尔拉凡。伊斯卡在放埃及人进入己方射程后，才命令先遣排开火射击，每辆坦克各发射了一发炮弹，每发炮弹都击毁了目标。遭到这番打击后，埃及人停止了前进，他们的两个旅在此闲坐了一晚。次日晨，埃及人再次对以色列人展开进攻，击毁以军4辆坦克、许多装甲运兵车及卡车。在当日上午的战斗中，以色列的装甲营继续以准确的远程炮火射杀埃及人的坦克。直到协助沙龙夺取阿布阿盖拉的另一个装甲营从南面赶至，并发起最后一击，从侧翼对埃及人遂行打击。最终，伊斯卡旅粉碎了埃及第4装甲师的主要作战力量。值得注意的是，约菲师几乎完全由预备役人员组成，旅长伊斯卡几天前还是一名旅馆经理，而约菲本人是以色列自然保护协会负责人[36]。

在各处达成突破后，以色列坦克再度发起了一场高速推进，穿越西奈半岛。埃及人被以色列精锐坦克兵团马不停蹄的迅猛冲锋追上后，一时间不知所措，其正面和侧翼均遭到了打击,而空袭也持续不断。沙德米旅以一场猛烈冲刺穿过沙漠，6月7日前出到米特拉和吉迪山口，但该旅的坦克一辆接一辆耗尽了燃料。最后，仅有9辆以军坦克到达目标处（其中4辆不得不靠拖曳前行），但他们和配有少量迫击炮的小股步兵部队足以守住山口，并阻挡试图逃离西奈半岛的第一支埃及车队。至此，埃及军队的精锐已被困住。

当然，以色列军队也出现了一些混乱和失误。其中一个错误是约菲师与沙龙师之间发生了一场短暂的坦克冲突。约菲的坦克一路猛冲，并在行进中不断开炮射击，沙龙无法用电台联系对方，不得不派自己的作战官伊扎克·本–阿里乘坐吉普车赶往进攻中的己方坦克，让他们知道所犯的错误——这肯定是件麻烦事……

在奈赫勒，沙龙听说埃及第6步兵师正在接近，一直掩护内盖夫边境的一个以色列旅正从昆提拉发起追击。于是，沙龙以一个装甲旅、一个搭乘半履带车的加强营和师属侦察部队为逃窜中的敌人布下了陷阱：

可就在投入战斗时，我的半履带指挥车和车上搭载的所有通信设备悉数发生故障。我们赶紧把这辆指挥车拴在一辆坦克后面，这样一来，我就有了被坦克拖入战斗的独特经历。前方的是我们的装甲旅，侧面是我们的半履带车，身后是追击中的以色列军队，埃及第6步兵师陷入了一个可怕的杀戮场。奈赫勒前方的场景犹如一道死亡之谷。数千米长的沙漠上布满坦克残骸和被烧毁的装甲运兵车，地面上的尸体随处可见，一群群埃及士兵双手抱头站在各处。这场毁灭直到晚上才告结束，此时，埃及第6师已不复存在。[37]

以色列人最大的问题之一是，如何在挤满溃逃中的埃及部队的公路上继续保持令人难以置信的推进势头。临时性解决方案是继续利用公路，跟随后撤中的埃军部队向前推进。战役期间，以色列军队多次与埃及部队挤在同一条道路上，一同向西而行[38]。

剩下的只是"山口之战"，尽管对埃及机械化军队遭受的屠戮而言，这种说法并不准确。埃军部队退至山口，发现归国之路已被封锁，随即发生崩溃。山口（米特拉居南，吉迪居北）处的场景令人难以置信。个别坦克企图冲过山口，结果遭到了以军坦克的火力夹射。埃及军队遭受的这场屠杀可怕至极，数百部燃烧的车辆堵住道路，一队队扭曲的残骸堆积在道路两侧，企图逃回本土的坦克竭力推开路上的障碍。这是装甲先知们曾在20年代设想过的那种战争——几天前还威风凛凛的一支装甲大军已四分五裂，沦为一群杂乱无章的乌合之众。在这场短暂的战争中，埃及军队损失的坦克多达800辆，其中有许多是在完好无损的状况下被遗弃的[39]。

评估六日战争远比初看上去复杂得多。一方面，以色列国防军赢得了军事史上最惊人的一场胜利。以色列国防军的兵力仅与埃及军队相比便已相差甚远，但却在不到一周的高强度战斗中粉碎了后者，并还以预备队和剩下的精力对约旦与叙利亚的军队施以了惩罚性打击。以色列人赢得这些胜利并非依靠更先进的武器——就这个问题而言，几乎各种武器的来源都清晰明了。这场战争中，以色列指挥官利用薄弱的后勤力量执行了许多任务。沙龙饶有趣味地描述了他使用冰激凌车、热狗车、牛奶车和民用大巴，在战争爆发时将他的大部分部队运至阿布阿盖拉[40]。实际上，以色列国防军赢得胜利凭的是他们的"软性因素"：更出色的训练、士气和主动性。

虽然胜利来得很彻底，但重要的是记住对手低劣的军事素质。1956 年，以色列国防军将埃及人打得猝不及防，而 1967 年的这场战争更具戏剧性。当然，这引发了一个问题：一支拥有大量现代化装备的军队（更不必说他们还有一大批苏联顾问）为何会接连被对手打得措手不及。整个阿拉伯世界存在一种令人遗憾的倾向，他们把失败归咎于犹太人的奸诈或列强（英国和美国）的干预。据说美军战机从地中海东部的航空母舰上飞来，在最初的空袭中协助以色列人。这些当然都不是事实，但阿拉伯媒体在战争结束后的几个月里以数百篇文章"证实了"这一指控[41]。好在另一些更为理智的阿拉伯学者指出，阿拉伯与以色列社会之间"技术和科学的差距"导致埃及军队无法"消化"他们获得的大量新装备和物资[42]。不过，就许多以色列人而言，他们愿意承认中东地区存在"文明差距"，他们总是能给不太先进，甚至有些原始的邻国造成惩罚性失败[43]。

原以色列军事情报局局长耶霍沙法特·哈尔卡比后来成了一名颇具名望的学者，他对此提供了一种社会学解释，他认为"阿拉伯人之间社会联系的弱点"导致埃及军队在现代战场上缺乏必要的凝聚力。但耶霍沙法特·哈尔卡比也警告称，不要试图总结向来棘手的民族性问题，他认为"讨论社会群体和民族时，无法避免将一种集体人格赋予讨论中的群体。"以色列士兵像兄弟那样团结在一起投身于战斗中，并不顾自身危险地冲向所在部队的目标，而埃及士兵却在孤身奋战。这就是一个恶性循环的过程——在西奈，埃及军官抛弃了他们的部下，而这些部下也不知道上级的名字，他们觉得自己对这些长官没有任何责任可言。出于一种上级正准备弃之不顾，任由他们自生自灭的感觉，埃及士兵刚一遇到麻烦便发生崩溃。

哈尔卡比还把阿拉伯政府在战争期间散布的最神奇的谎言的倾向视为阿拉伯世界缺乏任何真正的社会契约的另一种表现形式：

整个六日战争期间，最令人惊讶的莫过于"他们"发布的虚假公告。例如，倘若阿拉伯官方声称的以色列空军的损失属实的话，那么，以色列空军的每一架战机应该都已被击落了——不是一次，而是数次。阿拉伯飞行员和高射炮手显然对他们的战果做出了虚假汇报，而他们好大喜功的上级又对这些言过其实的说法加以夸大。

哈尔卡比认为，由于对谎言的偏爱，导致这种“撒谎的倾向”根深蒂固，很难改变。而这，这肯定会抵制上级下达的命令。哈尔卡比指出，人们很难直接颁布一道“从明天起禁止撒谎”的法令[44]。

正如整个世界很快会见到的那样，这些解释根本没能真正说出什么东西。尽管阿拉伯媒体提出阴谋论，但美军战机并未轰炸埃及空军基地。虽然“技术和科学的差距”至少是探讨阿拉伯国家失败原因的一次认真尝试，但这种差距并未阻止北越在抗击法国和美国这些强大对手时的出色表现，而这仅仅只是一个例子。社会学解释对阿拉伯世界社会融合、语言和文化这些根深蒂固的问题大加指责——这在 1967 年战争后似乎很有说服力，可仅仅六年后，这种解释就变得空洞无力。

最后需要指出的是，1956 年和 1967 年的胜利是一个极为古老的故事的组成部分。一方面，以色列国防军将诡计和突然性、推进和攻击性、预先制定计划然后在战场上更好地加以即兴发挥的能力融入整个机动作战——他们在可能的情况下实施机动，在不得不为之的情况下通过血腥的突击取得突破，始终不忘他们的目标：西奈半岛西部边缘的山口。以色列国防军借助压倒性的空中掩护展开行动时，很难相信世界上有哪些军队能在西奈击败他们。埃及人的失败并不罕见，在其他时间和其他地点遭类似厄运的军队足以列出一份长长的名单：1914 年坦能堡的俄国人、1940 年的法国人、1950 年清川江畔的美国第 8 集团军，他们都被战败、打垮、击溃。

赎罪日（斋月战争）

分析人士通常认为以色列国防军的战争学说在 1967 年与 1973 年之间这段时期首次出现了错误的转变。以色列国防军在展开惯常的战后分析时，认为 1967 年不可思议的胜利首先应归功于坦克和战机的结合。坦克赢得地面战的胜利，而以色列空军近乎完美地发挥了空中优势和遮断作用。大多数观察家一致认为，这导致了步兵训练的重要性受到了极大的忽视。实际上，这种侧重点的转移发生在 1967 年前。早在 1960 年，权威人士巴兹尔·利德尔·哈特爵士访问以色列期间便对骄傲自满、过度依赖坦克和战机，且不利于步兵发展的危险提出过警告[45]。

由于1956年和1967年战争的胜利,以色列国防军滋生了一定程度的自满情绪。这支军队针对弱小与缺乏训练的敌人发展起了自己的军事学说，尽管对方经常配备大量苏制装备。1956年穿越西奈半岛的闪电战期间，由于埃及军队很快束手就擒,以军的机动时间远远超过实际战斗时间。而六日战争期间的情况,也同样如此。事实多次证明，未获得支援的以军装甲力量足以粉碎扼守筑垒地域的埃及部队的抵抗意志。在某些地段，可以肯定（例如对戈兰高地的冲击或沙龙进攻乌姆·卡泰夫）以色列国防军拥有以坦克、机械化步兵和伞兵实施诸兵种合成作战的能力。但实际上，以色列国防军已逐渐发展成一支几乎完全依赖其装甲部队的重装力量。

虽然六日战争已结束，但以色列与阿拉伯邻国之间仍未实现和平。随之而来的是1969—1970年的一场“消耗战”，双方都跨过运河遂行突袭，有时候达到纵深很远处。1968年10月，以色列直升机降部队突袭奈杰·哈马迪发电站——这个目标远在上埃及，距离苏伊士运河数百千米。埃及炮兵经常炮击以色列为守卫运河的前线部队运送物资的补给车队，为此，以色列国防军沿运河修筑了一连串固定防御工事，并以总参谋长哈伊姆·巴列夫的名字命名为“巴列夫防线”。苏联迅速为埃及补充了损失的武器（毕竟当时苏联的威望也处于岌岌可危的境地），并交付了大批先进的新式装备——特别是在至关重要的防空领域。以色列飞行员很快学会避开埃及地空导弹（萨姆）基地掩护的地域[46]。

自1967年6月以后，以色列人和阿拉伯人再度爆发一场大战似乎已经不可避免。阿拉伯人将1967年的战争称为“第三回合”,认为这场战争并不具有任何决定性，他们立即着手策划“第四回合”。这场战争发生于1973年，被以色列人称为“赎罪日战争”，被阿拉伯人称为“斋月战争”。这场战争中，发生了历史上规模最大的几场坦克战——比如以军对埃及人设在西奈半岛的登陆场遂行反冲击期间，以及以军在戈兰高地抗击叙利亚军队时，数量处于劣势的以军装甲兵在这些地方使对手庞大的坦克突击序列陷入了停顿[47]。

早在1971年，埃及武装部队参谋长萨阿德·沙兹利便着手制定跨过运河攻入西奈半岛的计划——他为“高尖塔”行动拟制的计划毫无军事空想，完全基于对己方军队优势和劣势的清醒估计。虽然每个埃及人都梦想发起一场猛烈打击，深入西奈半岛，在那里同以色列装甲部队主力交战并将其歼灭，但沙兹利知道不可能实现这样一场大胆的突击。尽管埃及空军从苏联获得了不少新装备，但依然不是以色列空军的对手。沙兹利写道:“空军曾两度被消灭在地面上。”[48]没有制空权，埃及军队就无法在对等条件下同以色列人交手。因此，沙兹利设想的行动要求埃及军队沿宽大正面跨过苏伊士运河，然后有限进入西奈半岛。随着埃及军队配备的萨姆防空导弹前出到运河边,就能为巩固对岸登陆场的军队提供防空掩护。然后，渡过苏伊士运河的地面部队严阵以待以色列装甲部队必然发起的反击。配有反坦克炮、火箭炮和新一代制导式反坦克导弹的埃及步兵将从事他们总是能出色完成的任务:坚守固定阵地。埃及人知道以色列军队的弱点:他们对伤亡的容忍度极低。因此，苏伊士运河的行动将迫使以色列人在两个无法接受的选项中做出选择：让埃及军队留在西奈，他们不可战胜的神话将被打破；发起一场精心准备的进攻并坚守阵地，同时承受严重损失。在埃及国防部长艾哈迈德·伊斯梅尔·阿里将军的压力下,沙兹利也做了从登陆场攻往米特拉和吉迪山口的预案(“四十一号”行动，后改称“花岗岩二号”行动)，但他认为这样一场行动的风险太大——因为它会导致埃军地面部队离开萨姆导弹的掩护范围。最后，两人达成妥协，作战令中这样写道：“经过一场战役停顿后，我们将向山口发展进攻。”[49]但是，这种含糊不清给埃及人造成了困扰。

1973 年的战争以一种戏剧性方式打破了阿以战争以往的模式。这一次，率先发动进攻的是阿拉伯人，他们几乎完全达成突然性。直到 10 月 6 日上午，以色列情报机构才向政府报告，阿拉伯国家将于当日下午发动一场战争——以色列精心安排并彻底排演过的征召预备役人员的计划落了空。最要命的是，以色列人来不及集结常规旅。无奈之下，以色列国防军把他们所能找到的人手编为临时性部队，并运往前线。代号为“巴德尔”行动的埃及—叙利亚联合攻势，使以色列人像前几场战争中的阿拉伯人那样陷入了猝不及防的窘境，对以色列国防军而言，这是一次独特的经历，也是对他们大肆吹嘘的即兴发挥能力的一次严峻考验。

在西奈半岛，埃及人于 10 月 6 日下午投入两个集团军跨过苏伊士运河，他们摧毁了巴列夫防线，在河东岸建立起强大的登陆场。虽然巴列夫防线上的 456 名以军士兵和 7 辆坦克进行了顽强抵抗，但却无济于事。五小时内，埃军的五个加强步兵师渡过了运河，午夜前，800 辆坦克加入他们的行列。埃及第 2 集团军据守的登陆场从福阿德港延伸到迈特兹迈德。在其右侧（南面），埃及第 3 集团军守卫的登陆场位于布特泽尔与尼桑之间。为同预定计划保持一致，两座登陆场都较浅，深度仅为 9—14 千米左右，都处于河西岸萨姆防空导弹的掩护下。渡河行动组织得非常好，完全符合任何一支现代军队应有的标准。埃及军队投入的工程兵力量也相当强大，他们的突击小组以特制的高压水炮冲开以色列人在河对岸构筑的巨大沙堤，并搭设起了 8 座重型桥和 4 座轻型桥（战役首日便组装了 31 个门桥）。

以色列军队最初的应对差一点将这种严重受挫变为一场灾难。以往战争取得的胜利已在以色列国防军内培养起了一种对坦克的狂热信仰，这不免让人想到二战前的英国（但应指出，英国人在战争期间并未固执地坚持这一点）。因此，以色列军队采取的第一个举措就是立即以刚刚开到的装甲部队展开一连串反冲击——进行突击的是阿弗拉罕·门德勒将军率领的编有三个旅的装甲师。这种事情以前曾经发生过，大多数以色列装甲指挥官似乎认为这种反冲击将再次奏效。但自 1967 年以来，情况已发生了很大变化——特别是在反坦克防御方面。埃及步兵配有各种便携式反坦克武器，例如苏制 RPG-7（这是一种简单的手持式火箭发射器）和“萨格尔”有线制导式反坦克导弹。事实证明，这些便携式反坦克武器能射穿以色列军队的 M-48 坦克和百夫长式坦克，在最初几天的战斗中，以军的装甲部队在西奈遭遇了灾难性的失败，至少损失了数百辆坦克。

以色列国防军得到了沉重的教训——这是个老生常谈，即“诸兵种合成作战的价值”。以色列军队的反冲击没能获得足够的空中掩护，因为苏联提供给埃及人的萨姆导弹和 ZSU-23-4、ZSU-57-2 高射炮构成了一道“空中马其诺防线”，让以色列空军无法介入支援行动[50]。另外，以军坦克的进攻也没能获得步兵支援，埃及人反坦克导弹的猛烈火力给以军坦克造成了严重破坏。虽然当时的报告将大多数击毁战果归功于 RPG-7 火箭筒，但“萨格尔”反坦克导弹才是这一阶段战斗的主角：这是一种操作简单的尖端武器，在 1000 米以上的距离时非常有效。具有讽刺意味的是，对付这些新式单兵反坦克武器最好的办法就是采用老式战术——坦克与步兵紧密协同前行——但这恰恰是以色列国防军自 1967 年轻松获胜后淘汰的传统思维。到 10 月 7 日，门德勒师仅剩约 90 辆可用坦克[51]。以色列军队的第一波次进攻陷入停滞状态。

关于埃及军队在西奈半岛的意图，时至今日仍存有争议。正如我们所见到的那样，最初的“巴德尔”计划是冲入西奈半岛的一场有限进攻。阿拉伯历史学家们自这场战争以来的著作一致认同这一点。不过，一些埃军高级指挥官，例如国防部长伊斯梅尔，则非常热衷于继续前进——至少前出到山口，甚至有可能从那里推进到西奈半岛中部。埃及军队似乎早在 10 月 8 日便向前试探，但遭遇到了以军的坚决抵抗。在仅取得约16千米进展后，埃及军队便掘壕据守，等待以色列人的下一轮进攻。在阿弗拉罕·阿丹和沙龙将军率领下，另外两个以色列装甲师辖内部队开至西奈，至此，对于以色列人而言该地区的危机已然过去。

叙利亚战线上的态势起初更加让以色列人绝望。在戈兰高地，叙利亚人按照苏联顾问传授的方式发起冲击：三个梯队的大批坦克沿约64千米宽的狭窄正面蜂拥向前。在这片狭窄空间里，叙利亚人将不下三个机械化师（由北至南分别为第7师、第9师和第6师）投入第一梯队，每个师各辖一个装甲旅和两个机械化旅；第二梯队是两个装甲师（第3师和第1师）；第三梯队则为两个装甲旅和两个机械化旅。叙利亚军队参与突击的坦克共计1600辆左右，此外还有1000门火炮进行支援。以色列人部署在这条战线上的是北面第7装甲旅的177辆坦克，南面第188旅的77辆坦克，以及约60门火炮。总之，戈兰高地的以色列国防军指挥官拉斐尔·埃坦将军在坦克数量方面处于劣势，叙利亚人的优势比约为一比六（在指定突破地段，叙利亚人的优势比更高[52]）。

戈兰高地北部边缘，以色列第7装甲旅出色的炮击在叙利亚进攻方阵的队列中撕开了一个大缺口。到10月6日夜幕降临时，叙利亚坦克在该地段的损失已超过300辆。南面，交战双方的力量对比更不均衡，巴拉克旅面对至少450辆叙利亚坦克的冲击，而且对方还获得RPG–7小组和重型火炮支援。以色列坦克兵不得不把他们在训练和主动性方面的所有优势发挥到淋漓尽致——绕过敌人侧翼、布设陷阱、实施伏击、迟滞叙利亚人推进、返回后方补充燃料和弹药，然后重新投入战斗。不过由于双方坦克的数量相差太过悬殊，巴拉克旅逐渐被叙利亚人所压制，到10月7日，该旅仅剩15辆坦克，三位高级军官悉数阵亡。

当日挽救戈兰高地态势的是以色列空军，他们被从西奈半岛调往北面。战斗轰炸机冒着猛烈的高射炮和防空导弹火力肃清道路后，以军仓促部署的两个装甲师辖内部队投入战斗，前进约9千米后阻挡住了叙利亚人。到10月7日晚，扼守戈兰高地的以色列军队已增加到两个师：拉弗尔师位于北部地段，后备役军官丹·拉纳指挥的另一个师在其右侧。10月8日清晨，第三个以色列师开始到达，戈兰高地的危机也宣告结束。以色列的坦克部队现在准备发起反冲击，摩西·达扬将军的话可资证明："从大马士革通往特拉维夫的公路，也从特拉维夫通向大马士革。"[53]尽管危机已经过去，可这一切对以色列国防军而言，却并非一场典型的战斗。一位以色列军官指出，它不是"我们那种战争"。的确，这不是机动战的快速胜利，而是一场令人难以忍受的消耗战。马丁·范克勒韦尔德将之描述为“一场规模庞大的技术装备战（Materialschlacht），双方都为此付出了高昂的代价。”[54]

虽然以色列国防军在前两天的战斗中损失惨重（至少折损了300辆坦克），但两条战线的态势都已稳定下来。现在轮到以色列人发威了，他们仍坚持自己的传统，并以此来夺取主动权。不过，以色列人不得不意识到，他们将在西奈半岛面对一个作战技艺娴熟、作风顽强的敌人。以色列国防军以阿丹师和沙龙师为先锋，于10月8日至10日间展开新一轮反击，但这次反击却彻底失败了。以色列国防军为此蒙受了严重损失，纳森·纳科·尼尔将军指挥的第190旅在战斗中几乎全军覆没。在旅长的随行下，雅果里营前进到距离运河约1370米处时，他们突然发现自己几乎就位于敌隐蔽战壕上方，敌步兵立即以机枪和反坦克火箭筒朝他们开火。与此同时，大批敌坦克从运河两侧的护堤和障碍物旁开炮射击。一辆辆坦克被击中，车组人员匆匆跳出起火燃烧的战车。虽然纳科下令后撤，但就在这几分钟内便报销了14辆坦克。[55]而雅果里营的营长阿萨夫·雅果里中校也被埃及人俘虏。

相关资料表明，交战双方对这轮战斗几乎没有什么分歧。用以色列人哈伊姆·赫尔佐克的话来说就是，“以色列装甲部队以骑兵冲锋的劲头发起进攻，没有获得步兵掩护，也未得到足够的炮兵支援，面对埃及人集中起来的大批反坦克武器，这种进攻毫无意义。遗憾的是，所有以军指挥官直到现在才明白这一点。”[56]他这番描述同埃军参谋长沙兹利将军10月9日在日记中所写的内容非常吻合：

> 敌人不断将其坦克组员的生命当成儿戏。他们成群结队地发起冲击，唯一的战术依然是骑兵冲锋那一套。最新的一个例子是以两个旅进攻我军第16师，这次进攻又一次被我们击败，敌人损失惨重。在过去两天里，敌人又折损了260辆坦克。我们的策略始终是迫使敌人按照我方要求进行战斗。[57]

实际上，以色列军队的作战指挥由南部军区司令什穆埃尔·戈南将军负责，指挥与前线的实际情况完全脱节。戈南将军先是命令阿丹在北面展开一场有限进攻，从而夺取主动权，但在部队投入战斗前他又改变想法。计划的这一次变更，他既未同各位师长协商，也没有向国防军总参谋长大卫·达多·埃拉扎尔将军汇报。几乎在最后时刻，阿丹才接到命令——要求他突破到苏伊士运河，然后渡河——在这位备受压力的师长看来，这两项要求似乎纯属幻想。战斗期间，戈南下达了一连串不断变更的作战令，先是命令沙龙师向南开进，导致阿丹的左翼暴露无遗，然后又要求两个师“卷击”埃军登陆场，但这两个师没能给埃军的防御造成任何破坏。阿丹的战后评估痛苦地指出：“我的印象是，戈南在这件事上的表现就好像我们正进行某种兵棋推演，这场演习不涉及敌我双方部队，也没有任何战场现实可言。”[58]

不过，不久之后战场上的态势再度发生了逆转，这一次变得对埃及人不利起来。渡过苏伊士运河后，埃及人便止步不前，就像“巴德尔”行动计划中提及的“战役停顿”那样。经过一番争论，埃军指挥部门最终决定向内陆推进。10 月 13 日，埃及人对以色列人的阵地展开了一连串试探性进攻，并于次日投入约 1000 辆坦克发起一场全面突击。埃及人几乎将所有装甲预备力量悉数投入：在第 2 集团军后方担任预备队的第 21 装甲师，在第 3 集团军身后担任预备队的第 4 装甲师。但以色列的援兵也已开到，这使以色列方面的坦克数量达到了 700 辆。以色列人获得休整了，并彻底做好了抗击敌人冲击的准备。现在，以色列成了美国援助的受益者，他们获得了陶式导弹——这是一种光学跟踪、有线制导的反坦克导弹，这种由两人操作的武器被证明具有破坏性效果[59]。另外，埃及人正超出萨姆导弹的掩护网，这使他们很容易遭受以色列空中力量的打击。埃及军队一次次发起冲击，每次都被以色列坦克的炮火、陶式导弹和空中打击的组合效应粉碎。到 10 月 14 日日终时，埃及军队的冲击力已荡然无存，坦克损失至少达到了 50%，第 2 集团军司令萨阿德 · 马蒙将军精神崩溃后病倒在床。埃军参谋长沙兹利当初极力反对进攻，但最终不得不屈从于伊斯梅尔将军和安瓦尔·萨达特总统的意志，他将这次战斗称为“我们最具灾难性的一天”。[60]

以色列国防军在北面也赢得了类似的胜利，其装甲部队在 10 月 11 日和 10 月 13 日的娴熟突击不仅重创了叙利亚人，还让投入战斗的伊拉克和约旦部队倒了大霉。以色列国防军对一个伊拉克坦克旅的伏击堪称杰作——击毁了 80 辆伊军坦克，自己却无一损失。时至 10 月 13 日，以色列国防军已远远越过 1967 年的停火线，实际上已将大马士革郊区置于远程火炮射程内。此时，政治危机迫使以色列人停止前进——几乎可以肯定，继续攻往大马士革会引发苏联的干预。

以色列国防军剩下的任务就是粉碎西奈半岛上埃及人的战争意志。为此，有必要恢复前线的机动性。以色列军队已对掘壕据守的埃及人展开了两次正面冲击，但没人对第三次冲击表现出太大热情——这个问题的解决之道不在坦克——以色列人不得不抛开自 1967 年来便根深蒂固的“坦克”思维，并重新找到办法。以色列人得出的结论是于 10 月 15 日夜间在大苦湖北面的德维斯瓦突然渡过苏伊士运河。率领这场突击的是一个空降旅的部分力量，他们依靠橡皮舟和一些轻型两栖车辆渡过运河，并在西岸设立起一座临时性登陆场。以色列工程兵战前已建起一座重达 80 吨，长 173 米的预制渡桥，现在要着手将渡桥运往目的地——这是一项艰巨而又危险的任务。

强渡苏伊士运河是阿里埃勒・沙龙最辉煌的时刻。他在 1967 年战争后的几年里担任南部军区司令时，总是直言不讳地反对巴列夫沿苏伊士运河修筑一道筑垒防线的政策。他认为“让我们致力于一场静态防御”是个错误，“我们会使自己成为约 274 米（300 码）外埃军战线的固定目标，我们的位置和动向始终处于敌人的监视下，我们的一切行动会变得人所共知。”沙龙的看法是，倘若战争再度爆发，以色列军队必须做好渡过运河进入非洲的准备，以便尽快将战火引入埃及。沙龙在 1973 年计划退休前的几个月，准备了三个渡口：北部的坎塔拉、中部的伊斯梅利亚和南部的德维斯瓦。在德维斯瓦，以色列人修筑的隔离墙的厚度是个问题，因而沙龙在某个特定地段更改了墙体结构。隔离墙的外观保持不变，但更易于爆破后穿行。针对如何记住这个特殊地段的问题，沙龙找来些红砖，在预定地段附近建起一座“院场”，强化了长达 914 米的地面。乍看上去，这是以色列人未完工的建筑项目，但在渡河行动中，它将成为“部队、坦克和其他架桥设备的掩护集结区”[61]。此外，以色列军队还着手修建一座大型预制钢滚桥，实施渡河行动前，他们必须把这座桥梁拖至预定位置。

埃及军队于 1973 年发起进攻后，沙龙立即做出应对，并大声疾呼展开一场渡河行动——虽然他一直是个执拗的下属，但从未像现在这般固执。在战争初期最令人绝望的几天里，以色列的生存似乎岌岌可危，一些人把固执己见的沙龙视为疯子，但他不为所动，一再向南方军区司令什穆埃尔・戈南保证，“埃及人不会攻往特拉维夫,这个目标超出了他们的能力范围。”沙龙告诉戈南,集中力量至关重要，以色列军队能比埃及人更快地做到这一点。在一场气氛火爆的交流中，戈南对他不断提出的建议感到厌烦，沙龙却告诉他：“你根本不需要跟我打交道，只要对付埃及人就行！”

沙龙将 10 月 8 日的战斗称为“以色列国防军倒霉的一天”，这场战斗给他留下了深刻印象——“我们派出大名鼎鼎的一支装甲部队发起进攻，埃及人不仅阻挡住了他们，还将其消灭殆尽。”10 月 9 日，沙龙命令麾下三位装甲旅旅长守住防线，并命令他的侦察部队展开试探——这股侦察力量已于夜间渗透到距离大苦湖湖岸仅几百码的词典公路。这时，沙龙发现了一个天赐良机——他的坦克在埃及第 2 与第 3 集团军之间找到了一个缺口，而埃及人似乎没有注意到这一点。

沙龙立即联系戈南，要求对方批准他着手准备渡河行动。戈南的回应很冷淡，最后通过副手告诉沙龙，指挥官否决了他的计划。沙龙这一晚忙着联系副总参谋长以色列·塔勒将军，但塔勒却“不在”。因此，沙龙不得不把自己的计划交给塔勒的一名参谋。沙龙认为“没人重视自己的意见”[62]，这种情况直到以色列军队 10 月 14 日在西奈半岛粉碎大批埃军坦克进攻后才发生变化，巴列夫批准沙龙夜渡苏伊士运河。沙龙率领的部队突破了埃军防线，打开了一条通往运河的走廊，然后在德维斯瓦设立了一座渡口。然后以军前调橡皮突击舟，以便将丹尼·马特的空降旅运至西岸。10 月 16 日凌晨 1 点，第一批伞兵开始渡过运河——他们发现西岸几乎空无一人，随即用无线电发回暗号“Acapulco”：成功！沙龙的渡河行动彻底达成了突然性。空降旅余部随即加入其中，另有几辆装甲运兵车和 28 辆坦克为他们提供支援。阿弗拉罕·阿丹将军的装甲师渡过运河，并沿大苦湖西岸朝苏伊士城展开一场进攻。

不过，这时出现了一个新问题。埃及人意识到身后发生的情况，遂决定夺取渡口。10 月 16 日，埃及军队发起了一场三管齐下的反冲击：南面从被称作“中国农场”（实际上是日本人设在西奈半岛的一个农业试验站）处展开反冲击，该农场位于通往运河的道路东北面；北面从第 3 集团军登陆场展开反冲击，以第 25 独立装甲旅沿大苦湖推进；西面则以第 116 步兵旅从苏伊士运河埃及这一侧的预备阵地发起反冲击。后两支埃军部队被以色列国防军粉碎，但接下来几天，自库尔斯克会战以来最为庞大的坦克战将在“中国农场”附近展开。在这次交火中，交战双方的损失都很大，尤以埃及军队为甚。以色列坦克和步兵渐渐迫使埃及人撤离一道道灌溉渠和一座座建筑，并拓宽通往渡口的道路，直到 10 月 18 日，以色列工程兵已在运河上架起两座桥梁。

埃及军队对中国农场的进攻严重打乱沙龙的时间表，这不禁让人猜测，要是埃军高层不把两个完整的装甲师浪费在 10 月 13 日—14 日仓促的进攻行动中，那又会发生些什么呢？ 10 月 16 日，虽然沙龙命令他的工程兵以突击舟在运河上拼出一座浮桥，但以色列国防军上层拒绝在西奈半岛的激烈战斗肆虐之际批准更多部队渡过运河。当日，在与戈南、巴列夫、达扬和阿丹会晤时，沙龙震惊地听到巴列夫对他的申斥："你保证能做到的与你实际做到的相差太大。"沙龙后来写道，他强忍怒火，才没有给巴列夫一记耳光。不过，上级部门的担心也是合情合理的——沙龙的登陆场非常脆弱，面对运河西岸实力不明的敌军，补给物资仅依靠阿卡维什这一条公路来进行运输。提尔图尔铺装公路是唯一一条可供庞大滚桥通行的道路，但它穿过中国农场，因而并非畅通无阻。尽管如此，这场临时指挥会议还是"决定从事他们两天前就该从事的工作"[63]。待浮桥搭设完毕后，大批以色列军队就将渡过运河。沙龙师负责坚守院场，确保渡口的安全，然后渡过运河，向北赶往伊斯梅利亚，并向西推进25—30千米，攻向开罗。阿丹师和卡尔曼·马根师也将渡过运河，然后挥师向南，进入埃及第3集团军后方。

三个装甲师很快渡过运河进入非洲，阿丹和马根师向南攻往苏伊士湾，沙龙师向北奔往伊斯梅利亚，三个师沿路消灭了他们所遇到的萨姆导弹发射基地，并摧毁埃及的设施和运输线，尽可能多地制造破坏。随着萨姆导弹保护伞被撕开了一个大洞，以色列空军得以介入这场破坏行动，为各装甲师提供支援。到10月22日，苏伊士—开罗公路遭切断，埃及第3集团军整体陷入合围。补给线遭切断，供水越来越少，加之以色列空军持续不断的空中打击，该集团军发现只有通过国际斡旋达成的停火协议方能使自己免遭毁灭的厄运。

这场战争代表着以色列军事成就的顶点，特别是其装甲部队。不过，这也是一个悖论，导致许多观察家对关于未来装甲力量的结论深感沮丧——战争刚一爆发，他们便说坦克的时代已告结束，携带RPG-7和陶式反坦克导弹的步兵决定了坦克的命运，这些技术终于为推翻装甲力量的统治地位提供了解决方案[64]。当然，以色列坦克的确在头几天的战斗中损失惨重，罪魁祸首是便携式反坦克武器，但以色列装甲部队却在1973年赢得了最辉煌的胜利——他们在两条战线进行了成功的战斗。在西奈半岛，经历最初的艰难日子后，以色列装甲部队阻挡住优势之敌，然后在中国农场附近选定的重点突破地段达成突破，并渡过运河，向埃及内陆实施大胆的战略突破。以色列装甲部队在戈兰高地同样取得了史诗般的成就：数量占据绝对优势的叙利亚坦克成群结队朝他们涌来，以色列人不仅要设法阻止敌人的推进，还要发起一场破坏性反冲击——若非国际政治局势的影响，这场厮杀很可能会以以色列装甲部队攻入大马士革而告终。在这两条战线，特别是戈兰高地上，以色列人“进行了敌众我寡的战斗并赢得胜利”。在坦克战的历史上，只有1940年的德军能够与1973年的以色列装甲部队相提并论。

有一场行动可用于总结整个战斗——阿丹将军于10月17日伏击并歼灭埃及第25装甲旅，可谓坦克战的经典之作。当时，埃及第25装甲旅向北攻往莱克肯，这是埃及军队向以色列人的渡口发起全面反攻的组成部分。中午12点30分，4辆以军坦克组成的一个装甲排朝埃军队列排前的坦克开炮射击。在受到攻击后，埃及人停在了路上，直到下午2点45分才恢复前进。而此时，纳森·纳科·尼尔将军指挥的以军装甲旅隐蔽在东面的山丘上，并开始投入了战斗。有人这么描述当时的战斗场景：

以色列坦克冲向埃军侧翼并开火射击。几分钟内，许多埃军坦克起火燃烧，纳科的坦克向前冲去，意图缩短距离。埃军队列迅速陷入混乱，开始朝各个方向奔逃，几辆坦克甚至向纳科发起毫无希望的冲击。虽然纳科旅部署在居高临下的有利位置，而埃及人暴露在下方的开阔地，但仍有些刺激的时刻，纳科的部下在电台中喊道：“他们朝我们冲过来了！”

越来越多的坦克在前方平原上起火燃烧。埃及人排成一支毫无掩护的队列向前开进，结果在最糟糕的情况下陷入这片杀戮场。埃及人的一侧是占据有利位置的以军装甲部队，而另一侧则是湖泊（毗邻湖泊的是以军在消耗战期间布设的大范围雷区）。此外，埃及人的前方也是以军坦克，而更多的以军坦克正赶来切断埃及人身后一切可能逃生的路线。

到下午4点，第25装甲旅几乎全军覆没，而以色列人的损失可以忽略不计。纳科用电台告知阿丹：“我认为我们可以把这个旅划掉了。”[65]

总结

自以色列1948年建国以来，以色列国防军取得了一系列令人难以置信的胜利。以色列国防军的部分胜利归功于出色的技术装备——有些装备是美国提供的，还有些是他们自制的。若有人说以色列的胜利都是“美国制造”，以色列国防军的军官们肯定会怒发冲冠[66]。以色列人对购自国外的坦克进行了大量改进，多年来的创新包括口径更大、精确度更高的主炮和火控系统，更好的装甲，以及旨在应对以色列沙漠环境压力的新型引擎。这些改进使以色列军队在面对主要配备苏制武器的阿拉伯人时获得了战场优势。此外，以色列自主研发的梅卡瓦坦克也证明了以色列坦克设计师的重要性，这款坦克在1982年黎巴嫩的战斗中大显身手[67]。以色列配备的美制战机同样进行了改进——虽然它们在离开美国的生产厂时已是当时世界上最好的飞机，但以色列人依旧对其加以改进，使之更加适应他们要求。此外，以色列空军同样也有自己的国产战斗机“幼狮”。

不过，比物质因素更重要的是以色列人的士气。因为以色列人知道，一场战役的失败可能意味着他们的国家将不复存在。以色列国防军拥有一些世界上最具积极性的军人，其训练项目在严谨性方面无人能及。装甲部队学员每年的宣誓仪式在马萨达山顶举行——公元70年，犹太起义者反抗罗马人的最后抵抗就发生在这里。这些仪式将一种团队精神成功灌输给了这些头戴黑色贝雷帽的坦克组员，这种精神在独立战争和1973年战争中使以色列免于毁灭，也是以色列军队在1956年和1967年战争中赢得惊人胜利的基础。一位以色列军官在1967年宣称，如果埃及人击败以色列国防军并侵入以色列本土，那么“这将是第二个马萨达，埃及人到达这里时会发现没有人活着。我会杀了我的妻子和女儿，绝不让她们落入敌人手中。我想，所有以色列人都会做出同样的选择。”[68]这是一种深深植根于犹太人心中，并贯穿了整个以色列人历史的情感，其他任何国家都不可能加以复制——或者说没有哪个国家想要这样做。

只是，在赢得有史以来最重大的作战胜利后，以色列仍未获得和平。专家们认为，自1973年战争以来的以色列后续历史已证明了其作战能力的局限性。以色列可以凭自己的意愿与其邻国进行一场常规战争，粉碎对方的地面和空中力量，并赢得决定性胜利，就像他们1982年在黎巴嫩南部彻底击败叙利亚人那样。但在许多人看来，这种胜利对以色列的国家安全而言似乎越来越没有意义。从某种程度上说，以色列国防军回到了1948年5月阿拉伯国家入侵前，他们同巴勒斯坦叛乱分子作战的起点。哈加纳发现，战争的那个阶段比后来的常规战困难得多，以色列国防军似乎正重温这段经历。对此，我们应该补充最后一个观察结果：虽然以色列今天面对暴乱、人肉炸弹和国际社会的谴责，但并不比他们在一场常规战中遭遇失败更加可怕。

最后谈谈阿拉伯国家的军队。1948年，他们未能将自己的意志强加给新生的以色列，1956年和1967年，以色列国防军几乎是不屑一顾地将他们击溃，阿拉伯国家直到1973年才终于加入世界军事强国的行列。1973年的战争计划很合理，是完全基于埃及士兵的优点和缺点来制定的——他们以两个不容小觑的集团军同时渡过苏伊士运河，突破以色列的筑垒防线。过河后，他们也出色地抵挡住了以色列人最初的装甲反击，并将其粉碎。但是这些士兵并未实施机动，实际上，埃及人的作战计划似乎也是基于他们的机动无法同以色列军队相提并论这一概念而制定的。

即便以色列军队渡过苏伊士运河进入埃及人的后方后，运河两岸的埃及军队和其盟友仍保持了旺盛的斗志。在戈兰高地，严格遵循苏联战役法的叙利亚坦克兵也许未能展示出他们的战术技能，但没人能指责他们的勇气或决心。交战双方在这条战线都没有实施机动，叙利亚坦克在一场“射击比赛”中太过紧张，最终输掉了比赛，毕竟对方拥有世界上最优秀的射手。没错，虽然埃及人和叙利亚人最终都被击败了，但他们没被打得溃不成军。在此过程中，他们摒弃了“阿拉伯民族性”中的某种缺陷，以及妨碍他们从事现代战争的“社会契约”这些可疑的概念。

注释：

1. 关于以色列国防军，可参阅内容非常详实的网站 *http://www.idf.il*，以及三部出色的英文著作，分别是爱德华·卢特瓦克和丹·霍罗威茨的《以色列军队》(纽约：哈珀 & 罗出版社，1975 年)，贡特尔·罗滕贝格的《剖析以色列军队：以色列国防军，1948 年—1978 年》(纽约：希波克林出版社，1979 年)，马丁·范克勒韦尔德的《利剑与橄榄：以色列国防军批判史》(纽约：公共事务出版社，1998 年)。前两部著作非常类似：卢特瓦克/霍罗威茨的“引言”和罗滕贝格的“前言”都强调以色列在几乎不中断的战斗中创造自己独特的军事学说对这个没有军事传统的国家的必要性。卢特瓦克和霍罗威茨写道：“虽然按年代顺序进行排列，但本书既不是以色列军队史，也非以色列战争史”(第 xi 页)；罗滕贝格写道：“虽然以年代顺序的方式排列，但本书并非历史学家们剖析过、记者们生动描绘过的战争和战役史”(第 10 页)。卢特瓦克和霍罗威茨更多地受到 70 年代“新军事史”的影响，书中包括一段相当冗长的社会学讨论：阿拉伯军队及其“非道德性家庭主义”导致他们不适合从事现代战争(第 282—287 页)。他们这部著作完成于 1973 年阿以战争爆发前，而罗滕贝格的著作在战争结束很久后完成，写作时间较多，因而更加有用。仅从这一点看，范克勒韦尔德的著作是一项重大成就，这本书创作于 1998 年，是在漫长、无法获胜的“黎巴嫩泥沼”(第 285—306 页)和镇压巴勒斯坦起义这个更加棘手的军事问题之后。因此，正如广告宣传的那样，他这部著作是“批判史”，没有丝毫关于以色列国防军的早期著作中那种炫耀胜利的意味。他认为，试图镇压民众骚乱时，“以色列国防军陷入他们无法应对的道德困境，这使他们日日夜夜深受其扰”(第 361—362 页)，其结果是，“到 90 年代中期，以色列社会对其军队的信仰被打破。”他还对以色列加强女性在战斗任务中的作用作出极为苛刻的说辞(第 361 页)，并在《全副武装但并不危险：以色列军队里的女兵》一文中进一步提出批评，这篇文章刊登在《战争史杂志》第 7 卷，2000 年第 1 期，第 82—98 页。另可参阅尤金尼亚·C. 基斯林在《辩论：全副武装但并不危险：以色列军队里的女兵》一文中对范克勒韦尔德的严厉驳斥，这篇文章刊登在《战争史杂志》第 8 卷，2001 年第 1 期，第 99—100 页。

2. 詹姆斯·S. 梅特卡夫的《步兵战》，刊登在《步兵杂志》1949 年 3 月第 64 期，第 25—28 页，罗滕贝格《剖析以色列军队：以色列国防军，1948 年—1978 年》一书引用于第 65—66 页。

3. 关于以色列独立战争的书籍比后来各场战争的著作少得多。鉴于其规模和综合性，一部优秀的著作是尤里·米尔施泰因的《独立战争史》第 1—4 卷(马里兰州拉纳姆：美国大学出版社，1996 年)，这是以色列最重要的一位军事历史学家的著作，计划出版 12 卷，这也是一位修正主义者的记述，书中严厉批评以色列军事和政治领导层，以及武装力量的业余性，这使他成为“以色列最宝贵，也最遭人恨的”军事历史学家。米尔施泰因在美国发行的第一卷，相关评论可参阅《犹太邮报》，也可在线浏览，网址为 *http://www.jewishpost.com/jp0209/jpn0209a.htm*。米尔施泰因的第四卷《化险为夷的决定》(1998 年)只写到 1948 年 4 月的代尔亚辛村大屠杀，因此，这套著作还有许多工作尚待完成。以色列国防军网站再次提供了大量资料，参见 *http://www.idf.il/english/history/independence.stm*，这里没有修正主义论，或者说没有阿拉伯人近期对这场战争的新说法，整个阿拉伯世界仍将这场战争视为灾难。埃及、约旦、伊拉克、叙利亚和黎巴嫩依然封存关于这场战争的档案资料，近期予以公开的可能性甚小。参阅尤金·L. 罗根与阿维·施莱姆共同主编的《巴勒斯坦战争：改写 1948 年的历史》(剑桥：剑桥大学出版社，2001 年)，特别是第 6 页编辑的前言。但巴勒斯坦人在网上的存在不容小觑，例如可浏览“灾难”网页，这是哈利勒·萨卡基尼文化中心的一份报告，网址为 *http://www.alnakba.org*。

4. 伊加尔·阿隆的《缔造以色列军队》(纽约：宇宙图书出版社，1970 年)，第 31 页。

5. 关于“道路之战”和“纳赫松行动”的详细探讨可参阅以色列国防军网站。对于“纳赫松”行动，可参阅米尔施泰因《化险为夷的决定》一书第 287—296 页，书中认为这场行动把以色列的力量“浪费在一片相对平静的地域”，而卡斯特尔村的以色列守军却被忽略了。

6. 参阅约瑟夫 · 米兰达的《第一次阿以战争，1947 年—1949 年》，刊登在《战略与战术杂志》1997 年 5 月 /6 月第 185 期，第 14 页。

7. 参阅伊加尔 · 阿隆的《缔造以色列军队：解放与防御这些军事概念的发展》，收录于迈克尔 · 霍华德主编的《战争的理论与实践》（布鲁明顿：印第安纳大学出版社，1975 年）一书第 335—371 页，这是阿隆《缔造以色列军队》一书关于独立战争章节的拓展版。引文摘自第 343 页。

8. 阿隆的《缔造以色列军队》，第 37—38 页。

9. 对“霍雷夫”行动的探讨及很有帮助的地图，可参阅卢特瓦克和霍罗威茨《以色列军队》一书第 48—50 页，以及 B.H. 利德尔·哈特《战略论》一书的第二次修订版（纽约：子午线出版社，1991 年），第 390—391、第 397—400 页，书中称之为“阿因行动”，当然，这又作为“间接路线”的成功范例介绍给了读者。

10. 阿隆的《缔造以色列军队》，第 41—42 页。

11. 达扬的简略生平可参阅奇蒂诺《装甲部队：历史和原始资料》一书第 228—230 页。达扬的最佳传记当属罗伯特 · 斯莱特的《勇士和政治家：摩西 · 达扬的一生》（纽约：圣马丁出版社，1991 年），特别参阅第 89—92 页。

12. 罗滕贝格的《剖析以色列军队：以色列国防军，1948 年—1978 年》，第 98—100 页；戴维·埃谢尔的《战斗中的以色列装甲部队》（马萨达：埃谢尔 · 德拉斯米特出版社，1978 年），第 22—25 页。

13. 布莱恩 · 佩雷特在《1945 年以来的苏联坦克力量》（伦敦：布兰德福德出版社，1987 年）一书第 137 页称埃及人共有 430 辆坦克和 300 辆坦克歼击车。

14. 关于 1956 年战争，以色列方面的主要资料来源是摩西 · 达扬的《西奈战役日记》（纽约：朔肯出版社，1967 年），参阅第 39 页。无法获得埃及方面关于这场战争的资料，至少没有相关英文资料。

15. “卡德什”行动的作战令可参阅达扬《西奈战役日记》一书第 210—219 页。

16. 同上，第 39 页。

17. 卢特瓦克和霍罗威茨的《以色列军队》，第 151—155 页。

18. 达扬的《西奈战役日记》，第 96 页。

19. 同上，第 100—102 页。

20. 同上，第 116 页。

21. 罗滕贝格的《剖析以色列军队：以色列国防军，1948 年—1978 年》，第 109 页。

22. 这位英国观察员是罗伯特 · 亨里克斯，参阅他的《赶往苏伊士运河的 100 个小时》（纽约：维京出版社，1957 年），第 12 页；另可参阅阿隆《缔造以色列军队》一书第 371 页注 14。

23. 范克勒韦尔德的《利剑与橄榄：关于以色列国防军的批判史》，第 149 页。

24. 六日战争刚一结束，关于这场战争的大批著作随即出现，其中包括伦道夫·S. 丘吉尔和温斯顿·S. 丘吉尔的《六日战争》（波士顿：霍顿 · 米夫林出版社，1967 年）——这部著作由于他们在中东的旅行和往来而变得更加生动，彼得·扬的《以色列 1967 年的战役》（伦敦：威廉·金伯出版社，1967 年），埃德加 · 奥巴兰斯的《第三次阿以战争》（康涅狄格州哈姆登：执政官图书公司，1972 年）——这是一部极具可读性的著作。此外，奥巴兰斯竭力为这样一场不对称战争找到些兴奋点，他这样做了，并经常将以色列国防军突破行动 1—2 小时的延误夸大为一场危机（“沙龙准将现在意识到了乌姆 · 卡泰夫阵地的真正实力，不得不承认自己快速与‘不惜一切代价’的计划失败了”，第 123 页）。罗滕贝格《剖析以色列军队：以色列国防军，1948 年—1978 年》一书第 135—152 页，卢特瓦克和霍罗威茨《以色列军队》一书第 209—298 页的相关段落都很有用，后者由于其主题围绕 1967 年战争这一事实而据有首要地位。不幸的是，1973 年的战争很快抢走了 1967 年战争的风头，从那之后，再未出现关于前一场战争的著作，直到最近才有迈克尔·B. 奥伦的《六日战争：1967 年 6 月和现代中东的建立》（牛津：牛津大学出版社，2002 年）一书面世。这基本是一部外交和政治史，作者对多种语言档案资料的全面研究将重点放在了战役层面，包括埃及“拂晓行动”的意图（他们计划对以色列迪莫诺核设施实施一场联合空地打击）。令人遗憾的是，阿拉伯方面还是没有令人满意的英文著作。

25. 决策周期指的是“观察—判断—决策—行动”这种循环周期（美国军方通常称之为“博伊德周期”），关于这个概念，可参阅罗伯特·L. 伦哈德高度理论化的《机动艺术：机动作战理论和空地一体战》（加利福尼亚州诺瓦托：要塞出版社，1991 年），第 51 页、第 87—88 页、第 277 页。约翰·博伊德上校就这一主题发表了许多口头简报，题为“冲突模式”，但从未将之出版发行。参阅理查德·M. 斯温《幸运的战争：沙漠风暴中的第 3 集团军》（堪萨斯州莱文沃斯堡：美国陆军指挥与参谋学院出版社，1997 年）一书第 97 页注 3。

26. 这句话引自伊加尔·阿隆《缔造以色列军队》一书第 73—74 页。

27. 范克勒韦尔德的《利剑与橄榄：关于以色列国防军的批判史》，第 179—199 页。

28. 塞缪尔·M. 卡茨的《以色列军队》（加利福尼亚州诺瓦托：要塞出版社，1990 年），第 4 页。

29. 彼得·扬的《以色列 1967 年的战役》，第 46 页。另可参阅罗滕贝格的《剖析以色列军队：以色列国防军，1948 年—1978 年》，第 126—130 页。

30. 彼得·扬的《以色列 1967 年的战役》，第 26 页。罗滕贝格的《剖析以色列军队：以色列国防军，1948 年—1978 年》，第 122—123 页。奥巴兰斯的《第三次阿以战争》，第 44—47 页。

31. 伦道夫·S. 丘吉尔和温斯顿·S. 丘吉尔的《六日战争》，第 65 页。

32. 关于以色列国防军的行动计划，参阅卢特瓦克和霍罗威茨《以色列军队》一书第 231—234 页；F.H. 托阿瑟的《以色列的装甲战经验》，收录于 J.P. 哈里斯和 F.H. 托阿瑟主编的《装甲战》（伦敦：巴茨福德出版社，1990 年），第 171—172 页；罗滕贝格《剖析以色列军队：以色列国防军，1948 年—1978 年》一书第 140—141 页；彼得·扬《以色列 1967 年的战役》一书第 99—103 页。

33. 关于埃及军队的防御计划，卢特瓦克和霍罗威茨在《以色列军队》一书中提供了最佳诠释（第 234—237 页）。

34. 同上，第 241 页。对塔尔在拉法赫的指挥方式的探讨，以及以色列内部对此的修正主义，可参阅马丁·范克勒韦尔德的《赎罪日战争的军事教训：历史观点》，收录于《华盛顿文件》第 3 卷第 24 期（贝弗利山：塞奇出版社，1975 年），第 1—4 页。

35. 阿里埃勒·沙龙、戴维·查诺夫的《勇士：阿里埃勒·沙龙自传》（纽约：点金石出版社，1989 年），第 190—191 页。另可参阅卢特瓦克和霍罗威茨《以色列军队》一书第 246—247 页。

36. 埃里克·哈梅尔的《六月的六天：以色列如何赢得 1967 年的阿以战争》（纽约：查尔斯·斯克里布纳之子出版社，1992 年），第 219、第 221 页。

37. 沙龙和查诺夫的《勇士：阿里埃勒·沙龙自传》，第 201 页。

38. 关于这种新颖的战术，可参阅卢特瓦克和霍罗威茨《以色列军队》一书第 249—253 页。

39. 罗滕贝格的《剖析以色列军队：以色列国防军，1948 年—1978 年》，第 143 页。

40. 伦道夫 · S. 丘吉尔和温斯顿 · S. 丘吉尔的《六日战争》，第 118—119 页。

41. 至少在公众场合，纳赛尔总统 6 月 9 日的辞职演说首次提及这种说法（伦道夫 · S. 丘吉尔和温斯顿 · S. 丘吉尔《六日战争》一书第 89—91 页）。另可参阅耶霍沙法特 · 哈尔卡比的《六日战争期间阿拉伯国家崩溃的基本因素》，收录于伊恩 · S. 卢斯提克主编的《阿以关系：一些争鸣观点和近期研究》第三卷《从战争到战争：以色列人与阿拉伯人：1948 年—1967 年》（纽约：加兰出版社，1994 年），第 111—112 页。

42. 哈尔卡比的《六日战争期间阿拉伯国家崩溃的基本因素》，第 112 页。

43. 哈桑 · 巴德里、塔哈 · 迈杰杜布、穆罕默德 · 迪亚 · 丁 · 祖赫迪的《斋月战争，1973 年》（弗吉尼亚州邓恩洛林：T.N. 迪普伊联合出版社，1974 年），第 22 页。

44. 哈尔卡比的《六日战争期间阿拉伯国家崩溃的基本因素》，第 112—113、第 122、第 124 页。

45. 利德尔·哈特访问以色列的详情，可参阅布莱恩·邦德《利德尔·哈特：对其军事思想的研究》（新泽西州新不伦瑞克：罗格斯大学出版社，1977 年）一书第 260—261 页。利德尔 · 哈特被以色列媒体誉为“20 世纪的克劳塞维茨”。

46. 关于这个话题的最佳著作当属雅科夫·巴尔 – 西曼 – 托夫的《阿以消耗战，1969 年—1970 年》（纽约：哥伦比亚出版社，1980 年）。

47. 关于 1973 年战争的著作使描述另外几场战争的相关作品相形见绌。出色的一手资料可参阅萨阿德 · 沙兹利中将的《跨过苏伊士运河》（旧金山：美国中东研究所，1980 年），这是埃及武装部队参谋长关于 1973 年战争的回忆录。他与埃及总统安瓦尔 · 萨达特发生冲突后离开埃及，并加入了反萨达特的流亡政治运动，因而书中相当一部分篇幅涉及埃及国内政治形势及其对军队的影响。尽管如此，书中还是包含策划、作战行动的大量细节。而另一部著作则全面了挑战西方观点，包括西方人士认为以色列军队赢得所有战斗胜利的看法——这就是巴德里、迈杰杜布、祖赫迪的《斋月战争，1973 年》，这三位埃及军方高级军官在书中以必胜主义的基调坚称：“因此，我们的军队在不到六小时内便摧毁了巴列夫防线大部。他们扭转了六日战争的失败，并打破以色列军队不可战胜的神话。”而出色的西方著作当属罗滕贝格的《剖析以色列军队：以色列国防军，1948 年—1978 年》，第 177—202 页；卢特瓦克和霍罗威茨的《以色列军队》，第 337—397 页；哈伊姆 · 赫尔佐克的《赎罪日战争，1973 年 10 月》（波士顿：小布朗出版社，1973 年）——这部出色的作战史由原以色列军事情报局局长撰写。埃德加 · 奥巴兰斯的《没有胜利者，没有失败者：赎罪日战争》（加利福尼亚州圣拉斐尔：要塞出版社，1978 年）一书努力贬低以色列人取得的每一个成就，并夸大阿拉伯人的战果，而彼得 · 艾伦的《赎罪日战争》（纽约：查尔斯 · 斯克里布纳之子出版社，1982 年）则恰恰相反。以色列方面的回忆录包括摩西 · 达扬的《摩西 · 达扬：我这一生》（纽约：威廉 · 莫罗出版社，1975 年），沙龙的《勇士：阿里埃勒 · 沙龙自传》，以及阿弗拉罕 · 阿丹的《在苏伊士运河的河岸上：一位以色列将军亲述赎罪日战争》（加利福尼亚州诺瓦托：要塞出版社，1991 年）——这是以色列国防军一位装甲师师长撰写的著作，该师积极参与了战斗，并以渡过运河进入非洲而结束战争。最后，作为不结盟世界对这场战争浓厚兴趣的标志，可参阅穆罕默德 · 易卜拉欣 · 纳加蒂准将的《斋月战争的教训》（刊登在印度《防务期刊》1975 年 9 月 /10 月第 1 期，第 5—9 页），苏丹 · 阿哈默德 · 吉拉尼的《简述第四次阿以战争》（刊登在印度《防务期刊》1975 年 9 月—10 月第 1 期），以及 K. 苏布拉马尼亚姆的《1973 年阿以战争的教训》（刊登在印度《国防研究与分析学院杂志》第 6 卷，1974 年 1 月第 3 期，第 416—442 页）。关于这场战争的教训，可参阅安东尼 · H. 科德斯曼和亚伯拉罕 · R. 瓦格纳的《现代战争的教训》第一卷，《阿以战争，1973 年—1989 年》（科罗拉多州博尔德：维斯特维尔出版社，1990 年）——这本书的受众群主要是技术人员。

48. 沙兹利的《跨过苏伊士运河》，第 19 页。

49. 同上，第 37 页。

50. 卢特瓦克和霍罗威茨的《以色列军队》，第 352 页。

51. 罗滕贝格的《剖析以色列军队：以色列国防军，1948 年—1978 年》，第 186 页；科德斯曼和瓦格纳的《阿以战争，1973 年—1989 年》，第 57—60 页。

52. 苏联军事学说及其对阿拉伯军队的影响，可参阅迈克尔·艾森施塔特和肯尼斯·M. 波拉克的《雪中的军队与沙漠里的军队：苏联军事学说对阿拉伯军队的影响》，刊登在《中东杂志》第 55 卷，2002 年秋季第 4 期，第 549—578 页。戈兰高地这史诗般的传奇之战，最佳著作仍是赫尔佐克的《赎罪日战争，1973 年 10 月》，第 56—145 页，也可参阅卢特瓦克和霍罗威茨《以色列军队》一书第 372—378 页。

53. 引自弗兰克·阿克尔《1973 年 10 月：阿以战争》（康涅狄格州哈姆登：执政官图书公司，1985 年）第 89 页。

54. 范克勒韦尔德的《赎罪日战争的军事教训：历史观点》，第 15 页。

55. 阿丹的《在苏伊士运河的河岸上：一位以色列将军亲述赎罪日战争》，第 140 页。

56. 赫尔佐克的《赎罪日战争，1973 年 10 月》，第 191 页。他对阿丹提出严厉批评，认为后者由东向西进攻恰恰进入埃及军队防御最严密处，而没有对埃军登陆场薄弱的北翼实施打击。

57. 沙兹利的《跨过苏伊士运河》，第 240 页，这段话被各种著作广泛引用。另可参阅科德斯曼和瓦格纳《阿以战争，1973 年—1989 年》一书第 57 页。

58. 阿丹的《在苏伊士运河的河岸上：一位以色列将军亲述赎罪日战争》，第 130 页。

59. 托阿瑟的《以色列的装甲战经验》，第 178 页。10 月 14 日日终时，战争之神显然更青睐以色列军队。据说哈伊姆·巴列夫告诉果尔达·梅厄总理："今天是个好日子，我们的军队又恢复了老样子，埃及人也是如此。"

60. 沙兹利的《跨过苏伊士运河》，第 249—250 页。

61. 沙龙和查诺夫的《勇士：阿里埃勒·沙龙自传》，第 220 页、第 235—236 页、第 269—270 页。

62. 对戈南的辩护和对沙龙的批评，参阅卢特瓦克和霍罗威茨《以色列军队》一书第 381—384 页，书中批评沙龙没有大局观，特别是以色列军队赶往渡口的交通线存在严重漏洞。参阅沙龙和查诺夫《勇士：阿里埃勒·沙龙自传》一书第 299 页、第 300 页、第 303 页、第 306 页和第 308 页。

63. 沙龙和查诺夫的《勇士：阿里埃勒·沙龙自传》，第 326—328 页。

64. 阿丹的《在苏伊士运河的河岸上：一位以色列将军亲述赎罪日战争》，第 301—302 页。

65. 范克勒韦尔德"赎罪日战争的军事教训：历史观点"一文很好地唤起了那个时代的气氛，这是一份清醒的记述，没有那个时期诸多作品常见的夸张之词，但文中对"第三个装甲时期"（1917 年起）的结束做出了预测。这些推断包括双方物资的损失，及"通过有限责任赢得胜利"的时期可能的确已结束，并预测未来的战争"会变得更多，而不是更少，总是会影响发动战争的那些社会的资源，使其消耗不断增加，压力越来越大"。这将是一种新的"全面战争"（第 50 页），这种逻辑飞跃源自一场持续两周多的战争。

66.1967 年战争结束后，伊扎克·拉宾少将指出："一切都是以色列国防军独自完成的，以我们拥有的东西，没有其他人或东西。"罗滕贝格《剖析以色列军队：以色列国防军，1948 年—1978 年》，第 152 页。

67. 梅卡瓦坦克的照片和相关探讨，参阅埃谢尔《战斗中的以色列装甲部队》一书第 78—80 页。

68. 伦道夫·S. 丘吉尔和温斯顿·S. 丘吉尔的《六日战争》，第 67 页。

第六章
作战成功与失败：印巴战争（1971年）和两伊战争

世界大国并未垄断20世纪的卓越战役。1912年第一次巴尔干战争期间，保加利亚军队在色雷斯对土耳其人实施的战役，尽管没能攻克最终目标君士坦丁堡，但仍堪称作战策划和实施的典范。自1945年以来的一连串战争中，弱小的以色列国防军一次次击败规模是其数倍的阿拉伯联军。北越军队在同法国人和美国人的长期战争中证明自己是一支相当专业的武装力量，而率领他们的武元甲将军则是堪称具有当时最佳作战思想的将领之一。实际上，就像许多其他领域一样，我们可以说20世纪见证了卓越军事作战的"全球化"。

在那些对作战艺术感兴趣的人（职业军人和学者）看来，地域因素带来的影响很明显。也就是说，一个人必须"多出去走走"，不能局限于阅读历史记录或本国军事机构出版的专业期刊。例如，对美国的读者来说，《军事评论》、《参数》和《军事史杂志》可能是个坚实的"三位一体"，但实际上国外的文献资料也是值得一读的——这里仅给出三个英文资料的例子：加拿大《陆军条令和训练公报》，《印度联合军种杂志》和巴基斯坦《防务期刊》。与美国的专业期刊一样，读者们会在这些外军杂志中发现训练有素的专业人士从事的工作，以及他们就学说、武器和战略的重要问题展开尖锐的思想辩论。总的来说，信息的作用、战斗纵深、装甲部队在火力密集型战斗中的正确使用，以及现代条件下的指挥控制，这些困扰西方军事人员多年的问题，目前在数十个国家同样成为同行们的研究重点[1]。在这些和另一些问题上领略不同文化的军事思想，能获得有益的经验。

1971年的印巴战争：起源和策划

卓越战役的一个典型例子是印度军队1971年对阵巴基斯坦时取得的决定性胜利[2]。这是一场闪电战，彻底改变次大陆的力量均衡，并“肢解”了印度的主要对手巴基斯坦。这场战争的起源可以在巴基斯坦国奇特的双重性质中找到——其权力、政治影响力和社会进步的来源主要集中在西部，而东巴基斯坦的居民尽管占巴基斯坦总人口的大多数，却越来越把自己视为二等公民。谢赫·穆吉布·拉赫曼领导的政治运动“人民联盟”在20世纪60年代末期崛起。1971年3月，东巴基斯坦爆发起义。巴基斯坦军队中孟加拉人所占比例较大的部队，具体而言就是东孟加拉团的五个营加入了这场起义，这使东巴基斯坦很快便爆发一场全面内战。独裁者叶海亚·汗领导的巴基斯坦政府对此的应对是实施一场无情的军事镇压。从西部抽调的两个师（第9和第16步兵师）被民用喷气式客机空运至东巴基斯坦，同已在那里的一个加强师（第14师）会合[3]——军队先是控制了首府达卡，然后分散到各个省，镇压叛乱部队，恢复政府权力，而后残酷地对待当地平民。此后的“探照灯”行动虽然成功粉碎这场暴动，但也驱使了数百万难民（也许多达1000万）越过边境逃入印度[4]。

印度已同巴基斯坦进行过两次战争，自然不会对东巴基斯坦民事秩序崩溃所提供的良机视而不见。难民的涌入、救助难民给印度造成无法承受的负担，以及巴基斯坦军队在东巴基斯坦的暴行，这些都成了当时的印度媒体报道的主要内容。英迪拉·甘地领导的印度政府内部发生激烈争执，鹰派人士希望利用这场危机“肢解”巴基斯坦，而反对者则指出，巴基斯坦的盟友不仅有美国，还包括更具备直接威胁力量的中国[5]。到1971年4月，双方的力量对比已绝对有利于印度发起战争，但印度陆军总参谋长萨姆·马内克肖反对立即实施敌对行动。他向甘地保证，如果他被允许自由选择发起打击的确切时刻，就绝对能赢得一场全面胜利，且他保证会兑现这一承诺[6]。

在马内克肖看来，时机问题至关重要且非常复杂。出于几个原因，他反对在四月份放出战争猛犬。巴基斯坦驻扎在东部的兵力平素为一个师，印度的兵力与之相近。东部作战行动的策划工作通常以确保狭窄的“西里古里走廊”畅通为重心，另外还要掩护加尔各答这座大城市[7]。但现在，巴基斯坦为镇压暴乱已调来两个师，另一个师（第36师）也在开拔途中。通信部队和新组建的准军事力量（东巴基斯坦民间武装）相当于又给巴基斯坦增加了一个师。印度面临的选择是，以东部实力不足的部队投入战斗，或者从次大陆的四个角落抽调兵力，按照新修改的作战计划把这些部队投入行动。然而，马内克肖认为这两个选择都不可取，特别是会造成一场灾难的后者。

集结必要的力量需要时间，但时间却已所剩无几——到 6 月中旬，季风季节会把东巴基斯坦大部分地区变为泥潭，而若在 4 月或 5 月发起打击则有可能招致中国为协助巴基斯坦而插手干预。由于印度不得不从中国边境抽调必要的兵力用于东部作战行动，这无疑会引来更大的麻烦。印度反复研究周恩来曾发表的声明——中国承诺帮助叶海亚·汗保持“巴基斯坦领土的完整性”[8]。在 1962 年，印度同中国曾发生过冲突，那场短暂的战役以中国军队迅速消灭印度一个师而告终。此后，印度人虽然大力加强了他们在印中边境的战备，但却并不急于再来一场战争。基于这些原因，马内克肖倾向于在大雪封闭中国人依赖的喜马拉雅山口后，再对东巴基斯坦展开行动。

这些综合因素促成了一场不可避免的冬季战役，但此期间的印度军队并未消极等待时间的流逝——马内克肖亲自监督这段时期的大量工作，并让军队做好攻入东巴基斯坦的各方面准备；工程兵为即将开到的数千名士兵和大批装备修建集结区，并在交通状况落后的东部省份修筑道路；有关部门也在囤积武器、弹药和零配件；上级部门取消“年度换防”，不再以和平时期的节俭措施将大批印度部队从战备状态转入非战备状态[9]。从 6 月至 11 月，马内克肖还监督了一系列师级、军级、集团军级的军事演习[10]。这些演习对印方拟制作战计划非常重要，后来又为相关计划的重大修改提供了帮助。

利用东巴基斯坦叛乱部队残余力量，马内克肖监督组建了一支被称作“自由战士”的辅助军事力量[11]。这股力量编有三个正规旅，外加 7—8 万名非正规军成员，由 M.A.G. 奥斯马尼上校率领，在边境地区积极骚扰巴基斯坦军队。印度边境安全部队和准军事力量积极协助自由战士，为他们提供后勤和炮兵支援，甚至在几个地方越过边境进入东巴基斯坦。到 11 月，东巴基斯坦毗邻印度边境的数个地区表面上处于自由战士控制下，实际上还有小股印度部队参与其中。例如，西南部加尔布尔（印度第 9 师）和达尔萨纳（印度第 4 山地师）附近，以及北部塔古尔冈和古里格拉姆附近（分别由第 71 和第 9 山地旅占据）所谓的营地[12]。另外，印度还帮助武装并训练了 10 万名难民，把他们派入东巴基斯坦，对巴基斯坦军队展开游击战。

最重要的是，马内克肖早在6月份便准备好一份代号为“意外之财”的作战计划，该计划基本上出自时任陆军司令部作战部长的K.K.辛格将军之手。这个计划取得成功后，许多参谋人员声称自己是计划的制定者，实际上，该计划的确对辛格最初的构想有一番修改。辛格设想的是以一场快速打击攻入东巴基斯坦（闪电战这个词反复出现在印度方面对这场战役的分析和相关历史著作中），击败盘踞在那里的敌人，并尽可能多地征服该国领土[13]。这场行动必须迅速实施，抢在国际社会肯定会达成的某种停火协议之前完成。首要任务是从印中边境抽调部队，特别是从北方邦与西藏边境，以及东北边境特区抽调部队。在这些地段，马内克肖依靠的是自1962年以来对边境防御实施的加强，以及喜马拉雅山口的封闭[14]。

计划中最初出现的问题是调动这些部队的确切时机。调动过早有可能被中国人或巴基斯坦人发现，从而丧失突然性。印度总参谋部一些人主张，尽量在最后一刻把突击部队调至东巴基斯坦边境。但对麾下部队的优缺点了如指掌的马内克

胜利的缔造者：和蔼可亲、能力出众的萨姆·马内克肖将军（中间）同一名士兵简短交谈。《国防信息》，印度军事联合网站。

肖则认为这会破坏，甚至有可能危及整个行动。他指出："我不喜欢这种花哨的东西，你们应该知道，我的兵团不是德军装甲师，他们会从容不迫地实施调动。"[15]最后，各部队获得充裕的调动时间，虽说巴基斯坦人注意到了印度军队大部分调动情况，但这些部队在马内克肖的缓慢部署下，实际上却意味着在战斗打响时具有更好的战备状况。

在作战方面，地理情况既造成问题，也提供了机会。东巴基斯坦的面积几乎和阿肯色州相当，它被印度军队环绕，就像1939年波兰被德军包围那样。与德国国防军一样，印度军队也将选择他们的进攻方向——主要突击可能从西面的西孟加拉邦、北面的梅加拉亚邦或东面的特里普拉邦和米佐拉姆邦发起。从一开始，地理问题便迫使巴基斯坦东部军区司令埃米尔·阿布杜拉·汗·尼亚齐将军做出艰难的选择。他可以沿2100千米长的整条边境实施线式防御，或者将部队后撤，以便守卫一些中心位置（也许是首府周围的一个堡垒，即所谓的"达卡碗"[16]）。他不必一直扼守该堡垒，只要坚持到宣布停火即可。但对一名指挥官来说，放弃交给他防御的大部分领土却非易事，要尼亚齐做出这个决定显然不太容易。

印度在地理方面的优势被该国的地形所削弱——印度严重低估了"东巴基斯坦是一片水乡泽国"的说法的实际情况。大河（站在河边甚至看不到对岸）和许多较小的河流将这片土地分成四大块：西北地区位于恒河以北和雅鲁藏布江以西，西南地区在恒河和博多河南面和西面，北部地区位于贾木纳河与梅克纳河之间，东部地区则在梅克纳河东面。各条河流构成的三角洲深入该国腹地。因此，无论印度军队选择哪个进攻方向，都必须跨越像密西西比河那样的河流障碍。实际上，作战态势强调，达卡堡垒也许能给尼亚齐将军提供一些成功的机会[17]。

给进攻计划进一步造成妨碍的是这样一个事实：虽然印度在地面力量对比方面占据优势，但这样的优势对整场战争来说却并不具有决定性。一旦从印中边境抽调部队，印度便可以把七个师投入东部的战斗。而巴基斯坦，正如我们所知的那样，拥有四个师，且各种非师级部队组成的另一个师正向东巴基斯坦集结。当然，双方不得不把大部分力量留在西巴基斯坦—印度边境区域，特别是存有争议的查谟—克什米尔地区。但印度在装甲力量方面的确占有明显优势——印度拥有三个团、两个独立中队和一个营的装甲运兵车，而巴基斯坦只能集结起一个装甲团和几个独立中队[18]。此外，印度还享有决定性的空中优势——巴基斯坦只有一个F-86佩刀式战斗机中队部署在东巴基斯坦，相比之下，印度却为这场战役集结起十个战斗机中队，另外还有12架运输直升机，这些都将在作战行动中发挥重要作用。己方空中力量控制几乎没有对手的天空，是印度作战计划取得成功的一个关键因素。在当时，为加强机动性，印军尽可能地轻装行进，其中战术空中力量接管了炮兵的许多职能，直升机负责提供援助，为前线部队运送补给，疏散伤员，并执行一些重要的空运[19]。

辛格最初的计划要求印度军队同时发起几个推进，攻入孟加拉国腹地：西南方，第2军（军部设在克里希纳加尔）将从达尔萨纳的营地攻往切尼达、杰索尔和库尔纳。西北方，第33军（军部设在西里古里）攻往希利，最终目标是博格拉。东面，新组建的第4军（军部设在阿加尔塔拉）将展开一场多重攻势，该军右翼力量的目标是锡莱特；中路力量直接攻往达卡，穿过库米拉、莫伊纳莫蒂、达乌德甘迪，奔向梅克纳河河岸，左翼力量则攻往费尼、拉卡姗、坚德布尔，从南面威胁东巴首府。这些推进的最终结果是，强大的印度军队将围绕达卡向心排列，为最后一击做好准备。第4军左翼力量负责向南突击，攻往东巴主要港口吉大港，封闭敌人可资利用的一切疏散路线。掩护第33与第4军之间巨大缺口的是一个规模较小的特设指挥部——第101后勤地区。该指挥部负责偏远地区一条宽大战线，主要致力于防御和行政任务，因而是“后勤地区指挥部”，而不是一个军。一旦巴基斯坦军队在其他地段全面投入战斗，这里可能会出现新的契机。此处控制着一条通往达卡的漫长但又直接的路线，向南穿过杰马勒布尔和坦盖尔直奔首府。不管怎样，辛格的计划要求确保阻止跨地区调动的关键点，例如桥梁、渡口和机场，这样一来，巴基斯坦军队就无法获得援兵，从而被各个击破，另外，靠前部署的巴基斯坦部队也无法退入纵深并撤向达卡。待印军粉碎边境附近的敌主力后，所有具备条件的兵团都将攻往达卡[20]。

这是个可靠的计划，在许多方面甚至可以说是个杰出的计划。其特点是对双方力量的现实评估和相当程度的灵活性，该计划秉承了现代战役层面策划工作的最佳传统。计划中一系列汇聚队列是运动战的典型范例，具体而言，是老毛奇惯用的“外线作战”。另外，这份计划强调机动，完全没有理会印度军队的传统（严重依赖火力，习惯于从容不迫地实施英军风格的对阵战）。该计划的目标是在两周内彻底赢得胜利，一名军官称之为“闪电概念”[21]，与印度以往的战争计划（强调攻城略地，以此作为战后谈判的筹码）截然不同。

不过这个计划的最初版本中并未指明主要突击点，也就是德国人所说的

“Schwerpunkt”。经印军参谋人员和东部军区司令杰格吉特·辛格·奥罗拉将军商讨后，最终决定以第4军遂行主要突击。第4军远离友邻兵团，依靠一片落后的交通网（包括巴基斯坦炮兵射程内大片未铺砌的道路）与他们连接，从刚刚建成的基地和仓库展开行动——这在当时来看是个颇具风险的选择。但正是出于这个原因，马内克肖、辛格和奥罗拉认为突然性因素会发挥对他们有利的作用。与所有人一样，巴基斯坦人看看地图就绝不会认为印军会穿过这样一片不发达地区发起主要突击。而这些印度军官都曾在东部服役，对地形和可能性的了解不亚于任何人[22]。

相比之下，巴基斯坦的作战计划含糊得多。尼亚齐似乎无法在两个显而易见的策略间做出选择。一方面，他可以从边境地区后撤，在“达卡碗”周围集结兵力并强化防御。这将使他离开自由战士的主要活动地域，并在印度军队肯定会拉伸并绷紧的补给线末端给对方形成一个难以攻克的“硬核桃”。另一方面，他也可以沿边境遂行防御，尽可能迟滞印度人的推进，然后退却，实施一场纵深防御。在这种情况下，他选择二者兼顾，摆出了“要塞区”的姿态[23]。

事实上，尼亚齐的确沿边境靠前的区域进行了部署——基本上是以各个连和营据守孤立但戒备森严的阵地。这些阵地不仅布满掩体，储备了大量补给物资和弹药，还获得了迫击炮和火炮的支援，以此抗击印度的入侵。尼亚齐希望通过这种方式让印度人在战役早期就付出不小的代价，这样一来，对方的士气势必会发生严重动摇。而尽早令对方碰得头破血流，更是可能会给整个战役定下基调。尼亚齐甚至叮嘱麾下部队“战斗到最后一人”，或至少坚守到伤亡达到75%时。但与此同时，他正为由十个要塞构成的一个核心堡垒拟制坚守计划。尼亚齐将边境前哨形容为“就像摊开的手掌伸出的手指，他们会尽可能长久地战斗，然后收回到堡垒处攥成个拳头，砸向敌人的头部”[24]。但如何让先在战斗中遭到重创，然后又在一场仓促后撤中被击败的部队形成怎样的“拳头”，这是他从未能解决的问题。实际上，尼亚齐此举是把他的主力置于战术强大，但战役和战略无望的境地。

他现在面临的问题是，如何以手头有限的兵力掩护这样一条延伸的防线。他采用的办法是从一个连队抽调少量兵力，加上迫击炮部队的少数人，再辅以部分东巴民间武装，拼凑成“连队”，交给一个陌生且也许严重缺乏经验的军官指挥，再把他们部署到一个边境小镇。巴基斯坦军队在这场战役中的战斗序列很难被人理解，尤其是在考虑到他们在这里只有四个师之后，这一点更加令人难以置信。一位分析人士称，也许应该用“骑士”这个词描述尼亚齐组建的临时性兵团和指挥部直属部队，“尽管这个词并不含有任何潇洒的意味。”[25]这在当时被认为是一个有根有据的批评。但令人惊异的是，一些巴基斯坦士兵在这种不利条件下进行了出色的战斗，他们的素质让人肃然起敬。

11 月边境冲突期间，印度人在自由战士的协助下掌握了尼亚齐的作战计划。在东巴东北部地区扼守卡马尔普尔的巴基斯坦守军先是对付游击队，随后又抗击印度军队，坚守 21 天后才投降。希利镇掩护着东巴基斯坦西北部收缩的腰部，巴基斯坦边防部队驻扎在那里的一个连同样顽强战斗，从 11 月底坚守到了 12 月 12 日。出于这个原因，印度方面逐渐更改其计划，着眼于尽可能绕开对方的抵抗基点。印度军队对这些障碍实施了两翼迂回，从后方对其展开进攻，并阻止了他们撤往达卡。“运动战又一次取代了有条不紊、精心准备的对阵战。”苏克文特·辛格将军写道，希利镇之战的结果是，“深深植根于老派将领们心目中的阿拉曼战役概念彻底土崩瓦解。”[26]

奔向达卡：印度在东巴基斯坦的作战行动

12 月 3 日傍晚，巴基斯坦空军对印度发起了一场颇具戏剧性，但却未取得太大效果的空袭，致使印巴战争正式爆发。巴基斯坦显然认为这样一种大胆的姿态会迫使美国和中国这两个保护国出手援助，但随着时间的流逝，中国干预的可能性越来越小，巴基斯坦因而孤注一掷。这场空袭是两国全面敌对行动开始的标志。空袭后没过几个小时，两条战线上都爆发了战斗。印巴战争与众不同，也许是独一无二，因为双方同时在两条战线上开启了战事。交战双方将各自的主力集中在西部，那里的战斗沿整条边境展开，北起克什米尔，南至信德。来回拉锯的交战异常艰巨，尤以克什米尔为甚，双方基本上都没能取得明显的战略优势。换句话说，这跟以往的印巴冲突别无二致。

东部的情况有所不同——奥罗拉将军投入庞大、装备精良的力量（超过 13 万人），一举攻入东巴基斯坦。印度第 2 军在西南地带发起冲击，该军编有以下部队[27]：

印度第 2 军（由 T.N. 拉伊纳将军率领）

第 4 山地师（由 M.S. 巴拉尔将军率领）

第 7 山地旅

第 41 山地旅

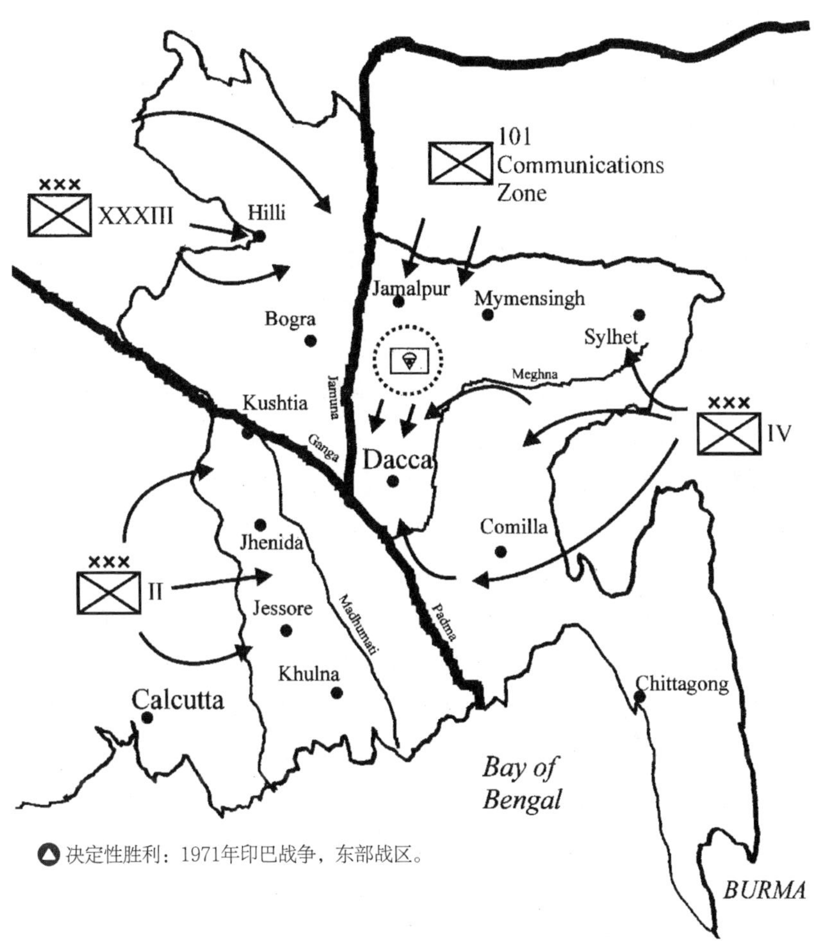

决定性胜利：1971年印巴战争，东部战区。

第 62 山地旅

第 9 山地师（由达尔比尔·辛格将军率领）

第 32 山地旅

第 42 山地旅

拉伊纳把第 4 山地师（巴拉尔将军）部署在左侧，攻往切尼达，第 9 山地师位于右侧，攻向杰索尔，为该军提供支援的是配备 T-55 和 PT-76 苏制坦克的两个装甲团和一个中型炮兵团。拉伊纳面对的是巴基斯坦第 9 师，该师负责据守一道长达600千米，不可能守住的防线。作为尼亚齐线式部署的组成部分，该师两个旅并肩排列，指挥部分别设在北面的切尼达（第57旅）和南面的杰索尔（第107旅及师部）。这两个旅左侧的库尔纳，部署着东巴基斯坦非正规部队的一个“旅”，他们几乎未参加战斗；实际上，随着战斗的进行，这个旅最终彻底解散。如此薄弱的力量显然不可能实施有效的线式防御，这种兵力不足的情况导致尼亚齐的整个部署受到质疑。他把已经很弱小的部队分拆成更小的单位，并派他们就地防御，等于将主动权拱手让给拉伊纳将军。

拉伊纳是一位出色的指挥官，也是1962年灾难性失败期间寥寥无几的表现优异者之一，他对尼亚齐的固定不动式的防御加以利用。几个印度师从集结区出击，突破对方的非正规边防部队，在切尼达与杰索尔之间攻入东巴基斯坦。没过三天，印军第41山地旅以一场突袭夺取切尼达，杰索尔也已疏散。巴军第57旅旅部试图从切尼达向东退往马古拉，却发现一支印军部队已抢先到达那里，他们只得向北撤往库什蒂亚。切尼达迅速失陷的消息似乎瓦解了巴基斯坦师长安萨里将军的士气。巴基斯坦的一份报告指出，他花在拜毯上的时间远远超过指挥他的师[28]，另一位巴基斯坦军官后来写道，安萨里的指挥能力等级评定为“0乘以0”[29]。他现在试图把同样设在杰索尔的师部后撤，却发现不得不穿越已位于他们身后的印度军队的夹射火力。他和师里少量衣衫褴褛、士气低落的残部（不属于各个旅的步兵、支援部队、行政人员）最终渡过莫图莫迪河逃往福里德布尔。南面，据守杰索尔的第107旅击退印度第9师的进攻，交战双方都为此蒙受伤亡。巴基斯坦指挥官马利克·哈亚特·汗很不情愿地奉命后撤。具有讽刺意味的是，战争首日他便要求批准他率部后撤，倘若这个要求在当时就能获得批准，他也许能率领一个旅退守“达卡碗”，可无奈哈亚特·汗不得不向南撤往库尔纳。

这些朝不同方向实施的后撤彻底瓦解了巴基斯坦第9师，该师分成三部，所能做的不过是在适当的地方实施防御。通往达卡的道路现在几乎对拉伊纳的第2军彻底敞开。但此时，印度人在该地段的行动变得有些混乱。12月9日在库什蒂亚的一场小规模战斗中，巴基斯坦第29骑兵团一个坦克中队成功伏击一支印度装甲力量和第22拉其普特步兵营先遣部队，这场战斗吸引了拉伊纳将军的注意力。他没有继续攻往达卡，而是命令第4山地师师长巴拉尔将军转身向北。拉伊纳认为巴军整个第57旅位于库什蒂亚，因而希望第4山地师集中力量进攻该镇。但到12月12日，他不得不承认此举的失败，因为巴军第57旅已在哈丁桥渡过恒河[30]。

印度第 4 山地师直到 12 月 14 日才准备渡过莫图莫迪河，该师的行动非常巧妙：第 62 山地旅在北面渡河，第 7 山地旅在南面渡河，迂回包括安萨里将军指挥部在内的巴军主要防御阵地。印军利用自由战士收集到的各种船只渡河，到 12 月 15 日已包围安萨里的指挥部和该师残部。12 月 16 日，安萨里向印军投降，几小时后，尼亚奇将军也在东面束手就擒。印度第 2 军实施了一场成功的作战行动，虽然错失良机，但毕竟瓦解了他们的对手。

印度第 33 军作战地域内，巴基斯坦人在希利设有精心防御的支撑点，整个战争期间，这里的战斗最为艰巨。第 33 军编成如下[31]：

▼ 闪电战：印度第7骑兵团一队T-55坦克赶往东巴首府达卡，那里很快会成为独立后的孟加拉国的首都。《国防信息》，印度军事联合网站。

印度第 33 军（由 M.L. 撒潘将军率领）

第 20 山地师（由 L.S. 莱尔将军率领）（译注：即拉赫曼 · 辛格将军）

第 9 山地旅

第 66 山地旅

第 165 山地旅

第 202 山地旅

第 71 山地旅群

第 340 山地旅群（译注：旅群这种称谓多见于英联邦国家的军队，属于临时性编制，相当于旅级战斗群，像第 71 山地旅群指挥官的回忆录就直接称之为第 71 山地旅）

印军在该地域遭遇的一些困难也许应归咎于第 33 军军长 M.L. 撒潘将军。据一名同僚称，撒潘是个“照搬书本的将领”，一向以过于谨慎而著称[32]。在所有指挥官中，他似乎对新的“闪电概念”最为陌生。他计划沿一条最显而易见的路线发起进攻，从巴卢尔加特突出部攻往希利。马内克肖本来想在战斗开始时以自己的参谋长替换撒潘，但又觉得临阵换将可能会给行动造成更大的干扰，还不如让撒潘留任。这场战争结束时，撒潘麾下部队控制了作战地区内大部分领土，但大批筑垒阵地仍在巴基斯坦人手中。

当然，巴基斯坦军队在该地区的作战行动并不比他们在西南部表现得更好。据守东巴这片宽大地域的巴基斯坦军队仍是一个师，即纳齐尔 · 侯赛因 · 沙阿将军指挥的第 16 师。该师辖内三个旅散布在整个作战地区后，尼亚齐对各部队做出大量常规调整和临时性部署，给部队的凝聚力造成干扰。由于这里的地形相对平坦，第 16 师也配有一个装甲团（第 29 骑兵团）。但是，沙阿违背了自康布雷战役以来确定的每一条装甲战原则，他把该团分拆为一个个中队，将其分配给各个旅，为不实施机动的步兵提供虚弱的炮火支援。战争结束后，他吹嘘自己通过削减各部队的兵力，从而增加了部队的数量，并认为这是史无前例的创举，“我的想法是把一个连一分为二，这样，一个营就变成两个营。我从未把我的参谋人员当作参谋使用，他们都在指挥部队。我有三个旅，可我能把他们变成五个旅”[33]（译注：沙阿是在被俘后对印度人说的这番话）。沙阿在当时被敌对双方都认为是个很无能的指挥官，因为撒潘直接对希利发起的进攻，就将沙阿的注意力牵制在了西面。

印军对希利的冲击是一场令人难以忍受的正面突击，而这种进攻样式是印度人在这场战争中试图竭力避免的。这里没有丝毫机动痕迹，就连炮火准备也不充裕。进攻希利是第20山地师的任务，但该师很快陷入一片筑垒阵地中。自五月以来，巴基斯坦人一直在构筑他们的防御，这些阵地依托该地区的诸多村庄。战后，第20山地师师长拉赫曼·辛格对希利的阵地进行了以下的描述：

他们在村内的房屋里构筑起两层掩体，并与设在邻村的机枪相互支援。房屋顶部已被拆除，覆盖上顶部掩护的建筑材料。山炮的轻型炮弹无法给这些掩体造成太大破坏。村内狭窄的巷子被轻机枪火力覆盖。以隧道连接的强大掩体一直延伸到一个个池塘的岸边，这使纵射火力直接袭向突击部队。他们还以铁丝网和地雷进一步加强防御。[34]

最后，恰恰是边境的形状使第33军取得进展。虽然撒潘的进攻行动在希利陷入停顿，但的确起到将沙阿的注意力牵制在西面的作用。这使第33军辖内其他兵团直接从北面展开进攻，面对零星抵抗，他们的进展相当顺利。凯思佩利亚将军率领的第71山地旅群在那里的任务尤为重要[35]。他们在11月底穿过塔塔尔亚突出部进入东巴基斯坦，随即攻往帕查加尔，以一个营从正面威胁该镇，另一个营绕至镇后方。一天内前进60千米后，凯思佩利亚12月3日从巴军第48旁遮普团一个连手中夺得博达镇，并席卷塔古尔冈[36]。他很快便从北面对迪纳杰布尔这个筑垒镇构成威胁。

由于第20山地师仍在痛苦地冲击希利的阵地，军长撒潘现在被迫实施机动[37]。负责从南面围攻迪纳杰布尔的独立第340山地旅群奉命放弃行动，转身向东攻往皮尔甘杰。旅长乔金德·乔基·辛格将军是一位出色的将领，在他的指挥下，第340山地旅群的推进成为现代作战的一个典范——他从不停止前进，从不中止机动，也绝不从正面对某处阵地遂行冲击。他还巧妙地使用坦克和坦克搭载的步兵组成的战斗群，以此加强机动性，他们总是绕过巴基斯坦人的正面防御，从侧翼或后方对其展开攻击，从而击败对方，占领他们打算攻占的防线。乔基率部攻往皮尔甘杰，进入巴基斯坦人几乎不设防的安全区，差点逮住一条大鱼——他与敌人一列吉普车队交错而过，而巴基斯坦地区指挥官沙阿将军就在车上。更重要的是，他几乎单枪匹马地迫使巴基斯坦人削弱据守希利的兵力，以应对这一新威胁，随着乔基率部攻往后方的博格拉，这种需求变得更加紧迫，因为那里是巴基斯坦军队在该地区的后勤中心。希利镇于 12 月 12 日陷落后，第 33 军主力得以转身向南，与乔基旅一同攻往博格拉。但该军却没能追上他——第 340 山地旅群 12 月 16 日率先进入博格拉，结束了该地区的战斗。苏克文特 · 辛格对这种“很不正统的行动”表示敬意，并描述了乔基的战场表现 :“若说深入巴基斯坦领土约 130 千米，直奔博格拉的行动中有什么实际成果的话，那么，应归功于乔金德 · 辛格的决定，他打破了印度人典型的二战传统概念，在战场上恢复了机动作战的威力。”[38]

随着博格拉落入印度人手中，持续的作战行动肯定会给巴基斯坦军队造成补给困难。尽管如此，巴基斯坦人并未放弃他们据守的五个筑垒阵地（包括横跨印军交通线的朗布尔），倘若战争再拖延几周，印度军队也将遭遇补给困难的问题。面对敌人的顽强抵抗，撒潘的推进显然取得了胜利，但这是一种传统打法的胜利 : 缺乏想象力、缓慢、代价高昂。他几乎没获得什么机会，取得的战果也寥寥无几。整个战争的大多数时间里，仅有一个旅在执行机动任务，另外五个旅则是围攻巴基斯坦的筑垒镇。相比之下，撒潘的下属乔金德 · 辛格却赢得更高的荣誉。

印度人在东部第 4 军作战区域内赢得了战争。在这里，我们见到最大胆的举措，同样在这里，我们看见印度的空中力量发挥了最为活跃的作用。若说“意外之财”行动有哪些部分堪称闪电战的话，那就是这里——这里是印方实施重点突破的地区，正如为此分配的力量所示[39] :

印度第 4 军（由萨加特 · 辛格将军率领）

第 8 山地师

第 59 山地旅

第 81 山地旅

第 23 山地师

第 83 山地旅

“基罗”部队（编有六个营的一个旅）

第 57 山地师

第 61 山地旅

第 181 山地旅

第 301 山地旅

第 311 山地旅群

另外，萨加特·辛格将军还掌握着三个独立装甲中队，两个机械化步兵营，以及在印度组建的“自由战士”营。以这场战争的标准看，这是一股令人生畏的庞大力量。

鉴于奥罗拉将军赋予辛格的任务，他将从设在阿加尔塔拉的军部监督几个相隔甚远的推进：第一个推进位于阿考拉与库米拉之间的中央地段，从该处攻往达乌德甘迪和坚德布尔的梅克纳河河段（那是达卡前方最后一道河流障碍，距离边境线仅 112 千米）；第二个推进远在东北面，穿过毛尔维巴扎尔攻往锡莱特；（情况允许的话）第三个推进将指向正南方，夺取至关重要的吉大港，尔后前出到科克斯巴扎尔[40]。夺取吉大港将切断巴基斯坦军队一切潜在的海上逃生路线。正如许多印度分析人士所写的那样，第 4 军的行动是对 B.H. 利德尔·哈特“势如洪水”这一概念的运用，以相互分隔、高度机动的队伍发展他们在阿考拉—库米拉之间达成的突破[41]。最终结果是在南面和东南面围绕达卡形成一道铁环，准备发起最后的突击。虽然没有夺取达卡的具体命令，但萨加特·辛格不想半途而废，他告诉一名参谋：“这个问题交给我吧，我会解决的。”[42]

虽然巴基斯坦情报部门注意到印度军队自夏季以来的集结，并命令尼亚齐留意对方从这个方向而来的主要突击，但尼亚齐在东部的防御并不比其他地域的更出色。他投入一个正规师，即阿卜杜勒·马吉德·卡齐将军指挥的第 14 步兵师，守卫锡莱特接近地，另外还有一支临时性部队，即所谓的“第 39 步兵师”，事实证明，这类临时性部队在战斗中毫无价值，该师几个旅驻扎在库米拉、拉卡姗和南面的吉大港，守卫具有战略重要性的路线：达卡接近地。最重要的是，尼亚齐可能一直在考虑确保通往吉大港的后撤路线的畅通。但这并非他把重点置于南面的唯一解释。战争爆发前，萨加特·辛格耍了个把戏，沿边境改善各条道路和各座桥梁，建立起一个虚假的师级补给仓库，更不必说在费尼对面装模作样开设的旅级无线电通信网。这个计划的目的是让尼亚齐担心达卡与吉大港之间的交通线[43]。

同这场战争期间印方采取的许多其他策略一样，这个计划似乎取得了预期效果。东部边境此前没有印度军队的营地，但这一点反而加大了印军行动规模和范围方面的突然性。萨加特·辛格的第 4 军以全部力量对敌人发起打击。这是一场由北至南的全面突击，获得了战术空中力量的大力支援，三天内便粉碎巴基斯坦的防御。空中机动发挥了至关重要的作用。为协助第 8 山地师进攻锡莱特，印军将一个营（第 59 山地旅第 5 廓尔喀步兵团第 4 营）空运到该镇南面，以防巴基斯坦人从锡莱特撤入达卡地区[44]。与此同时，第 23 和第 57 山地师轻而易举地打垮对方在阿考拉与库米拉之间的边境防御，以一场迅猛推进前出到梅克纳河，将仍在东面的巴基斯坦部队悉数切断，随着友军目前位于达乌德甘迪和坚德布尔，从南面对达卡构成威胁。巴基斯坦第 14 步兵师一部设法脱离接触，退过梅克纳河撤往派罗布巴扎尔。无所畏惧的印度军队再度实施机降，这一次完全是即兴而为。这场机降于 12 月 9 日和 10 日的夜间发起，将第 57 山地师整个第 311 山地旅群运过河去。该旅插入巴基斯坦部队南面，介于他们与达卡之间[45]。

印军在梅克纳河对岸登陆场的集结，从北面构成对达卡的威胁，这是印度获得胜利的决定性因素。值得注意的是，当地居民为他们提供了难以估量的帮助，印军配备的轻型两栖 PT–76 坦克因长时间运转而发生引擎过热的情况时，数百名当地人迫不及待地跳入河中，协助这些坦克渡河，还有许多人源源不断地为前进中的印军提供信息[46]。在他们的协助下，两个印度旅于 12 月 14 日前渡过梅克纳河，准备从北面冲向达卡。印度军队已突破首府周围的河流障碍，并进入“达卡碗”毫无掩护的顶部。

萨加特・辛格第 4 军向梅克纳河的推进和强渡该河的行动堪称经典。他严令麾下部队绕开巴基斯坦人的防御，希望部下们集中力量打击敌人的侧翼并进入其后方。他特别强调设置路障，阻止敌人靠前部署的部队撤往达卡。迂回并包围巴军支撑点，再以火炮（高爆弹和凝固汽油弹）将其粉碎，然后施以猛烈的正面冲击（通常足以迫使对方投降）。机会出现时（就像梅克纳河发生的情况），他愿意而且能够做到即兴发挥，就像第 311 山地旅群实施的机降。虽说许多巴基斯坦部队（正规军和边防部队）非常英勇地进行了战斗，但他们的指挥官无法在战役层面同印军将领相提并论。

此时，第 4 军不再在达卡地区孤军奋战，第 101 后勤地区辖内部队与他们齐头并进。这支部队在东巴北部地区展开的行动，可以说是整场战争期间最有趣的。在古尔布克斯・辛格・吉尔将军指挥下，该后勤地区的作战任务基本上属于防御性：掩护东北部第 33 军与东南部第 4 军之间拉伸的交通线，并从事相关行政任务。但古尔布克斯是个不寻常的人物，派他指挥这样一项消极任务可以说是个最奇怪的选择。他作风粗暴，进取心极强，在可以赢得战场荣耀的情况下，行政管理任务很难令他满足[47]。古尔布克斯麾下的力量并不大，最初只有一个旅，也就是哈德夫·辛格·克勒将军指挥的第95山地旅（克勒也是个积极能干的指挥官）。随着战争的临近，奥罗拉为古尔布克斯的后勤地区增添了一个旅群（FJ 部队，这是一支以正规部队为核心，获得东巴基斯坦解放力量加强的部队）。由于巴基斯坦军队在该地区的兵力非常虚弱（180 千米长的防线上只有一个第 93 旅），从第 101 后勤地区向前推进完全可行。另外，该地区以南领土上，游击队的活动极为活跃，坦盖尔镇周围大片地区实际上掌握在卡迪尔·西迪基领导的叛军手中。这些“卡迪尔战士”肯定会帮助印度军队向南进军[48]。古尔布克斯认为这是个机会。他似乎在战争爆发前几个月偷偷储备了大量补给、弹药和武器，足以维持一场向南攻往达卡的行动。

古尔布克斯的部队没等正式宣战便跨过边境发起进攻，实施猛烈炮击和激烈战斗后，他们夺得巴基斯坦军队设在卡马尔普尔的边境哨所。克勒和古尔布克斯搭乘一辆吉普车驶向刚刚征服的这座哨所，结果碾上一颗地雷。古尔布克斯身负重伤，属于他的这场战争就此结束。接替他的是甘德哈拉夫·纳格拉将军，纳格拉在风度方面不如古尔布克斯，但他得益于前任制定的计划。纳格拉从卡马尔普尔发起一场两路推进：克勒旅攻往杰马勒布尔，FJ 部队攻向迈门辛。第 95 山地旅在杰马勒布尔展开激烈战斗，印军快速部队随后绕过该镇，进入巴军后方。12 月 10 日，巴基斯坦部队撤离这两个镇子。虽然据守着出色的防御阵地，而且完全有能力实施防御，但巴基斯坦第 93 旅接到后撤令。印度军队已叩响达卡的大门，尼亚齐试图“收拢手指攥成拳头”已为时过晚。该旅撤往坦盖尔途中，遭到“卡迪尔战士”的骚扰性袭击[49]。

此时，印度已为战争的高潮做出安排。12 月 11 日下午，坦盖尔北面的天空突然布满印度空军运输机：苏制安 –12、加拿大的“驯鹿”、美国仙童公司的“邮船”和“达科塔”。[50] 几分钟内，这些运输机投下一个印度伞兵营。这是 K.S. 潘努中校指挥的第 2 伞兵营。这不是一场即兴而为的行动。作为战前作战计划的组成部分，奥罗拉将军拟制了一份潜在空降行动的优先清单。坦盖尔地区从一开始就吸引了他，并被列在名单的首位：

第 1 号任务：一个伞兵营在坦盖尔实施空投，从而在该地域设立一道拦截阵地，其目的是吸引达卡的力量，防止达卡与迈门辛取得任何联系，并与游击队（西迪基部队）协同行动。行动的大体时间不早于 D+5 日。[51]

胜利的面容：一名充满自信的印度士兵守卫着刚刚获得解放的达卡。《国防信息》，印度军事联合网站。

这场空投并不完美——空投行动从来都不完美。强风将一些伞兵吹离目标，一架达科塔偏离空投区 17 千米。当地居民在这种情况下帮了大忙，他们从池塘和河流里救出伞兵，帮助他们收集被吹离的物资和装备。但印度人这场尤为出色的行动又一次没给对方留下任何机会。他们甚至在实施空投 20 分钟前搞了一场假空投，60 个塞满各种烟火的布制假人模拟了空投和支援火力，降落在真正的空投区以外数千米处，以此迷惑巴基斯坦观测员。

此时，这种欺骗行动已没有太大必要。巴基斯坦军队各级指挥控制的瓦解相当严重。撤离迈门辛部队（第 93 旅）的指挥官就在坦盖尔注意到了这场空投，委派侦察兵去弄清发生了什么情况。侦察兵返回时带来“好”消息：“长官，当地人说来的是中国人。”[52] 这个泡沫破灭后不久，绝望降临——尼亚齐收到了一份夸张的报告（部分归咎于 BBC 新闻）——5000 名印度伞兵从天而降[53]。

坦盖尔的空投成为压垮已不堪重负的巴基斯坦指挥体系的最后一根稻草。首先，第 93 旅主力（这是巴基斯坦战斗序列中最后一支相对完整的部队）现在与达卡相隔断——就像该旅试图继续撤往坦盖尔时了解到的那样。这个旅带着些混乱而来，甚至没有展开战术队形，在图拉格河上的蓬利桥一头撞上第 2 伞兵营顽强的士兵们设置的路障。印度人的火箭筒和轻武器火力相当猛烈，在这场战争中制造了数次可怕的攻击高潮。第 93 旅辖内另一些部队决定离开道路越野而行，但在荒郊野外,他们经常落入不太善待俘虏的“卡迪尔战士”手中[54]。第二点更加重要，印军第 95 旅 12 月 12 日同伞兵会合后，达卡便处在五支队伍的攻击下，他们从西北面到东南面沿一条宽大弧线排列。达卡反复遭受的空袭进一步强化了这样一个概念：巴军指挥体系的崩溃不过是时间问题而已。

印军对达卡的进攻仅仅是在郊区的交火。12 月 16 日清晨，纳格拉将军赶至达卡郊外，伞兵们已在那里，他们是第一支到达达卡的印度部队。纳格拉将军派自己的副官和第 2 伞兵营一名军官带上他的亲笔信进入达卡，信中写道：“亲爱的阿布杜拉，我在这里。战争结束了。我建议你向我投降，我会关照你的。”[55] 当天下午，尼亚齐在跑马场签署降书，喧闹的人群欢呼起来，上百万孟加拉人嘶哑地叫喊着，庆祝孟加拉国的独立。同时，超过 10 万名巴基斯坦士兵走入了印度战俘营。

对1971年战争的评价

印度军队取得的成就值得注意。英国《泰晤士报》用西方人熟悉的术语描述了这场战役："印度陆军仅用 12 天便一路杀至达卡，这番成就令人想起德军 1940 年横扫法国的闪电战。策略完全相同：速度、猛烈度和灵活性。"一如既往[56]，这种情况发生后，外界很容易在印度分析人士中发现一种必胜主义的腔调，这对大批参加战役并出版回忆录的军人们来说尤为如此。印度将领 D.K. 帕利特认为，在孟加拉国的胜利对其他国家是个警示：

通过几次战争，冷眼旁观的世界对我们的军事机器形成的印象是：英国遗留下来的二流军队，作战潜力逐步下降。作为一个发展中国家在武器和弹药方面做到自给自足，这一点令人惊异——尽管如此，但实际作战能力正不断衰退。充其量只能说同巴基斯坦武装力量相当——当然，在西方人看来，就连这一点也值得商榷。

他说，现在"就像一场魔术"，"意外之财"行动是"军事史上最具决定性的解放战役——以一场闪电般的打击使一个拥有 7500 万人口的国家获得独立"[57]。倍受尊敬的军人学者苏克文特 · 辛格将军也把 1971 年的战争视为一起划时代事件，是印度 10 个世纪以来首次赢得的军事胜利，迄今为止的印度历史中"充满了接二连三的失败、耻辱，以及侵略者越来越肆意妄为的征服"。而现在，转折点终于到来了[58]。H.S. 索迪将军（时任第 301 山地旅旅长）称之为"一场惊人的胜利"[59]。而在 G.D. 巴克希少校看来，印度军队的所作所为无异于摧毁了二战后的有限战争的模式，恢复了对克劳塞维茨全面战争概念的尊重[60]。不仅仅是军人，在学者普兰 · 乔普拉看来，这场战争不啻为印度的"第二次解放"，在作战方面是"一场快速运动战，抛弃了陈腐僵化的方案"[61]。巴基斯坦人同样认为这是一起划时代事件，官方的政府报告指出，这是一场"伊斯兰历史上前所未有的"失败[62]。

这场战争无疑是本世纪最全面、最具决定性的胜利之一，一个国家借此"肢解"了长期以来的对手。从某种意义上说，能与之相提并论的只有盟国 1945 年后对德国所做的事情：将德国一分为二，并确保两个国家相互敌对。当然，获胜的印度与残余的巴基斯坦之间仍存在对抗，甚至因为 1971 年的战争而变得愈加激烈。但巴基斯坦作为次大陆西部边缘的一个国家，再也无法像昔日的两翼国家那样对印度构成传统军事威胁。

巴基斯坦东部军区司令埃米尔·阿布杜拉·汗·尼亚齐中将签署降书，坐在他右侧的是志得意满的印度东部军区司令杰格吉特·辛格·奥罗拉中将。《国防信息》，印度军事联合网站。

从作战意义上说，印度在东面对巴基斯坦实施一揽子方案的完整性令人印象深刻。这场短暂战役的特点是高速机动作战，印军指挥官绕过他们遇到的密集敌军，深入对方侧翼和后方。更令人钦佩的是，印度军队在很大程度上并未实现机械化，他们的坦克仅在西北地区发挥了重要作用。他们通过直升机和降落伞强调了空中机动越来越大的重要性——坦盖尔空降可谓整个战役中最壮观的时刻。他们还采用精确空中打击，在战术方面对付巴基斯坦地面部队，在战役方面打击其补给线，在战略方面袭击达卡和其他政府目标，还对瓦解东巴基斯坦指挥官尼亚齐将军的士气起到一定作用。这场战役甚至还包括 12 月 14 日一场规模较小的两栖突击，以支援印军进攻吉大港[63]。

这里要特别提及辛格·奥罗拉将军。他在威廉堡的指挥所监督整个战役，麾下四个军散布在超过 2414 千米长的战线上，他肩负重任，但事实证明，他有足够的能力迎接这一挑战。若算上他指挥的自由战士，以及仍驻扎在印中边境的印度部队，奥罗拉麾下的兵力多达 50 万。几乎每一位撰写这场战争的印度分析人士都会重复这样一种夸张的说法——“军事史上没有哪位中将曾指挥过如此庞大的一支军队”，但毫无疑问，他取得的成就的确令人印象深刻[64]。他的计划并非详细的获胜之道，而是一系列总体指导方针，他把这些方针的具体运用留给麾下指挥官们去发挥。部分指挥官的表现更值得信任，第 4 军军长萨加特・辛格将军就是其中的佼佼者。最引人注目的是奥罗拉计划的灵活性，这使他得以及时利用出现的各种有利机会——从巴军未设防的北面渡过梅克纳河并威胁达卡这个机会出现时，他迅速实施了一场即兴而为的复杂空中机动。一个真空区域突然在第 101 后勤地区前方出现时，他便计划在坦盖尔组织一场戏剧性的空投，并已为此做了大量准备工作。他最初的突破重点一直是第 4 军，而第 4 军的确为胜利做出重大贡献。但为取得决定性胜利，他也非常愿意采取一些临时性举措并更改原定计划。

自 1971 年以来的数年里，印度分析人士已放弃大肆吹嘘的语调，并对这场战役做出更具批评性的评价。这反映出印度作为一个开放的民主国家的状况，在世界这一地区实属罕见，非常值得赞扬。他们对战争起源、早期演习（即 12 月 3 日正式爆发敌对行动前）和作战行动本身展开通常都很激烈的大量争论。简单地说，这种争论的基本论调是：巴基斯坦（特别是负责东巴的巴基斯坦指挥官）输掉了战争，但印度也没能获胜。过于强调尼亚齐的无能和其他巴基斯坦人的弱点，会使印度这场胜利的辉煌黯然失色。这场战役中的许多“闪光点”，例如直升机运输和伞兵空降，如果当地存在重要的巴基斯坦空军力量，本来会遭受到严重损失。还有些人对印度耗费九个月时间准备对这场战争提出批评，并辩称未来的战争（特别是巴基斯坦与中国的联盟）可能不会允许再出现此前这么长久的准备时间。对战役执行情况更具体的批评还包括西北和西南地区作战行动的缓慢速度，特别集中于印军对希利的正面突击；一些战地指挥官嘴上说从事机动作战，但其调整线和时间表似乎表明他们实施的仍是传统的对阵战（这种情况曾多次发生）；在运输和补给领域采取的措施完全不够——这场战役中完全有可能见到的场景是，赢得胜利的印度军队正以人力车、自行车和牛车运送补给，用一位准将的话来说，“这对任何一支专业军队来说都不值得骄傲。”[65]空降坦盖尔对大多数印度作者来说可谓战役中的“神奇时刻”，但这场行动也受到了批评。有人指出，印军实施空投时，巴军第 93 旅主力已跨过蓬利桥；还有人说，这场空降若是作为同第 4 军（该军已逼近达卡）会合的组成部分会更有效，也许能提前一天结束战争。印度陆军总参谋长马内克肖将军说得好："若说这场战役像隆美尔所做的那样就有些荒谬了。情况就是这样。"[66]

三十多年后，全面看待 1971 年这场战争成为可能。可以肯定，这是一场战前情况有利于印度，战斗爆发后一切按照印度的方式进行的战争。与其说印度军队入侵他国，毋宁说他们打击的是一支外国占领军：西巴基斯坦军队奴役着约 7200 万充满敌意的居民。因此，印度人获得诸如"自由战士"和"卡迪尔战士"这些解放力量的协助。在信息战方面（这是作战层面的一个特殊问题），这些解放力量将巴基斯坦军队位于何处的情报告知印度人，更重要的是，他们让印度军队掌握敌人正开往何处的信息。而巴基斯坦军队面临的状况却并非如此，他们部署在东

△ 印度陆军配备的国产主战坦克"阿琼"。虽然这款坦克的设计反映出1971年战争的教训，但反复推延和成本超支使它直到1996年才批量生产。阿琼配备一门120毫米线膛炮，装有隔热套管和抽烟装置。《国防信息》，印度军事联合网站。

巴的职责是负责内部安全，却发现自己被调至边境镇压叛乱活动。尼亚齐的任务要求他同时与内部叛乱和外部入侵做斗争，而他只有四个师。所以从某种程度上来说，尼亚齐也许不是亚洲历史上最伟大的将领，但当时他执行作战行动的拙劣表现绝对情有可原。

尽管如此，印度还是从事了一场她所面临的战争。根据一系列极为有利的特定情况，印军指挥官马内克肖、辛格・奥罗拉和他们的参谋人员制订了一个极为灵活的稳妥计划。这个计划能适应前线不断变化的情况，最后以创纪录的时间和相对较小的伤亡在选定作战区域内彻底战胜其对手。现在能取得这种成就的军队寥寥无几。也许这与隆美尔所做的事情完全不同，但马内克肖赢得了隆美尔从未能赢得的东西：一场胜利的战争。

两伊战争：概述

就持续时间、规模和伤亡人数而言，伊朗与伊拉克之间的战争是本世纪最大的武装冲突之一[67]。这是一场规模庞大的常规战争——大部分是在适合坦克行动的地区进行的。该战争的战线长达 700 千米，对机动和决策而言存在真正的机会。但这场战争中的战斗不仅未在作战艺术方面提供具有指导意义的范例，反而重新强调了一个重要教训：坦克和其他现代装备并不一定能实现闪电战。这种情况在第二次世界大战最后几年也很明显。第二个教训则表明：向第三世界出口坦克和技术，似乎并不意味着同样出口了学说和专业知识。

从伊拉克 1980 年 9 月入侵伊朗起，这场战争持续了八年，在此过程中经历了几个不同阶段。第一阶段，萨达姆・侯赛因的机械化和装甲部队攻入伊朗，显然认为伊斯兰革命的混乱会导致伊朗无法实施强有力的抵抗——当然，稍稍读过些历史（对初学者而言，可以看看法国和俄国的革命）的人就会知道，实际情况绝非如此。但萨达姆・侯赛因并不打算粉碎伊朗军队，他发动的这场战争的目标较为有限。他和他的高级指挥部门显然设想的是一场速决战，夺取两国间长期存有争议的边境地区和城镇：霍拉姆沙赫尔、阿巴丹、阿瓦士、迪兹富勒，特别是伟大的底格里斯河与幼发拉底河交汇而成的阿拉伯河[68]。一个新兴革命国家参与一场有限战争的概念再次与这种政权的历史和动态截然不同。刚刚掌握政权的革命领导人必须将每一场战争视为对其合法性和执政能力的考验[69]。

虽说分析人士对这场战争在战役层面的遂行问题仍有许多分歧，但并不妨碍他们描述大体情况。战争以一种可预见的方式爆发，伊拉克试图像以色列人那样，对伊朗空军实施一场先发制人的打击。伊朗的六个空军基地和四个陆军基地成为目标。伊拉克为这场突袭几乎投入全部战斗机和轰炸机，这些战机的确投下大量弹药，但不幸的是，并未给对方造成相应的损失。伊拉克飞行员在这种精确打击方面缺乏训练，加之苏制航空电子设备性能欠佳，这场空袭的准头很差。用于破坏跑道的炸弹没发挥太大效果，还有许多炸弹甚至根本没有爆炸。最重要的是，伊朗人已将他们的大部分战斗机转移到防弹机库，并把大批弹药和物资隐蔽在混凝土掩体内。另一种说法是，萨达姆·侯赛因希望将己方损失控制在最低程度，因而命令实施高空轰炸，其效果可想而知。虽然少量暴露在外的运输机未能幸免，但伊朗空军力量在这场空袭中基本完好无损[70]。

起初，地面战斗进行得对伊拉克更为有利。战争爆发时，伊拉克集结起 12 个师（包括五个装甲师和两个机械化师），其中七个师参加了最初的入侵行动。他们的突破重点在南部：七个师中的五个（三个装甲师和两个机械化师）攻入胡齐斯坦，只遭遇零星抵抗[71]。两个装甲师和一个机械化师攻向迪兹富勒和阿瓦士。他们在穆西安与苏桑盖尔德之间推进，夺得后者这座不设防的城市，渡过在当季可涉渡的卡尔黑河，随后攻往两座目标城市。9 月 25 日，伊拉克人宣布迪兹富勒和阿瓦士都已陷入重围[72]。这场推进的南面，伊拉克一个装甲师和一个机械化师，外加特种部队和支援单位，攻往霍拉姆沙赫尔和阿巴丹。这两座城市都靠近国境线，距离并不远。伊拉克军队中最具战斗力的旅，显然包括最优秀的军官，都参加了对霍拉姆沙赫尔和阿巴丹的进攻——这场打击针对的是伊朗石油工业核心。没用几天，伊拉克军队便包围后两座城市，将他们同北面隔开，但并未对任何一座城市全力发起冲击[73]。这两座城市仍能通过波斯湾获得再补给。

伊拉克军队还在边境线中央和北部展开辅助突击。北部，伊拉克师级力量穿过席林堡攻往克尔曼沙阿。在一周的战斗中，他们夺得了直至扎格罗斯山麓，共约 125 平方千米的一小片伊朗领土。他们在这里的意图似乎是以防御为主，以此确保德黑兰—巴格达这条主要路线，并掩护伊拉克首都的东北接近地，以免指挥部设在克尔曼沙阿的伊朗装甲师长驱直入[74]。伊拉克军队的最后一路推进同样投入师级力量，在中央地带穿过梅赫兰。萨达姆·侯赛因的想法似乎是在这里对边境线做出有利于军事方面的调整，而不是给伊朗军队造成任何粉碎性打击，这一路推进的目的是确保巴格达东南接近地。

伊朗军队起初很难抵挡这些进攻。同 1939 年的苏联红军一样，他们最近在革命的伊斯兰政权手中沦为意识形态被清洗的受害者，从少校到上校的大批校级军官不是被枪毙就是被关入监狱，幸免于难者受到“精神指导员”（在不同制度下，这些精神指导员也许有不同的称呼）严密监视。统治伊朗的毛拉（在阿富汗语言中是老师的意思）们没有使用参谋人员、现代装备或专业军队，相反，他们依靠可兰经的劝诫和承诺——真主会把胜利带给他的忠实信徒。该政权正在组建一支新力量，也就是“帕斯达然”（革命卫队），但这些部队的战斗力仍是个颇具争议的问题。因此，伊朗仅以四个虚弱的师（伊朗陆军共有九个师）面对伊拉克的入侵。这些师由北至南部署，一个步兵师位于乌鲁米耶，另一个步兵师在萨南达季，克尔曼沙阿有一个装甲师。南部胡齐斯坦的关键地区只有一个实力不足的装甲师部署在阿瓦士[75]。他们没有防御重点，没有重兵集团，没有纵深配置，没有任何可被观察人士视为现代作战部署的东西。

尽管眼前存在很好的机会——伊拉克各个师装备精良，面对的是一支似乎正处于瓦解阵痛中的军队，但他们的入侵并未取得太大进展。伊拉克人选择的战术是在大规模炮火支援下的步兵突击，而不是大胆的坦克推进。而他们的坦克在前进时，却又没有获得足够的步兵支援。尽管伊朗守军和政府内部混乱不堪，但伊拉克军队最初的进攻，进入伊朗境内几十千米后便停滞不前。这样一种观点再度出现：伊拉克军队之所以缺乏进展是因为萨达姆·侯赛因担心己方遭受损失。虽然进攻方到达了他们在南部的四个主要目标（霍拉姆沙赫尔、阿巴丹、迪兹富勒、阿瓦士），但没能夺取其中任何一个。伊拉克声称他们已包围迪兹富勒和阿瓦士，但事实证明这种说法并不准确。胡齐斯坦省的大部分地区仍在伊朗人手中。

霍拉姆沙赫尔的战斗尤为激烈。一个伊拉克装甲师在入侵行动头几天便到达该城，然后停止前进，等待重型炮兵力量赶上。待他们 9 月 28 日终于进入该城时却陷入一场地狱般的浩劫——实施抵抗的不仅有伊朗正规军和革命卫队，据一些报道称，还包括大批充满革命热情的民众，他们配备“莫洛托夫鸡尾酒”和火箭筒，愿意像烈士那样牺牲，宁愿摧毁自己的城市，也不愿让她落入侵略者之手。他们持续抵抗了一个来月。伊拉克人直到 11 月初才设法夺得该城，但他们为此付出的代价相当高昂：步兵在这场战斗中的损失超过以色列和阿拉伯军队在以往战争中的伤亡总数[76]。还损失了 100 多辆坦克，这种损失使他们在关键两周时间里无法攻往更大的石油城市阿巴丹。从某种意义上说，尽管伊朗最终丢失霍拉姆沙赫尔，但这场战斗堪称伊朗革命的“瓦尔密战役”，是一起确保其生存的事件。战争第一阶段就此结束。

战争第二阶段是恢复活力的伊朗军队进攻伊拉克入侵者，将其驱离伊朗领土。从 1981 年 1 月起，伊朗人沿整条战线展开一连串进攻。但由于战术上的错误，各参战部队之间缺乏协同，作战速度普遍缓慢，使这场进攻遭遇了败绩。例如伊朗第 16 装甲师在苏桑盖尔德附近发起的进攻，其特点是该师辖内各个旅各自向前推进，始终没有采取认真的侦察措施。1 月 6 日，伊拉克军队伏击该师第 1 旅，并将其歼灭。这已经够糟糕的，可第二天，第 2 旅又闯入伊拉克军队同一片防御阵地，伊拉克人配备的反坦克武器甚至比之前的更加强大。1 月 8 日，第 3 旅接踵而至，但结果可想而知。不过，虽然伊拉克人是胜利方，但他们的战术却丝毫不值得夸耀——近距离坦克交火司空见惯，双方都损失了数百辆坦克[77]。

伊朗军队 1981 年 9 月实施的第二轮反攻取得更大战果。其中的“泰米尔阿伊穆玛”行动投入一支诸兵种合成（包括 3—4 万名士兵和小股装甲部队）的力量，在胡齐斯坦省发起进攻，突破至卡伦河，并迂回到围攻阿巴丹东部的伊拉克军队后方[78]。他们在夜间渗透伊拉克阵地，因而得以突破伊拉克军队的大部分防线。伊拉克人没有对相关地域展开最基本的侦察，结果被打得措手不及。扼守阿巴丹的伊朗守军也投入进攻，而五个伊拉克旅却惊慌失措，丢下大批武器装备后彻底崩溃。伊朗军队的这场行动非常出色，炮火齐射和坦克火力支援准备得很充分，对伊拉克阵地的正面和后方同时展开冲击。

这种战术娴熟和诸兵种合成的场面很罕见。伊朗在人力方面占有决定性优势，传统的民族感因宗教和革命热情而高涨，在很大程度上依赖于完全不同的东西：人海冲击。率领他们的是“帕斯达然”和辅助志愿者部队“巴斯杰·穆斯塔扎芬”（被压迫者动员组织），后者最初被组织起来是为抵抗美国有可能对革命后的伊朗发动入侵。新战术首次出现在伊朗 1992 年 3 月（译注：原文如此）在胡齐斯坦省北部，迪兹富勒与舒什之间的进攻行动中。就像旧时代那样，革命卫队和巴斯杰民兵的密集波次向前涌来，每个梯队 1000 人，各梯队间隔 182—457 米。一名伊拉克军官指出：“真可怕！他们像蟑螂那样蜂拥而至。”[79] 这里唯一值得一提的现代性是他们的武器：肩扛式 RPG 火箭筒。这场进攻的突然性将伊拉克人逼退 40 千米，差点把他们逐出整个胡齐斯坦省。伊朗第 21 师副师长赶去宣布：“我们正在编写自己的作战手册，美国人、英国人和法国人可以在他们的参谋学院研究我们的全新战术。”[80]

伊朗人这种原始战术在1982年对付伊拉克军队时取得极大的成功。伊朗当年5月的另一场进攻，再次以革命卫队为首发起了人海攻势，一天内便成功夺回霍拉姆沙赫尔。伊朗人迫使伊拉克两个陆军旅和三个（复兴党）民兵旅，共约2万人举手投降。面对伊拉克军队半埋起来的坦克和火炮，伊朗革命卫队的冲锋伤亡惨重，但最终打垮了敌方守军，将这片地区的伊拉克军队逐过边境线[81]。对伊拉克来说，这是战争中的低谷。

伊拉克当时曾要求停火，伊朗对此的回应却是继续入侵伊拉克。战争以一种更极端的方式进行，但同初期情形截然相反。从1982年7月起，伊朗军队攻入伊拉克，公然宣布其目标是推翻萨达姆·侯赛因政权。这场攻势的第一个主要目标是伊拉克石油城市巴士拉。那里的作战条件与第一次世界大战类似。伊拉克的防御包括土木工事、战壕、机枪巢和强化炮兵阵地——就像西班牙内战中巴斯克的毕尔巴鄂防御枢纽，那里的防御工事被称为“铁环”。伊朗人的战术计划中，装甲力量再度从属于步兵的密集波次。五个师的庞大突击设法突破伊拉克军队的防线，在巴士拉以北16千米处突入伊拉克境内16千米。现在轮到四个伊拉克师发起他们的反突击。这是自二战以来世界上规模最大的步兵战。这场厮杀结束后，伊朗损失约2万人，伊拉克折损7000人。这场战斗确立了伊朗入侵的基本模式。伊拉克一次次以火力和坦克方面的优势遏止伊朗革命卫队的推进。伊朗人有时候会让装甲部队率领进攻，就像他们在萨拉姆切赫所做的那样，伊朗人终于体会到他们为清洗军队中大批高级军官而付出的代价。伊朗没有实施任何侦察便贸然展开进攻，而伊拉克军队则设法从两翼迂回敌突击部队，并将对方击退[82]。

到1984年，就连伊朗看似取之不尽的人力资源也开始枯竭。他们似乎满足于一场消耗战，并认为这种消耗战最终有利于己方。这里只存在一个问题：革命的伊朗所代表的伊斯兰宗教激进主义已导致世界上大多数国家在这场战争中支持萨达姆·侯赛因，这一点令伊朗深感担心，毕竟是伊拉克先发起的侵略。伊朗的实力渐渐衰退时，伊拉克开始通过各种渠道（尤以法国为甚）获得大批坦克、战机和零部件支援。战争爆发时，伊朗拥有1735辆主战坦克，主要是伊朗国王时代购买的美国和英国型号：400辆M–47和M–48，460辆M–60A1，875辆“酋长”式坦克。而伊拉克则有2750辆主战坦克，其中约2500辆是苏联战后生产的早期型号，包括T–54、T–55和T–62，其余则是约100辆更老的T–34和50辆最新型的T–72。

到1985年，伊朗的坦克可能只剩下不到1050辆。他们的坦克损失巨大，但在战斗中缴获的大批伊拉克装备部分弥补了这种灾难性耗损。而同一时期，伊拉克的坦克增加到 4820 辆，几乎比战争爆发时的数量翻了一番。这些坦克大多购自苏联，以及加上 1500 辆中国制造的 59 式和 69–II 式坦克，还有缴自伊朗的一些“酋长”式坦克。辅助武器也使他们受益匪浅：一批日本制造的重型推土机为伊拉克军队的战场工程修筑发挥了重要作用，而德国提供的坦克运输车则极大改善了伊拉克装甲部队的战略机动性。萨达姆·侯赛因的军事力量在很大程度上得益于工业化的西方国家。资产负债表表明，有可能赢得一场消耗战的是伊拉克，而非伊朗[83]。

在这场日趋僵持的战争中，双方继续实施大规模作战行动，但这些行动在战略结果方面收效甚微，不过是致使伤亡人数不断攀升而已。1986 年 2 月 9 日，伊朗以一场两栖行动占领阿拉伯河畔的法奥半岛。运输船队沿约 64 千米宽的战线，在六个不同地点将近乎一个师的伊朗步兵运过阿拉伯河。他们已在伊朗北部的湖泊和河流完善了他们的登陆技术。同时，伊朗人还在北面展开行动，对部署在巴士拉北面哈维扎沼泽的伊拉克第 3 军实施佯攻。据守法奥半岛的是伊拉克第 7 军，该军军长对这场战斗的处理被描述为“反应太过缓慢”[84]且“极度无能”[85]。他没有趁登陆部队最脆弱之际（也就是对方弃船登岸时）对其发起进攻，随后，他显然害怕自己会因失败而受到惩处，故而给巴格达发去急电，使上级产生他已将登陆之敌击退的假象。伊朗人很快从滩头向前推进，迅速占领半岛顶部。

不出所料，伊拉克对伊朗的挑战直接做出应对，并把作战重点定位于重新夺回法奥半岛。在被伊朗占领法奥半岛后，第 7 军军长已消失，取而代之的是脾气暴躁的第 3 军军长阿卜杜勒·马赫·拉希德将军。他保证三天内重新夺回法奥半岛，因而立即展开了反冲击。首先投入的是共和国卫队，他们以萨达姆·侯赛因的救火队而著称，总是赶往最需要他们的地方。但他们首次涉足法奥半岛的行动不啻为一场灾难——沿北部公路驱车驶入半岛时恰逢暴雨，随后又在伊朗军队猛烈炮火打击下蒙受严重损失。尽管如此,他们的到来还是加强了伊拉克军队的防线,消除了伊朗人继续突破的可能性。

伊朗人现在占据半岛 16 千米宽的地域，他们的存在给北面的伊拉克城市巴士拉造成了真正的危险。另外还存在这样一种可能性：伊朗人也许会向西，直接对伊拉克重要的乌姆卡斯尔港实施第二场两栖行动。最重要的是，法奥半岛表明伊拉克消极防御这种战时策略的破产。现在的情况似乎是，只要伊朗步兵不在乎自身蒙受的伤亡，就没有他们不能夺取的目标。萨达姆的伊拉克政府对法奥半岛的丢失深感震惊，现在看来，政权崩溃的可能性完全存在。因此，重新夺回法奥半岛极为迫切。拉希德将军 2 月和 3 月期间继续保持压力。尽管伊拉克军队在战机、坦克和猛烈炮火支援下一再试图驱离对方，但事实证明，掘壕据守的伊朗步兵的确是个顽强的对手。

法奥半岛作战行动的主要结果可能是萨达姆的复兴党政权首次决定为战争进行全民动员[86]。具体说来，萨达姆全力扩充共和国卫队，以战争期间奉命关闭的各大院校的学生充当兵源。1986 年，共和国卫队有 7 个旅，这个数字在九个月内上升到 25 个。该政权显然还有大量人力资源可供征召。新组建的共和国卫队旅作为伊拉克最优秀的职业军官指挥下的机械化步兵部队，于 1986 年和 1987 年接受了严格的诸兵种合成作战训练。他们很快会成为战场上的主导力量——这是胜利与失败之间的区别。他们的崛起也标志着伊拉克军事政策的巨大变化，萨达姆·侯赛因对作战行动的干预越来越少，越来越愿意接受他那些将领的建议。事实证明，这对他来说是个明智的选择。

尽管如此，伊朗人依然威风八面。他们的步兵很早前便在士气方面占有绝对优势，现在还设法从国外购得大批防空和反坦克武器。他们在采购零部件方面取得的成功使伊朗空军 F–14 机群的可用战机数量翻了一番，达到 24 架。5 月中旬，伊拉克军队进攻战线中央地段的梅赫兰镇，此举的目的仅仅是为恢复公众的信心，但这场行动却以惨败告终。虽然伊拉克人夺得该镇，但却形成一个楔入伊朗战线的突出部，而伊拉克军队根本无法守住这个突出部——伊朗军队于 7 月份发起反突击，轻而易举地夺回该镇，同时粉碎了两个伊拉克旅，击毙了对方一名旅长。美国制造的陶式导弹可能为伊朗在这里取得的胜利发挥了作用，而这些导弹是“伊朗门”所交付军火的一部分。此时，巴格达政权依然处在岌岌可危的境地。

伊朗人开始为战争的最后阶段加以策划，也就是“最终攻势”。他们对此深具信心，甚至宣布了他们认为战胜伊拉克，取得最终胜利的日期：1987 年 1 月 21 日（他们的新年）。信守承诺的伊朗人于 1987 年 1 月 9 日发起一场大规模攻势，全力夺取巴士拉。这场攻势的代号为“卡尔巴拉 5 号”，伊朗四个步兵师搭乘摩托艇跨过鱼湖——这是伊拉克人修筑的一道人工水障，也是巴士拉周围“铁环”的组成部分。伊朗士兵在西南岸登陆，集结后攻往 12 千米外的阿拉伯河。但他们的首轮进攻一头撞上了伊拉克共和国卫队的步兵，随后被对方挡住。迂回伊拉克阵地的尝试也未获成功，共和国卫队和边防部队的顽强抵抗，以及一系列土质堤坝阻挡住他们的冲击。随着大批伊朗步兵挤入一片非常狭窄的空间，一道道护堤使他们难以机动，随后伊拉克炮兵给对方造成了可怕的损失。因此，伊朗人战至离巴士拉城11千米后，再也无力更进一步。

时至今日，“卡尔巴拉5号”攻势仍是个颇具争议的行动。一些分析人士认为，这场攻势是给国际社会发出的一个明确信号：伊朗恢复了他们在陆地上的优势，伊拉克仍处在极大的危险下。而至少包括美国海军陆战队一名分析人士在内的其他人则将“卡尔巴拉5号”行动视为两伊战争的转折点，在这场战役中，面对伊朗征召的“革命兵”，更具经验、更专业的伊拉克军队取得了明显的优势，从而确保了他们在这场战争中的最终胜利。当然，伊拉克人在“卡尔巴拉5号”行动中的表现完全胜任[87]。他们为战争艺术做出的贡献大概是匆促修筑的土堤，这才是这个战场上真正的明星。这些土堤不仅为从事战斗的伊拉克部队提供了掩护，还把伊朗人的进攻引入伊拉克炮兵可将其粉碎的杀戮场。但就连那些认为这场战役具有决定性性质的人也承认“没有太多关于这场战役的信息”。由于缺乏伊朗和伊拉克关于“卡尔巴拉5号”行动的档案资料，无法对此做出深入分析。但在当时的观察家们看来，它似乎表明伊朗仍处于攻势地位，而伊拉克遭受的压力并未获得缓解。其结果是对萨达姆·侯赛因有利的战争国际化程度不断提高，多年来为伊拉克提供的援助是一个因素，这种援助在战后继续增加。1987年3月，美国同意科威特油轮改挂美国国旗，以免遭受伊朗攻击的威胁，同时向波斯湾派出一支相当强大的海军力量。这项政策并未因伊拉克导弹误击美国海军“斯塔克”号护卫舰，导致37名舰员丧生而取消。易帜的油轮被伊朗布设的水雷炸伤，这种事件只是加强了伊朗作为国际歹徒的形象——美国海军于1988年7月意外击落一架伊朗的“空中客车”，造成290名平民丧生，但却并未受到国际社会谴责，这使伊朗政府深刻认识到自己国际形象不佳的事实。

在几乎整个国际社会的支持下，伊拉克于1988年发动反攻。开始于当年4月份的“信仰真主”攻势由五场重大战役组成。伊拉克军队迄今为止最引人瞩目的成就当属他们在法奥半岛赢得的决定性胜利。在那里，共和国卫队率领突击[88]。5月份，伊拉克军队在鱼湖展开进攻，大批坦克一路向前，将疲惫不堪的伊朗人驱离巴士拉。7月份，伊拉克军队进攻北面的代赫洛兰，沿一条128千米宽的战线进入伊朗境内约45千米，俘获数千名俘虏，缴获大批武器装备。这两场行动是非常典型的“围捕”战，这种情况通常发生在旷日持久的消耗战结束后，一方筋疲力尽而且难以为继之际。这让人想起德国军队于1918年在亚眠的例子。伊拉克人随后撤出伊朗,此举是他们放弃领土野心的象征。共和国卫队重建伊拉克地面力量时,伊拉克于1988年年初对伊朗各大城市实施的一系列导弹攻击吓坏了当地平民。这段时期估计有150万人逃离伊朗首都德黑兰。

由于受到两个超级大国的一致反对,伊朗越来越孤立,加之其人力资源逐渐耗尽,不得不于1988年7月提出停火。对阿亚图拉霍梅尼来说这是一枚苦果,他曾公开宣称这个决定“比服用毒药更致命”[89]。尽管此时的军事态势对伊拉克相当有利,但国际压力迫使萨达姆·侯赛因8月份接受停火建议,使这场漫长的战争就此结束。

两伊战争的“教训”

虽然这场战争具有史诗性——战线长度超过1174千米,死伤逾100万,成千上万人沦为双方以导弹袭击对方城市的受害者——但两伊战争可能不会成为常规战史中的经典之作。因为萨达姆·侯赛因虽然赢得某种意义上的胜利,但他为此耗费的不是1971年印巴战争的14天,而是整整八年。两个交战国都已破产,人力资源耗尽,举国上下筋疲力尽。实际上,萨达姆·侯赛因可能仅仅把他在1990年对科威特的入侵视为偿还债务的一种方式。若果真如此,那么,两伊战争依然是中东当代问题背后的推动力。世上没有“一场有益的长期战争”这种事,而且永远不会有。

两伊战争在作战层面唯一真正的教训是负面的,也是全世界早已知道的一个事实,至少是自法国军队在1940年惨败以来“精良的技术装备不一定等同于出色的作战行动”。坦克部队并未制造出一场闪电战。两伊战争中,交战双方使用了现代化的装甲车、坦克、反坦克导弹和直升机,几乎是现代地面战的所有武器。但双方都没能极为有效地使用其中任何一种武器。作战行动的速度极为缓慢,坦克在隐蔽处等待炮兵赶至前线,然后再向前推进。战争初期,伊拉克军队有几次使他们的装甲力量陷入城内巷战(例如在霍拉姆沙赫尔),结果遭受到严重损失。甚至到战争后期,伊拉克装甲部队占据绝对数量优势后,仍把坦克当作机动火炮使用,彻底浪费了它的特殊作战能力。伊朗人在使用装甲力量方面也好不到哪里去。对伊朗而言,真正的问题并非正确使用其装甲力量的学说,而是搜罗到足够的零配件,从而让他们的坦克开动起来。双方似乎对他们的技术装备所能从事的一些更为复杂的工作感到茫然：例如坦克炮配备的激光测距仪或尖端的机载航电设备。这就好比一位现代计算机拥有者，掌握着最先进的机器，却只能以此从事文字处理工作。坦克在战场上遭遇敌坦克时，往往缺乏远距离射击或机动。“火力控制”和“目标获取”对双方而言都不是需要优先考虑的问题，他们进入射程后，便以不够准确的炮火相互轰击，寄希望于好运气。虽然坦克战也许会持续一段时间，双方相互施以猛烈炮火，但给对方造成的损失通常微乎其微。最终，胜利或失败取决于在战斗中首当其冲并遭受困苦的步兵，这不免让人想起1916年时的西线，尽管伊朗和伊拉克军队远未达到西方国家的专业水准。

时间的流逝通常会缓和最初的印象，学术界显然就是这样。“修正主义者”的观点开始崭露头角，曾经被认为可怕的事得到了合理的解释，一度被视为无能的人现在成了未被发现的天才。两伊战争中情况似乎恰恰相反。这场战争爆发时很受重视。分析人士评估两支军队及其战术、战役和战略，并加以对比。深受人尊重的专家安东尼·科德斯曼可能是美国最接近于利德尔·哈特的人物，战争仍在肆虐时他便撰写了几部关于战争教训的著作，还在专业杂志上发表了许多文章。当然，这种即时分析存在许多危险，就像他于1987年出版的一本著作，他在书中预测这场战争“何时结束尚不可知”。他与亚伯拉罕·R.瓦格纳合著的《现代战争的教训》系列中关于两伊战争的一册，篇幅超过600页。全书虽然从头到尾都在对交战双方持批评态度，但实际上他们的确得出了正确结论——伊拉克军队最终会“缔造一支有能力实施有效机动作战的力量”[90]。

另一些人走得更远。历史学家兼美国海军陆战队分析人员斯蒂芬·C.佩尔蒂埃，在他关于两伊战争的多部著作中将伊拉克军队描述为“一流的战斗机构”[91]，在阵地防御和机动防御方面相当“强大”[92]。他说伊拉克总参谋部很出色，是“以普鲁士军事传统塑造而成”[93]，他们的指挥官是“出色的问题解决者”[94]。以CNN分析人士这个身份而闻名的詹姆斯·布莱克威尔，实际上将萨达姆置于“伊拉克古老的军事遗产”这一背景下，称他为萨尔贡、提革拉·毗列色二世和尼布甲尼撒的继承人。他写道，与伊朗的战争结束后，“伊拉克军队很快会因为战术和战役熟练度同最优秀的西方国家军队相当而获得声誉。”他指出，这是一部“令人难以置信的军事机器，训练有素，经受过战斗考验，实施作战行动非常熟练”[95]。这种赞誉并非一家之言，通常都很尖锐的美国新闻报道（无论是印刷版还是电子版）谈及“沙漠风暴”行动前的伊拉克军队时也认同了这一点。

这不是什么新东西，也不是说明某些人特别无能的证据。从布尔战争到今天，没有比这场或那场战争刚一结束便试图解释其教训的“权威见解”更危险的行为了。人们要求分析人士发表意见，他们也的确发表了意见，通常是在带有各种要求的受众者（决策者、电视观众或二者兼而有之）面前立即得出结论，因而风险很高——而且，很多时候老老实实地承认“我真的不知道”似乎不是个可供考虑的选择。分析人士不得不做出最好的猜测，他们中的大多数人力图使自己的推测有理有据，但事实往往证明这种权威意见是错误的。历史上没有比过高评价伊拉克军队更好的例子来说明权威意见的问题。

历史学家较为幸运。回顾起来，两伊战争并无教训可言。交战双方都使自己的国家流尽鲜血，一方是为革命性伊斯兰意识形态的利益，另一方则是出于对权力的渴望。萨达姆在战争期间大量使用毒气，以此对付敌人和国内的库尔德叛乱分子；霍梅尼则以年轻的男孩充当突击部队和“扫雷人员”。萨达姆的经历较为尴尬：他挑起一场有限战争，两年后不得不请求停战，而这个要求实际上遭到了拒绝。霍梅尼更加不同寻常：这位领导者大胆地拒绝满足于胜利，以此展示他的意识形态气概。二者都依靠征召民众，伊朗人自战争伊始便如此，而伊拉克人则是在 1986 年丢失法奥半岛后。总的来说，这是一场典型的消耗战——除导致大批人员伤亡，双方都没实现太多战果。先是伊拉克在失败的边缘摇摇欲坠，就像 1917 年的法国，但随后得以恢复。接着轮到伊朗，由于后勤和人力枯竭，他们像 1918 年的德国那样突然间崩溃[96]。很难反对哈伊姆・赫尔佐克的观点，他在 1989 年写道：“从纯粹的战场角度看，从这场毫无意义而又可怕的战争中几乎学不到什么。”[97] 伊朗和伊拉克军队的确通过这场战争变得更好，这是实情。衷心希望八年的实践能让任何人在任何事情上都做得更好。两支军队的确不时发起一些有趣的行动。但是，若说作战技能不仅仅意味着遵循严格制定的计划，还包括诸如应对变化的态势，并利用它们赢得决定性胜利的能力，那么，这两支军队在作战方面的表现可谓糟糕至极。

注释：

1. 这里仅举几个印度专业军事界在学说辩论方面的例子，G.D. 巴克希的《次大陆的地面战：印度对军事学说的探索》，刊登在《印度防务评论文摘》1992 年第 4 期，第 12—20 页，以及这位作者的《1979 年的中越战争：有限战争案例研究》，刊登在《印度防务评论》第 15 卷，2000 年 7 月—9 月第 3 期，第 95—107 页；阿杰伊·辛格的《发展信息战战略》，刊登在《印度防务评论》第 13 卷，1998 年 1 月—3 月第 1 期，第 37—39 页；R.K. 辛格的《坦克正在过时，接下来是什么？》，刊登在《印度联合军种杂志》第 57 卷，1978 年 1 月—3 月第 450 期，第 63—68 页；J.K. 杜特的《纵深突击》，刊登在《印度联合军种杂志》第 57 卷，1978 年 1 月—3 月第 450 期，第 69—75 页；恩贾尼·库马尔·辛哈的《前进最后 200 米和目标处的战斗》，刊登在《印度联合军种杂志》第 54 卷，1974 年 10 月—12 月第 437 期，第 393—402 页；O.S. 卡尔卡特的《猛烈和纵深打击》，刊登在《印度联合军种杂志》第 53 卷，1973 年 7 月—9 月第 432 期，第 268—271 页。

2. 关于 1971 年的印巴战争，印度方面有许多相关著作，巴基斯坦一方同样如此，但西方国家几乎没有此类书籍。印度一方首先要提及的是 D.K. 帕利特的战役史，《闪电战：印巴战争》（索尔兹伯里：康普顿出版社，1972 年），为便于比较，还可参阅苏克文特·辛格的权威著作《印度自独立以来的战争》第一卷，《孟加拉国的解放》（新德里：维卡斯出版社，1980 年）。这两部著作都由印度退役军官撰写，第一部反映出战争刚刚结束时诸多书籍的“必胜主义”思潮，第二部更加理智，通篇较为公正，对印度方面和巴基斯坦人的失误做出毫不留情的批评。苏克文特·辛格的《印度自独立以来的战争》第三卷（也是最后一卷）《总体趋势》，对整合 1971 年的经历与印度军事史上更广泛的主题不无裨益。另可参阅 K.C. 普拉沃尔少校的《独立后的印度军队》（新德里：兰瑟国际出版社，1990 年），特别是第 317—360 页。出色概述这场战争，包括其政治背景和影响的其他著作还有普兰·乔普拉的《印度的第二次解放》（新德里：维卡斯出版社，1973 年），以及克里什纳·钱德拉·萨加尔的《手足之战》（新德里：北方图书中心，1997 年）。相关回忆录也很多：杰格德沃·辛格的《巴基斯坦的肢解：1971 年印巴战争》（新德里：兰瑟国际出版社，1988 年），作者是印度军队的一位准将，时任第 4 军工程兵主任；拉赫曼·辛格的《在孟加拉国的胜利》（德拉敦：纳特拉吉出版社，1981 年），作者是第 20 山地师师长；第 71 山地旅旅长 P.N. 凯思佩利亚的《与众不同的任务：第 71 山地旅发展胜利》（新德里：兰瑟国际出版社，1986 年）；以及第 301 山地旅直言不讳的旅长 H.S. 索迪的《“意外之财”行动：孟加拉国的诞生》（新德里：联盟出版社，1980 年）。对于营级战斗可参阅阿肖克·卡利安·维尔马的《沉默的河流：1962 年克节郎河上的灾难和 1971 年渡过梅克纳河冲向达卡》（新德里：兰瑟国际出版社，1998 年），作者是拉其普特团第 18 营营长。巴基斯坦一方，可参阅政府的调查报告，《1971 年战争中赫莫杜尔·拉赫曼调查委员会的报告：巴基斯坦政府的揭秘文件》（拉合尔：前卫出版社，2000 年）。这份报告相当庞大，但没能提供关于这场战争的更多新内容。报告中严厉声讨东巴基斯坦指挥官阿米尔·阿布杜拉·汗·尼亚齐将军采取的错误策略以及他不道德和腐败的行为。更有趣的是这份报告还谴责“部分军方高级将领从事戒严职责期间，由于对美酒和女人的欲望，对土地和房屋的贪婪而导致的道德沦丧”。这场战争对巴基斯坦军队的影响，可参阅穆罕默德·阿蒂克·拉赫曼的两部著作，《我们的国防事业：分析巴基斯坦过去和将来的军事任务》（伦敦：白狮出版社，1976 年）和《领导力：高级指挥官》（拉合尔：费罗兹松斯图书公司，1973 年）。布莱恩·克拉雷的《巴基斯坦陆军史：战争和暴乱》第二版（牛津：牛津大学出版社，2000 年），这是一部出色的学术性著作，对巴基斯坦人充满同情，但描绘该国军队 1971 年的失败时非常公正。毫无疑问，巴基斯坦方面关于这场战争的最佳著作当属西迪克·萨利克的《见证投降》（卡拉奇：牛津大学出版社，1977 年），萨利克是驻孟加拉国巴基斯坦军队的一名公共关系官，是身边这场混乱漩涡的敏锐观察者，并在极度混乱的状况下保持了自己的人性和幽默感。他在书中对巴基斯坦指挥官的描绘令人难忘。另一些颇具价值的著作还包括《十四天战争》（新德里：印度政府宣传司，1972 年），这是一部带有注释的战争期间新闻稿和相关讲话汇编集；德恩德耶尔·迪尼什的《英迪拉赢得战争》（德里：东方出版社，1972 年）；拉维·里赫耶相当另类的《非战之战》（德里：切纳克耶出版社，

1988 年）；高塔姆 · 沙玛的《我们的武装部队》（德里：印度国家图书托拉斯，2000 年）；阿肖克 · 克里什纳的《印度武装部队：战争与和平的五十年》（新德里：兰瑟国际出版社，1998 年）；约翰 · 盖洛的《东印度公司之子：印度和巴基斯坦军队，1903—1991 年》（肯特郡坦布里奇韦尔斯：佩尔蒙特出版社，1992 年）；迈克尔 · 卡弗的《1945 年以来的战争》（纽约：G.P. 帕特南之子出版社，1981 年），第 227—233 页。最后，任何一位对这场战争感兴趣的研究者都应该参考丰富的期刊文献。一个很好的起点是《印度联合军种杂志》《印度国防研究与分析研究所杂志》《印度防务评论》和巴基斯坦的《防务杂志》。美国的军事期刊中，可供选择的文章较少，通常由印度军官撰写。例如可参阅马哈拉杰 · K. 乔普拉的《在孟加拉国的军事行动》，刊登在《军事评论》第 52 卷，1972 年 5 月第 5 期，第 51—60 页；K. 布勒赫默 · 辛格的《永志不忘》，刊登在《军事评论》第 53 卷，1973 年 1 月第 1 期，第 77—86 页；西里尔 · N. 巴克利的《一名士兵眼中的印巴战争》，刊登在《陆军杂志》第 22 卷，1972 年 5 月第 5 期，第 20—26 页。

3. 苏克文特 · 辛格的《孟加拉国的解放》，第 11—13 页。

4. 关于 1000 万难民这个数字，可参阅拉赫曼 · 辛格将军与英迪拉 · 甘地之间的往来信件，收录在拉赫曼 · 辛格《在孟加拉国的胜利》一书第 296—298 页。苏克文特 · 辛格也在《孟加拉国的解放》一书中至少三次提到这个令人难以置信的数字（第 8—9 页、第 15 页、第 96 页）。

5. 中国在 1971 年的意图依然是个谜。巴基斯坦领导人声称相信中国出手干预的可能性——直到他们在孟加拉国的军队投降。印度军事计划中对中国有可能介入的考虑，参阅苏克文特 · 辛格《孟加拉国的解放》一书第 18—23 页；普拉沃尔《独立后的印度军队》一书第 317 页。巴基斯坦独裁者叶海亚 · 汗断然宣称“如果印度进攻巴基斯坦，中国会介入”（乔普拉的《印度的第二次解放》，第 106 页）。但印度人很清楚中国军队的调动（或者说缺乏调动），知道中国人在东巴基斯坦一场冬季战役期间介入的可能性很小。巴基斯坦的观点可参阅克拉雷《巴基斯坦陆军史：战争和暴乱》一书第 162 页与第 180—181 页。

6.H.S. 索迪的《大人物：对印度军事领导者的批评性评价》（诺伊达：三叉戟出版社，1993 年），第 92 页；普拉沃尔的《独立后的印度军队》，第 317 页。

7. 关于“西里古里走廊”和巴基斯坦军队各种推进的可能性，参阅乔普拉《印度的第二次解放》一书第 35—36、118—120 页。

8. 苏克文特 · 辛格的《孟加拉国的解放》，第 23 页。

9. 关于马内克肖的大力改革，参阅克拉雷《巴基斯坦陆军史：战争和暴乱》一书第 179—180 页，以及苏克文特 · 辛格《孟加拉国的解放》一书第 43—44 页。

10. 关于军事演习对塑造印度作战计划的重要性，参阅索迪《“意外之财”行动：孟加拉国的诞生》一书第 153—154 页，以及苏克文特 · 辛格《孟加拉国的解放》一书第 79、第 91—92 页。

11. 萨加尔的《手足之战》，第 243—247 页；拉赫曼 · 辛格的《在孟加拉国的胜利》，第 50—64 页；苏克文特 · 辛格的《孟加拉国的解放》，第 30—37 页。

12. 帕利特的《闪电战：印巴战争》，第 71 页；苏克文特 · 辛格的《孟加拉国的解放》，第 125—126 页；克拉雷的《巴基斯坦陆军史：战争和暴乱》，第 208 页。

13. 这里仅给出数百个例子中的几个，苏克文特 · 辛格在《孟加拉国的解放》一书中将描述这场战争的章节称作“闪电战”；迪尼什在《英迪拉赢得战争》一书第 166 页引用了“闪电战”这个词；帕利特《闪电战：印巴战争》一书的书名和第 16 页都使用了这个词，随后在第 101 和第 106 页（显然是无意识地）使用了正确的德国军事学说术语“运动战”。

14. 苏克文特 · 辛格的《孟加拉国的解放》，第 65—66 页。

15. 同上，第 49 页。

16. 关于“达卡碗”，参阅帕利特《闪电战：印巴战争》一书第 101—103 页，特别是第 102 页的地图；另可参阅拉赫曼 · 辛格《在孟加拉国的胜利》一书第 49 页。

17. 关于东巴基斯坦的军事地理，可参阅拉赫曼 · 辛格《在孟加拉国的胜利》一书第 1—13 页，以及帕利特《闪电战：印巴战争》一书第 164—166 页。

18. 巴基斯坦的装甲力量为 52 辆业已过时的 50 年代美制霞飞坦克，以及在 1965 年印巴战争期间从印度缴获的 12 辆 PT-76 坦克（关于这些数据，详见克拉雷《巴基斯坦陆军史：战争和暴乱》一书第 191 页）。

19. 对印度空军所受领任务的探讨，可参阅乔普拉《印度的第二次解放》一书第 126—127 页。

20. 苏克文特 · 辛格的《孟加拉国的解放》，第 68—72 页。

21. 帕利特《闪电战：印巴战争》一书第六章的标题，第 94—105 页，该章节的大部分内容可在印度军事网站的防务论坛浏览（*www.bharat-rakshak.com*）。

22. 乔普拉的《印度的第二次解放》，第 123—125 页。

23. 对尼亚齐作战选择的出色探讨，可参阅萨利克《见证投降》一书第 123—128 页。萨利克把尼亚齐对要塞区概念的偏好比作“托布鲁克策略”和“着眼于失败的部署”。另可参阅克拉雷《巴基斯坦陆军史：战争和暴乱》一书第 187—189 页。

24. 萨利克的《见证投降》，第 128 页。

25. 克拉雷的《巴基斯坦陆军史：战争和暴乱》，第 189 页。

26. 苏克文特 · 辛格的《孟加拉国的解放》，第 169 页。

27. 克拉雷的《巴基斯坦陆军史：战争和暴乱》，第 186—187 页；帕利特的《闪电战：印巴战争》，第 103—104 页。

28. 萨利克的《见证投降》，第 145 页。

29. 阿迦 · 胡马云 · 阿明的《库什蒂亚的坦克伏击》，刊登在巴基斯坦《防务期刊》第 4 卷，2000 年 11 月第 4 期，第 50 页。

30. 同上，第 46—50 页。

31. 克拉雷的《巴基斯坦陆军史：战争和暴乱》，第 196 页。

32. 苏克文特 · 辛格的《孟加拉国的解放》，第 80 页；克拉雷的《巴基斯坦陆军史：战争和暴乱》，第 191 页。

33. 苏克文特 · 辛格的《孟加拉国的解放》，第 164—165 页。

34. 拉赫曼 · 辛格的《在孟加拉国的胜利》，第 76 页，另可参阅第 77 页的详细地图。拉赫曼 · 辛格是第 20 山地师师长，受领的任务是夺取希利。

35. 参阅凯思佩利亚相当自负的回忆录《与众不同的任务：第 71 山地旅发展胜利》，书中描述了他的旅给巴基斯坦人施加的“无情压力”（第 84 页）。至于他施加的压力是多么无情，相反的论调可参阅苏克文特·辛格《孟加拉国的解放》一书第 165 页；对相关争议的评论，可参阅克拉雷《巴基斯坦陆军史：

战争和暴乱》一书第 193—194 页。

36. 向塔古尔冈的进军，可参阅凯思佩利亚《与众不同的任务：第 71 山地旅发展胜利》一书第 84—89、第 114—115 页;苏克文特·辛格在《孟加拉国的解放》一书第 165 页提到 60 千米这个数字。

37. 第 20 山地师在希利的作战行动，可参阅拉赫曼·辛格《在孟加拉国的胜利》一书第 65—94 页。

38. 苏克文特 · 辛格的《孟加拉国的解放》，第 180 页。

39. 克拉雷的《巴基斯坦陆军史：战争和暴乱》，第 186 页。

40. 关于第 4 军及其任务的探讨，可参阅乔普拉《印度的第二次解放》一书第 123—124 页。

41. 苏克文特 · 辛格在《孟加拉国的解放》一书第 92 页提到利德尔 · 哈特的名字，在第 92 和第 128 页提及“势如洪水”，在第 128 页提及“间接路线”。

42. 克拉雷的《巴基斯坦陆军史：战争和暴乱》，第 213—214 页；苏克文特·辛格在《孟加拉国的解放》一书第 151 页指出，他首先提出夺取达卡的想法，这给萨加特 · 辛格留下深刻印象。

43. 苏克文特 · 辛格的《孟加拉国的解放》，第 152 页。

44. 克拉雷的《巴基斯坦陆军史：战争和暴乱》，第 215 页；乔普拉的《印度的第二次解放》，第 179 页。

45. 克拉雷的《巴基斯坦陆军史：战争和暴乱》，第 216 页；乔普拉的《印度的第二次解放》，第 181 页。

46. 帕利特的《闪电战：印巴战争》，第 123—125 页；拉赫曼 · 辛格的《在孟加拉国的胜利》，第 228—229 页。

47. 关于古尔布克斯 · 辛格 · 吉尔，参阅苏克文特 · 辛格《孟加拉国的解放》一书第 85、第 184 页；克拉雷《巴基斯坦陆军史：战争和暴乱》一书第 201 页；拉赫曼·辛格《在孟加拉国的胜利》一书第 137 页。

48. 关于“卡迪尔的战士”，参阅乔普拉《印度的第二次解放》一书第 181—182 页；帕利特《闪电战：印巴战争》一书第 57、第 128—129 页；苏克文特 · 辛格《孟加拉国的解放》一书第 205—208 页。

49. 克拉雷的《巴基斯坦陆军史：战争和暴乱》，第 199—206 页；苏克文特·辛格的《孟加拉国的解放》，第 183—201 页。卡马尔普尔的艰巨战斗中，发生了战争期间最著名的一个插曲，关于这场战役的每一部著作都加以引用。指挥第 95 山地旅群的哈德夫 · 辛格 · 克勒将军派一名信使赶往卡马尔普尔，要求巴基斯坦指挥官苏丹 · 马哈茂德中校立即投降。苏丹中校在回信中附上颗子弹，并写道：“希望下次遇到你（克勒）时，你手里端的是斯登式冲锋枪，而不是你似乎已拿得太久的钢笔。”参阅克拉雷《巴基斯坦陆军史：战争和暴乱》一书第 204 页；苏克文特 · 辛格《孟加拉国的解放》一书第 194—195 页。萨利克《见证投降》一书第 188 页对这个故事的描述稍有些不同。

50. 帕利特的《闪电战：印巴战争》，第 127 页。关于这场空降，参阅马修 · 托马斯的《坦盖尔的空降突击行动：1971 年的印巴冲突》，刊登在《印度防务评论文摘》1992 年第 2 期，第 16—24 页。

51. 同上，第 20 页。

52. 克拉雷的《巴基斯坦陆军史：战争和暴乱》，第 199 页；萨利克的《见证投降》，第 190 页。

53. 马鲁夫 · 拉扎的《回顾 1971 年的战争》，刊登在《印度防务评论》第 12 卷，1997 年 1 月—3 月第 1 期，第 127—128 页。

54. 托马斯的《坦盖尔的空降突击行动：1971 年的印巴冲突》，第 23—24 页；帕利特的《闪电战：印巴战争》，第 129—130 页。

55. 这又是这场战争中被描述得最多的场景之一。参阅帕利特《闪电战：印巴战争》一书第 134 页；苏克文特 · 辛格《孟加拉国的解放》一书第 213 页；乔普拉《印度的第二次解放》一书第 182 页。而萨利克《见证投降》一书第 210 页对这个故事的描述再一次稍有些不同。

56. 引自帕利特《闪电战：印巴战争》一书第 16 页。另可参阅穆罕默德 · 阿克巴 · 汗的《对东巴危机的分析》，刊登在巴基斯坦《防务期刊》第 2 卷，1976 年第 12 期，第 31—40 页。作者是巴基斯坦军队的一名少校，他以稍有些阴险的论调描述了这场战役，称它类似于“希特勒对法国实施的闪电战”。

57. 帕利特的《闪电战：印巴战争》，第 15 页。

58. 苏克文特 · 辛格的《总体趋势》，第 34 页。

59. 索迪的《大人物：对印度军事领导者的批评性评价》，第 248 页。

60.G.D. 巴克希的《印度的军事复兴："法塔赫什布吉"营传奇》（新德里：兰瑟国际出版社，1987 年），第 89 页。

61. 乔普拉的《印度的第二次解放》，第 187 页。

62.《1971 年战争中赫莫杜尔 · 拉赫曼调查委员会的报告：巴基斯坦政府的揭秘文件》，第 281 页。

63. 拉赫曼 · 辛格的《在孟加拉国的胜利》，第 280 页；苏克文特 · 辛格的《孟加拉国的解放》，第 159—160 页。

64. 帕利特的《闪电战：印巴战争》，第 105 页；乔普拉的《印度的第二次解放》，第 129 页；克拉雷的《巴基斯坦陆军史：战争和暴乱》，第 185—186 页。

65. 对印度军队 1971 年机动学说的批评，可参阅 B.N. 沙玛《他们在军校里没教给你的东西：对印度军事思想的批判》（德里：希布拉出版社，1996 年）一书第 71—72 页，以及索迪《“意外之财”行动：孟加拉国的诞生》一书第 282—284 页。关于落后的后勤工作，参阅索迪《大人物：对印度军事领导者的批评性评价》一书第 116 页，以及杰格德沃 · 辛格《巴基斯坦的肢解：1971 年印巴战争》一书第 142 页。索迪准将是一位很有趣的作者，以最佳方式提出严厉批评，但显然也对上级对他的对待心怀不满（参阅他在《“意外之财”行动：孟加拉国的诞生》一书第 153—154 页对战前演习的描述），另外还对战争结束后获得或未获得勋章及晋升的人大加评论（参见《大人物：对印度军事领导者的批评性评价》第 117 页；《“意外之财”行动：孟加拉国的诞生》第 233—234、第 286—288 页）。

66. 引自索迪《大人物：对印度军事领导者的批评性评价》一书第 185 页。

67. 关于两伊战争的书籍非常多。首先是安东尼 · H. 科德斯曼的《两伊战争与西方国家的安全，1984—1987 年：战略影响和政策选择》（伦敦：简氏出版社，1987 年），写作这本书时，两伊战争仍在肆虐；以及他与亚伯拉罕 · R. 瓦格纳合著的《现代战争的教训》第二卷，《两伊战争》（科罗拉多州博尔德：维斯特维尔出版社，1990 年）。斯蒂芬 · C. 佩尔蒂埃的《两伊战争：真空中的混沌》（康涅狄格州韦斯特波特：普雷格出版社，1992 年）是关于整个两伊战争史值得一读的著作，侧重于作战行动，作者是宾州卡莱尔美国陆军战争学院的国家安全事务教授。这部著作值得注意的是其亲伊拉克的立场，将这场战争视为伊朗“宗教狂热分子”与伊拉克“军事职业化”之间的冲突。另可参阅斯蒂芬 · C. 佩尔蒂埃和道格拉斯 · V. 约翰逊二世的《经验教训：两伊战争》第一册，这部著作后来由美国海军陆战队作为 FMFRP 3-203 出版（华盛顿特区：美国海军陆战队，1990 年）。三部学术文集也值得一读：希琳 · 塔希尔 – 克里和沙欣 · 阿尤比主编的《两伊战争：新式武器，旧式冲突》（康涅狄格州韦斯特波特：普雷格出版社，1983 年）；埃夫拉伊姆 · 卡什主编的《两伊战争：影响和意义》（特拉维夫：贾菲战略研究中心，1987 年）；R.C. 沙玛主编的《透视两伊战争》（新德里：拉杰什出版社，1984 年）。另外两部新闻工作者的著作同样值得一读。无处不在的埃德加 · 奥巴兰斯的《海湾战争》（伦敦：布拉西出版社，1988 年）（这是他的第二十二部著作）；迪利普 · 浩的《最长的战争：两伊军事冲突》（纽约：劳特利奇出版社，1991 年）。理查德 · 尤帕和吉姆 · 丁厄曼斯的《伊朗是如何输掉，伊拉克又是如何赢得海湾战争的》，刊登在《战略与战术杂志》1990 年 3 月 /4 月第 133 期，第 49—55 页，是这本领先的兵棋杂志推出的一篇出色的作战分析文章。关于战争初期伊朗人革命热情的一手资料，可参阅《战争的两年》（德黑兰：伊斯兰革命卫队政治办公室，1982 年），其中包括“属灵人的胜利”的声明（第 24 页）和对“妥协者”反对革命政府的“阴谋及背叛”的警告（第 33 页）。反霍梅尼的伊朗流亡者的相反观点可参阅贝赫鲁兹 · 苏雷斯拉菲勒的《两伊战争》（伦敦：C.C. 出版社，1989 年）。

68. 佩尔蒂埃的《两伊战争：真空中的混沌》，第 34 页。

69. 科德斯曼的《两伊战争与西方国家的安全，1984—1987 年：战略影响和政策选择》，第 3 页；科德斯曼和瓦格纳的《两伊战争》，第 78 页。

70. 对伊拉克这场空袭的最佳分析，可参阅科德斯曼和瓦格纳《两伊战争》一书第 81—84 页。

71. 对伊拉克究竟投入几个师发动进攻，以及他们在何处进攻的基本问题仍存有分歧。佩尔蒂埃称“伊拉克人为最初的进攻投入 6 个师”（《两伊战争：真空中的混沌》，第 36 页）；科德斯曼和瓦格纳在《两伊战争》一书第 87 页称“3 个装甲师和 2 个机械化师在南部沿一条宽大战线展开进攻”；迪利普·浩在《最长的战争：两伊军事冲突》第 41 页给出的数字是 4 个师（伊拉克 3 个装甲师和 1 个机械化师攻入胡齐斯坦）。正如佩尔蒂埃和约翰逊在《经验教训：两伊战争》一书第 4 页指出的那样，由于“伊拉克和伊朗可能是世界上最封闭的两个社会”，获取这场战争的准确信息依然很难。

72. 迪利普·浩的《最长的战争：两伊军事冲突》，第 41 页。对战争初期阶段的出色概述可参阅 K.R. 辛格的《两伊战争：军事层面》，收录于 R.C. 沙玛主编的《透视两伊战争》一书第 51—54 页。

73. 佩尔蒂埃的《两伊战争：真空中的混沌》，第 36—37 页。

74. 科德斯曼和瓦格纳的《两伊战争》，第 85 页。

75. 威廉 · O. 施陶登迈尔的《战略分析》，收录于塔希尔 – 克里和阿尤比主编的《两伊战争：新式武器，旧式冲突》，第 34—35 页。

76. 哈伊姆·赫尔佐克的《军事策略概述》，收录于埃夫拉伊姆·卡什主编的《两伊战争：影响和意义》，第 260 页。

77. 科德斯曼和瓦格纳的《两伊战争》，第 113—114 页。

78. 同上，第 123—125 页；施陶登迈尔的《战略分析》，第 40 页；奥巴兰斯的《海湾战争》，第 66—67 页。另一些资料来源认为伊朗发动反攻的日期为 1981 年 11 月，参阅佩尔蒂埃和约翰逊二世《经验教训：两伊战争》一书第 10 页，以及迪利普 · 浩《最长的战争：两伊军事冲突》一书第 55 页。

79. 关于伊朗人的人海战术，可参阅科德斯曼和瓦格纳《两伊战争》一书第 130 页；佩尔蒂埃和约翰逊二世《经验教训：两伊战争》一书第 52 页。

80. 迪利普 · 浩的《最长的战争：两伊军事冲突》，第 56 页。

81. 关于霍拉姆沙赫尔之战，可参阅佩尔蒂埃《两伊战争：真空中的混沌》一书第 40—42 页；科德斯曼和瓦格纳《两伊战争》一书第 130—131 页；奥巴兰斯《海湾战争》一书第 82—85 页。

82. 关于“斋月穆巴拉克”行动，可参阅奥巴兰斯《海湾战争》一书第 93—95 页。

83. 科德斯曼和瓦格纳的《两伊战争》，第 435—442 页。

84. 科德斯曼的《两伊战争与西方国家的安全，1984—1987 年：战略影响和政策选择》，第 93 页。

85. 佩尔蒂埃的《两伊战争：真空中的混沌》，第 96 页。

86. 佩尔蒂埃认为这是战争的转折点，参阅《两伊战争：真空中的混沌》一书第 105—110 页。

87. 佩尔蒂埃《两伊战争：真空中的混沌》一书第 117—126 页，佩尔蒂埃和约翰逊二世《经验教训：两伊战争》一书第 85—97 页都认为伊朗人在“卡尔巴拉 5 号”行动中遭遇惨败，伤亡可能超过 7 万人，而伊拉克在这场战役中找到了以新组建的共和国卫队的诸兵种合成战术挫败伊朗革命卫队人海攻势的办法。相反的观点参阅迪利普·浩《最长的战争：两伊军事冲突》一书第 183—184 页。

88. 关于“信仰真主”行动，可参阅佩尔蒂埃《两伊战争：真空中的混沌》一书第 141—149 页。

89. 引自赫尔佐克《军事策略概述》一书第 266 页，以及科德斯曼和瓦格纳《两伊战争》一书第 397 页。

90. 科德斯曼的《两伊战争与西方国家的安全，1984—1987 年：战略影响和政策选择》，第 144—156 页；科德斯曼和瓦格纳的《两伊战争》，第 413 页。

91. 佩尔蒂埃的《两伊战争：真空中的混沌》，第 xiv 页。

92. 佩尔蒂埃和约翰逊二世的《经验教训：两伊战争》，第 61 页。

93. 佩尔蒂埃的《两伊战争：真空中的混沌》，第 xiv 页。

94. 佩尔蒂埃和约翰逊二世的《经验教训：两伊战争》，第 62 页。

95. 詹姆斯·A. 布莱克威尔的《沙漠惊雷：海湾战争的战略和战术》（纽约：班塔姆出版社，1991 年），第 xxxiii、第 2、第 27、第 213 页。

96. 科德斯曼的《两伊战争与西方国家的安全，1984—1987 年：战略影响和政策选择》，第 148—149 页；尤帕和丁厄曼斯的《伊朗是如何输掉，伊拉克又是如何赢得海湾战争的》，第 49 页。

97. 赫尔佐克的《军事策略概述》，第 268 页。

第七章
美国陆军：崩溃和重生

美国1945年后的军事行动

人们普遍认为世界上的每个大国都有自己“从事战争的传统方式”。对德国人来说就是快速机动战，旨在以腓特烈大帝或老毛奇的风格迅速赢得一场决定性胜利。对英国人来说则是避免卷入对欧洲大陆的承诺，转而实施旨在扩大帝国版图的海上战略。但美国的情况却很难做出这种类型的概括性陈述——在其历史上的不同时期和不同地点，美国先后强调过海上战略、陆海联合作战战略和核战略，而核战略先是基于战略轰炸机，后又改为轰炸机、潜艇和洲际弹道导弹的“三位一体”。地面战方面，美国机动作战的悠久传统可追溯至独立战争和墨西哥战争时期，而基于火力的消耗战同样具有悠久的历史。美国的形成性军事经历，即南北战争期间，这两种类型的作战行动数见不鲜。实际上，可能有人会说，美国多年来从事战争的主要特点恰恰是手段的这种灵活性，而不是僵化地拘泥于某种特定作战学说。

这种灵活性并不总是能得到应有的认同。美国军事历史学家拉塞尔·韦格利在他深具影响力的著作《美国的战争方式》（1987 年）中确定了书名的概念：集结压倒性力量，进攻敌之主力，将其粉碎。他在书中指出，这种战略随着年轻国家的成长而发展。韦格利认为，土地的财富、资源和权力造成一种对全面胜利的偏好，“消灭敌武装力量”并“彻底推翻其政权”，以对方的无条件投降为结束[1]。

这种论点的核心是对 U.S. 格兰特的一种特殊诠释。韦格利认为格兰特作为一名指挥官之所以出名，并非因为他作战精明，而是他对伤亡的漠不关心。格兰特的计算很简单：他承受得起损失，罗伯特·E. 李将军却做不到这一点。李指挥着一支肯定会输掉长期消耗战的军队，致力于我们也许可以称之为“德国式解决方案”的打法：以优雅的机动实施进攻，旨在迅速赢得作战胜利。格兰特意识到自己无须采用这种冒险措施——为何要在一个下午输掉肯定能在两年内赢得的战争呢？因此，通往阿波马托克斯的途中，双方在莽原、斯波特瑟尔韦尼亚、法院大楼、冷港展开血腥角逐——最终格兰特钳制住李，使其无法机动，耗尽了他的力量，但实际上两支军队都为此付出了高昂的代价。因此，韦格利得出结论：“格兰特从来没有在任何一场战斗中取得过决定性战果，他也不期待会取得。他把决定权交还给战争，将战斗延长，使其贯穿整个战役，给敌人造成伤亡，直至赢得胜利，但他赢得的并非戏剧性的拿破仑式的胜利，而是一种筋疲力尽的和平。”[2]

韦格利的观点的确包含一些真知灼见，但也存在德国军官所说的片面性（einseitig）。1860 年前，这个年轻的共和国以实力弱小的军队从事了三场战争（独立战争、1812 年战争、墨西哥战争），他们不得不实施机动，以此抗击规模更大、实力更强的敌人。他们打赢其中两场，另一场以平局告终。斯科特率领部队进军墨西哥城，在此期间实际上放弃了从韦拉克鲁斯沿海基地而来的补给线——这是在本土保卫首都，并以小股力量迂回战胜一支庞大敌军的经典战例。当时，许多人觉得斯科特此举过于大胆，甚至有些鲁莽，还有不少人认为这会造成一场灾难，这些预测一直持续到斯科特进入墨西哥城那一刻。

但韦格利的评述有些过分，他对格兰特的描绘成了漫画。正如近期一系列学术文章指出的那样，格兰特在遂行机动方面不输于任何人，维克斯堡战役就是他的杰作。格兰特沿密西西比河西岸绕过维克斯堡，于 1863 年 4 月 30 日突然在这座要塞的下游渡过该河。他随后决定采取 J.F.C. 富勒所说的“战争中最大胆的一项举措”[3]。他脱离己方补给线，就地获得食物，向密西西比州首府杰克逊发起一场轰轰烈烈的进军，并在那里击溃邦联军队。他突然转向维克斯堡，对惊慌失措的约翰·彭伯顿将军指挥的守军施以打击，最后以在冠军山的决定性胜利而告终。这些行动可谓美国陆军史上最优雅的机动。他没有以简单的猛攻策略对付北弗吉尼亚州的李，始终试图迂回突袭李的军队，这就是战役中的各场交战越来越靠近里士满的原因。韦格利将格兰特在战争最糟糕时刻犯下的常见错误（我们认为是冷港最初的两个小时）同他的整个职业生涯相混淆。这些时刻的确很糟糕，但并未导致输掉战争。

尽管如此，韦格利所说的“美国的战争方式”仍有助于描述美国作战学说的一个主要方面，特别是在 20 世纪。这种学说并非源自格兰特，而是来自法国无处不在的影响——这种影响在第一次世界大战之前、期间和之后主导了美国的军事思想：这种学说强调的是有条不紊的对阵战，通过火力而非巧妙的战役机动发现、牵制、消灭敌人。第一次世界大战期间，法国人曾是美国陆军的导师，而美军使用的大部分技术装备（坦克、火炮、飞机）也都是法国制造的。法国当时的军事学说是“有条不紊的战斗”，即基于压倒性火力，谨慎地分阶段进攻——这同样成为美国的军事学说，足以为美国陆军在 1918 年赢得对德意志帝国的短暂战役。两次世界大战之间，美国 1923 年版《野战勤务条令》基本上是法国 1921 年作战手册的翻译版。二战初期，这份条令依然是美国的军事学说，直到他们发现自己被困于诺曼底的灌木丛中，才不得不在战役层级的策划方面采取更激进的措施，以便恢复前进，这是自南北战争以来的首次。其结果是创造了闻名世界的“眼镜蛇”行动——这也是战争期间美国军事行动的顶点。

战后环境给美国留下一项新的全球使命，她替代倒下的欧洲帝国，成为朝鲜、东南亚沿海、中东这些偏远地区秩序和稳定性的保证人。美国规划者们突然面临大英帝国在两次世界大战之间曾面临过的同样的难题。此时的美国军队已是基于坦克、火炮和空中力量，由一个个较大规模的营组成的重型机械化集合体，准备同苏联在欧洲“中央战线”进行一场大规模战争。可这真的是美国现在需要的吗？或者说，美国是否需要某种完全不同的东西，例如一支警察力量（英国人的说法是“警察部队”）？这种力量需要轻装上阵，并在美国军队历来不屑的各种行动（维稳、宣传、政治组织）中接受训练。他们对坦克，甚至对步兵的需求都很小，因为其战斗力依靠空中力量，美国在二战结束后的几年里掌握原子弹和氢弹后，空中力量在美军规划人员心目中的重要性已上升到近乎神话般的地位。

这是美国最大的军事难题。一方面，有必要为一场甚至还未开战便被命名为“第三次世界大战”的庞大战争（grande guerre）做好准备，没有谁对此存有争议。美国对欧洲和北大西洋公约组织的承诺决定了军队的规模、军备和学说。另一方面，尽管美国军队耗费精力、时间和资源，准备同苏联开战，但从未在欧洲进行过战争。实际上，除欧洲外，美国军队在各处从事战斗，执行与杜鲁门主义相关的一系列任务。我们已见到他们为朝鲜战争所做的准备是多么糟糕。缺乏准备仅仅是美军作战行动灾难与成功相间的部分原因。60 年代带来一个更棘手的问题：越南战争。一支以大批坦克和战机武装起来、准备从事大规模战争的庞大军事力量，发现自己陷入一场游击战中——这种战争需要轻步兵在灌木丛中巡逻，其主要战术部队是班，提供火力支援的是轻型迫击炮。

富尔达缺口：虚构的战争

写一本关于从未发生过的战争的书籍并非易事，但这一点并未阻止世界上最优秀的一些人才在二战后从事这项工作。他们的主题是预期中的美国和苏联在德国沿所谓的中央战线发生冲突。正如世人皆知的那样，"下一场战争"是有史以来分析得最为透彻的冲突。军方内外、学院内外的整个作家和出版商行业，将他们的大量才智付诸描述战争的开始并预测其结果。书名诸如《第三次世界大战》《圣诞节前不会结束》《首次冲突》的作品汗牛充栋[4]。市场上还出现了无数游戏形式的军事模拟，例如模拟出版物公司的《下一场战争》，胜利游戏公司的《北约》，以及游戏设计师工作室的《第三次世界大战》系列[5]。两个超级大国的军事机构按照各自的要求设计他们的战车和武器系统，他们的军事学说也向其特点倾斜。最后，这两支军队发现他们不得不从事与预计中庞大的欧洲对阵战完全不同的战争时陷入危机——对美国来说是越南战争，对苏联人而言则是阿富汗战争。

苏联的解体消除了中欧爆发一场大规模战争的战略基础，致力于这一主题的大量文学著作仅剩下微弱的怀旧气息。大体而言，冷战分析人士做出两种评估，第一种是数量评估，也就是简单的"数火炮"法，第二种是较为棘手的质量评估主张。第一种评估方式中，苏联人占有优势。根据美国国防部 80 年代中期的数据，华沙条约组织几乎所有技术装备的数量都压倒北约：主战坦克为 42500 辆对 13000 辆，火炮和迫击炮为 31500 门对 10750 门；装甲运兵车和步兵战车为 78800 辆对 30000 辆，反坦克导弹发射器（班组、车载或通用型）为 24300 具对 8100 具，战术飞机为 7240 架对 2975 架[6]。仅驻扎在德国的苏联军队（苏军驻德军队集群）就增加到 19 个师：9 个坦克师和 10 个机械化师。苏联在整个东欧的驻军数量达到 30 个师（16 个坦克师和 14 个机械化师）。另外，苏联还可以召集他们不属于华约部队的另外 45 个师和苏联欧洲地区的 65 个师（23 个坦克师、37 个机械化师、5 个空降兵师），共计 140 个师。

相比之下，整个美国陆军只有 16 个师（4 个装甲师、6 个机械化师、3 个步兵师、1 个轻步兵师、1 个空中突击师、1 个空降师）。虽说每个师的规模是苏军师的两倍，可还是存在巨大的数量赤字，即便算上北约盟国亦是如此。若说经典的军事分析要求达到三比一的数量优势，以便在敌防线实现突破，那么，华约军队至少在大部分地区能做到这一点。而在指定突破地段，他们的兵力优势更大[7]。

地理加剧了北约的问题。援兵问题对美国而言远比对苏联困难得多。苏联可以通过公路或铁路从欧亚大陆抽调援兵，调自波罗的海、白俄罗斯、喀尔巴阡山、敖德萨、基辅和北高加索军区。而美国的援兵（大多是国民警卫队师）不得不从美国本土经海路或空运调至欧洲。美军每年在“回师德国”演习中操练这种调动。但这些演习始终表明，苏联水面舰队、潜艇舰队和空中力量将严峻考验美国“回师德国”的能力[8]。

第二种评估关乎质量。美国和北约在这方面占有优势，他们在战场上明显处于技术领先的地位。80 年代末，北约的主要主战坦克是 M–1 “艾布拉姆斯”（美国）、“豹Ⅱ”（德国）和“挑战者”（英国）。这些坦克的性能超过苏联的 T–80：机动性更强，乘员舱更宽敞，准确性更强（配有激光探测和瞄准系统）。他们在空中力量方面的优

为从未到来的战争加以准备：一队M1A1主战坦克在中欧展开演习。美国陆军坦克机动车辆与军械司令部（TACOM）提供。

势同样存在，美国的F–15和F–16战斗机，性能远胜于苏联的米格–25狐蝠。同时，苏联战机普遍缺乏全天候能力，有效载荷较小，作战半径偏小，操作困难，与美国战机相比，需要更多的维护。对地支援方面，美国的A–10“雷电”战机性能出众，是名副其实的“坦克杀手”，配有炸弹、空对地导弹和一门令人敬畏的加特林机炮（每分钟可发射4200发穿甲弹[9]）。到80年代，几乎所有美国战机都搭载了高精确度的精确制导弹药——或称之为“智能炸弹”——以激光制导系统指引炸弹落向目标。还有最后一项，也就是就像F–117战斗轰炸机那样的“隐形”技术——敌人的雷达几乎无法探测到这种飞机，它们在“沙漠风暴”行动开始的当晚证明了自身的价值——突破伊拉克领空，一举炸毁巴格达的伊拉克防空司令部。

北约与华约爆发的任何冲突，交战双方都将在联盟战争的限制下从事战斗，其结果殊难逆料。虽然许多西方人士指出华约军队的武器和装备标准化程度更高，但苏联与东欧卫星国之间的关系也非常紧张。很难想象波兰或斯洛伐克士兵会为苏联统治欧洲而奋战，哪怕各国军官团可能都是忠诚的。各卫星国民众（例如波兰人）的异议，可能会给从苏联通往西欧战区的漫长补给线构成严重威胁。北约一方，法国人虽然游离于北约组织外，但仍是北大西洋公约的签约国，他们拥有自己的核武库（打击力量），自60年代以来，法国人一直我行我素。很难想象他们会置身于北约与华约的冲突之外，尽管已退出北约，但法国人仍在德国驻有1个军（辖2个师），并同北约定期实施演习。不过，他们的异常身份还是给西方的计划造成一种不确定气氛。

北约是自由民主国家结成的一个联盟，这足以证明他们在某种程度上的凝聚力。不过，各国军队明显不同，三巨头（美国陆军、英国莱茵集团军、西德联邦国防军）与实力较弱的伙伴之间存在巨大差异：荷兰军队实际上已成立工会；比利时军队的实力较弱，资金不足；而希腊人与土耳其人之间的矛盾，妨碍到联合计划在北约南翼（或地中海）的实施。总之，即便在特定的美国军中，这也是个令人生畏的问题。弗雷德里克·M. 弗兰克斯将军1989年8月接掌美国驻扎在德国的第7军时，该军编有2个美国师（第1装甲师和第3步兵师）、1个德国师（第12装甲师）和1个加拿大旅（加拿大第4机械化旅群）。这样一支形形色色的军队集群很可能会在战斗中发生指挥和协调问题[10]。

就普通士兵而言，美军步兵和坦克兵接受的教育和训练都优于他们的苏联同行。美国军队允许发挥更大的个人主动性，而苏联人仍依靠严格的纪律，这使他们的军人丧失了自行做出决定的勇气，有可能在战斗中错失良机。最重要的是，一名西方国家的士兵代表的是一个自由社会。伊苏斯战役前夕，亚历山大大帝向部队发表讲话，并为即将到来的战斗激励他们的勇气，他提醒他们："最重要的是，我们是自由人，而他们是奴隶。"[11]虽然存在明显的弱点，但北约仍掌握相应的优势。那么，这些优势能否抵消巨大的数量劣势？幸运的是，这个问题仍未得到答复。

下一场战争：作战行动

从理论上说，华沙条约组织对西德的入侵可以在接触地段形成巨大的数量优势。当然，苏军驻德军队集群的5个苏联集团军（第一梯队的近卫坦克第2集团军、突击第3集团军、近卫第8集团军，以及第二梯队的近卫第20集团军和近卫坦克第1集团军）将充当先锋，但2个（第3、第5）东德集团军和波兰波美拉尼亚军区的部队也将加入他们的行列。另外，2个（第1、第4）捷克集团军将在苏联中央军队集群支援下，立即进入西德南部[12]。

可供这股庞大力量选择的突击方向很多，但其中三个脱颖而出。第一个，也是最明显的进攻路线是跨过德国北部平原。那里最适合坦克展开行动，也是奔向莱茵河以及西德鲁尔区（西欧的工业中心）最直接的路线。不过，虽然这是数世纪以来的传统入侵路线，但二战结束后，该地区的建筑物越来越多。另外，华约军队每隔9.6千米就将遭遇一道河流障碍，这些障碍不是天然河流或溪流（例如易北河、威悉河、美因河、内卡河）就必然是西德修筑的诸多运河之一[13]。尽管如此，北部路线还是为华约军队提供了最有可能赢得一场速胜的希望。几乎可以肯定，华约军队还将辅以在北面对丹麦发起的一场进攻，从而打开波罗的海的出口。遂行这场行动的军队可能包括波兰空降兵和海军陆战队（第6空降师和第7海上突击师），以及苏军的一个空降师。那里的守军是北约北方集团军群：西德第1军据守汉堡接近地，英国第1军守卫汉诺威，比利时第1集团军（位于英国第1军右侧）和荷兰第1军提供支援。北约80年代将一个美国装甲旅调至该地区，但总的说来，美军的力量不可能用于扼守这片关键地区。

另外两条可能的入侵路线是自德国中部的富尔达山口起的，这片过渡地区位于西德相对平坦的北部与多山的南部之间，以及东德与捷克斯洛伐克边境线上的霍夫山口。也就是说，苏军一旦穿过富尔达，将对北约的完整性构成严重威胁[14]。这个山口直接穿过西德令人不快的狭窄腰部。法兰克福这座大城市距离该边境不到 100 千米，而莱茵河就在 40 多千米外。部署在这里的是北约中央集团军群，辖 2 个美国军和位于其侧翼的 2 个西德军：由北至南为西德第 3 军、美国第 5 军、美国第 7 军、西德第 2 军。虽然西德第 2 军防区受到的关注不及北面两个山口，但一些分析人士已将这里视为北约可能存在的问题点。该军的作战责任相当大，包括巴伐利亚大部分地区和慕尼黑接近地的防务。苏军在这里的进军路线，甚至有可能穿过中立且防御薄弱的奥地利，可能会导致北约军队毫无准备。但这需要一个“阿登式的开局”，就像德国国防军 1940 年取得成功的那种风格，但对一股重型机械化力量来说，这是一条非常危险的通道——大多数学者都普遍认为如此复杂的地形并不适合装甲部队展开行动[15]。当然，美军指挥官掌握着法国人 1940 年无法获得的卫星情报，所以几乎可以肯定的是，他们能获取大批苏军部队集结和调动的情况。相对来说，法国人的态度对该地段的防御同样重要——若迅速参战便能让法国第 2 军协助西德第 2 军据守慕尼黑西面的莱希河防线，尽管防止该城陷落非常困难。

回想起来，北约军队夹在两级之间。明智、传统的作战姿态应该是机动或积极防御。根据这种应对方式，北约应沿边境以掩护部队（如美国装甲骑兵团或大批西德边防部队）逐渐消耗对方庞大进攻力量的突击势头。然后，待华约军队的进军气势渐颓，北约军队就可将作战姿态转为反攻。但唯一的问题是，机动防御姿态意味着放弃德意志联邦共和国的大部分地区。正因为这个原因，北约于 80 年代公开承诺采取前沿防御姿态，这是联盟政治的要求。但前沿防御存在的危险是：敌人有可能在一处或多处达成突破，并以第二和第三梯队将突破战果扩大，从而赢得初期胜利。对这个问题没有很好的答案。

控制作战进程的关键因素是北约部队可获得的提前期。从静止状态发起一场快速而又突然的打击，以前线部队从驻军状态转入进攻状态，给交战双方都带来风险。这对北约来说肯定是一场噩梦——其主力部队仍在军营里，不得不在没有补给或弹药的情况下奔赴前线并从事一场大规模交战，他们的战机大多停在地上，指挥部和补给勤务处于完全混乱的状态。而且使用化学武器作为这样一场突然袭击的组成部分，只会增加北约一方的恐慌感。北约的作战姿态依赖于从美国本土开到的大规模增援力量，但在华约军队突然发动进攻这种始料未及的情况下，这些援兵的确是难解近渴的远水。不过，一场突如其来的打击固然能让华约军队实现战略突然性，但这也会违背苏联长期存在的军事学说原则：以第二和第三梯队就地沿指定方向实施连续作战行动。这将是一场即兴而为的战争，北约军队在这方面掌握较大优势，但前提是在最初的打击中生存下来。

也许，在诸多危机或一场国际危机的气氛下仍实施长期集结后展开进攻，会丧失突然性。这将使双方都获得动员时间，特别是让美国军队得到准备时间：援兵赶至战区，取出他们预先贮存的装备并匆匆开赴边境。任何一场持续的战前危机，甚至都有可能迫使法国在战争爆发前便做好准备加入战争。但这种情况也意味着华沙条约国的充分动员，其后续梯队从一开始便做好了准备，这无疑会是一场无法估量、更具破坏性的战争。总之，若说“静止启动”模式也许能给交战双方提供更大的机动空间，那么，“长期危机”模式从一开始就是一场消耗战。

当然，在这两极之间存在着一整套潜在场景——发动入侵的最大的可能也许是华约国以他们已在边境附近实施军事演习的部队，或作为苏军驻德军队集群在11月或5月半年轮换部队的一部分。这种情况会使华约军队至少获得战术突然性和更好的力量对比，而北约试图转入战争姿态时，会仍在平均分配方面受到阻碍。北约战略家们还在60和70年代探讨了几种有限的场景，例如对方夺取博恩霍尔姆岛或汉堡，在这种情况下，华约国家可以通过一场突袭夺得西德的一座城市，以此迫使北约做出回应[16]。给后一种可能性造成妨碍的是，华约军队必须先行渡过强大的易北河，从而赶至汉堡。

其他许多因素也会给作战行动造成影响。西柏林占有异乎寻常的地位——它深深陷入东德境内，因而被华约军队所包围，据守西柏林的守军是3个旅（一个法国旅、一个英国旅和一个美国旅），外加1.5万名德国警察部队。这支警察准军事力量被称为“备勤警察”（警察预备队），可能是世界上装备最精良的城市警察力量，接受过使用机枪、装甲车、榴弹发射器以及轻型反坦克武器的训练[17]。倘若华约军队决意夺取西柏林，这股守备力量能否守住值得怀疑，但他们肯定会给进攻方造成损失。实际上，大多数分析人士认为，华约军队会在向西发动入侵的同时封锁柏林，倘若苏军在西面突破北约军队的防御并赢得战争，完全可以腾出手来解决西柏林问题。

另一个因素是，几乎可以肯定华约军队会在入侵初期使用空降力量，他们也许会同战争爆发前便已潜入西德的第五纵队相配合。直至80年代，苏联一直保持着一股庞大（至少有8个师）的伞兵力量，还有少量空中机动旅，以及接受过跳伞训练的大批特种部队。华约军队入侵初期，可能会见到他们的伞兵在北约军队后方100千米处空降，这些伞兵会设法夺取战略要点，将北约援兵阻挡在突破地段外，并尽可能多地造成破坏。北约策划者们认为，苏军特种部队人员能流利地说一种或多种北约国家语言，甚至有可能身穿北约军装，从事绑架、暗杀、破坏活动[18]。他们的成效在很大程度上取决于北约对迫在眉睫的入侵的警惕程度，以及他们在突破北约防空网方面能取得多大的成功。

这场战争的结果可能与两个因素关联密切。首先，若美军援兵不能从大西洋彼岸赶来，北约就无法阻挡住华约军队的进攻。而美军援兵抵达与否，则取决于海面、海底和空中的一场新“大西洋之战”，因此，这场大西洋之战至关重要。其次，尽管大量研究工作从各种可能的角度加以剖析，但仍无法得出确切结论的是核武器的使用问题。苏联的军事学说，至少从其公布的形式看，普遍接受从战争一开始便使用核武器的概念。归根结底，任何一支军队怎么会在成败的关键时刻拒绝使用他们掌握的任何一种武器呢？美国设想的战争是以常规武器为开始，然后在未来某个时刻“使用核武器”。最可能出现的情况是，美国面临战场指挥官要求被授权使用战术核武器的问题，特别是苏军遂行突击期间，北约军队在一处或多处遭遇灾难的情况下[19]。核弹一旦落下，预测后续事件即便有可能，但也必定困难。

越南：作战观点

20世纪60年代，美国军队卷入了一场与刚刚探讨的假想大战截然不同的战争。他们没能在南越战胜敌人，这段历史众所周知，这里没有必要对其加以详述。颇具讽刺意味的是，美军在这场战争中突然发现自己变成了独立战争中的英国军人，是在充满敌意的乡村巡逻的外国军队。这场战争中的几乎每一个调动，即便是在所谓的安全区内，也必须被视为战术再部署。

但是，失败的反游击战仅仅是在越南所经历的一方面。1968年年初，美军从事的三场战斗表明，虽然他们对付游击队的表现拙劣不堪，但对常规作战的处理依然非常熟练。美国军队彻底实现了机械化，因而在机动性方面享有巨大优势。扩大这种优势的是美军在空中机动能力方面的突破。直升机搭载的突击部队是战争真正的理论突破，在一场没有侧翼的战争中，他们能够赶往任何地点并对一切目标实施打击。最后，美军拥有各种类型的重型武器，而且按照可追溯到第二次世界大战的传统，他们拥有极为有效的空中支援。总之，世界历史上从来没有哪支军队能比派驻越南的美军调动得更快、投射出更猛烈的火力。

溪山

1968 年年初，就在北越军队发起春节攻势前，美国海军陆战队设在溪山的重火力点遭到了攻击，这使许多美国政策制定者和记者认为一场灾难正在酝酿中[20]。溪山事件特别像是法国人于 1954 年在奠边府所遭遇灾难的可怕重演。实际上，“奠边府”这个名字反复出现在美国媒体对这场战役的报道中，更不必说政府和军队的文件了。可以肯定的是，这两场战役存在一定的表面相似性。同 1954 年倒霉的法国人一样，第 26 海军陆战团的官兵们被包围在 9 号公路小小的基地内。他们一直处于敌人监视下，袭来的炮火几乎持续不断，其中包括重型 122 毫米迫击炮。陆战队员们看不见隐蔽的敌人，因而无法还击对方。他们遭到围攻，而美国海军陆战队并不是一支适合应对围困战的传统作战力量。加剧这种紧迫感的是，北越军队 2 月 6 日和 7 日晚一举打垮了美军特种部队设在老村的营地。该营地位于溪山以西约 14 千米处，据守在那里的是 24 名美军“绿色贝雷帽”和数百名当地士兵。北越军队对其展开猛烈冲击，甚至首次投入坦克力量，确切地说是 11 辆轻型 PT–76 两栖坦克[21]。总之，在美国陆战队员们看来，溪山是个破败而又危险的地方，更糟糕的是，在 1 月 21 日战斗打响时的炮击中，北越军队的一发炮弹引爆了作战基地的主弹药库——对美国人来说，那是个地狱般的夜晚。

尽管如此，但很明显，这里的情况并未证实美国媒体通常都很歇斯底里的报道。溪山的美国守军没有像 1954 年据守偏远基地的法国人那样遭到孤立。实际上，他们根本没有陷入孤立无援的境地。尽管在一片偏远而又荒凉的地域遭到持续不断的炮击，但溪山在整整三个月的围困中始终处于美军空中保护伞的坚定掩护下。奠边府离最近的法军机场相距 240 千米（约 150 英里），而溪山与岘港这座庞大的美国空军基地仅隔 48 千米（约 30 英里）。特别是第 834 空军师，可谓地面部队的全面作战伙伴[22]。这里的再补给任务非常频繁，空军还需要迅速疏散伤员。北越军队于 2 月 10 日的炮击封闭了庞大的 C–130 运输机使用的跑道后，美军的物资补给开始通过空投的方式运到。其中较重的装备和物资使用“低空伞降系统”（LAPES）——运输机接近空投区时，飞行员便打开尾舱门。而货物堆放在一块托盘上，而机舱地板上安装的滚轮系统负责传送这些托盘[23]。这不是一套完美的系统，但它最适合投送弹药和口粮这些散装物资。事实证明，空投的弹药足以为海军陆战队的炮兵提供强有力的支援。围困战期间，溪山的炮兵营射出近 16 万发炮弹，为陆战队地面部队提供了直接而有力的支援。

比对面的北越军队更严重的一个潜在问题是，陆战队、海军和空军的战机都使用同一片受到限制的空域造成了固有混乱。军种间的摩擦最终促使威斯特摩兰将军任命“战术空中力量唯一的负责人”。他把这项职责交给他负责空军事务的副手、第 7 航空队司令威廉·莫迈耶将军，由他全权监督南越所有的战术空中任务。这项举措并未令所有人感到满意，比如海军陆战队就最不喜欢，他们竭力保护自己的“空地团队”。一位分析人士宣称威斯特摩兰企图“调和不可调和的东西”，这似乎是个公正的评价[24]。实际上，“唯一负责人”概念只是给业已混乱不堪的局面增加了另一层官僚机构。

虽然美国媒体和公众关注第 26 海军陆战团的安危，但更值得同情的是北越军队。这些部队在溪山遭到猛烈打击。1968 年 1 月至 4 月，美军对围攻溪山基地的敌部队展开近乎持续不断的轰炸，不仅使用陆战队和海军战术空中力量，还包括 B-52“同温层堡垒”。这些战略轰炸机调自关岛的安德森空军基地、泰国乌塔堡或冲绳嘉手纳，他们实施的这些空袭是“弧光”行动的组成部分，而“弧光”这

凝望奠边府？1968年2月，第26海军陆战团的前进观察员试图找到北越军队部署在前线的迫击炮。爱德温·H.西蒙斯准将的藏品，VA020893，德州理工大学越南中心档案馆。

个名字是 B–52 轰炸机在东南亚遂行任务的代号。威斯特摩兰将 B–52 对溪山的轰炸称作“尼亚加拉”行动——这的确是个毫不间断的炸弹瀑布。从某种程度上说，这不过是 1944 年在诺曼底粉碎德军阵地的那种地毯式轰炸的重演而已。但现在投入的是更重型的轰炸机，另外，轰炸程序变得更加科学。轰炸机使用一种网格系统实施攻击，每隔一定时间便派数架 B–52 飞赴指定地域，投下高爆弹和凝固汽油弹。起初的频率是每隔 90 分钟派出 3 架轰炸机，经过一天行动后，塞尔蒙·威尔斯将军（关岛第 3 空军师师长）于 2 月 15 日下令改为每隔三小时投入 6 架 B–52[25]。虽然相关规定要求 B–52 的打击目标与友军阵地之间的距离不得少于 3000 米，但溪山的紧迫形势很快使这种安全间隔降至 1000 米。由于北越军队已掌握相关经验，尽量靠近美军阵地，从而避开 B–52 的空袭，因此，这种新的近距离打击更加有效。例如，2 月 29 日至 3 月 1 日夜间，B–52 命中正准备沿两个方向（沿 9 号公路的普瓦拉纳种植园和南面 881 高地以东）发起冲击的北越军队。这场轰炸深具毁灭性，据守前线的陆战队员被炸弹的冲击波震得鼻子流血，看见一具具尸体抛向半空。第 26 海军陆战团团长戴维·朗兹上校认为“这些空中打击至少逮住敌人两个营。我们已在防御圈周边……同敌人一个营发生接触，所以我觉得对方投入的兵力是一个团”。清晨时，美军巡逻队共清点出 78 具尸体[26]。

统计数据往往不太可靠，但这里的一个数字例外：围困期间，“弧光”空袭每天向北越军队的阵地投下 1300 吨炸弹，相当于一枚小型核武器。换句话说，围攻溪山的 3 万名北越士兵，每人“分摊”到了 5 吨高爆弹。威斯特摩兰认为 B–52 的轰炸“打断了他们的脊梁”。敌人的损失相当惨重。就连较为清醒的估计也认为北越军队的阵亡人数高达 1 万—1.5 万人。美军在溪山战役中仅阵亡 205 人，尽管加上老村、代号“飞马座”的救援行动，以及围攻战之后机动作战的损失后，这个数字会大幅度攀升，但实际上也只有 1000 阵亡，4500 人负伤。有人惊讶地提及，北越军队在这之后再也没有对该基地发起大规模步兵突击——这不奇怪。

但北越军队的作战行动依然令人困惑。北越指挥官武元甲将军集结起一股以这场战争的标准看相当庞大的力量，推进到第 26 海军陆战团的炮火射程内，然后让他们待在那里。他可能并不打算立即进攻溪山，而是对其构成威胁，想看看美国人做何反应。倘若对方反应迟钝，他也许就将获得良机，以手头强大的力量一举打垮该基地。这肯定会取得一场重大战役的胜利。但武元甲在溪山实施的行动证明，他在战役层面的能力差得多，数年来这种情况一再发生[27]。他把自己的部下集结在溪山周围的静止阵地上，终于为美军提供了一个值得打击的目标。这使他为自己的错误付出代价，他呈交了一份只有美军火力能造成的伤亡清单。无论他们认为自己在溪山能做到些什么，北越军队的士兵们实际上在“美国的战争方式”方面上了一课。

顺化巷战

溪山周围的战斗顺利融入北越人民军于 1968 年的庞大攻势，这场战役发生时，适逢越南人的春节。北越人民军和越南南方民族解放阵线（NLF）的部队对遍布南越的各个目标发起打击，这场分散的攻击将使他们付出高昂的代价。北越策划者们期待这样一场宏大的行动能在南方引发民众起义，支持与北方的统一，并在南越“伪军”（越南共和国军队）中造成大规模的“开小差”行为。事实证明这种浪漫的想法是错误的。但春节攻势的确产生了整个战争史中一些最富戏剧性的时刻，美国的电视观众们震惊地看着这些场面——从南越腹地的金瓯省到非军事区下方的广治省,该国没有一处能免遭春节攻势的战火。最令美方规划人员感到不安的是，掌握在南越军队或美军手中的一座座城市遭到北越人的进攻，而按照他们的计划，对方应该无力采取这种行动。

1 月 31 日清晨，北越人民军和越南南方民族解放阵线的部队对顺化市发起冲击[28]。顺化是昔日越南王朝的首都，现在是南越第三大城市，拥有 14 万人口，就一场 20 世纪的战役而言，这里是所能想象的最不同寻常的作战地点之一。顺化老城实际上是一座城墙环绕的方形城市。皇城坐落在香河北面，占地达顺化总面积的三分之二。以泥土填充的砖砌城墙高 6 米，并向两侧延伸 2500 米。这些城墙多年来不断扩建，某些地方甚至厚达 75 米。在占领期间，日本人曾在城墙各处挖掘通道并修筑了掩体。为完成这幅不同寻常的画面，皇城的四个角分别指向东西南北四个方向，整个建筑实际上被一条蜿蜒曲折的护城河所环绕，这种地形特征并未在现代美国军队的训练中占据突出地位。王宫坐落在皇城内，同样筑有城墙，这里的城墙每边长 700 米，2—5 米高。但顺化市还有三分之一面积坐落在南面，位于城墙外的香河对岸。

同春节攻势一样，北越军队对顺化的进攻试图同时在各处施以打击。北越人民军并不打算集中力量展开一场决定性冲击，他们投入的力量似乎并不足以进攻并控制一片相当大的城市中心区。北越人民军第 6 团三个营从西面逼近进攻皇城，

▲ 顺化鸟瞰图，这是一座筑有城墙、令人叹为观止的老城，照片中显示出香河南岸和皇城南端的建筑区。约翰·F.艾贝尔的个人藏品，弗吉尼亚州匡蒂科格雷研究中心，海军陆战队大学研究档案馆提供。

▲ 顺化鸟瞰图，显示出东南部城墙的堡垒和护城河。约翰·F.艾贝尔的个人藏品，弗吉尼亚州匡蒂科格雷研究中心，海军陆战队大学研究档案馆提供。

第4团三个营进攻香河南面的城区，第5团隐蔽在西面的山上和竹林间，准备根据需要提供支援。为地面突击提供支援的是一个工兵营（第12营，携带迫击炮和122毫米火箭炮火）——对付顺化这种布满水道的城市，工兵营的支援绝对必要。一些北越人民军和南方民族解放阵线的士兵在进攻发起前便潜入城内，趁着市民们准备过年的混乱，他们悄悄运入大批武器、弹药和爆炸物。北越人的计划是尽快、尽可能多地夺取市区内建筑，在守军和市民中散布混乱。实际上，他们清单中的目标多达314项，包括市级和省级警察局、各政府机关、王宫、国库等处。天气也有利于进攻方。东北季候风带来足够的雨水、风和雾，导致美军战机无法升空，但却方便了进攻方潜入城内。最后，由于春节假期，许多南越士兵回家休假或走亲访友。

守卫顺化的是南越陆军第1步兵师，该师师长吴光长注意到最近几个月北越人民军和南方民族解放阵线在该地区的活动有所增加，南越军队近期扫荡顺化以西山区时发现对方一个新的、装备精良、拥有500张床位的战地医院，还探明北越人民军两个精锐团及大批武器装备部署在附近。他对此的应对是命令设在顺化东北部的师部进入警戒状态，取消师里军官们的休假，并把休假、外出人员召回。虽然战备等级提高的情况尚未传达给全师，但他的师指挥所已成为守卫顺化的神经中枢[29]。

进攻方仅用几个小时便攻陷顺化。破晓时，皇城90%的地方已落入北越人民军和南方民族解放阵线手中，两个值得注意的例外是西禄机场和第1步兵师指挥所。南越“黑豹”连在这场初期战斗中发挥了突出作用，在皇城西部的西禄附近占据一道拦截阵地，在那里阻挡住北越人民军第6团第800营，随后又奉命返回院落，将顺利突入其中的北越第802营一部击退。“黑豹”连连长陈玉惠上尉是顺化本地人，他的母亲以传统的方式，用顺化这座城市给他起名（译注：越南语中，惠与顺化相同，都是Hue）。陈玉惠上尉对城内的每个角落了如指掌，可谓美军与南越军队一方的宝贵资产，而“黑豹”连也在皇城内的战斗中证明自己是一支至关重要的救火队，哪里的情况最危急就投入哪里[30]。

同样，北越第4团在皇城外的香河南岸占领大半个城市。在那里，美国驻越军事顾问团总部竭力实施防御，抗击对方一连串缺乏协同的进攻[31]。可能是出于夜间袭击的混乱，进攻方错过了该地区一些重要的军事目标，特别是南越第7装甲骑兵营和第1工兵营营地。尽管如此，1月31日日出时，除了几个相隔甚远的抵抗区域外，北越军队已将整个顺化控制在手中。此时代表新秩序的信号立即出现——北越的旗帜飘扬在皇城上方。更重要的是，北越人民军和南方民族解放阵线的干部拿着显然事先拟定好的名单，搜捕出了数千名涉嫌支持南越政权的“敌对分子”，并把他们就地处决[32]。

被困守军的存在，对美军和南越军队重新夺回顺化的行动既是一种帮助，也是一种妨碍。一方面，他们犹如插入敌军阵地的利刺，遂行突围时对北越军队侧翼和后方实施打击，而美军和南越军队主力则以正面进攻同他们会合。由于这些武装“飞地”位于北越人民军和南方民族解放阵线的防御圈内，导致后者无法在顺化城内设立起协同一致的防御。但另一方面，这些“飞地”从一开始就决定了城外美军和南越军队的行动方向。他们不能直接发起一场夺回顺化的进攻，必须先解救美国驻越军事顾问团总部和南越第 1 步兵师师部这两个院落。只有等他们打开通道同这些和另一些遭孤立的哨所会合后，才能展开一场肃清全城的行动，并寄希望于在此过程中给占领该城的敌人造成最大程度的伤亡。

首先，美军和南越军队必须赶至顺化。北越人民军和南方民族解放阵线留在城外的部队设立起警戒线，沿 1 号公路严密监视北部和南部接近地。战役头几天，北越人民军各个团力图夺取城市并消灭皇城内负隅顽抗的各敌据点时，赶来增援的美军和南越军队与北越阻击部队之间展开数场战斗。其结果是一连串“甜甜圈”般的作战行动——美军和南越军队位于外环诸如 PK17（法语标注的里程碑，标明离顺化的距离）、“埃文斯”营地、富牌这些地点；北越人民军和南方民族解放阵线的部队构成一个较小的防御圈，沿城市边缘形成一道封锁线；而位于顺化城内的北越士兵则构成第三个环，已占领皇城和香河南岸绝大部分地区；最后是城市中心仍在美军或南越军队控制下的零星区域。总的来说，卷入其中的部队的规模相对都较小，交战各方的总兵力大约都是一个师，所以每个“甜甜圈”都不难突破，故而没有哪支部队在顺化真正陷入了重围。

顺化战役的显著特点是，美军和南越军队现在拥有这场战争中罕见的东西：合规的开火射击目标。接下来的一个月，他们渐渐从北越军队手中夺回该城。援兵从南面的富牌接连（每次一个连）赶至美国驻越军事顾问团总部时，不得不冲过敌狙击手的火力和偶尔遇到的路障。率先赶到的是第 5 海军陆战团第 2 营和第 1 海军陆战团第 1 营，其他部队紧随其后。西面，第 1 骑兵师一个营（第 3 旅第 12 团第 2 营）刚刚调至该地区时并没有使用他们的直升机——该营发起了进攻，封闭了城市西部接近地[33]。靠近所谓的“T–T 树林”（桂朱村—罗朱村）时，他们无意间在桂朱村遭遇部署在治天—顺化战线司令部周围的一个北越团。第 2 营营长鲍勃·斯威特中校展现出极大的勇气和战术技巧，他命令麾下部队脱离遭遇战，撤至西南面一片高地——从那里可以释放极其精准的火力，对从西面逼近顺化的任何北越部队实施打击[34]。第二个骑兵营（第 7 团第 5 营）晚些时候突入了这片树林并将其肃清。后一场胜利再次以传统作战方式获得（依然没有使用直升机），并于 2 月 21 日将顺化与外部援兵有效隔开，这导致了北越军队在皇城内的抵抗产生崩溃[35]。

从战役层面看，美国人付诸的努力值得高度赞扬。美军（和城内的南越部队）重新夺回主动权的速度给人留下深刻印象，实际上是这场战役的决定性因素。随着美军和南越军队上级指挥部门设法封堵北越春节攻势的头几天在越南南部打开的几十个缺口，他们在顺化取得的成就更加令人满意。

住宅区的战斗。第1海军陆战团第1营A连的一名陆战队员，在顺化巷战中以树木为隐蔽，向北越人的一处阵地开火还击。爱德温·H.西蒙斯准将的藏品，VA020953，德州理工大学越南中心档案馆。

不过，从战术层面来看，这场战斗是一番缓慢而又痛苦的厮杀。在香河以南的顺化南部，几个连队（主要是第 5 团第 2 营和第 1 团第 1 营的陆战队员）在战斗中首当其冲。他们面对的敌人占有数量优势，并在建筑区据守强化阵地，尽管如此，陆战队员们还是稳步取得进展。几乎在这同时，海军陆战队员们按照上级（位于富牌的 X 射线特遣队）下达的命令，从看似无望、四面被围的美国驻越军事顾问团总部这片“飞地”向外发起进攻。这些命令在当时看来似乎过于大胆，而且有些不切实际，对不了解前线作战重点的后方梯队来说尤为如此，但事实证明，这些命令正确无误。海军陆战队以第 5 团第 2 营的三个连（F、G、H 连）为先锋，于 2 月 2 日夺回顺化大学，于 2 月 4 日收复国库大楼，于 2 月 5 日夺得医院，于两天后又夺回监狱和省政府大楼——这几个连基本上消灭了北越一个团的兵力。到 2 月 10 日，海军陆战队彻底解放顺化南部。

战斗随后转向皇城。2 月 10 日，美军指挥部门把另一个海军陆战营（第 5 海军陆战团第 1 营）直接空运到皇城。他们同南越第 1 步兵师并肩作战，但不在该师指挥下，第 5 海军陆战团第 1 营几个连一个街区接一个街区向前推进，攻入顺化东南角。规模更大的南越部队，以及南越海军陆战队几个营，攻克顺化西南角。皇城（Citadel）是个名副其实的硬核桃，美军和南越部队遭受到严重损失。由于皇宫位于市中心，出于政治原因，上级不许陆战队员们实施炮击，城墙上布满暗堡和射孔，与顺化南部相比，这里的机动空间小得多。进攻皇城没有安全的逼近通道，另外，皇宫的存在迫使海军陆战队和南越部队向两侧迂回，这就导致他们彼此远离，因而无法相互支援。

这并不是说美国海军陆战队本来可以得到支援。皇城之战的一个严重问题是海军陆战队与南越军队之间恶劣的关系。第 5 海军陆战团第 1 营的一项任务是于 2 月 13 日接替南越第 1 空降特遣队在顺化东部据守的阵地，结果以一场灾难而告终——南越部队过早撤离绿色调整线，导致北越人重新占领了所谓的安全地域。毫无防备的第 5 团第 1 营 A 连一头闯入北越人的火力网，该连甚至没有摆出战术队形，其结果是 2 人阵亡、33 人负伤。紧随其后的 C 连也踏入同一片火力网。与这场战争的其他方面一样，绿色调整线的惨败仍存有争议。许多人就南越军队的简报展开辩论，并指责海军陆战队通信状况混乱，而不是南越军队的无能[36]。特别是吴光长将军，拥有许多热情的辩护者。另一些人批评，出于对越南人民情感的尊重，交战规则限制了海军陆战队在皇城内的火力预射[37]。实际上，书写这场战斗

▲ 每座建筑都是堡垒：陆战队员们瞄准隐蔽在皇城内的敌人。参阅http://www.vwam.com。

的过程时，笔者必须向参与其中的人员表达敬意，包括南越和北越士兵——前者通常以无能，甚至是懦弱的形象出现在美国的战史中[38]，但他们在整个战役期间承受着主要压力；而后者，即便他们的处境明显变得无望后仍在英勇奋战。

但是，海军陆战队员们无论在皇城内还是在香河南面，几乎没有犯下任何错误。各突击连的士兵没有从事巷战的传统，几乎未受过这方面的训练。海军陆战队上次进行巷战还是 1950 年在汉城，但完全无法同顺化相提并论。他们在匆忙中展现出一种引人瞩目的即兴战术发挥能力，编织起一张复杂而又有效的诸兵种合成作战网，在顺化，这种合成作战意味着迫击炮、3.5 英寸火箭筒、手榴弹、106 毫米无后坐力炮，特别是 CS 催泪瓦斯造成的滚滚烟霾。踢开房门，投入一枚手榴弹，然后朝屋内猛扫一气，这种方式在顺化显然算不上什么。对陆战队员们来说，在街道上撤离他们阵亡或负伤的战友时发生的战斗才最危险。2 月 6 日，他们甚至在

皇城之战：顺化战役的手绘态势图，表明美国海军陆战队与南越军队共同打击北越军队在顺化城内占据的阵地。美国驻越军事顾问团顾问彼得 · E.凯利上校的文件，美国陆军军事历史研究所提供。

顺化南部的省政府大楼上举行了一场戏剧性的升旗仪式。几名陆战队员扯下自北越发起进攻以来便高高飘扬的北越旗帜，升起一面星条旗，尽管此举违反了相关规定。看上去这似乎是公然宣扬英雄主义，但在那时那刻却完全合乎常理，因为在美国海军陆战队的整个历史上，从未有过比这更辉煌的时刻。

“飞马座”行动

为打破这三场常规战落下的铁幕，美国陆军终于发起了积极主动的进攻。“飞马座”行动旨在重新打通 9 号公路，同溪山的海军陆战队再度建立起陆地连接[39]。这是个复杂的计划，涉及许多部队。两个海军陆战队营沿公路向西展开地面进攻，第 1 团第 2 营在公路北面推进，第 3 团第 2 营在南面并肩前进。第三个营（第 1 团第 1 营）担任预备队，随时准备投入战斗。在两翼获得掩护的情况下，海军陆战队第 11 工兵营直接沿公路推进，填补弹坑和修筑桥梁，并打通 9 号公路，使其再次成为一条有效的补给路线。但“飞马座”的主要作战行动，正如这个代号表明的那样，是以第 1 骑兵师第 3 旅实施一系列空中机动突击，进入公路两侧地带。这些骑兵集结在柯卢北面新构设的“种马”着陆场（实际上是个庞大的机场设施，比许多基地大得多），他们将为赶往溪山的海军陆战队清理出一条通道，打击并消灭沿途遭遇的北越部队。第 1 骑兵师第 2 旅辖内部队紧随其后，于第四天（D+3）投入战斗，而第 1 旅按计划于第五日加入。另外不能忘记的是，除了海军陆战队救援力量和第 1 骑兵师空中突击部队外，还有第三支部队：仍被困在溪山的第 26 海军陆战团。他们将对围困基地的北越军队发起一系列进攻，突出包围圈，同救援力量会合。与简单的地面突击行动相比，这样一场空中机动与地面进攻的协同行动需要更周密的策划。第 1 骑兵师师长约翰·托尔森写道：“许多事情都将发生在同一片空域，炸弹、火箭弹、炮弹、直升机和固定翼飞机。我们必须确保这些东西不会在无意间凑到一起。”[40]

实际进攻与整个战争期间的所有行动一样顺利。海军陆战队于 4 月 1 日晨 7 点动身出发，由于天气原因，休伊直升机搭载的骑兵下午 1 点投入行动。两支部队都取得不错的进展。第 7 骑兵团第 1 营以空中机动进入公路南面的“迈克”着陆场，遥遥领先于陆战队；第 7 骑兵团第 2 营紧随其后。9 号公路北面，第 7 骑兵团第 5 营以空中机动进入“凯茨”着陆场，第 3 旅指挥部和他们一同行动。他们遭遇的抵抗很轻微，这一点既出人意料，又在情理之中，因为北越人一直在削减他们的力量，正从溪山正面撤出部队。目前仍在该地区的北越军队，兵力可能已从最高时期的 3 万人降至 1 万人左右。美军首日的行动进展顺利，向溪山推进半数路程，托尔森将军因而决定提前一天将第 2 旅投入战斗。

这种模式在接下来几天得以继续。4 月 2 日，美军继续沿公路两侧实施空中机动突击：第 7 骑兵团第 2 营进抵“雷神”着陆场；第 2 旅开赴“种马”着陆场，准备在需要的情况下于次日投入行动。两个海军陆战连被空运到“罗宾”着陆场，直接支援地面推进。沿 9 号公路前进的陆战队员们继续在丛林中清理出一条通道，穿越山区和茂密的林地。第 2 旅于 4 月 3 日到达，在公路南面实施空中突击，进入“雷神”南面和西面的着陆场。第 5 骑兵团第 1 营、刚刚脱离顺化艰巨战斗的第 12 骑兵团第 2 营、第 2 旅旅部从“种马”登陆场起飞，赶往溪山附近昔日法国堡垒南

新型骑兵：美国陆军在越南战争期间开拓了新式空中机动战术，后来成为空地一体战学说不可分割的组成部分。越南照片，RG123S，美国陆军军事历史研究所提供。

面的“沃顿”着陆场，而第5骑兵团第2营则以空中突击赶往“汤姆”着陆场。4月4日，托尔森命令固守溪山的海军陆战队(他们在“飞马座”行动中接受他的指挥)，对包围他们的北越军队发起打击。这是一场艰难的战斗，因为当面之敌仍坚守着牢固的强化阵地。第一个目标是471高地，经过激烈战斗并因北越军队的122毫米迫击炮火蒙受严重损失后，第9海军陆战团第1营夺得该高地。次日(4月5日)，第1骑兵师第1旅投入行动，以第8团第1营、第12团第1营和第1旅旅部打通溪山正南面的“斯纳珀”着陆场。

此时，两支美军部队已近在咫尺。但由于多个营卷入战斗，很难确定溪山解围的“神奇时刻”——这一时刻可能发生在4月6日，第12骑兵团第2营一部被空运至471高地，接替刚刚夺取该高地的陆战队员，托尔森将军称之为“第一场解救”。也可能发生在4月8日上午8点，第7骑兵团第2营到达溪山时，因为托尔森曾写道：“第1骑兵师这一刻成为溪山的新地主。”[41] 但可以肯定的是，这个“神奇时刻”不是南越第3空降特遣队同溪山防御圈内第37游骑兵营同胞们会合的时候，威斯特摩兰将军之所以推荐这种毫无意义的宣传噱头，只是因为它“有利于越南人的形象”。[42]

“飞马座”是一场精心策划并得到出色执行的行动，它以创纪录的时间和相当轻微的伤亡重新打通了往溪山的补给线。虽然有几处爆发了激烈战斗(例如争夺法国堡垒，以及陆战队的突围战)，但“飞马座”行动似乎是在北越军队开始撤出溪山交战时逮住对方。无论这一点确实与否，第1骑兵师肯定为促使对方加速撤离发挥了作用。“飞马座”是美军最成功的作战行动之一，也是美国军事学说即将发生某种变化的重要先兆。当然，“飞马座”行动以如此戏剧性的方式解救溪山的两个月后，美国军方决定彻底放弃该基地——这就是越南战争。

重生：美国作战学说的发展

几乎可以肯定，任何一个试图从越南战争中得出新结论的人，必然会激怒大批对此已下定论的美国人。前面的讨论并非打算以一种修正主义观点看待这场战争的基本问题。相反，关注溪山、顺化和“飞马座”行动，其目的仅仅是为指出对于军事学说的基本问题，以及策划并实施复杂军事行动的技能，武装部队各军种应当保持他们在越南的经验，而不是将之抛弃。美国海军陆战队和陆军在越南从事的战斗，从战役层面上看相当熟练。任何一支军队若能像溪山的空中和地面力量那样投下一道火墙，能像海军陆战队在顺化那样遂行突击，能像陆军空中机动部队在“飞马座”行动中那样实施机动，就无须为作战领域的事情认错。

尽管如此，他们还是打输了。越南战争的失败使美国陆军产生动摇，并对自身产生了怀疑。这是个自我反省的时期，这一点不足为奇。一些带有强烈自我批评意味的书籍出现了，包括道格拉斯·金纳德的《战争管理者》（1977 年）[43]；理查德·A. 加布里埃尔和保罗·L. 萨维奇的《指挥危机：军队中的管理不善》（1978 年）[44]；以及化名“辛辛纳特斯”的《自我毁灭：越战时期美国陆军的瓦解和衰退》（1981 年）[45]，虽然这位作者最终暴露是塞西尔·B. 柯里教授（他是美国空军一名预备役人员，从未在东南亚服过役，这必然会使他的批评失去锋芒[46]）。这些著作都提出了同样的基本论点。从 50 年代末起，军方便公开支持采用商业世界的管理模式。企业的“管理”理念取代了诸如领导和忠诚这些较老的战士传统。这种环境下，利己主义和追名逐利在军官团里占据上风，这不足为奇。就像它所模仿的商业世界一样，军队的策划工作越来越依赖系统分析员，以及他们的图表、饼图和成功的统计指标。因他们对死亡统计痴迷不已，美国陆军战争学院院长小德威特·C. 史密斯将军将之称为“可恶的短语”[47]。走出这段自我反省期将迎来智力的重生和学说的变革，并创造一支高素质的诸兵种合成力量，这将是世界上最优秀的军队：他们是 19、20 世纪法国和德国军队的继承者。

军队认真展开自我变革的第一个真实迹象是于 1973 年组建的美国陆军训练与条令司令部（TRADOC）。在首任司令威廉·E. 德普伊将军的领导下，一场内部对话就此开始，且直到 30 年后仍在继续。争议的焦点是将美国巨大的力量运用于现代战场最有效的方式。这番讨论的一个结果是他们认识到战役级战争的重要性，它为后续一切结论奠定了基础。多年来第一次，美国军事规划者们不得不承认，军事胜利不仅仅是集结一股压倒性力量，就像美国以往从事的战争那样，把他们运至战区并粉碎一个对手。他们现在承认的确有一种处理“师以上梯队”的艺术[48]。

德普伊将军执掌 TRADOC 没过几个月，1973 年阿以战争爆发。短暂而又激烈的战事进程令全世界军事观察人士为之震惊，也深深震撼了美国陆军。现代战场的显著特征似乎是，它已成为一个越来越致命的所在。现代反坦克武器，以及高射炮和导弹在压制对地支援战机空域方面的有效性，似乎标志着“坦克—战机”这种闪电战术的终结，只有均衡的诸兵种合成力量才有望赢得胜利[49]。这些考虑构成新版陆军战地手册的基础，这份野战条令（FM 100–5）出现于 1976 年 7 月。条令中的大部分内容由德普伊将军亲自撰写，致力于解决美国陆军当时面临的关键问题：面对人员和装备方面享有巨大数量优势的敌人，如何在装甲主导的战场上从事战斗并赢得胜利。引言部分简明扼要地阐述了这个问题：

> 由于现代武器的杀伤力继续急剧增强，我们可以预料它们会在短时间内造成极其高昂的损失。倘若整个军队部署不当，有可能被迅速歼灭。因此，我们下一场战争的第一场战斗很可能是最后一场战斗……这种情况前所未有：我们是历史上没有为第一场战斗做好准备的一支军队。我们习惯于敌对行为发生后，以物质和人力施加的重压赢得胜利。今天的美国陆军必须为赢得下一场战争的第一场战斗做好准备，这一点至关重要。[50]

手册中关于现代武器的章节指出，1973 年阿拉伯与以色列大规模装甲兵团间的冲撞，以不到两周的战斗便折损 50% 而告终。不同于以往任何一场战争，这是一场高强度火力战，最重要的特点是一种“新杀伤力”。

同样，在中欧同华约国发生的冲突将是一场迅速而又血腥，人员和物质损失达到前所未有程度的战争。要想在这场战争中生存下来，美国和北约军队必须利用防御的一切传统优势：熟练使用掩护和隐蔽；精心挑选作战地点；利用各种武器进行精确瞄准，以获得最大效力；使用地雷和障碍物；发挥先敌开火的优势。在德普伊将军的计划中，机动远不及火力重要。

新武器的杀伤力意味着一支守军即便处于一比三的兵力劣势仍有望赢得胜利，而进攻方却需要六比一的优势比。但指挥官们都很明白的是，以火力替代人力，依靠美国武器（自行火炮、坦克、机械化步兵、空中机动反坦克武器、直升机和近距离空中支援）的潜力，将火力迅速集中在战场上的选定地段。强大的掩护力量将同前进之敌交战，不仅要拖缓敌人并迫使对方暴露其主要突击方向，还应着手将其消灭。后勤部队必须做好准备，“为己方推进提供武器装备、燃料、维修和补给。”[51]

毫无疑问，手册中强调了防御。只有在指挥官“认为会决定性地造成敌人的损失远大于己方，或导致夺取对更大战斗的结果至关重要的目标”的情况下才可展开进攻[52]。实际上，机动似乎毫无必要，除非是让部队占据更好的防御阵地，有利于开火射击。所以即便在防御中，美军部队也必须向前集中，这放弃了两个旅靠前，一个旅担任预备队的传统部署。用一位美国陆军历史学家的话来说，“师级指挥官们必须心甘情愿地将6—8个机动营集中在五分之一的防线上，抗击敌人20—25个营的突破力量。”空中和地面骑兵的实力必须足以守卫剩余的防线。这就是FM 100–5所说的“积极防御”，利用机械化部队的高度机动性，将主力集中在决定性地点，以防御火力阻止华约军队的进击。由于防线和预备队的旧二分法现已消失，这种集中将由己方部署在战场前沿位置的部队实施一连串棘手的横向机动、冲向苏军突破点的行动构成。而一旦完成集中，防御部队则必须做好迅速开火射击的准备。鉴于新武器的高杀伤力，特别是坦克炮和反坦克导弹，先敌开火的重要性远甚于以往；实际上，这一点现在是绝对必要的。防御方必须做好准备，在3000米距离上抗击敌突击力量，迫使对方暴露其意图，并着手消灭敌人[53]。

新手册得到的评论好坏参半，相关评论似乎随着时间的推移变得更加恶劣。但一位分析人士称赞它重新发现了防御优势的“永恒之道”[54]。出于同样的原因，其他许多人对该手册大加抨击，认为它没有强调机动，忽视进攻的作用，因而表明美国军队接受了更加消极的方针。在许多人看来，积极防御中的“积极”似乎无从谈起[55]。

最激烈的批评之一来自军队外部。当时在参议员加里·哈特身边担任立法助理的威廉·S.利德认为，“新杀伤力”给进攻带来的优势可能并不亚于防御[56]。他指出，1973年的埃及军队使用了包括反坦克和防空导弹在内的新防御武器，以此为跨过西奈半岛的进攻行动充当盾牌。军事史上最古老的教训之一是一场战略进攻（埃及人强渡运河）与一场战术防御（迫使以色列人对登陆场发起进攻）相结合的有效性。因此，有助于战术防御的武器同样会加强苏军的进攻能力。此外，利德还密切关注新手册对消耗和火力的偏爱。

机械化和装甲力量的学说也许可以分为两种基本类型，可称之为消耗和火力学说，与机动学说。德国人在第二次世界大战之前和期间发展了机动学说，苏联人则在许多方面予以采纳……

两种学说都使用火力和机动。但在消耗和火力学说中，实施机动的主要目的是调集火力打击敌人，给对方造成消耗。军事行动的目标是使敌人的实力产生物理性下降。而在机动学说中，机动是战术、战役和战略的终极目标，火力主要用于为机动创造机会。其主要目标是创造敌人意想不到、对其不利的战役或战略态势，从而破坏敌高级指挥部门的精神和意志，而非消灭敌有生力量或摧毁其装备。[57]

“机动”与“消耗”，这两个词很快成为美国军队应当如何发展这一竞争愿景的代号。一如既往，这番辩论中出现了一种讥讽对立派的倾向。“机动主义者”把“消耗主义者”描绘成盲目守旧派，对作战艺术一无所知，是那些为军队保留骑马的骑兵而力争到底者的后裔。而“消耗主义者”（大多数人反对这个称谓）则认为“机动主义者”充满新奇的肤浅想法，永远在追寻不经战斗或杀戮便轻松赢得战场胜利的幻想，企图“打乱”敌人的“重心”而不是消灭敌人，永远在寻求重塑他们最青睐的二战期间德军的战役模式[58]。时至今日，这场争执仍在《装甲杂志》的读者来信部肆虐。

实际上，利德的论点寄托于错误的假设。首先，他认为德国军队从未打算在战斗中给敌人造成物理破坏，而是粉碎对方的精神，这种观点大错特错。这不符合德国两百年的军事史，肯定会令从老毛奇到第二次世界大战的几代德国参谋人员感到意外，就连对德国原始资料稍有些了解的人也能彻底驳斥这一点。其次，他认为苏联战役法的灵感源自德国，完全忽略了俄国人于 20 世纪初期从事的大量理论研究工作。实际上，德国与苏联从事战争的方式存在显著差异——这种情况在 1941—1945 年间非常明显。最后，利德通过他的分析得出一些非常可疑的结论。他是一群军事“改革者”中的一员，建议美国陆军取消其复杂的高科技武器，将自身重塑为一种低技术模式，更容易替换其武器装备的部队。幸运的是，军方没有理会这一建议。

他提出的另一个批评更靠谱一些：新学说真正的缺点是过于强调“第一场战斗”。实际上，恰恰是这一点最终导致军方拒绝接受这种新学说。就算防御方确实粉碎了华约军队的首轮进攻又如何？苏联军事学说的重点难道不是以第二、第三，甚至第四梯队继续进攻吗？即便华约军队输掉下一场战争的第一场战斗，他们很可能会继续进攻，直至赢得第二场战斗。军方对此的应对是过于强调“第一场战斗”，从而推翻了美国从事战争的传统主张——即便战争初期遭遇败绩，时间和物质最终也能帮他们扭转态势。一名军官曾向利德承认，没有关于第二场战斗的学说，他说：“当时简直是一团糟。”[59]

利德对“积极防御”的批评有广泛的支持者。对此大加抨击的军方人士也不少。具有讽刺意味的是，德普伊将军在军队里努力培养起更强烈的知识界气氛，结果自己却沦为了第一个受害者。许多人批评该手册过于特立独行，无视军事历史。这就仿佛中欧目前的情况——太过新奇，以至于必须摒弃以往一切教训，包括传统战争原则似的。例如，保留一支战场预备队的做法已取消，取而代之的是作战部队在交战地区横向调动这种此前从未尝试过的学说。在大批批评者看来，德伊普犯了大错，这种错误在当代非常典型，他过于强调近期战争带来的教训——这里指的是 1973 年的阿以战争。一位现代分析人士于 2001 年称，德伊普以 1973 年的阿以战争为杠杆，强化他对美国陆军该如何在未来从事战斗的观点[60]。可即便以这场战争为例，德普伊的观点似乎也有些片面，他把戈兰高地之战视为典范，却对以色列人实施机动强渡苏伊士运河并最终赢得战争视而不见。

最后一个严厉批评针对的是苏联打算按照其传统计划从事战斗的假设，即苏军坦克兵团以大纵深布势集结在一段非常狭窄的战线上，第一梯队的 600 辆坦克对美军一个师发起冲击，另外 600 辆坦克组成的第二梯队紧随其后。到 1977 年，苏联的军事学说似乎也发生了某些变革。他们的军事著作不再强调有利于机械化步兵团在坦克支援下展开多路突击的"狭窄而又纵深"的方式。1981 年 10 月，华约军队在波罗的海沿岸举行一场代号为"西方 –81"的军事演习，"战役机动集群"在这场演习中首次亮相[61]。这些规模较小的兵团主要由机械化步兵构成，意图在选定的敌防御地段实施一系列突击，寻找对方的弱点和缺口，并在这些缺口投入重型坦克预备队。

德普伊将军"积极防御"的弦外之意是，苏联人并不仅仅打算找到个突击地点，然后不顾北约的火力水平和自身伤亡，盲目发起猛烈冲击。另外，他们寻找薄弱点几乎肯定能得手，这是因为美国的新军事学说坚持要求一个师以空中骑兵巡逻的方式掩护大部分正面。这种部署肯定会形成许多薄弱点。简言之，1976 年版 FM 100–5 也许对苏联人的行为假设得太多。用一位著名的北约分析人士的话来说，苏联人"不会在一个阳光明媚的周五下午实施集结，以便让北约轰炸"[62]。

这些批评都来自军队内部，即便在今天的读者们看来，这些意见也坦率得惊人，这也是一个关于学说得到更大发展的迹象。到 70 年代后期，美国武装力量内部正展开一场全面中兴。TRADOC 的组建仅仅是一个例子。军方还鼓励相关人员在军内专业杂志上展开各种激烈而又公开的辩论，他们对分歧和批评的容忍度就在几年前还是不可想象的。莱文沃斯堡陆军指挥与参谋学院主办的《军事评论》杂志成为军事学说辩论现状不可或缺的指南。其知识水平和兴趣的广泛度完全堪比两次世界大战之间德国的《军事周刊》杂志。这场复兴的另一个关键部分是新战役层面学院的开设：陆军的 SAMS（高级军事研究学院），海军陆战队的 SAW（高级作战学院），空军的 SAAS（高级空中力量研究学院）。从某种意义上说，这是针对制订相关学说时所面临问题的“德国式”解决方案：以德军总参谋部的风格培养一支由战略家和规划人员组成的精英团队。在这些学院和武装力量各兵种内，出现了现役和预备役军官们撰写的一大批学术性军事历史著作，这种情况时至今日仍无放缓的迹象。戴维・M. 格兰茨是美国陆军外国军事研究室的创办人，撰写了数十部关于苏联军队学说、组织和运作的著作，作为这类新型军人学者中最多产的榜样脱颖而出。

在这种智力激荡的氛围下，对积极防御的不满最终凝聚为 FM 100–5 的一个新版本，它出现在 1982 年 8 月。因此，“积极防御”是个短命的概念，作为陆军的一种学说仅存在六年多一点时间。带头对这个概念发起进攻的是 1977 年后的 TRADOC 新任司令唐・A. 斯塔里将军。他曾协助德普伊将军发展了“积极防御”，但在德国指挥一个军的经历使他就战争战役层面的机遇问题展开思考。履新的斯塔里对军事史抱有浓厚兴趣，认为这是一份宝贵的资产。在身边一群军事知识分子精英的围绕下，他着手将军队内部普遍对“积极防御”产生的怀疑凝聚成一种全新学说。斯塔里是正确的人在正确的时间接掌正确岗位的典型例子，但他的写作团队同样功不可没——胡鲍・瓦斯・德切格中校、L.D. 霍尔德中校、里士满・B. 亨里克斯中校编写了新手册，担任顾问的威廉・R. 理查森中将（TRADOC 副司令）、理查德・E. 卡瓦佐斯中将（时任美国第 3 军军长）也发挥了重要作用。

在斯塔里的指导下，这些军官对积极防御似乎忽略的问题提出了大量想法：如何打击华约军队的后续梯队。斯塔里确信，必须整合美国武库中所有庞大力量，包括常规武器，化学武器，甚至是核武器，从而粉碎华约军队进攻中欧的第二梯队乃至后续梯队。当然，至关重要的还是在这些军力投入战场很久前便应完成这种整合。“着眼纵深”成为新口号：以战术空中力量、导弹和火炮对敌战线后方深远处实施打击[63]。这并不是全新的想法——二战期间的指挥官们将这种想法称为“拦截”。但改进后的目标获取能力和远程打击能力，已将传统的拦截概念从迟滞、破坏敌人补给和调动这种多少有些随机的过程发展为更致命的打击。“着眼纵深”意味着使用包括化学和战术核武器在内的所有武力打击敌后方地域的目标。针对华约军队第二、第三梯队，“完整的战斗策划”不会疏漏任何一件可用的武器。

陆军规划人员起初用“扩大的战场”描述新学说,但到 1981 年 3 月已采用“空地一体战”这个词取而代之。新学说也是与“一片主要作战地域”这种传统美国陆军学说相背离的标志。军事艺术在那个时候进入了一个“新维度”，它允许“整个军和师作战地域内的部队同时加入交战”。除遂行传统的主要战斗，美军指挥官还必须准备从事纵深战斗，打击敌预备队，并在后方对付苏军的空降和特种作战。从某种意义上说,战场的扩大远离了一条集结线,给北约联军提供了一些作战纵深——他们原本一直受到政治方面的限制，不敢轻言放弃西德领土[64]。简言之，新学说帮助解决了北约军队的一个基本问题：如何协调“灵活反应”与“前沿防御”。

新版 FM 100–5 除了打击敌人的第二梯队，还包括许多其他内容。作为对前一版手册强调防御火力和消耗（可谓第一次世界大战的高科技版）的回应，新学说对进攻加以强调。重新强调快速、积极的战场机动，加强了美国陆军传统的大规模火力。实际上，新手册谈及进攻的篇幅比防御多了两倍。

空地一体战有四个基本原则：主动、灵敏、纵深和协调。指挥官应夺取战斗主动权，以初步突击令敌人措手不及，并使其无法恢复到常规作战状态。指挥官的所想所为必须比敌人更快，“进入对方的决策周期”并迫使其无法实施自己的计划，最终导致对方崩溃[65]。指挥官应立即让敌人的各股力量处于被攻击的状态下：装甲部队在正面或侧翼的大胆推进，巡航导弹深入敌后方，空中遮断将敌援兵与战场隔开，空中机动突击对敌人敏感的指挥和通信设施实施打击——迫使敌人四处设防，但永远不知道哪一处打击最为致命。当然，这样一套复杂的连锁行动需要做到分秒不差。进攻方将火力、调动和突击编为一部毁灭的大型交响曲，协调是新学说的关键。

这个概念深受军事史影响，特别参照了德国和以色列军队赢得的胜利。新版手册的作者们精通军事史和军事理论，借鉴了克劳塞维茨和利德尔·哈特的理念，特别是后者的“间接路线”概念,以及一群多元化作者的观点,其中包括莫里斯·萨克斯元帅、阿尔当·杜皮克、约翰·基根、马丁·范克勒韦尔德、S.L.A. 马歇尔。关于战斗中“摩擦”的典故源自中国军事学家孙子的古老著作，以及坦能堡、斯大林格勒、托布鲁克战役，以及南北战争期间诸如格兰特在维克斯堡实施机动这类战役的经验。

这概念对德国的影响最为明显。新手册采用了德国传统的“任务式战术”概念，在这种分散管理的指挥体系中，指挥官制定任务，然后把完成该任务的方法和手段留给下属军官们解决。在未来高度复杂、高速扩展的战场上，这种灵活的体系对成功至关重要。新手册还采用了德国的“重点突破”概念，也就是进攻方在何处展开决定性努力。实际上，空地一体战无异于倡导美国地面力量与空中力量紧密协同，重塑德国的闪电战，这种说法并未夸大其词。即便被迫暂时转入防御，美军也将对敌人的前线发起出乎对方意料的破坏性打击，达成突破并摧毁其集结区，同时以远程空中力量、火炮和导弹对敌后续梯队和预备队施以打击，把对方认为安全无虞的后方地区变成地狱。

在1982年的后几年里，几乎任何一本专业军事杂志都有刊发关于德国军队的文章。这使得偶尔有人抱怨——阅读《军事评论》上一篇典型的文章往往需要一本德英词典[66]。这些杂志将1940年的战役视为空地一体战的先驱加以探讨，反复提及隆美尔和古德里安，以及据称在两次世界大战之间启发这二位的伟大装甲先知利德尔·哈特和富勒，最重要的是，这些杂志对克劳塞维茨大加探讨。这位战争哲学家率先提出——这是暴力、不确定、摩擦的领域，与人类所有活动一样，“与偶然性密切相关”，应抵制将其简化为规则制度体系的一切尝试——这段话如今已成为美国陆军智慧遗产的组成部分。

当然，知识复兴的妙处在于它很快会挑战新的共识。80年代末期，美国人对德国军事的痴迷发生了某种变化，许多军官开始更深入地吸收苏联的战役和战术理论。苏联的解体和俄罗斯档案的公开，使美国人重新认识图哈切夫斯基、朱可夫、科涅夫及其他人构思并实践“战役法”成为可能。一场知识版的伟大卫国战争正在进行，交战双方都赢得了各自的胜利。但无论这些分歧变得多么强烈，1991年前美国陆军中的知识氛围相比美国加入第二次世界大战前那段时期无疑是个喜人的变化，那时候，美国的军事学说就好像是在真空中形成的——根本不知道欧洲战场上实际发生了什么。军队取得的最重要成果，用一位军人学者的话来说就是“军事学说不再由军衔最高的人说了算”[67]。从某种意义上来说，这的确是个不小的成就。

总结

陆军军官们以一种面对“积极防御”时从未有过的方式接受了“空地一体战”学说。旧学说一直无法令人满意，五角大楼一名恼怒的军官将之描述为“你想让我以多慢的速度输掉？”[68]新学说令人兴奋，以机动为导向，充满积极进取的特点。军队将在战斗中夺取主动权，并“以纵深攻击和决定性机动摧毁对方从事战斗和在纵深组织力量的能力”[69]。官兵们必须做好使用突然性原则（这是 1976 年版战地手册中另一个明显的疏漏）的准备，“从意想不到的方向发起强有力的初步打击，使敌人产生动摇后再迅速追击，以防对方恢复。”整个行动必须“迅速、出敌意料、猛烈、令敌人不知所措”[70]。

1986 年对 FM 100–5 的修改显示出进一步的改进。军方首次明确承认战术与战略之间的战役层级，并把现已普及的术语“作战艺术”引入美国的军事词汇。手册强调了包围并歼灭敌军的重要性，引入诸如“顶点”和“重心”这些克劳塞维茨的概念（重心是一切力量与运动的中心，是一切事物的依靠），并使相关讨论比 1982 年版更牢固地扎根于军事历史。它称赞格兰特是“机动、速度、间接路线大师”，并详细介绍维克斯堡战役（第 91—94 页），手册中还分析了德国在坦能堡赢得的伟大胜利，并附以战役地图（第 130—131 页）。的确，了解军事历史是阅读 1986 年版战地手册的先决条件。例如手册中对克劳塞维茨“顶点”的探讨，摘自附录 B（“作战构想的关键概念”）：

同样现象的经典作战范例仅在二战中就有隆美尔挥师进入埃及，在阿拉曼达到顶点，日本人从缅甸攻入印度，在英帕尔—科希马达到顶点，巴顿迅速穿越法国，但因缺乏补给在洛林陷入停顿，德军 1944 年 12 月穿越阿登山区发动反攻，导致了突出部战役，保卢斯将军的第 6 集团军攻向斯大林格勒，苏军第 6 集团军和波波夫坦克集群联合突入乌克兰，引发了第三次哈尔科夫战役。

除了作者广泛的历史战役知识，这段文字最令人印象深刻之处是这样一个事实：到 1986 年，军队完全可以合理地期望其战役层级指挥官理解文中对波波夫集群的引用。实际上，对美国陆军而言，1986 年版 FM 100–5 代表着一种智力顶点。

这一切始于越南的灾难。已成为老生常谈的是，美国卷入东南亚的军事行动结束后，军队得以回归更适合他们的任务：准备同苏联进行一场大规模的大陆战争。这种说法有一定道理，但要说越战结束后军方规划人员“松了口气”则有些肤浅，而且不太公平。但很难否认的是，美国陆军一直没能解决游击战问题，他们从未把自己变为一支能够成功实施游击战的力量，除了他们的特种部队，美国陆军在任何情况下都没有把非常规战争视为规范。结束越南这一篇章后，美国陆军将其重点重新调整到中欧的装甲战——用罗伯特 · A. 道蒂的话来说就是“回归传统”，在许多方面都是如此。经历越南丛林的不确定性后，对一支西方国家的机械化军队来说，中欧的确是个更舒适的地方[71]。

这条论证路线深具吸引力，但仍存在一个问题。军队关注新学说的最终产物，即 1986 年版 FM 100–5 确定的修订版空地一体战，具有源自越南经验强烈而又始终如一的标志。美军地面部队在顺化的进取精神，甚至从弱势地位发起进攻，竭力从敌人手中夺取主动权；以压倒性火力打击溪山周围北越军队的纵深，毫不停顿地打击敌人的正面、后方和中央地段，直至对方崩溃；“飞马座”行动的灵敏性和协调性，地面力量、机载部队和空中单位构成了极为复杂的毁灭弧线，令敌人深感困惑——这一切都是空地一体战的标志。这种情况不足为奇，因为缔造空地一体战的所有军官都经历过东南亚的严峻考验，斯塔里将军也在其中[72]。越战既不是一场最好被遗忘的战争，也不能说它对未来的教训乏善可陈，相反，它是美国军队新作战学说的精神和智慧发源地。

注释：

1. 拉塞尔 · F. 韦格利的《美国的战争方式：美国军事战略与政策史》（布卢明顿：印第安纳大学出版社，1973 年），第 xxii 页。

2. 同上，第七章《歼灭战略：U.S. 格兰特与联邦》，第 128—152 页，引文摘自该书第 145 页。

3.J.F.C. 富勒的《格兰特和李将军：关于个性和统帅艺术的研究》（布卢明顿：印第安纳大学出版社，1957 年），第 182 页。

4. 美苏对抗的前景催生了一种特有的文学形式：未来历史小说。例如约翰·哈克特将军等人合著的《第三次世界大战：1985 年 8 月》（纽约：麦克米伦出版社，1978 年），这是以小说的形式对未来美苏冲突所做的战略、战役和战术分析，作者是 20 世纪最重要的军人学者之一和"另一些北约高级将领及顾问"；肯尼斯 · 麦克西的《首次冲突：第三次世界大战中的战斗特写》（多伦多：斯托达特出版社，1984 年），描绘加拿大第 4 机械化旅在欧洲爆发战争时（虚构）经受的考验；哈罗德 · 科伊尔的《扬基队：一部关于第三次世界大战的小说》（加利福尼亚州诺瓦托：要塞出版社，1987 年），书中描述的是美国一支重型装甲战斗队在西德战场上的经历，其背景是哈克特《第三次世界大战》一书首先创造的未来世界；另外还有汤姆 · 克兰西销量远胜其文采的《红色风暴》（纽约：帕特南出版社，1986 年）。这些小说都对武器装备加以详细描述，还有许多不经意的滑稽对话。对"下一场战争"的非虚构性探讨可参阅劳伦斯·马丁的《浩劫之前：北约能否守住欧洲》（米德尔塞克斯费尔特姆：纽恩斯图书出版社，1985 年）；以及埃尔马 · 丁特尔和帕蒂 · 格里菲斯的《圣诞节前不会结束：北约在第三次世界大战中的中央战线》（纽约：希波克里尼出版社，1983 年），与格里菲斯的所有著作一样，书中的分析非常独特，时而令人叹服，时而让人恼火。

5. 对 20 世纪 70 年代至 90 年代初推出的数百款兵棋游戏（许多游戏玩家称之为"模拟战争"）加以分析，就能得出关于第三次世界大战的思考史。这一时期有三家主要游戏公司：马里兰州巴尔的摩的阿瓦隆山（AH）；纽约的模拟出版物公司（SPI）；伊利诺斯州布卢明顿的游戏设计师工作室（GDW）。后两家公司，特别是 SPI，在设计北约—华约冲突游戏方面遥遥领先，许多游戏通过 SPI 公司的《战略与战术杂志》（S&T）分发，这本双月刊杂志包含一部模拟游戏。公司一些工作人员已成为受人尊重的军事分析家，为民间和政府智库工作：詹姆斯 · F. 邓尼根，戴维 · C. 伊斯比，艾伯特 · A. 努菲和另一些人。具体可关注《战略与战术杂志》自 1980 年 9 月 /10 月第 82 期开始的"中央战线"系列游戏(《第 5 军：苏军在富尔达的突破》，邓尼根设计）；《战略与战术杂志》1981 年 9 月 /10 月第 88 期（《英国驻联邦德国莱茵集团军：八十年代的细红线》，小查尔斯 · T. 坎普斯设计）；《战略与战术杂志》1988 年 2 月第 117 期（《北德平原》，坎普斯设计）;《战略与战术杂志》1989 年 11 月 /12 月第 131 期（《多瑙河战线》，坎普斯设计）；《战略与战术杂志》1980 年 3 月 /4 月第 79 期，包含一部第三次世界大战背景下柏林战斗的游戏《柏林 1985：兵临城下》，由邓尼根、戴维 · 里奇、雷蒙德 · A. 西蒙森设计。

6. 这些数字可参阅美国国防部 1981 年 9 月和 1983 年 3 月发布的《苏联军事力量手册》。这些手册以亮光纸印刷，配有插图，免费分发给公众，为宣传里根政府实施的军事集结发挥了作用。具体可参阅 1983 年版《苏联军事力量手册》第 62—63 页。当时的批评者，特别是苏联政府，斥责这些手册夸大其词，并以发表《对和平的威胁源自何处？》（莫斯科：军事出版局，1982 年）手册的方式加以驳斥。手册中举例指出，1982 年版《苏联军事力量手册》对苏联新款 T-80 坦克大肆渲染，事实证明极不准确，它不过是稍事修改的 T-72 坦克而已。

7. 丁特尔和格里菲斯在《圣诞节前不会结束：北约在第三次世界大战中的中央战线》一书第 45—46 页探讨了三比一这个比例。借用 F.W. 兰彻斯特的观点，他们认为战斗力量的真实比例是部队数量的平方，例如，华约对北约的数量优势达到 7:3，实际力量对比则为 49:9，华约军队所占的优势更大。

8. 北约增援德国的问题，可参阅马丁《浩劫之前：北约能否守住欧洲》一书第 51—56 页。关于 1983 年的“回师德国”演习，可参阅汤姆·克兰西和小弗雷德·弗兰克斯将军合著的《进入风暴：指挥研究》（纽约：帕特南出版社，1997 年）一书第 110—112 页，时任第 11 装甲骑兵团团长弗兰克斯将军的记述。克兰西和弗兰克斯这部著作非常有用，特别是弗兰克斯坦率而言的那些段落。

9. 这种机炮是 GAU8/A，发射 30 毫米贫铀穿甲弹，重量是铅的两倍。参阅乔恩·康奈尔《新马奇诺防线》（伦敦：塞克和沃伯格出版社，1986 年）一书第 49—50 页。

10. 克兰西和弗兰克斯的《进入风暴：指挥研究》，第 166 页。

11. 阿里安的《亚历山大远征记》（纽约：企鹅出版社，1982 年），第 112 页。

12. 对华沙条约组织发动入侵初期行动的出色分析，可参阅小查尔斯·T. 坎普斯的《中央战线：驻欧洲军队的状况和发生战争的可能性》，刊登在《战略与战术杂志》1980 年 9 月 /10 月第 82 期，第 4—14 页，特别是第 10—11 页。另可参阅哈克特等人合著的《第三次世界大战：1985 年 8 月》一书第 101—103 页（对苏军作战计划的假设）和第 148—173 页（头八天的作战行动）。

13. 参阅小查尔斯·T. 坎普斯的《下一场战争：欧洲的现代冲突》，刊登在《战略与战术杂志》1978 年 7 月 /8 月第 69 期，第 15—20、第 25—35 页，文中包括北约和华约非常详细的战斗序列。

14. 关于富尔达山口，可参阅坎普斯《中央战线：驻欧洲军队的状况和发生战争的可能性》一书第 4—10 页，其中包括一幅“富尔达作战地区战斗序列表”（第 8 页）。另可参阅兵棋杂志《反击》1987 年 10 月第 1 期：比尔·吉布斯的《现代战斗学说》，第 5—18 页；亨利·科德·迈耶三世和约翰·伯特的《联邦国防军：使命、组织、学说》，第 19—24 页；欧文·斯坦利的《苏联的常规战哲学》，第 52—62 页；米歇尔·本宁霍夫的《统一战争》，第 63—64 页。

15. 对苏军突入德国南部这种可能性的分析，可参阅小查尔斯·T. 坎普斯的《九十年代的阿登山区：下一场战争中的巴伐利亚选择》，刊登在《战略与战术杂志》1989 年 11 月 /12 月第 131 期，第 17—24、第 42—46 页。

16. 关于夺取博恩霍尔姆岛或汉堡，参阅丁特尔和格里菲斯《圣诞节前不会结束：北约在第三次世界大战中的中央战线》一书第 17 页。

17. 参阅克里·彭德格斯特和戴维·里奇的《柏林 1985：兵临城下》，刊登在《战略与战术杂志》1980 年 3 月 /4 月第 79 期，第 8 页。

18. 西方国家对苏联特种部队的恐惧，主要散布者是苏联叛逃者维克托·列尊，参见他以维克托·苏沃洛夫这个化名撰写的《苏联陆军内幕》（纽约：麦克米伦出版社，1982 年），第 75—77 页；以及《苏联特种部队》一文，刊登在《军事评论》第 64 卷，1984 年 3 月第 3 期，第 30—46 页。

19. 这是哈克特等人合著的《第三次世界大战》中的说法，书中称，尽管“前线人员”提出请求，而且对北约的最终胜利至关重要，但美国拒绝使用核武器。不过，核武器还是在哈克特的书中发挥了作用。哈克特的书中描述，当北约军队逼近东德边境，苏军被迫转入防御时，苏联以一次“警告射击”摧毁英国伯明翰；哈克特和他的团队随即让美国和英国展开报复，一举毁灭明斯克，从而使苏联各加盟共和国对莫斯科的忠诚度严重下降。当然，明斯克是白俄罗斯民族历史悠久的首府，现在是独立后的白俄罗斯首都。参阅《第三次世界大战》第 25 章《伯明翰的毁灭》（第 287—303 页），以及第 26 章《毁灭性回应》（第 304—309 页）。

20. 没人会指责越南战争是一场“被遗忘的战争”，关于这场战争的著作汗牛充栋，而描述各场重要战役、令人印象深刻的经典著作也越来越多。首先可以看看爱德温·E. 莫伊斯的越南战争参考书目，这个综合在线资源的网址是 *http://hubcap.clemson.edu/~eemoise/bibliography.html*。莫伊斯是研究越战的权威学者，近期编辑出版了《越南战争历史辞典》（马里兰州拉纳姆：稻草人出版社，2001 年）。关于溪山战役，可以先看看约翰·普拉多斯和雷·W. 斯图比非常详尽的著作《断定谷：溪山围攻战》（波士顿：霍顿·米夫林出版社，1991 年）。作者这对组合有点奇特，普拉多斯是一位倍受尊敬的军事分析人士，对作战行动非常了解，而斯图比是一名参加过溪山战役的老兵，也是第 26 海军陆战团第 1 营的一名路德教牧师。其结果是一本奇特的著作，在核心作战细节与苦苦搜寻源自混乱的某些精神意义之间交替变化，该书甚至以一句“阿门”为结束。书中还包括一些新地图，是迄今为止对战场最准确的描绘。很难对道格拉斯·波什在《军事史杂志》第 57 卷，1993 年 1 月第 1 期第 180—181 页所做的评论提出质疑，他将该书与伯纳德·福尔对奠边府战役的经典叙述《鏖战奠边府》（费城：利平科特出版社，1967 年）加以比较。罗伯特·皮索尔《尽头：溪山围攻战》（纽约：巴兰坦出版社，1982 年）一书依然有用，也是关于这场战役阅读者最多的一本书；这是一部通俗历史著作，以大量篇幅描述威斯特摩兰将军、武元甲将军这位“皮肤黝黑、土头土脑”的山地人（第 85 页）的生平，以及费利克斯·普瓦拉纳这位溪山地区法国种植园主遭受的磨难。同所有描绘溪山战役的书籍一样，皮索尔的著作不得不围绕这样一个事实展开，“主要事件”，也就是北越军队对基地的突击，从未发生过；一系列远足活动填补了该书的长度。对这场围攻相关问题的简短调查，可参阅彼得·布拉什的《溪山战役，1968》，收录于马克·詹森·吉尔伯特和威廉·黑德主编的《春节攻势》（康涅狄格州韦斯特波特：普雷格出版社，1996 年），第 191—213 页。威廉·C. 威斯特摩兰将军也在《一个军人的报告》（纽约花园城：双日出版社，1976 年）一书中阐述了他这一方的故事。美军官方出版物提供了大量有用的信息，但也存在许多盲点。参阅威拉德·皮尔森将军的《北部省份的战争，1966—1968 年》（华盛顿特区：陆军部，1975 年）；约翰·J. 托尔森将军的《空中机动能力，1961—1971 年》（华盛顿特区：陆军部，1973 年），这两部著作都是越南研究系列的组成部分。该系列的大部分著作可在军事历史中心网站获取，网址为 *www.army.mil/cmh-pg*。关于空中力量发挥的关键作用，可参阅伯纳德·C. 纳尔蒂的《空中力量与溪山之战》（华盛顿特区：空军历史办公室，1973 年）。

21. 关于老村的战斗可参阅威廉·R. 菲利普的《银星之夜：老村之战》（马里兰州安纳波利斯：海军研究所出版社，1997 年），北越军队的坦克进攻参见第 73—96 页。

22. 纳尔蒂的《空中力量与溪山之战》，第 42—59 页。

23. 关于 LAPES 和相关的“近地空投系统”（GPES），可参阅普拉多斯和斯图比《断定谷：溪山围攻战》一书第 376—379 页；皮尔森《北部省份的战争，1966—1968 年》一书第 75—76 页；纳尔蒂《空中力量与溪山之战》一书第 51—53 页。

24. 对于任命“唯一负责人”的争执，可参阅普拉多斯和斯图比《断定谷：溪山围攻战》一书第 383—386 页；纳尔蒂《空中力量与溪山之战》一书第 68—81 页。另可参阅法里斯·R. 柯克兰的《1968 年 7 月对越南美莱山的攻击》，刊登在《军事史杂志》第 61 卷，1991 年 10 月第 4 期，第 738—739 页。

25. 纳尔蒂的《空中力量与溪山之战》，第 82—88 页，对网格系统的详细探讨可参阅第 82—83 页。

26. 引自普拉多斯和斯图比《断定谷：溪山围攻战》一书第 409 页。

27. 参阅近期塞西尔·B. 柯里的《不惜代价的胜利：越南武元甲将军的天赋》（弗吉尼亚州麦克莱恩：布拉西出版社，1997 年）。据柯里说，武元甲反对 1968 年的春节攻势，认为北越人民军尚未做好实施大规模进攻的准备，但他的意见被党内其他高级领导否决。皮索尔对武元甲指挥溪山战役的看法，参阅《尽头：溪山围攻战》一书第 264—267 页。鉴于以往无从获取北越方面的资料，一份非常重要的研究是洪清源的《从北越共产党的角度看溪山战役》，刊登在《历史上的战争》第 8 卷，2001 年 1 月第 1 期，第 87—98 页。

28. 顺化在相关著作中得到的关注较多，但还不够。这方面可以先参阅两部著作：基思·诺兰的《顺化战役：1968 年春节》（加利福尼亚州诺瓦托：要塞出版社，1978 年）；埃里克·哈梅尔的《街头战火：

顺化战役，1968 年春节》（芝加哥：当代图书出版社，1991 年）。这两部深受欢迎的著作完全基于相关文件，以及对战斗参与者的大量采访，都集中于战斗中步兵们的视角。诺兰的著作基于对 36 名战斗参与者的采访，而哈梅尔的工作更加深入。与他的大批著作一样（哈梅尔写过十多部著作，从朝鲜战争的长津湖战役到 1973 年阿以战争的戈兰高地之战，题材形形色色），《街头战火》一书基于“作者采访顺化战役 91 名生还者的大量录音带和书面交流”（第 356 页）。虽然一名学者可以希望哈梅尔为书中每一处引用加上详细的出处，但他的作品还是提醒我们：军事历史学家们忽视通俗历史是很危险的。顺化战役史学也得益于少数致力于研究南越军队所发挥作用的历史专著，其中之一是乔治·W. 史密斯的《围攻顺化》（科罗拉多州博尔德：林恩·林纳出版社，1999 年），史密斯是派驻南越第 1 步兵师的美国陆军情报官。他同该师师长吴光长将军及陈玉惠上尉（南越精锐部队“黑豹”连连长）紧密配合，与这二人的友谊一直保持至今。1997 年 3 月，他安排了对这两位故友的采访，这是书中真正令人伤感的时刻。另可参阅美国驻越军事顾问团的时事通讯《最快最佳》第 2—7 期，其中包括史密斯的系列文章《顺化之战》，时事通讯的副本已在宾夕法尼亚州卡莱尔兵营美国陆军军事历史研究中心存档。还可参阅其他相关官方资料，特别是皮尔森的《北部省份的战争，1966—1968 年》，第 39—48 页。较短的文章包括弗雷德里克·F. 欧文的《顺化之战》，刊登在《军事评论》第 49 卷，1969 年 1 月第 1 期，第 56—63 页；乔恩·E. 特列尔的《顺化战役》，刊登在《步兵杂志》第 85 卷，1995 年 7 月 /8 月第 4 期，第 21—26 页；詹姆斯·J. 沃茨的《西贡和顺化战役：1968 年春节》，收录于迈克尔·C. 德施主编的《城内的士兵：城市地形下的军事行动》（宾夕法尼亚州卡莱尔：美国陆军战争学院战略研究所，2001 年），第 75—87 页。最后是尼古拉斯·沃尔的《绿色调整线》（马里兰州安纳波利斯：海军研究所出版社，1998 年），虽然书中包含一些关于这场战役有趣的信息，但这是一本奇怪的书，作者是一位仍深受困扰的排长，曾在第 5 海军陆战团第 1 营服役，他多年后意识到战时经历“伤害”了他，因而“不得不将其写下，以此作为某种治疗形式”（第 x 页）；与其他此类著作一样，这本书难以读懂。沃尔觉得他的部队在战斗中令几乎每一个连级以上的军官深感失望。梅里尔·巴特利特对该书的评论和令人震惊的人身攻击可参阅《军事史杂志》第 62 卷，1998 年 1 月第 1 期，第 228—231 页，他把该书描述为“充满对所有人吹毛求疵的谩骂”，称作者“应该被撤职，并带上一份不太令人满意的健康报告被送回后方”（第 229 页）。而对此较为同情的评论可参阅史密斯《围攻顺化》一书第 136—137 页。

29. 哈梅尔《街头战火：顺化战役，1968 年春节》一书第 17—18 页，史密斯《围攻顺化》一书第 19—20 页，皮尔森《北部省份的战争，1966—1968 年》一书第 40—41 页，都把吴光长的决定视为美军 / 南越军队在顺化战役中赢得最终胜利的关键因素。坚守院落对后来夺回皇城的战斗至关重要，正如沃尔在《绿色调整线》一书中指出的那样，占据院落意味着陆战队员们置身于皇城内：“倘若我们被迫从皇城外对敌人发起进攻，肯定会为突入城内付出可怕的代价。”（第 211 页）施瓦茨科普夫将军在越南结识吴光长，并称他为自己认识的“最杰出的战术指挥官”。参见 H. 诺曼·施瓦茨科普夫的《身先士卒》（纽约：巴兰坦出版社，1992 年）一书第 122 页。

30. “黑豹”连在顺化战役初期的冒险经历，可参阅史密斯《围攻顺化》一书第 23—28 页。

31. 美国驻越军事顾问团的艰巨战斗，可参阅哈梅尔《街头战火：顺化战役，1968 年春节》一书第 39—41、第 59—60 页，以及史密斯《围攻顺化》一书第 31—42 页。

32. 皮尔森在《北部省份的战争，1966—1968 年》一书第 48 页，史密斯在《围攻顺化》一书第 ix—x 页描述了一个集体墓穴的挖掘情况。

33. 第 1 骑兵师在越南一直存有问题。参见小詹姆斯·L. 柯林斯在《军事事务杂志》总第 52 期，1988 年 7 月第 3 期第 162 页对谢尔比·斯坦顿《剖析一个师：第 1 骑兵师在越南》（加利福尼亚州诺瓦托：要塞出版社，1987 年）一书的评论。柯林斯指出“第 1 骑兵师编制配备的直升机，一次只够运送师里三分之一的战斗人员”。

34. 关于斯威特中校和第 12 团第 2 营，可参阅哈梅尔《街头战火：顺化战役，1968 年春节》一书第 192—204 页；史密斯《围攻顺化》一书第 91—94 页；以及查尔斯 · A. 克罗恩的《迷路的营：顺化战役中的争议和伤亡》（康涅狄格州韦斯特波特：普雷格出版社，1993 年）。

35. 第 7 团第 5 营在 T-T 树林内的战斗，最佳阐述当属哈梅尔《街头战火：顺化战役，1968 年春节》一书第 308—334 页。

36. 史密斯的《围攻顺化》，第 134—137 页。

37. 沃尔在《绿色调整线》一书中强烈表达了这种观点；他当时是第 5 海军陆战团第 1 营 C 连连长（译注：沃尔是 C 连的一名排长）。

38. 例如，诺兰在《顺化战役：1968 年春节》一书中很少提及南越军队，即便说到他们也是以贬损的方式加以描述：抢劫（第 86—88、第 172 页）；陆战队员们不得不"替南越部队从事他们的任务"时，他们却"袖手旁观"（第 163 页）；为自己的城市而战时充当"观众"（第 172 页）。但一个值得注意的例外是他对"黑豹"连的描述（第 171 页）。

39. 到目前为止，"飞马座"行动还没有相关专著，尽管这是它应得的。普拉多斯和斯图比在《断定谷：溪山围攻战》一书第 417—449 页出色描述了这场行动的起源和过程。非常有用的一份主要资料来源是在"飞马座"行动中指挥第 1 骑兵师的托尔森所写的《空中机动能力，1961—1971 年》；另可参阅皮尔森《北部省份的战争，1966—1968 年》一书第 73—92 页。另外两部著作也有助于了解"飞马座"行动：斯坦顿的《剖析一个师：第 1 骑兵师在越南》；J.D. 科尔曼的《波来古：直升机战在越南的黎明》（纽约：圣马丁出版社，1988 年）。后一部著作分析了第 1 骑兵师在波来古的作战行动（或称之为"德浪河谷"战役）；虽然这是一部特定战役的出色战史，但该书的写作风格热情得令人喘不过气，因而在多处穿行于历史与"啦啦队"之间；其序言（第 1—11 页）和开章（第 12—13 页）尤为过分。"德浪河谷"战役特别艰巨，第 1 骑兵师为此付出高昂代价；该师因这场战役获得一次总统部队嘉奖，但这无法证明此次战役是一场胜利。尽管如此，这场战役还是为空中机动能力的概念提供了许多值得思考的东西，并给后来的军队学说留下一份遗产；特别参阅该书第 267—273 页的《最终分析》。作者当时在该师服役，波来古战役结束后写过作战报告，以及"总统部队嘉奖"的推荐信。值得一读的还包括罗伯特·L. 托尔斯未发表的论文《秋之泪：德浪河谷的空中突击行动和步兵战，越南，1965 年 11 月》（俄亥俄州肯特：肯特州立大学，2000 年），以及彼得 · J. 席费尔勒的专著，《1965 年的德浪河谷战役：是一场成功的战役还是纯粹的战术失败？》（堪萨斯州莱文沃斯堡：高级军事研究学院，1994 年）。

40. 托尔森的《空中机动能力，1961—1971 年》，第 170 页。

41. 同上，第 176—177 页。

42. 引自普拉多斯和斯图比《断定谷：溪山围攻战》一书第 437 页。

43. 道格拉斯 · 金纳德的《战争管理者》（新罕布什尔州汉诺威：新英格兰大学出版社，1977 年）。

44. 理查德 · A. 加布里埃尔和保罗 · L. 萨维奇的《指挥危机：军队中的管理不善》（纽约：希尔 & 王出版社，1978 年）。

45. 辛辛纳特斯的《自我毁灭：越战时期美国陆军的瓦解和衰退》（纽约：诺顿出版社，1981 年）。

46. 对辛辛纳特斯著作针锋相对的评论可参阅理查德 · A. 加布里埃尔和艾伦 · 格罗普曼的《辛辛纳特斯大曝光：第一、第二部分》，刊登在 1981 年 7 月 /8 月的《空军大学评论杂志》，也可在线访问 *www.airpower.au.af.mil/airchronicles/aureview/1981/jul-aug/gropman.htm*。

47. 辛辛纳特斯的《自我毁灭：越战时期美国陆军的瓦解和衰退》，第 71 页。

48. 例如，可参阅保罗 · 凯特的《大规模部队作战学说》，刊登在《军事评论》第 58 卷，1978 年

12 月第 12 期，第 40—47 页。

49. 参阅约翰 · L. 罗姆约的《从积极防御到空地一体战：陆军学说的发展，1973—1982 年》（弗吉尼亚州门罗堡：美国陆军训练与条令司令部，1984 年），特别参见德普伊将军 1976 年 2 月发给美国陆军参谋长佛瑞德 · 韦安德将军的备忘录（第 82—86 页）。

50.《战地手册》100-5，“作战篇”（华盛顿特区：陆军部，1976 年），第 i、1-1 页。

51. 同上，第 3—5、第 3—9 页。

52. 同上，第 4—3 页。

53. 罗姆约的《从积极防御到空地一体战：陆军学说的发展，1973—1982 年》，第 9—10 页。

54. 阿彻 · 琼斯的《新版 FM 100-5：象牙塔的观点》，刊登在《军事评论》第 58 卷，1978 年 2 月第 2 期，第 27 页。

55. 德普伊这本新手册受到充满敌意的对待，相关情况可参阅罗姆约《从积极防御到空地一体战：陆军学说的发展，1973—1982 年》一书第 13—21 页。

56. 威廉 · S. 利德的《美国陆军的一些学说问题》，刊登在《军事评论》第 57 卷，1977 年 3 月第 3 期，第 54—65 页。

57. 同上，第 57—58 页。

58. 例如可参阅史蒂文 · 伊顿近期发表的滑稽文章《为消耗战三呼万岁》，刊登在《装甲杂志》第 111 卷，2002 年 3 月 /4 月第 2 期第 29—31 页，这名中校是一位受人尊敬的军事历史学家，也是第 81 装甲团第 3 营营长，与其观点相一致的文章刊登在《装甲杂志》第 111 卷，2002 年 7 月 /8 月第 4 期，而欧内斯特 · A. 绍博中校对此的回应是《消耗对机动，以及战争的未来》，刊登在《装甲杂志》第 111 卷，2002 年 9 月 /10 月第 5 期第 39—41 页。另可参阅约翰 · F. 安塔尔的《机动对消耗：历史观点》，刊登在《军事评论》第 72 卷，1992 年 10 月第 10 期，第 21—33 页，出色探讨了所涉及的问题，另外还有挑起这一切的威廉 · S. 利德所写的《机动作战的理论与实践》，收录于小理查德 · D. 胡克主编的《机动作战文集》（加利福尼亚州诺瓦托：要塞出版社，1993 年）一书第 3—18 页。十年后，这两个词仍存有争议，德国人称之为“口号”。争论发生时，一位颇具思想的军官提出一种明智的替代方案，参阅詹姆斯 · R. 麦克多诺的《作战艺术：何去何从？》，收录于胡克主编的《机动作战文集》，特别是第 110—112 页。他认为火力对机动的“错误二分法”和从事机动战的方式，对许多人而言已成为地面作战的“圣杯”，“在某些圈子里由于被称作‘机动作战’而变得高贵起来，这是对一种原本很常见也很有用的概念刻意加以神秘的高贵化”（第 111 页）。他在文章中附和空地一体战这一学说的最初倡导者之一。参阅胡鲍 · 瓦斯 · 德切格的《陆军学说变革》，收录于阿萨 · 克拉克主编的《防务变革辩论》（马里兰州巴尔的摩：约翰 · 霍普金斯大学出版社，1984 年）一书第 101—120 页。关于机动和它对 80 年代初期美国陆军重要性的更多信息，还可参阅安东尼 · M. 科罗勒斯的《机动赢得胜利：一个现实的选择》，刊登在《军事评论》第 61 卷，1981 年 9 月第 9 期，第 35—46 页；同一位作者所写的《实施一场机动风格的战争》，刊登在《军事评论》第 62 卷，1982 年 12 月第 12 期，第 20—25 页；以及 L.D. 霍尔德的《大纵深战斗中的机动》，刊登在《军事评论》第 62 卷，1982 年 5 月第 5 期，第 54—61 页。

59. 利德的《美国陆军的一些学说问题》，第 57 页。

60. 乔纳森 · M. 豪斯的《二十世纪的诸兵种合成作战》（劳伦斯：堪萨斯大学出版社，2001 年），第 239 页。这正是保罗 · H. 赫伯特在《决定要做什么：威廉 · E. 德伊普将军与 1976 年版 FM 100-5 作战条令》一文中提出的观点，这篇文章收录于《莱文沃斯文件第 16 册》（堪萨斯州莱文沃斯堡：作战研究所，1988 年）。赫伯特是唯一一位密切关注联邦德国国防军的思想家，这支军队坚持以前沿防御应对“侵略性”战争。这一点符合德伊普的学说，参见第 61—68 页。

61. 康奈尔的《新马奇诺防线》，第 103—104 页；罗姆约的《从积极防御到空地一体战：陆军学说的发展，1973 年—1982 年》，第 16—17 页。另可参阅菲利普 · A. 卡伯的《苏联军事学说中的战术革新》，刊登在《军事评论》第 57 卷，1977 年第 11 和第 12 期。

62. 康奈尔的《新马奇诺防线》，第 104 页。

63. 关于“着眼纵深”的演变，可参阅唐·A. 斯塔里的《扩大的战场》，刊登在《军事评论》第 61 卷，1981 年 3 月第 3 期，第 31—50 页；C. 拉尼尔 · 迪尔的《BAI：纵深战斗的关键》，刊登在《军事评论》第 62 卷，1982 年 3 月第 3 期，第 51—54 页；霍尔德的《纵深战斗中的机动》。关于新技术的影响，参阅迈克尔 · 克拉克的《空地一体战和新技术的应用》，收录于伊恩 · 贝拉米和蒂姆 · 赫胥黎主编的《新常规武器与西方国家的防务》（伦敦：弗兰克 · 卡斯出版社，1987 年）一书第 151—161 页。

64. 参阅豪斯《二十世纪的诸兵种合成作战》一书第 251 页。

65. 这个想法与美国约翰·博伊德上校有关，他提出一个 OODA 概念（观察、判断、决策、行动），以此作为交互作战的基础。博伊德通过 327 张幻灯片进行的简报名为“战争模式”，在他的职业生涯中进行了 1500 次。它对威廉 · S. 利德这些机动战倡导者的影响极大。参阅里基 · L. 沃德尔的《机动作战与低强度冲突》，收录于《机动作战文集》，第 121—122 页，以及威廉 · S. 利德的《机动作战手册》（科罗拉多州博尔德：维斯特维尔出版社，1985 年），第 4—6 页。参阅格兰特·T. 哈蒙德的《战争思想：约翰 · 博伊德与美国的安全》（华盛顿特区：史密森学会出版社，2001 年）。

66. 一个很有代表性的例子是斯蒂芬 · W. 里奇的 Auftragstaktik, Schwerpunkt, Aufrollen: The Philosophical Basis of the AirLand Battle（任务式战术、重点突破、卷击：空地一体战的哲学基础），刊登在《军事评论》第 64 卷，1984 年 5 月第 5 期，第 48—53 页。

67. 参阅詹姆斯 · S. 科勒姆的《美国陆军学说的演变和当前趋势：回归学说根源》，刊登在《新西兰陆军杂志》，2000 年 7 月第 23 期。

68. 引自克拉克《空地一体战和新技术的应用》一书第 4 页；另可参阅琼斯《新 FM 100-5：象牙塔的观点》一书第 17—22 页。

69.《战地手册》100-5，“作战篇”（华盛顿特区：陆军部，1982 年），第 1—5、第 4—1 页。引自罗姆约《从积极防御到空地一体战：陆军学说的发展，1973—1982 年》一书第 67 页。

70.《战地手册》100-5，“作战篇”（华盛顿特区：陆军部，1982 年），第 2-1 页。引自罗姆约《从积极防御到空地一体战：陆军学说的发展，1973—1982 年》一书第 68 页。

71. 参阅罗伯特 · A. 道蒂的《美国陆军战术学说的演变，1946—1976 年》，收录于《莱文沃斯文件第 1 册》（堪萨斯州莱文沃斯堡：作战研究所，1979 年）。另可参阅越战刚刚结束便发表的一篇非常敏锐的文章，拉维·里赫耶的《美国陆军转向装甲战》，刊登在《皇家印度联合军种研究所杂志》第 105 卷，1975 年 4 月—6 月第 439 期，第 147—158 页。

72. 斯塔里是《越南骑乘战》（华盛顿特区：陆军部，1978 年）一书的作者，该书也是越南研究系列的组成部分，考虑到后来的学说发展，以及斯塔里将军在确定相关学说时发挥的重要作用，这本书可以说是一部引人入胜的专著。

第八章
战争中的美国陆军：沙漠风暴

国家训练中心和假想敌

美国军队在 20 世纪 80 年代所做的不仅仅是编写新的理论学说，还在各个方面都进行了改善。美国军队的人员标准在这十年间获得了稳步提高，这表明在罗纳德·里根总统的领导下，大幅增加的军事预算使增拨资金和提高薪酬成为可能。此外，各种新装备也设计定型，并交付部队列装。分析人士经常谈及这个时代的“五大武器”：M–1“艾布拉姆斯”主战坦克、M–2“布拉德利”第三代装甲运兵车（它配有 25 毫米口径链炮，或许更恰当的称谓是“步兵战车”）、AH–64A“阿帕奇”武装直升机（携有海尔法反坦克导弹、70 毫米“九头蛇”70 管火箭发射巢和 1 门 30 毫米单管链炮等大量武器）、UH–60A“黑鹰”多用途直升机（能搭载一个步兵班或一门 105 毫米口径榴弹炮及其组员和弹药），以及“爱国者”防空导弹[1]。有趣的是，这些武器中的每一款，在开发期间都受到了媒体的大肆嘲笑，特别是 M–1 坦克—— 一些耸人听闻的新闻报道宣称它超出预算，而且远达不到所宣传的性能标准。这种争议一直持续到 1991 年的“沙漠风暴”行动。

最后，美国军队还对训练问题做出了大量思考——战场上增加的杀伤力要求军队进行更激烈、更逼真的训练。一旦美国同苏联在中欧爆发战争，双方将投入坦克重兵集团，并以配备单兵反坦克导弹的机械化步兵提供补充，另外还有现代战争的各种武器——极其复杂的战术空中力量（现代电子系统为其目标获取的有效性提供了极大帮助）、直升机（这是当代战场上的坦克克星），以及甚至有可能

△▽ 原型车的对决：通用（上）和克莱斯勒（下）公司设计的XM-1，这是以涡轮机驱动的艾布拉姆斯主战坦克的先驱，克莱斯勒公司最终赢得合同。美国陆军坦克机动车辆与军械司令部（TACOM）提供。

会投入战争中的核武器、生物武器和化学武器。毫无疑问，现代战争的暴力和强度将达到前所未有的程度。

70 年代和 80 年代，西方分析人士就战争中的苏联军队勾勒出了一幅发人深省的画面（部分资料源自苏军在第二次世界大战中的表现，此外还使用了大量当代研究以及诸如莱文沃斯堡苏联研究中心这类机构提供的情报）。苏联人将以压倒性力量沿既定作战方向发起冲击：大批坦克、BMP 装甲运兵车搭载的机械化步兵，以及火炮的大规模集中。按照西方国家的标准来看，苏军的进攻正面会非常狭窄，战役布势如此狭窄的一个机械化方阵，几乎可以确保突破当面之敌（更确切地说是“摧毁”对方）。然后，苏军新锐坦克和机械化师组成的第二梯队将利用突击部队打开的缺口，沿同一方向投入，与北约预备队或援兵交战，并将其粉碎，新锐师构成的第三梯队也将如法炮制。通过这种方式，一场战术突破很快会在北约防御阵地上扩大为庞大的战役突破。这将是一场激烈、残酷的进攻，苏联人会坚持到底，且毫不顾及人员伤亡。

《第三次世界大战》一书非常典型地体现出了这种观点，1978 年出版的该书由约翰·哈克特爵士撰写，他曾在北约担任北方集团军群司令[2]。协助他完成此书的是“另一些北约高级将领和顾问”，其中包括空军上将约翰·巴勒克拉夫爵士（他是皇家联合军种防务研究所理事会主席）。《第三次世界大战》一书以“战后记述”的方式描述了华约军队于 1985 年发起的一场常规进攻。从某种意义上说，书中描述的是一场有限战争，苏联的战争目标包括西德的中立化（这一点将不可避免地导致北约解体），以及消除美国在欧洲大陆的影响力。尽管如此，华约军队初期突击的场景还是充分表明了西方分析人士对苏联军队所采取行动的预测。《第三次世界大战》描述了英国第 1 军第 8 皇家坦克团 C 中队中队长刚刚接到开赴该团紧急部署阵地的命令时的场景：

> 在听到最后几个字的时候，他的坦克已驶上山脊，眼前呈现出一幅他平生从未见过的吓人场景。下方的开阔地一路延伸到大约两千米外隐约可见的树林带，这片开阔地上布满了迅速向他逼近且深具威胁的重重黑影。那是坦克，它们大致排成一列横队向前驶来，每辆坦克间隔 200 米，从不到 1000 米外迅速向山脊逼近。紧随其后的是另一道坦克横队，第三道坦克横队刚刚驶出树林。眼前的世界似乎到处是苏联的坦克。

“你可能已经告诉我了，”他对着话筒说，“我现在投入战斗，完毕！”[3]

同样，一名苏联叛逃者以“维克托·苏沃洛夫”的化名渲染了一幅“画面”，给文官决策者和大批民众造成了极大影响，他将苏联军队描绘成了凶狠的战斗机器，不仅人数众多，还狡猾诡诈——他们除了使用大量坦克、战机和兵力遂行直接进攻，还投入了空降部队、牵制力量，并进行战略欺骗行动[4]。苏联军队在战斗中冷酷无情，并对战争爆发伊始便使用武库中的每一件武器毫无内疚之情。“维克托·苏沃洛夫”是这么描述苏军总参谋部的：

“要是你想活下去，就必须杀掉你的敌人。你越快干掉他，他拔枪的机会就越小。”这基本上是他们已制定的第三次世界大战计划的整个理论基础，这个理论被苏军总参谋部非正式地称作“斧头理论”。苏军将领们说，倘若你的对手可能会动刀子，你跟他展开赤手搏斗就是很愚蠢的行为。要是他可能会用斧头，你拿刀子攻击他同样愚蠢。你的对手可能使用的武器越可怕，你就必须越果断地攻击他，并尽快干掉他。[5]

接着，“维克托·苏沃洛夫”描述了一场苏军典型的“战略进攻”，这场战略进攻会分成五个阶段展开。先是一场核打击，然后是苏军战机实施的大规模空袭，接下来是一场大规模火箭（导弹）袭击。随后，是第四阶段——“各方面军遂行的进攻战役”。

每个方面军都致力于确保其坦克集团军取得成功。为实现这一目标，诸兵种合成集团军将对敌防御阵地发起冲击，方面军司令员指挥坦克集团军投入所打开的突破口。同时，方面军炮兵师用所有资源为坦克集团军肃清通道。火箭旅在坦克集团军前方铺下一道“核地毯”，空军集团军掩护其突破行动。方面军反坦克炮兵旅掩护坦克集团军的侧翼，空降兵突击旅负责夺取坦克集团军需要使用的桥梁和渡口，而牵制旅则在坦克集团军前方和侧翼行动，尽一切可能为其创造有利的作战条件……坦克集团军就像一股汹涌的洪潮，穿过堤坝的缝隙，粉碎并摧毁奔流路径上的一切。[6]

而第五阶段则是最后的高潮，苏军第二梯队投入突破地段。“行动临近结束时，苏军投入的坦克集团军可能达到五个，甚至是六个，这将使他们集结起来的坦克多达 10000 辆。”[7] 美国陆军整个战后时期一直准备予以遏止的正是这种假设的进攻。美国军队也许不得不在朝鲜同训练有素的轻步兵交锋，也可能会在东南亚对付神出鬼没、作战技能娴熟的游击队，但随着这些冲突的结束，他们总是要重新回归其真正的使命：与俄国人交战。

1981 年，美国陆军在莫哈韦沙漠的加州欧文堡设立了国家训练中心（NTC）[8]，其目的是让美国军队获得在中欧抗击苏军“威胁”的经验。一个装甲骑兵团（规模大致相当于一个加强旅）在这里扮演假想敌，该团士兵的训练、装备，甚至军装都同苏军相似。在训练中，会使用先进的激光作战系统来判断士兵的“中弹”和“阵亡”。最重要的是，一群“观察控制员”（OC）分散在接受训练的部队里，他们会提出建议，做出批评，尽力让己方部队（蓝军）的日子过得更“悲惨”。此外，每场演习结束后都要进行“战后评述”——在这番最后的讨论中，OC 们会指出各部队在判断和行动方面所犯的错误，以及这些错误会如何影响演习进程。

几乎每一位在演习中对抗红军的美军士兵都认为假想敌是个了不起的对手，他们在“战斗”中很少会输，国家训练中心是他们的地盘。詹姆斯·R. 麦克多诺上校对欧文堡了如指掌，他把假想敌描述成了真正的敌人，认为他们熟悉“各个山谷、隘口、山脊、干河床和裂隙”，并表示：

> 他们知道各种武器部署位置的瞄准线，能凭记忆指引他们的火炮和迫击炮进行开火。这些“敌军”多次利用欺骗性地形将对手引入歧途，并导致后者沿着干河道进入灾难性的死亡陷阱，或在试图攀越看似缓缓上升的山坡时突然遭遇高不可攀的崖壁。这些“敌人”熟悉每个悬崖壁上的每一道可供藏身的裂缝，他们可以把车辆和人员彻底隐蔽起来，就算他们近在咫尺也无法被对手发现，而他们却能在自己的射程极限，甚至更远处发现对手。[9]

麦克多诺上校所说的这些假想敌，实际上是苏军近卫摩托化步兵第 32 团的模仿版。扮演红军的是第 31（机械化）步兵团第 6 营一部和第 73 装甲团第 1 营，他们身穿特别设计的军装（佩有红色肩章的深绿色作战服和缀有一颗红星的黑色贝雷帽），驾驶 M–551“谢里登”装甲侦察车，这款战车在经过视觉修改后，看上去就像是苏军的 T–72 坦克,而修改后的道奇卡车看上去也很像是苏军的 BRDM 侦察车。另外，红军还使用了以色列国防军在阿以战争期间缴获的苏制车辆，参与其中扮演各种角色的人员还被灌输以苏联的意识形态。最后，为模拟中欧的实际情况，“近卫摩托化步兵第 32 团”在对抗受训部队（蓝军）时通常占有数量优势[10]。

红军的行动在地面上演练了上千次，他们已对此熟稔于心，其惯用手段是以战车发起大规模突击，突然而又出人意料地出现在蓝军面前。在《国家训练中心的起源和发展》这部官方史中，历史学家安妮 · W. 查普曼描述了假想敌（红军）的工作：

（他们）最惯用的方案是把摩托化步兵团的三支特遣队排为纵队。当这支队列逼近蓝军阵地时，三支红军特遣队排成三个梯队应敌。随着红军越来越靠近，各特遣队辖内连队变换为横队，形成“九根手指”。红军与蓝军之间的距离不断缩短，红军各连队散开，形成一条向前滚动的战线。红军采用这种作战模式的目的是为了利用自身的数量优势，给蓝军造成恐慌和混乱。[11]

多年来，红军使用这种战术打击了相当一部分美军部队。蓝军部队突然间面对不知从哪里冒出，并径直扑向他们的 150 辆战车，通常的反应就是恐慌。另外，CS 催泪瓦斯、空中突击和 AH–64“阿帕奇”武装直升机的使用，确保了红军对蓝军错误应对的迅速惩罚[12]。查普曼列举了一支国民警卫队的反应：“他们用蛮力来打垮我们……他们太棒了！他们会用 10 辆坦克来干掉我们的 1 辆坦克，这帮人根本不在乎生死。”[13] 出现持续不断的抱怨不足为奇，许多人认为由于红军占有不公平的“主场优势”，所以国家训练中心的演习不切实际。一位“战败”的连长总结了这种态度：“就像他们所希望的那样，这些红军就是俄国人。”[14] 这仅仅是发牢骚而已。不言自明的是，没有哪场演习能模拟战争中进行杀戮或被杀戮的氛围，无论这种演习看上去多么逼真。国民警卫队的军官对国家训练中心不够公平的抱怨没有抓住要点。这是一场艰苦的训练，设定的标准非常高。红军熟悉地形，可极为巧妙地从事战斗，并确保对这片模拟战场上表现马虎的一切对手施以惩罚。对红军的行为发牢骚实际上是对自身能力的抱怨。

值得特别提及的是观察控制员，他们相当于旧德国体系中的“裁判”。这些人从事的工作远不止观察，他们还会评估、判断并提交最终报告。在《坚守 781 高地：

现代机械化作战的寓言》一书中，麦克多诺上校描述了一位倒霉的军官（A. 塔克·奥维斯中校）——这名轻步兵已在演习中“阵亡”，不得不通过国家训练中心的“炼狱”解决他的狭隘主义错误。奥维斯中校遇到了一名军士长，后者向他介绍了国家训练中心的“乐趣”。这位军士长解释了观察员的作用：

他们（观察控制员）会盯着你，并指出你所犯的错误。你很快就会遇到他们。依我看，他们就是一帮讨厌鬼，日常生活肯定也糟透了。你刚一接到作战令，他们马上成群结队地冒出来，你到哪里他们就跟到哪里，对你大加贬低，在他们的电台里说你的坏话，并提交一份关于你所作所为的报告。[15]

在奥维斯中校的整个受训过程中，观察控制员们始终在场。奥维斯中校刚一下达某道极其荒谬的命令，他们就会马上发出嘲笑，或是在行动结束后的评判中幸灾乐祸地指出他所犯的错误。这位中校对此的描述是：

就像一大群豺狼那样，可怕的观察控制员们莅临指挥所，每个人都在寻找相对应的被观察者，嘴角带着一丝讥讽，以轻蔑的神情对待倒霉的受害者。他们的猛烈撕咬令人难以想象——被沙漠中的太阳炙烤过的面孔，眼中带着虐待狂的狂热，一双双满是老茧和皴裂的手撰写了那么多冗长的贬低性报告。[16]

国家训练中心的另一种观察装备是电子眼，它们对指挥官和士兵们所犯的错误冷酷无情。那名军士长再次做出讲解：

他们在这里安装了出色的电子设备。你在电台里所说的一切都会被录下，所以你无法在事后抵赖自己说过的话，而你所做的一切也会被拍摄下来，这样一来，他们就能把你最荒谬的时刻放给所有人看。你要知道，你每时每刻都在受到所有人的窃听，他们会传播你是多么无能的说法，散布恶意贬低的传言，并毫不含糊地称他们能干得更好。[17]

模拟真实的敌人是一种新思路，这个概念上的进步将学说与训练联系在了一起。长期以来，典型的兵棋推演或演习一直是假想的红军与蓝军之间的对抗。相比之下，国家训练中心将美军的训练扎根于现实世界的背景下，并确保从事战争的学说不是出自某种智力或理论上的真空。这种训练模式持续至今，不仅模拟恐怖活动，还模拟了媒体的存在，以及战场上的平民等各种情况。这里甚至还出现了一股游击力量——帕赫鲁姆菲昂人民游击队——这支 40 人的队伍专门打击直升机、雷达设施和指挥部这种价值较高的目标，他们甚至会试图招募心怀不满或受到虐待的平民加入他们的队伍。世界变了，训练中心的假想敌也随之改变：

今天的假想敌兵团拥有各种实体，包括步兵部队、小股独立侦察力量、袭击支队、从毗邻友军部队防区构成的侧翼威胁、欺骗部队，以及根据情况，不按照预定时间表发起进攻的无从预测的部队。虽然对抗依然激烈，但红军现在是个想法不拘一格的敌人，他们会对蓝军计划中的每一个缺点加以利用。[18]

国家训练中心并非美国陆军唯一的先进训练手段。各个靶场也在继续加大自身的复杂性，以对参加训练者提出更高的挑战。训练轻装部队的联合战备训练中心于 1987 年开办，它最初设在阿肯色州的霞飞堡，最终迁至路易斯安那州的波尔克堡。对高级军官们来说，还有一个不涉及部队的指挥训练，即“战斗指挥训练计划”（BCTP），这不免让人想起德国军队的框架训练（Rahmenübung）。这种训练包括为期五天的研讨会和历时五天、由计算机模拟的指挥所演习，可为大股部队指挥官及其参谋人员呈现出他们可能会在战场上遇到的作战问题[19]。卡尔·E. 沃诺将军担任 TRADOC 司令期间，出台了一份堪称“压顶石”的训练文件《FM 25–100，“训练部队”（1988 年 11 月）》，随后又出台了一份实施文件《FM 25–101，“侧重于实战的训练”》[20]。这些林林总总的改变使美国陆军走在了现代训练技术的前列，成为昔日冠军（德国人）的继承者。自 19 世纪兵棋诞生以来，美国陆军在和平时期模拟战争方面做出的深刻尝试无人能及。

沙漠风暴

伊拉克独裁者萨达姆·侯赛因为入侵科威特选择的时机可以说是糟糕至极。伊拉克军队 1990 年 8 月 2 日清晨跨过科威特边境后不久，萨达姆就必须面对西方工业国家和他自己所在地区大部分国家组成的联盟。不仅如此，萨达姆的冒险政策现在意味着他的军队将不可避免地对抗美国军事史上训练最佳、装备最佳、领导最佳的陆军力量，而伊拉克军队在同伊朗进行的战争中，无论是战役还是战术层面都没有显示出太多天赋[21]。虽然美国军队长期为之准备的战争从未开战（保卫西欧，抗击苏军），但现在终于有机会与或多或少以苏联模式组织和训练的一支庞大的重型机械化力量交锋了。其结果毋庸置疑，唯一的问题是联军将为此耗费多少时间并付出多大伤亡的代价（伊拉克的损失会很惨重，这一点毫无疑问）。关于这场即将展开的战争，一个巨大的讽刺是：投身于这场战争中的美国陆军，所接受的沙漠训练远远超过伊拉克人。事实最终证明，美国陆军在欧文堡对付假想敌的难度比“沙漠风暴”面对真正的敌人时大得多。

虽然一位分析人士称伊拉克人实施的入侵为“教科书式的闪电战”，但这不过是权威人士对伊拉克军队荒谬的过度夸大的另一个例子而已[22]。8 月 2 日凌晨 1 点，两个伊拉克共和国卫队装甲师，“汉谟拉比”师和“麦地那”师，从北面跨过边境直扑科威特城——为他们提供支援的一个特种师直接降落在该城，并以直升机载部队沿各师行军路线实施机降。只有两万来人的科威特军队进行了零星且全然无效的抵抗。次日，伊拉克投入了“信赖真主”机械化师，同两个装甲师一路向南，奔向科威特与沙特阿拉伯的边境，紧随其后的是共和国卫队余部（六个摩托化步兵师）和三个伊拉克陆军师。这是一股庞大的力量，完全可以消灭一个弱小邻国的任何潜在抵抗——伊拉克人正顺利进行着这项工作。不过这股力量的规模也对阿拉伯东部大油田构成了显而易见的威胁，并迫使以美国为首的西方国家对此做出反应。

解放科威特的联盟战争在许多方面独一无二，是未来不太可能发生的一系列事件相结合的产物[23]。冷战时期，美国很难在中东建立起这样一个强大的战争联盟。从德国抽调部队和装备的风险极大，而苏联也无疑会在中东各国展开积极的外交工作。但随着冷战的结束，就连苏联也对联合国第 660 号决议投了赞成票，谴责伊拉克的入侵并要求其撤军。而结果就是美国得以将部署在欧洲的 900 辆 M–1 坦克抽出，并派往沙特阿拉伯。最后，美国把整个第 7 军调离欧洲，并部署到中东——在两年前的冷战岁月中，这种调动完全不可想象。

因此，萨达姆在外交方面发现自己陷入孤立。如果他打算入侵沙特阿拉伯，只有占领科威特后立即发动一场闪电般的进攻才有可能实现。他为何没有这样做？西方智库所做的推演一直没能得出一个很好的理由。即便是当第一支美军部队开抵后（主要是轻步兵和伞兵），这里还是没有什么能阻止伊拉克军队跨过沙特阿拉伯边境，可伊拉克军队一直没有展现出他们在两伊战争中的持续或连续作战能力。也许，是伊拉克军队的后勤和支援网不允许他们这样做。不出所料，他们现在停顿了下来。即便是萨达姆想要冲往沙特的油田，并为共和国卫队提供再补给和补充，以便为下一场进攻做好准备，也要耗费大量时间。结果，伊拉克人进入科威特后便停留在原地，直到最终被消灭。

美军的第一个行动目标是保卫沙特阿拉伯，防御代号为“沙漠盾牌”。就在一个月前，美国陆军中央司令部才举行了一场模拟“红色国家”进攻科威特和沙特阿拉伯的兵棋推演。这场代号为“内观 90”的演习预想的红军拥有约 4000 辆坦克的庞大装甲力量、一支强大的空军力量，以及核武器、生物与化学战能力[24]。事实证明，这场兵棋推演设定的某些条件太过乐观：美国获得了关于这场入侵的充分警告，已开始动员部队，并在实际进攻发起前 18 天将不对运至了交战地区。另外，最初指定用于该行动的军力为七个重装旅和七个轻装旅，但中央司令部司令 H. 诺曼·施瓦茨科普夫将军和第 3 集团军司令约翰·约素克中将很快发现，这样一股力量不足以对付他们很可能遭遇的重兵集团。虽然“内观 90”没能解决地面上的战术情况，但却锻炼了美国及时将一股可靠的力量部署到沙特阿拉伯的能力。兵棋推演仅隔一个月便突然变为现实，这使美国策划人员对大量相关问题了如指掌：可用的战略海运、港口吞吐量，以及东道国需要的支持量，这仅仅是几个例子而已。

美国对伊拉克的入侵能迅速做出反应，这一点不足为奇。美国总统乔治·布什于 8 月 6 日命令美军开赴沙特阿拉伯。第一个美国空军中队在接到部署令的 34 小时内转场至沙特阿拉伯：第 1 战术战斗机联队的 48 架 F-15C 空中优势战斗机[25]。虽然缺乏空中加油设备限制了随时飞入战区的战机数量，但到 1990 年 9 月底，美国空军已将 437 架战斗机部署在了沙特阿拉伯——这对伊拉克军队向南进军的一切企图来说都是一股强大的威慑力量[26]。从边境通往宰赫兰的道路，也就是伊拉克军队的入侵路线，是 300 千米一览无遗的沙漠。而面对美国空中力量必然会实施的交叉火力打击，伊拉克军队能否在这条道路上生还下来，这一点很值得怀疑。

当然，鉴于所涉及的行程长达 11265 千米（约 7000 英里），故地面部队的实际到达速度比计划较慢。尽管如此，美军第 82 空降师第 2 旅（师战备旅）先遣部队还是于 8 月 8 日下午（美国时间）升空，并于次日降落在沙特阿拉伯。尽管许多美国人（显然也包括施瓦茨科普夫将军）只是将他们视为防范伊拉克入侵沙特阿拉伯的“减速带”，但该师官兵不一定赞同这种观点[27]。毕竟他们拥有配备“陶”

式反坦克导弹的悍马车，后者射程远远超过伊拉克的坦克，此外，他们还获得了一个轻型装甲营和一个武装直升机营的支援。总的来说，这是一股不容小觑的力量。

伊拉克人没有轻举妄动，美国军队和装备陆续通过沙特吞吐量巨大的达曼港运抵战区。这是一项庞大的工作：

> 截至8月21日，已有10亿磅（约合4.54亿千克）物资装备运抵或在海运及空运途中。1月份战争打响时，运抵波斯湾的干货已超过250万吨。这项工作对沙漠用品提出一些不同寻常的要求。1990年年底，军方订购了150万支润唇棒、300万套沙漠迷彩服、100万支阿托品神经毒气解毒剂自动注射器、4.25万瓶防晒霜、25万副墨镜、100万双沙漠靴以及13万件防弹背心。[28]

最终，为“沙漠盾牌”付诸的努力把“50万人和近370万吨货物（大致相当于科罗拉多州丹佛市的人口和他们的物品）经环绕世界三分之一的路程运抵”[29]。美军重装力量于10月底的到达彻底排除了伊拉克军队越过沙特边境的一切可能性。“沙漠盾牌”是个令人震惊的后勤成就，在当时只有美国军队成功实现了这番壮举。

美军战区司令施瓦茨科普夫将军策划了一场将伊拉克人逐出科威特的反攻，而且伊拉克军队针对美军大股援兵到来做出的反应也给他帮了大忙——他们开始掘壕据守，加强科威特与沙特边境的阵地。从作战角度看，这是个深具灾难性的决定——将伊拉克前沿兵团置于美军地面和空中火力的支配下。其他时期位于其他地点的其他军队（“眼镜蛇”行动中诺曼底地区的德军、溪山的北越军队）会告诉伊拉克人这意味着什么。这将是一场机动战，但令人遗憾的是只有一方实施了机动。

施瓦茨科普夫集结起具有压倒性优势的力量。到11月，部署至该战区的兵团包括第18空降军，辖第82空降师和第101空中突击师，第12战斗航空旅，以及三个重装兵团——第24机械化师、第1骑兵师和第3装甲骑兵团。在10月底同参谋长联席会议主席科林·鲍威尔将军的会晤中，施瓦茨科普夫提出要求并获得了一股更庞大的力量：调自德国，由弗雷德里克·M. 弗兰克斯中将指挥的第7军。对辖内部队加以调整后，该军编有两个完整的装甲师（第1师、第3师），外加调自美国本土的第1机械化步兵师。后来，弗兰克斯又把第1骑兵师纳入麾下，这使第7军成为美国陆军历史上最强大的装甲军。他们的装备堪称一流：坦克完全由 M1–A1“艾布拉姆斯”主战坦克构成，其 120 毫米主炮发射的新式贫铀弹加大了浸透力。而搭乘 M–2“布拉德利”装甲运兵车的步兵则是使用车载 25 毫米链炮从事战斗。很显然，美军策划人员正考虑对伊拉克采取进攻行动，“沙漠盾牌”即将变为“沙漠风暴”。

联军部队显著加强了美军的实力。例如，第 7 军编有英国第 1 装甲师，第 18 空降军编有法国第 6 轻型装甲师。大批阿拉伯（伊斯兰）部队编为两个军：北线联合部队（JFC–N）和东线联合部队（JFC–E）。其中包括埃及一个军（1 个装甲师、1 个机械化师和 1 个别动团）和叙利亚提供的一个装甲师和一个特种部队团（尚是个未知数，也是联军中唯一主要装备苏制武器的兵团）。另外还有沙特皇家陆军、国民警卫队和海军陆战队的大批力量；科威特军队设法逃脱萨达姆绞索的残部；海湾合作委员会另外四个成员国的军队（巴林、卡塔尔、阿曼、阿拉伯联合酋长国）；来自摩洛哥（第 6 机械化步兵团）、巴基斯坦、孟加拉国（第 1 东孟加拉步兵营）的小股部队；来自阿富汗的 300 名圣战者（主要担任宪兵）；以及来自尼日尔和塞内加尔的步兵营[30]。

作战策划由中央司令部司令兼中央司令部陆军（ARCENT）司令施瓦茨科普夫将军、第 3 集团军司令约翰·约索克将军和第 7 军军长弗兰克斯将军（该军显然将成为联军的进攻主力）负责。目前，关于作战行动的发起尚存在一些一直没能得到彻底解决的争执[31]。可以说，美军策划人员从一开始就设想了一个单翼包围伊拉克军队右（西）翼的方案——待更多美军部队开抵后，这场包围向左进一步延伸，范围越来越大且越来越深入。所有人都赞同战略欺骗的必要性，随着美军部队不断开至，佯动的数量有所增加。最终有三个行动：一个从南面直接发起，沿边境线对伊拉克军队的阵地展开正面冲击；第二个是以海军陆战队发起两栖登陆，直接攻入科威特城或其周边；第三个则沿巴延干谷推进，这条干河床沿科威特西部边境延伸，是进入伊拉克阵地的一条高速公路。伊拉克军队的部署清楚地表明，萨达姆的高级指挥部门预料到这三个进攻方向，特别是最后一个。伊军策划人员显然打算在联军从干谷出现时就对其施以某种侧翼打击。美军策划人员最关心的是以联军集结起的装甲铁拳痛击伊拉克军队的必要性。他们不想让这些坦克徒劳无获。施瓦茨科普夫将军给第一场作战会议定下基调，告诉麾下指挥官们，共和国卫队是萨达姆的“重心”，他想消灭这股力量，而不仅仅是将对方击退、战败或重创[32]。

再一次的，三位主要指挥官（施瓦茨科普夫、约素克、弗兰克斯）似乎想法一致：穿过巴延干谷西面的“南部沙漠”，那是一片深邃而又荒凉的地区，几乎没有地形特征，更没有道路。实际上，至少有一位民间分析人士（詹姆斯·F. 邓尼根）在战役爆发前便已提出这项建议[33]。1990 年 12 月 21 日，弗兰克斯把军作战计划呈交鲍威尔将军和国防部长理查德·切尼，该计划要求在最后时刻将整个第 7 军（14.5 万人和 6 万部车辆）调至干谷左（西）侧。弗兰克斯将这番调动比作四分卫在争球线上“喊暗号”，后来，施瓦茨科普夫从橄榄球隐喻库中找了个更好的词，将这场机动称为“万福玛丽亚长传”[34]。干谷西面，守卫沙特—科威特边境的既设阵地较为薄弱，被称作“萨达姆防线”，伊拉克指挥部门将该防线视为平静地段，仅以几个实力虚弱、过度拉伸的步兵师遂行防御。毕竟没有哪位明智的指挥官会把一支庞大的装甲力量投入到如此荒凉的地域。

这番新部署迫使第 7 军摆出两个不同的作战姿态。该军右侧，第 1 步兵师对伊拉克军队的防御工事展开了一场系统性破坏行动，英国第 1 装甲师紧随其后，再往后是该军庞大的补给车队。该军左翼组建起了一个强大的机动群，绕过伊拉克军队的防御阵地并进入其后方。而强有力的装甲师则成了战役突破重点——在穿过伊军防线后，他们就向北疾进，迅速转向右侧，粉碎伊拉克共和国卫队师的右翼。如果一切顺利的话，就算伊拉克人发现联军所在的位置也已为时过晚[35]。

第 7 军左侧更远处，第 18 空降军也有两项任务。首先，该军将为第 7 军提供侧翼掩护，以免后者遭遇恰巧潜伏在附近的伊拉克军队。其次，第 18 空降军将利用他们强大的直升机机动能力深入伊拉克境内，在那里建立一系列前进基地，沿 8 号公路（这是该地区最主要的南北向路线）逼近幼发拉底河，封锁共和国卫队后撤路线。该军辖内第 24 机械化师也将随第 7 军一同转向东面，参加歼灭伊拉克共和国卫队的行动[36]。

虽然计划中投入的军力能让最顽固的人都感到满意，但也不乏计谋所做出的贡献。为了把第 7 军的意图隐瞒到最后一刻，第 1 骑兵师将沿巴延干谷展开了一场佯攻。此举的目的是证实伊拉克指挥官们的错误判断，让他们相信那里是联军的主要突击方向，并把注意力集中在南面，而打击的铁锤实际上从西面落下。完成这项任务后，第 1 骑兵师将重返第 7 军建制，加入歼灭共和国卫队的战斗高潮。

与此同时，联军战线中央和右侧也采取了同样的行动，让伊拉克人相信联军的主要突击将直接攻入科威特。紧邻第 7 军右翼的是北线联合部队（埃及第 4 装甲师、埃及第3机械化师、叙利亚第9装甲师、沙特“哈利德”和“萨阿德”特遣队)。他们将沿干谷及其东面展开正面推进，而美军通信支队则以遍布空中的虚假无线电通信模拟出多个军的一场进攻。继续向东调动的美国海军陆战队第1远征队(第1和第2海军陆战师，海军陆战队第1飞行联队提供支援)将展开真正的行动，于拂晓前突入伊拉克军队的筑垒阵地。对伊拉克指挥部门来说，美国海军陆战队的存在也是个迹象，它表明联军的主要目的是从南面直接发起一场打击。实际上，美军指挥部门还大声宣布海军陆战队第2远征队正开赴波斯湾。对美国海军陆战队的恐惧使伊拉克指挥部门至少将三个师(两个步兵师、一个装甲师)部署在科威特城及其附近。最后，东线联合部队占据海岸线——这是一支彻头彻尾的联合军队，由九个阿拉伯(伊斯兰)国家的军队构成。

地面进攻发起前是一场军事史上出现过的最猛烈的空袭。同当年在朝鲜一样，空军再次处于整个国度匍匐在其脚下的有利境地。中央司令部空军(CENTAF)司令查尔斯·A. 霍纳中将，既具备比以往任何空袭更精确地实施轰炸的技术，也拥有对他或施瓦茨科普夫将军希望打击的任何目标展开攻击的实力[37]。分析人士通常会描述一场分为四个阶段的空战:(1)摧毁伊拉克境内的战略目标;(2)压制伊拉克防空力量;(3)在科威特战区对伊拉克地面部队展开行动;(4)为地面战役提供近距离空中支援。实际上，从1月17日凌晨起，空中战役便反复从一个阶段发展到另一个阶段，然后再折返重复这个过程。霍纳将军后来称，“四个阶段”的说法主要是用来向包括美国总统在内的公众介绍情况。他指出:“你必须有‘这些阶段’，因为你知道你得向总统做简报，因此它必须通俗易懂，要言之有理，还必须完整。”[38]另外，他也很不满意战争战术、战役、战略层级的鲜明区分，尽管地面部队指挥官对此习以为常。他认为这些词已变得“毫无意义且失去作用”，而且“经常被用于分化人”，而不是揭示战争的客观真理。

这对飞行员来说毫无意义。我的战术战斗机(战术)飞到巴格达(战役)杀掉萨达姆(战略)……所以，谈及空中计划和空中行动时，我尽量不用这些词。空中力量从本质上说非常简单:战机的航程可以迅速飞越极其广阔的区域，并准确打击距离基地很近或很远的目标。仅此而已。[39]

他们在实战中实现了上面的“航程”和“打击”。最初的攻击以 F-117 隐形战机和海军“战斧”巡航导弹为主导，给伊拉克指挥部造成再也无法恢复的破坏。战役头几分钟的目标包括巴格达及其周边的指挥控制设施和发电厂，以及总统府和复兴党总部。受损最严重的是位于伊拉克首都的国家防空指挥中心，被一架 F-117 投下的一枚精确制导炸弹所摧毁[40]——飞行员设法将他的炸弹投入这座建筑的一个通风井——美国民众通过电视一遍遍见证了这幅令人难以置信的战斗画面。在打瞎伊拉克防空指挥体系后，联军庞大的空中打击力量在伊拉克上空肆意逡巡。空军将这个空中巨兽称为“大猩猩”——由于它蹂躏了下方伊拉克从事战争的能力，这似乎是个恰当的比喻[41]。包括 F-111、F-4G、F-15E、B-52、海军 F-18“大黄蜂”在内的各种战机，在 EF-111“渡鸦”实施雷达干扰的支援下，以一个个攻击波次打击伊拉克防空设施、机场、固定和移动式“飞毛腿”导弹发射架、疑似化学武器存储区等目标。实施轰炸没过一个小时，联军便赢得绝对制空权。

战役首日结束时，对伊拉克实施一场分阶段空袭的部署已失去意义。联军几乎同时完成了第一和第二阶段的行动。尽管对伊拉克境内目标的空袭仍在继续，但美国空军的 B-52 轰炸机于次日前已着手打击盘踞在科威特的伊拉克共和国卫队，一份无情的轰炸时间表就此开始执行，整场战争期间，他们每个小时都会对共和国卫队实施轰炸，每天持续 24 小时。与此同时，F-15 和 F-111 忙着摧毁幼发拉底河上的公路和铁路桥，后者是伊拉克共和国卫队的主要逃生路线。150 多架加油机也以一套错综复杂的模式在空中翱翔，为 4–6 架战机补充燃料。空中力量打击伊拉克前线部队和后方基地，以及二者之间的交通和补给线，这些行动同时进行。这就是“战役级空中作战”，德国空军于 1925 年率先创造的这个术语得到了完美的实施[42]。

空中战役也遇到过一些小麻烦。首先是天气——战役开局深具胜利前景，但这场空战随后不得不面对持续十天的大雾、低云和降雨天气。更严重的问题是大批空中力量突然被调离，用于搜寻沙漠中的移动式“飞毛腿”导弹发射车。这场行动非常必要，因为空中战役次日（1 月 18 日），萨达姆·侯赛因发射了 7 枚“飞毛腿”导弹袭击以色列。这种发射车很小，基本上是以八轮卡车改装而成，事实证明，即便以联军掌握的高科技手段也很难确定目标的准确位置。另一个未能发挥作用的因素是伊拉克空军。少量挑战联军空中力量的伊拉克战机付出了代价。没过一周，伊拉克空军基本被消灭，幸免于难的战机逃入伊朗。

接下来四周，盘踞在科威特战区的伊拉克军队无所作为，遭到联军不分昼夜的猛烈轰炸。B–52 对其实施面积轰炸，而联军的战斗轰炸机将他们的车辆和火炮逐一摧毁，霍纳将军称之为“猎坦克”[43]。可以毫不夸张地说，伊拉克军队在这五周内目睹了试图为他们运送补给和零配件的每一支车队葬身火海。当然，这些卡车最终止步不前，使伊拉克军队士气受到了不可逆转的影响。

众所周知，这场地面战役只进行了 100 个小时，任何一位美军指挥官都无法指望比这更加顺利的行动。率先发起的是 1991 年 2 月 26 日（译注：24 日）的牵制行动，当日清晨 4 点，第 1 骑兵师沿巴延干谷推进，而海军陆战队则对“萨达姆防线”直接发起冲击，位于其两侧的是两支阿拉伯军队。联军几乎在各处的攻势中都取得了进展。刚刚听说行动计划时，一些陆战队员认为向北突击纯属蛮干——对“机动作战”的益处讨论了十年后,现在却要实施一场正面进攻[44]。可是，两个陆战师（第 2 师居左，第 1 师居右）并排发起的进攻取得了出色进展，轻而易举地突破雷区、沙堤和伊拉克阵地的战壕,并使担任发展力量的美国陆军“猛虎”旅顺利通过。两侧的阿拉伯军队进展较慢，战役首日结束时，美国海军陆战队已楔入伊军防线，形成相当深邃的突出部。不同背景下，这种突出部可能意味着某种东西，但这里不然。因为这里已出现第一支投降的伊拉克部队。

与此同时，在西面，一场真正的风暴正在酝酿中。同样在当日清晨 4 点，第 18 空降军先遣部队跨过边境线。该军最左侧，法国第 6 轻型装甲师（“幼鹿”师）在第 82 空降师一个旅的支援下越过边境，面对伊拉克第 45 步兵师的轻微抵抗，赶往标为“罗尚博”的首日目标[45]。配属该师的一名美军士兵是这幅场景的最初见证者之一，但这一幕在接下来四天会变得司空见惯：

“拉克第 45 步兵师”一直在伊拉克境内从事行动，这个师存在一些问题，正如战场上的残骸碎片告诉我们的那样，他们的状态不错，装备精良，而且挖掘了防御阵地。夺取断崖及其隘口前，航拍照片揭示出他们的阵地，我们认为夺取重要制高点的战斗会很激烈，估计会为此付出高昂代价。可实际情况是，我们基本没有遭遇抵抗便穿过山隘，并发现大批被抛弃的武器装备。一些武器和军装是崭新的，没有使用过，更谈不上磨损，只是被后撤中的伊拉克人丢弃了。[46]

三小时后，第 101 空中突击师主力（第 1 旅和第 2 旅第 1 营）搭乘直升机飞赴“眼镜蛇”前进作战基地，该基地深入伊拉克境内 150 千米，离军作战目标幼发拉底河尚有半数路程。300 多架直升机参加了前运部队的行动，这是历史上规模最大的空中突击[47]。“眼镜蛇”成为整个军进一步深入伊拉克展开行动的基地。例如，美国人使用巨大的油囊，两天内往该基地前运了约 151.4 万升（40 万加仑）燃料。

随着第 101 师在“眼镜蛇”基地据守军中央地段，第 24 机械化师和第 3 装甲骑兵团位于军右翼，以及法国第 6 轻型装甲师和第 82 空降师位于军左翼，第 18 空降军得以向前大力推进。这相当于第一次世界大战爆发时德国第 1 集团军的定位，只是第 18 空降军将向右，而不是向左转动，而且该军的机动依靠坦克和直升机。整个计划的关键是第 24 机械化师，该师与第 3 装甲骑兵团协同行动，将向北攻往 8 号公路（与幼发拉底河相平行），然后转身向右，冲往伊拉克的大城市巴士拉，切断伊拉克通往科威特战区的交通线。法军和第 101 师就位后，第 24 机械化师于当日下午 3 点冒着遮天蔽日的沙尘暴越过边境，傍晚前，该师主力已深入伊拉克境内超过 40 千米，显然仍未被对方发现。

虽然最初的计划要求第 7 军在地面战役打响的次日投入进攻，但战线各地段赢得的初期胜利促使施瓦茨科普夫加快了步伐。2 月 24 日下午 3 点，弗兰克斯将军命令美国历史上最强大的装甲兵团跨过边境。随着第 1 骑兵师（仍在中央司令部控制下）将六个伊拉克师牵制在军右翼的巴延干谷，第 1 机械化步兵师趁机在军中央地段对面的伊军阵地（主要是铁丝网和地雷）上打开了一系列突破口。该师随后坚守突破口，以便英国第 1 装甲师（辖第 7 装甲旅，也就是二战中大名鼎鼎的“沙漠之鼠”）通过。这个过程耗费整整一天时间，雷区造成的麻烦远远超过伊拉克人在西面这片地域实施的轻微抵抗。就连美国国防部热情洋溢的最终报告也将第 1 机械化步兵师的行动描述为“值得商榷”[48]。在此期间，该军左侧，第 2 装甲骑兵团向北推进，为身后并肩前进的两个装甲师（第 1 装甲师居左，第 3 装甲师居右）清理出一条通道。他们取得出色进展，但第 1 机械化步兵师在伊拉克雷区前的缓慢行动促使弗兰克斯将军命令全军停止行动并停留在原地过夜，这个“战役暂停”几乎令施瓦茨科普夫勃然大怒，弗兰克斯这道命令时至今日仍存有争议[49]。同样，倘若换作另一场战争，这里的情况可能会截然不同，但实际上第 7 军在那时候已开始接受伊拉克步兵的投降。

战役次日，第 18 空降军继续发展进攻，几乎没有受到阻碍。第 101 师第 3 旅对边境集结区以北 281 千米，纳西里耶西面的幼发拉底河河岸实施空中突击[50]。这是历史上最深远的空中突击，而第 18 空降军正努力解决一个问题：如何处理落入他们手中的数千名俘虏。第 24 机械化师在一个庞大的战斗队形中推进，继续在军右翼迅速向前。东面，海军陆战队和他们的两支阿拉伯护卫队一路向北攻往科威特城，实际上，美国情报部门已将新式联合监视目标攻击雷达系统（JSTARS）收集到的信息同步传送给了美军指挥官，他们发现大批伊拉克人逃离科威特，沿离开科威特城的两条公路向北逃窜。于是第 7 军恢复向北的推进，犹如一部庞大的破城槌：最前方的是第 1 装甲师、第 2 装甲骑兵团和第 3 装甲师，英国第 1 装甲师位于第 2 装甲骑兵团身后，第 1 机械化步兵师则在英军装甲师后方。

第 7 军将在战役第三天（2 月 26 日）同伊拉克人发生接触，并以自己的风格从事战斗。当日上午，弗兰克斯跨过"粉碎"调整线并完成转向。现在，他的三个师和一个装甲骑兵团正面朝东：第 1 装甲师位于北面，第 3 装甲师紧邻其右侧，然后是第 2 装甲骑兵团和第 1 机械化步兵师。当日下午，第 2 装甲骑兵团在地图上标为"东相线 73"处率先同敌人发生接触[51]。冒着一场沙尘暴，第 2 装甲骑兵团插入两个伊拉克师（第 12 装甲师和"信赖真主"机械化师）之间，在"阿帕奇"武装直升机的支援下，依靠他们的热成像系统给对方带去一场浩劫。在该团的打击下，伊拉克军队的坦克和装甲运兵车损失惨重。当晚，美军第 3 装甲师冲入"信赖真主"师侧翼，基本将该师消灭殆尽，而自身的损失极其轻微。次日，弗兰克斯返回指挥所。此时，另外三个装甲兵团也排列在战线上：第 1 机械化步兵师位于南面，该师打开突破口后已完成集结，他们匆匆向北而去，穿过结束东相线 73 之战的第 2 装甲骑兵团；第 24 机械化步兵师仍隶属第 18 空降军，该师的推进路程最远，达到 402 千米，几乎把他们的油罐车远远甩在后面；第 1 骑兵师结束佯攻后返回巴延干谷。

战役第四天，弗兰克斯的铁锤落下：多个师展开协同一致的突击，砸向他对面的几个伊拉克共和国卫队师，激战持续到了大半夜[52]。伊拉克共和国卫队被迫将他们的防线从南面仓促转向西面，但一直没能建立起一道绵亘防线。美军享有制空权，并获得大批武装直升机支援，在人员、装备和弹药方面占有绝对优势，伊拉克方面根本无法抵挡他们的进攻。M1–A1 坦克射出的贫铀穿甲弹不仅能击毁敌坦克，通常还能将敌方炮塔摧毁，有时候甚至射穿第一辆敌坦克后又命中第二辆敌坦克，将后者一并击毁。此外，这款坦克还能轻而易举地冲破伊拉克人的防御阵地和沙堤。事实证明，美军面对的主要问题是保持协同和避免友军火力误伤事件。

在这方面，高科技同样起到帮助，如全球定位系统（GPS）就发挥了极其重要的作用。“信赖真主”师和第12装甲师残部率先崩溃，“麦地那”师和“阿德南”师紧随其后。战斗最北端，第24机械化步兵师结束长途跋涉，同伊拉克“汉谟拉比”师展开鏖战并将其粉碎，于清晨结束了战斗。

在这场战役中，以美国为首的联军从事了一场堪称完美的机动作战。联合国军重装部队没有对伊拉克军队设在科威特的主防御阵地展开正面进攻，而是选择了堪称作战艺术经典范例的单翼包围，从而构成一场就连拿破仑也会为之自豪的敌后机动（manoeuvre sur les derrières）。这场大范围卷击的发力点是左翼，具体说来就是美国第7军和第18空降军。他们利用机械化和空中机动的速度，深深楔入伊拉克防御阵地侧翼，令守军猝不及防且应对方式漏洞百出，这两个左翼军设法歼灭了伊拉克部署在科威特西部的大部分作战力量。在毁灭性空中力量的支援下，两个军迎战并粉碎敌预备队，即伊拉克大肆吹嘘的共和国卫队，同时对负隅顽抗的伊军防线实施打击。伊拉克七个共和国卫队师中，“信赖真主”师和“麦地那”师被彻底歼灭，“汉谟拉比”师和“阿德南”师遭受重创。在同“汉谟拉比”师交锋的过程中，美军第24机械化步兵师的伤亡清单上只有一人负伤[53]。残存的共和国卫队师向北逃窜，他们将在接下来几周镇压国内动乱并维持萨达姆政权方面发挥重要作用。

评价“沙漠风暴”

“沙漠风暴”是美国军事史上最成功的战役。它以创纪录的时间解放了科威特，并粉碎萨达姆·侯赛因从事战争的能力，尽管后者和他的政权会展现出惊人的生命力。虽说伊拉克人作战表现欠佳，指挥官的表现也很拙劣，但“沙漠风暴”的确将一支庞大的机械化军队逐出了强大的筑垒阵地，随后以微乎其微的代价将其歼灭。不到四天的战斗中，联军消灭伊拉克30多个师，缴获或击毁近4000辆坦克，俘获约9万名俘虏——这场战役可以同历史上最伟大的歼灭战相媲美。美军阵亡人数不到300（战前对伤亡人数的估计高达数万人），这个数字甚至包括一枚“飞毛腿”导弹击中宰赫兰一座兵营造成的伤亡：27人阵亡，98人负伤。另外35人（陆军和海军陆战队）的阵亡是因友军火力误击所致。

战争结束后，四下里充满夸张的说法，把这场胜利称为“军事史上的一个决定性时刻”，将其比作汉尼拔在坎尼赢得的胜利或盟军战胜德国国防军[54]。即便最初的仓促消退后，仍存在这样一种感觉：美国陆军已到达一个里程碑，是长达20年重建进程的顶点，也是走出越南战争“这条漫漫长路”的终点。有人说，美国军队终于走上了正轨。毕竟这支军队从第一次世界大战的“方快师”到50年代后期灾难性的“五群制”模式，在20世纪经历了八次师级改组[55]，这支军队曾有一种为其自身利益，而不是为他们在战斗中有可能实现的目标组建“特遣队”的历史倾向。空地一体战的新学说最终得到了好评——在呈交国会的最终报告中，美国国防部宣称“中央司令部陆军部队作战行动的基础是空地一体战学说。空地一体战的本质是沿战场的整个广度和深度同时展开进攻，以此击败敌人。这是军及军级以上兵团实施战役行动，军以下部队遂行战术行动的知识路线图。”[56]

这种学说有多少新内容？一支训练有素、装备精良、实力更强大的军队，享有绝对制空权，对一个倒霉的对手发起一场包围进攻，将其逐出阵地并使对方做出错误判断，最终将其击败。实际上，看看作战态势图就会发现，这与1914年的施里芬计划非常相似。那个时代的一名德军参谋人员完全理解主导鲍威尔、施瓦茨科普夫、弗兰克斯作战行动的原则——决定性胜利只能通过运动战（Bewegungskrieg）这种战役层级的方式赢得。获得火力充分支援的机动是胜利的关键。一场精心策划的战役应该始终有一个明确定义的重点突破（Schwerpunkt）。这些都不是什么新东西，至少在德国人看来不是。

战役中甚至存在克劳塞维茨所说的一定数量的“摩擦”，足以让相当一部分共和国卫队逃脱。施瓦茨科普夫从一开始就把消灭共和国卫队置于优先目标名单的首位。他在回忆录中指名道姓地指责弗兰克斯将军没能全力以赴地遂行战役。他认为弗兰克斯的行动太过迟缓，这种情绪没能抑制得太久，终于在战役最后一天就占领萨夫万机场一事爆发开来，施瓦茨科普夫选中该机场作为同伊拉克人进行停战谈判的地点，在今天看来，这番争执似乎毫无意义。施瓦茨科普夫对约素克大发脾气，约素克不得不把这种怒火传递给弗兰克斯，而弗兰克斯又让第1步兵师师长约翰·雷姆少将承担了某些他不应承担的委屈。第3集团军的历史学家称之为“谁朝约翰开枪？”事件，纯属毫无意义的责任归咎，可能已经是人们所能找到的最好的描述了[57]。

实际上，在这场战争中很难见到“空地一体战”发挥的影响，更准确地说，这是一场空对地之战。也就是说，战争以一场漫长、庞大、取得巨大成功的空中战役为开始，一举摧毁伊拉克指挥网和很大一部分驻扎在科威特的伊拉克军队，以及连接二者的后勤及交通线。这是一场轰炸，尽管可能是有史以来最成功的轰炸，但仍是轰炸。随之而来的是一场精心策划的地面行动，主要突击（第 18 空降军和第 7 军从左翼实施的包围）几乎未遭遇抵抗便楔入伊拉克军队侧翼和后方，他们获得了一支庞大的近距离空中支援力量的支援，而这股空中力量同样没有遭遇抵抗。左翼的进攻，特别是第 7 军，有时候似乎更在意将其队列装扮成 19 世纪骑兵的一只巨大车轮，而不是现代机械化力量的机动[58]。这不是一系列装甲队列，而是一条目力所及之处由北向南延伸的庞大战线。其结果是，他们以势不可挡的力量冲向伊拉克人，但施瓦茨科普夫和鲍威尔都想知道，这场战斗为何会耗费这么长时间[59]。第 1 装甲师中一名颇具洞察力的年轻坦克兵说：“这就像一部描绘第二次世界大战的电影，你看看左右两侧，所有人都在战线上开火射击。”[60] 就是这样一场战役，专家们却对其“非线式”大加称赞[61]。

这也许是一场线式、以火力覆盖一切的战争，但还是非常出色。美国军队在战役层面构思、策划并执行整个战役，这在其历史上尚属首次。将两个军从巴延干谷以西地带调往左翼，把 25 万名士兵部署至一片贫瘠的沙漠荒地，可以说是美国军事史上最大胆的决定。这不仅仅是一场战术调动：第 18 空降军向左开拔 400 千米，第 7 军的行程也达到 240 千米。伊拉克人显然不知道美军这番调动，直到共和国卫队同第 7 军爆发激战才如梦初醒，这一事实表明美军在战略欺骗和虚假信息方面已变得十分熟练。美国空军持续不断的打击也导致伊拉克人无从得知美军的部署变更。而第 1 骑兵师进入干谷的佯动，以及海军陆战队从南面直接冲击伊拉克军队的防御（更不必说他们在海岸实施两栖登陆的持续威胁），则是美国战争决策中的新内容。来自 JSTARS 以及卫星监视和 GPS 不断更新的实时情报，是信息快速流动方面的巨大突破，在一定程度上会解决了最棘手的指挥控制问题。最重要的是，作战计划旨在迅速赢得一场决定性胜利，将机动、火力、消耗、破坏相结合，使之成为一个强大而又独特的美国式一揽子计划，这才是全新的东西。

世界为之改变的一天？2001年9月11日

战役级作战的前景如何？各国会在未来继续要求师、军、集团军从事战斗并赢得决定性胜利吗？ 60 年代的军事分析人士曾警告，未来属于游击战，传统的大股部队战争已成为一种危险的过时产物。今天也有类似论调，看着世贸中心曾经伫立过的那片废墟，他们发出警告，未来属于恐怖分子，并预言下一场攻击可能会涉及核武器、生物或化学武器。自 2001 年 9 月 11 日起，美国军队就有一些非常严重、必须加以解决的安全问题。这种观点认为，重新上演“黄色方案”依然无助于解决这些问题。

实际上，这是一种非常狭隘的观点。世界上没有比这更稳妥的预测了：只要有边界存在，有国家存在，就必然有人寻求以武力解决他们的分歧。今天的世界上，有六个地方明天可能会爆发大规模战争：最有可能是一处是印巴次大陆，其次一处是朝鲜半岛。现代武器的扩散（这是冷战时期的另一个不幸的副产品）持续快速增长，而且看来不会停止。美国于 2003 年 3 月入侵伊拉克，这起事件的根源是恐怖分子对纽约的袭击，也许只是该地区若干起“政权更迭”中的第一次。而我们，却尚未抵达历史的终点，相似事件是否还会发生，又于何时发生，谁也无法预料。

那么，美国军队会怎样？“沙漠风暴”的胜利，同第一、第二次世界大战的胜利一样，导致其军力严重缩减。许多在“沙漠风暴”中表现出色的部队不复存在，例如第 1 步兵师。自 1991 年以来的军事行动，包括在波斯尼亚和马其顿等地进行的各种无预期结果的维和任务；1999 年 3 月—6 月与北约盟国共同对残余南斯拉夫进行的战争完全在空中实施，并以塞尔维亚军队撤出科索沃胜利告终[62]；而在阿富汗，大举投入的美国空中力量和规模适中的地面部队，协助北方联盟推翻与从事“9・11”恐怖袭击事件的基地组织有密切关联的塔利班政权。这些都不是战役级作战，而是被定义为军级和军级以上的行动。

在阿富汗，美国陆军和海军陆战队肯定有一种兜了一圈后返回原地的感觉。在越南崩溃后，美国军队经历了弗兰克斯将军所说的一场“巨大而又深刻的转型”[63]，新军事学说，新训练方式和先进的新式武器，标志着现代战役级作战史上的一个顶点。这支军队将无与伦比的机动性与无可匹敌的火力相结合，实力远远超过其对手，完全能够随心所欲地粉碎对方。这支军队从事战争的方式结合了德国运动战的灵活性和苏联战役法的无情压力。这是为歼灭战配置的一个近乎完美的工具。

当然，这支军队目前正根据阿富汗各山地部落提供的不完整信息，以小股部队从事一场战争。他们已遭遇过许多麻烦，例如 2002 年 2 月策划、协同得都很糟糕的“蟒蛇”行动，他们把第 10 山地师辖内部队直接投入敌人的枪林弹雨中[64]。就连翱翔在空中的 B–52 战机也成为越南战争令人毛骨悚然的提醒（虽然这可能仅仅反映出这些战机有多么老迈）。阿富汗的战斗迄今为止已持续了两年，虽说塔利班领导人已逃离，但客观地说，该国的政治体系仍不稳定。这里不存在美国军队

△同所有现代军队一样，美国陆军经常就战车重型化或轻型化的优劣展开辩论。上图：美国在二战期间设计的最重型坦克，最初定型为T-28重型坦克，由于它没有炮塔，军方将其重新归类为T-95火炮载具，一门105毫米主炮安装在一个装甲厚度不下12英寸（约合30.48厘米）的球形护盾上，这部战车需要八名车组成员操纵。下图：20世纪70年代设计的XM808“纠缠者”，这是一款实验性“铰接式”车辆，以万向节连接两个四驱车体。这款战车仍在阿伯丁试验场和诺克斯堡保持着几乎各个项目的速度记录。美国陆军坦克机动车辆与军械司令部（TACOM）提供。

遭遇重大失败的威胁，但也没有赢得任何决定性胜利的希望。

那么，为何美国军队应当继续为战役级作战进行训练呢？一个原因是美国空地一体战学说明确阐述的战争原则（主动、灵敏、纵深、协调）既适用于大股部队的激烈战斗，也适用于小规模游击战。第二个原因是产生空地一体战学说的过程，即陆军智力重生实际上是以德普伊将军受到不公正指责的 1976 年版 FM 100–5 为开始，在 1982 和 1986 年的修订版中达到顶点，也许还是能给目前正在阿富汗进行的战斗提供许多东西。美国的军事精英设计了空地一体战，他们也许能以美国军事文化传统为基础，为游击战成功创造类似的解决方案。一个深具前景的开端是国家训练中心引入游击战和非常规战争，以及前四个战争原则得到第五个原则的补充：多能。

自 1991 年以来，美国陆军的整体趋势似乎正脱离大规模战役作战。军队内部出现了几个极其可疑的概念：认为美国的军事力量如此强大，以至于没有哪个对手敢在任何一种常规战争中对其发起挑战；认为克劳塞维茨所说的“战争迷雾”和“摩擦”这些概念，已随着情报和信息新技术的出现而变得陈旧过时；总之，他们相信技术已改变战争的本质，只有通过一种高度理论化的“系统逻辑”法才能对其加以理解[65]。而理论家们所做的这些异想天开的事情，以及克林顿政府资助 90 年代的维和部署及有限战争，都是以牺牲诸如训练这些基本原则为代价。TRADOC 曾领导过陆军的作战和知识革新，现在却发现自己饱受资金短缺之苦，到 2001 年 3 月，缺口高达 3.6 亿美元[66]。大规模作战的训练项目因此被放弃，到 2000 年，许多 TRADOC 学校和设施处于半关闭状态。

这个时代最荒谬的发展也许是 1993 年版 FM 100–5 中“非战争行动”概念的出现，这种奇怪的东西的确能在陆军最重要的学说手册中找到。新版手册中，军队会重视收录在 1986 年版手册中的箴言：“整个军事活动必然直接或间接地与战斗有关。一名士兵应征入伍，穿上军装，拿起武器，接受训练，以及睡眠、吃饭、饮水和行军等，这一切仅仅是为了在正确的地点和正确的时间进行战斗。”[67] 的确如此。这番话是卡尔 · 冯 · 克劳塞维茨说的。为了给军队找到冷战后存在的理由并确保国会继续拨款，“非战争行动”的概念也许是有用的，但 FM 100–5 根本没有提及飓风救灾的复杂问题或 1991 年在喀麦隆防控脑膜炎行动的细节。还有许多其他组织从事这类工作，而且可能比军队做得更好。最近重新撰写的 FM 3–0“作战篇”很不错，引入了“全谱作战”这个术语。它包括从刘易斯和克拉克的远征到旧金山大地震期间的救援工作，再到大萧条时期军队同民间资源保护队合作的一切。

这里还有 1991 年后错误转向的其他迹象。埃里克·辛塞奇将军 1999 年出任陆军参谋长后，军队开始了一个“转型”过程，朝他所说的“目标部队”方向迈进。这将是一支中等重量配置的力量，不用担心会以第 82 空降师在“沙漠盾牌”初期的那种方式充当“减速带”，但也有足够的敏捷性，从而避免科索沃战争中“鹰”特遣队遭遇的尴尬，当时，他们的 M–1 坦克和“布拉德利”步兵战车太重，无法用于该地区恶劣的道路和轻型桥梁。据说“目标部队”更易于部署，因而更适合低强度与维和任务——而这类任务，似乎正在越来越多地主导军队的议程[68]。

实际上，美国陆军似乎无意间踏上一条两次世界大战之间的理论家们非常熟悉的道路。和平时期，规划者们往往青睐于车辆和武器装备的速度和轻便性。但“轻便”通常不过是“更小”的委婉说法，换句话说，往往是“更便宜”的代名词。待战争爆发，这些轻型车辆又被证明完全不适合现代作战。英国军队在二战初期

△美国陆军目前正抛弃他们传统的重型机械化配置，进入“转型”领域。图 ❶：今天的问号。新型LAV（轻型装甲车）——更轻、更具机动性、更易于部署到遥远的麻烦发生处。图❷：美国陆军久经考验的装备，其威力或许是当代任何一支军队都难以应对的。沙漠演习期间排列的11辆M-1主战坦克。美国陆军坦克机动车辆与军械司令部（TACOM）提供。

的经历似乎值得在当前背景下加以回忆，当时，他们的轻型战车和“小坦克”在其装甲力量中所占的比例非常大，结果惨遭厄运。一支经过验证，拥有无与伦比的机动性和破坏力的高素质军队，例如1991年的美国陆军，却由于阿尔巴尼亚的桥梁状况对自身做出彻底改变，听上去不可思议，可这种情况正在发生。

但军队保留其重装力量还有最后一个理由，而且远胜于其他理由。世界的局势是个不可预测的存在。今天看似是“世界新秩序”或“历史的终结”的东西，明天也许会完全不同。想想20世纪的历史。1945年“不出五年，美军会入侵北朝鲜”的预测可能会让当代人感到困惑，因为北朝鲜当时甚至还不存在。该预测还指出，由于这场入侵，美军将同中国开战，这一点同样令人费解，因为中国当时是美国的盟友。北约成立时几乎看不到任何军事行动，又有谁料到他们会在遥远的将来轰炸南斯拉夫（这绝对不是北约的存在理由）？而美国策划者们认为必然会在某个时刻同苏联爆发的大规模战争却从未发生过。但是，大规模常规战争会继续陪伴我们左右[69]。的确，让美国陆军过早地丢掉锤子将是个愚蠢之举，最好的方法是把它留在工具箱里，为将来必然到来的某个时刻所用，届时的情况会再次要求他们取得决定性胜利。

“震慑”：伊拉克战争，2003年

以美国为首的联军于2003年对伊拉克的入侵表明战役级战争的持续相关性。虽然现在得出军事胜利的确切结论为时尚早，但有几点是显而易见的。首先，历史上没有哪场战争能比伊拉克战争更好地说明“权威见解”的危害，这种即时分析现在由24小时不间断播出的有线新闻网提供。战争刚刚爆发便出现大量不受约束、通常都很荒谬的讲解分析。防务部门内部或外部的权威人士先是宣布这场战役将取得压倒性胜利，联军显然会以闪电般的打击干掉萨达姆·侯赛因，颠覆其政权，而自身的伤亡会很轻微，伊拉克的基础设施也会完好无损。仅仅两天后，这些评论员中的大多数，包括大批现役和退役军官（最惊人的例子当属巴里·麦卡弗里将军），完全改变了论调。他们在后来一致认为这场战役存在严重缺陷，投入的部队太少，而且这些部队在一条难以维持的补给线之末端展开行动；另外，五角大楼似乎将整个行动置于对伊拉克民众爆发反萨达姆起义的预期，但迄今为止未出现这方面的任何迹象。一如既往，新闻媒体很快将“自由伊拉克”行动简化为两个陈词滥调。这场战役被设想成一场快速、以第三次信息技术浪潮为基础

▲ 轻巧，但威力十足：LAV（轻型装甲车）的另一个角度，这次配备了一门105毫米主炮。美国陆军坦克机动车辆与军械司令部（TACOM）提供。

的“震慑”闪电战，反而导致投入的地面力量过少。

战斗开始时，美国中央司令部司令汤米·弗兰克斯将军便预言“这场战役不同于历史上任何一场”。它包括该死的侧翼和补给线，第 3 步兵师一部全速攻往巴格达，“嵌入式记者们”现场直播正在发生的交火场面，甚至还有受过特殊训练的海豚清理乌姆盖斯尔港的水雷。“自由伊拉克”似乎表明长期承诺的将来终于到来：技术已兑现其承诺，并改变了战争的本质。实际上，这一点很难从当晚对巴格达实施首轮大规模轰炸的画面中看出，看似无穷无尽的巡航导弹波次展开接二连三的猛烈打击，精确命中建筑物和萨达姆统治的象征，但无法得出这场战争会依照一套全新规则和假设进行的结论。

如果仔细观察就会发现，大多数新奇事物最终消失不见了。实际上，这场战役非常符合传统分析方案：一支精锐但规模不大的联军部队（第一周的实力并不比一个美军师大多少），从邻国科威特攻入伊拉克。这支部队全然不顾侧翼或补给线的安全，比战争史上任何一支大型机械化部队推进得更快。一支压倒性空中力量在其上方提供掩护，能够以精确制导武器摧毁所发现的一切伊拉克军队的车辆或阵地。

不幸的是，向巴格达发起的这场闪电突击，留在身后的并非是“被占领地区”，而是一大片空白，诸如“萨达姆敢死队”这些非正规部队很快渗透进了这片真空地带。这些敢死队基本上是由几辆装有机枪的卡车组成的快速车队，在这里袭击一支队列，在那里又抓获几名俘虏的不断骚扰联军。当然，他们打击的不是前线美军主力部队，而是后方梯队，其中包括美军一个不幸的补给保障连，该连显然在纳西里耶城外转错方向并为此付出了代价。与此同时，负责确保第 3 步兵师身后补给线畅通和安全的部队，发现这项任务比预计得更难。战前情报显然认为伊拉克南部长期遭受压迫的什叶派民众会立即挺身而出，反抗萨达姆派别的压迫者。事实证明，这种预测大谬不然，当地人要么不愿，要么无法挑战伊拉克国内安全部队。这里的战争计划可能已沦为美国军方目前痴迷于系统逻辑理论的牺牲品，他们声称能预测敌方军队和政府的举动，实际上这种说法很值得怀疑。

最后一点不太重要，但联军的胜利主要因为伊拉克军队在战役层面极其拙劣的表现。伊拉克指挥部门，无论萨达姆是否仍参与其中，仅仅在美军前进路线上投入一两支部队，而不是更多力量。美军的战术优势和精确空中打击使这些倒霉的守军沦为“减速带”。第 3 步兵师刚一抵达巴格达郊区，便实施了这场战役中的一项合理创新：攻入敌首都的“迅猛突击”，这是以重型装甲部队进攻敌人力量核心的一场大胆突袭。此举向当地居民明确表明萨达姆已垮台，最终激发起已为时过晚的民众起义。它也证明关于美国军队“转型”的一切说法都不切实际——很显然，M-1 坦克组成的大股兵团还是很有用的。

不时发生的战争似乎回答了军事学说的根本问题。第一次世界大战表明现代条件下火力的优势，第二次世界大战则说明装甲和机械化的重要性。2003 年 3 月，“自由伊拉克”行动以大胆的肯定回答了“一个美军步兵师能否粉碎整个伊拉克军队”的问题。地面部队的勇猛冲击与空中力量的精确打击相结合，使敌人陷入无助状态。除此之外，要说这场胜利还意味着什么为时尚早。若考虑到这可能不是美国反恐战争中的最后一场战役，不确定性还将成倍增加。

注释：

1. 关于“五大武器”，可参阅弗兰克·N. 舒伯特和特丽萨·L. 克劳斯主编的《旋风战争：“沙漠盾牌”和“沙漠风暴”行动中的美国陆军》（华盛顿特区：军事历史中心，1995 年），第 28—33 页。

2. 约翰·哈克特将军等人合著的《第三次世界大战：1985 年 8 月》（纽约：麦克米伦出版社，1978 年）。

3. 约翰·哈克特等人合著的《第三次世界大战：1985 年 8 月》，第 21—22 页。

4. 维克托·苏沃洛夫的《苏联陆军内幕》（纽约：麦克米伦出版社，1982 年），苏沃洛夫的真名是维克托·列尊。另可参阅戴维·M. 格兰茨《泥足巨人：战争前夕的苏联红军》（堪萨斯州劳伦斯：堪萨斯大学出版社，1998 年）一书第 3—8 页。

5. 苏沃洛夫的《苏联陆军内幕》，第 161 页。

6. 同上，第 165—166 页。

7. 同上，第 167 页。

8. 这方面的情况可参阅 TRADOC 历史学家安妮·W. 查普曼的两部著作，《陆军的训练变革，1973—1990 年：概述》（弗吉尼亚州门罗堡：美国陆军训练与条令司令部，1994 年）和《国家训练中心的起源和发展》（弗吉尼亚州门罗堡：美国陆军训练与条令司令部，1997 年）。

9. 詹姆斯·R. 麦克多诺的《坚守 781 高地：现代机械化作战的寓言》（加利福尼亚州诺瓦托：要塞出版社，1988 年），第 18 页。

10. 查普曼的《国家训练中心的起源和发展》，第 85—87 页。

11. 同上，第 88 页。

12. 关于空中突击，参阅克里斯托弗·J. 佩蒂的《创世行动：国家训练中心红军空中突击的诞生》，刊登在 1990 年 9 月 /10 月的《美国陆军航空文摘》，第 20—23 页；关于阿帕奇，可参阅马克·斯汪森的《沙漠中的阿帕奇》，刊登在 1990 年 9 月 /10 月的《美国陆军航空文摘》第 24—29 页。

13. 查普曼的《国家训练中心的起源和发展》，第 88 页。

14. 同上，第 90 页。另可参阅奎恩·G. 约翰逊的《他们都讨厌国家训练中心莫哈韦沙漠里的坏蛋》，刊登在《陆军杂志》第 37 卷，1987 年 6 月第 6 期，第 42—49 页；丹尼斯·斯蒂尔的《红军：朋友和敌人》，刊登在《陆军杂志》第 38 卷，1988 年 12 月第 12 期，第 28—32 页；威廉·H. 麦克迈克尔的《国家训练中心的红军：不仅仅是主场优势》，刊登在《士兵杂志》第 45 卷，1990 年 3 月第 3 期，第 6—11 页。

15. 麦克多诺的《坚守 781 高地：现代机械化作战的寓言》，第 12 页。

16. 同上，第 22—23 页。

17. 同上，第 12—13 页。

18. 参阅马克·P. 赫特林和詹姆斯·波伊斯塞勒的《沙漠时代的到来：二十年历史的国家训练中心》，刊登在《军事评论》第 81 卷，2001 年 9 月 /10 月第 5 期，第 64—71 页。赫特林上校是欧文堡国家训练中心作战组指挥官，波伊斯塞勒中校是他的策划主任。引文摘自第 66—67 页。

19. 关于 BCTP，可参阅查普曼《陆军的训练变革，1973—1990 年：概述》一书第 26 页；汤姆·克

兰西和小弗雷德 · 弗兰克斯将军合著的《进入风暴：指挥研究》（纽约：帕特南出版社，1997 年），第 99—104 页以第一人称的记述方式描绘了弗兰克斯将军担任第 1 装甲师师长期间的一场 BCTP- 作战人员训练。

20. 查普曼的《陆军的训练变革，1973—1990 年：概述》，第 27—30、第 44—45 页。

21. “沙漠风暴”行动在史学方面经历了多个阶段。这场战争刚一结束便出现了许多“及时著作”，基本上都是对美国在海湾地区付诸的努力持一种甚为积极，甚至有些阿谀奉承的基调。例如可参阅詹姆斯·A. 布莱克威尔的《沙漠惊雷：海湾战争的战略和战术》（纽约：班塔姆出版社，1991 年）；诺曼·弗里德曼的《沙漠中的胜利：科威特战争》（马里兰州安纳波利斯：海军研究所出版社，1991 年）；詹姆斯 · F. 邓尼根和奥斯丁 · 贝的《从盾牌到风暴：海湾战争中的高科技武器、军事战略和联盟战》（纽约：威廉 · 莫罗出版社，1992 年）；以及哈里 · 萨默斯的《战略论 II：对海湾战争的批判性分析》（纽约：戴尔平装书出版社，1992 年）。这本书的装帧并不精美，最重要的是，一位受人尊重的分析人士对萨默斯这部著作提出批评，认为它“没有反映出任何研究基础”，而且“书中谈及作者对海湾战争的观点，与他对越南战争众所周知的看法如出一辙”。参见理查德 · M. 斯温《“幸运的战争”：沙漠风暴中的第 3 集团军》（堪萨斯州莱文沃斯堡：美国陆军指挥与参谋学院出版社，1997 年）一书第 365 页。布莱克威尔的著作结合了翔实的记述、一点点无耻的溢美之词和对伊拉克军队的大肆赞扬，这也是尽量让联军的胜利看上去更加壮观的一种手段。尽管存在不可避免的错误，但一本值得称赞的早期著作是《美国新闻与世界报道，没有胜利的凯旋：海湾战争未报道的历史》（纽约：兰登书屋 - 时代图书，1992 年）。正如书名清楚表明的那样，它标志着“宿醉”效应的开始，随着萨达姆继续执政，联军的胜利看上去不再那么完整；令人遗憾的是，该书所犯的错误是把重点置于美国第 24 师，但该师的任务主要是在第 7 军左翼担任侧翼掩护。其他早期著作还包括劳伦斯·弗里德曼和埃夫拉伊姆·卡什合著的《1990—1991 年的海湾战争：新世界秩序的外交和战争》（新泽西州普林斯顿：普林斯顿大学出版社，1993 年），该书是对战争政治和战略所做的学术性分析；以及杰弗里 · 雷科德的《有名无实的胜利：对海湾战争一种相反的观点》（弗吉尼亚州麦克莱恩：布拉西出版社，1993 年）。雷科德的著作延续了关于战争成就的修正意见，指出这场战争在两个关键问题上所得甚少：美国公众对旷日持久的战争及更高伤亡人数的容忍度，以及一支全志愿者军队的“军事后劲”（第 136 页）。穆罕默德 · 海卡尔的《胜利的幻想：阿拉伯人对海湾战争的看法》（纽约：哈珀 · 柯林斯出版社，1992 年），与大多数美国人在国内媒体读到的报道相比，该书提供了一种截然不同的分析模式，因而值得强烈推荐。作者辩称（第 316 页），“装备极其精良的军队击败一支第三世界国家军队，无法同盟军战胜德国相提并论。”里克 · 阿特金森的《十字军东征：海湾战争中不为人知的故事》（波士顿：霍顿 · 米夫林出版社，1993 年）是一部出色的新闻文体式著作，尽管该书以战争爆发为开始，错过了之前几个月的漫长集结。最后，早期著作的高潮点是 H. 诺曼 · 施瓦茨科普夫与彼得 · 佩特合著的自传《身先士卒：自传》（纽约：巴兰坦出版社，1992 年）。正如书名所示，这是一部充满力量和自我的大部头著作，从这个意义上说，这是一部完美的自传。令读者们最感兴趣的是施瓦茨科普夫对第 7 军军长弗雷德里克·弗兰克斯将军所持的敌意。初期的一系列著作推出后，出现了一段“战役间歇”，到 1994 年已经有评论说“由于 1991 年春季对沙漠黄异乎寻常的热情，1990—1991 年的海湾战争已从公众视野消失”。参阅理查德 · 斯温在《军事史杂志》第 58 卷，1994 年 1 月第 1 期第 176 页对弗里德曼 / 卡什和雷科德相关著作的评论。1998 年，阿尔贝托 · 宾、理查德 · 希尔和阿彻 · 琼斯推出一部名叫《沙漠风暴：一场被遗忘的战争》（康涅狄格州韦斯特波特：普雷格出版社，1998 年）的著作，从而复活了军事历史词典中最古老的陈词滥调。书中的大部分内容是对第一人称记述的大量引用，战争结束七年后推出这样一部著作令人惊奇。另一些饶有趣味的著作涵盖了这场战争的特殊部分，例如詹姆斯 · J. 库克的《离巴格达 100 英里：“沙漠风暴”行动中同法国人在一起》（康涅狄格州韦斯特波特：普雷格出版社，1993 年），该书记述的是一名派至法国“幼鹿”师的美国学者兼国民警卫队军官的经历，他在该书第 48—49 页对法国军队口粮的描述令人难忘；海军陆战队的说法可参阅肖恩 · T. 库格林的《沙漠中的风暴：一名海军陆战队中尉在海湾战争中的逐日记录》（北卡罗来纳州杰斐逊：麦克法兰出版社，1996 年）；关于空降师则可参阅多米尼克 · J.

卡拉奇罗的《沙漠风暴中的第 82 空降师战备旅：指挥部直属连连长的作战回忆录》(北卡罗来纳州杰斐逊：麦克法兰出版社，1993 年)，以及爱德华 · M. 弗拉纳根的《闪电：海湾战争中的第 101 师》(华盛顿特区：布拉西出版社，1994 年)；关于装甲作战的经历，可参阅亚历克斯 · 弗农的《俄里翁之眼：海湾战争中的五名坦克中尉》(俄亥俄州肯特：肯特州立大学出版社，1999 年)。官方著作不可或缺：《海湾战争的实施：根据 1991 年海湾战争补充授权和参战人员利益法案（公法 102-25）第五章呈交国会的最终报告》，由国防部长办公室推出，是一部庞大、全面、出色的著作；舒伯特和克劳斯主编的《旋风战争："沙漠盾牌"和"沙漠风暴"行动中的美国陆军》是一部更短、更简练的著作，但同样出色；小罗伯特 · H. 斯凯尔斯的《必胜：海湾战争中的美国陆军》(华盛顿特区：布拉西出版社，1994 年)是一部没有太多专业术语的著作，面向公众和军方；佩里 · D. 贾米森令人期待已久的空军历史著作《有利可图的目标：科威特战区的美国空军》(华盛顿特区：空军历史与博物馆计划，2001 年)是一部简练、论证充分的著作。最后要特别提及两部著作。迈克尔 · R. 戈登和伯纳德 · E. 特雷纳合著的《将军们的战争：海湾战争内幕》(波士顿：小布朗出版社，1995 年)是一篇出色的分析，作者在政府和国防机构的诸多联系人为他提供了帮助。他们认为伊拉克军队对哈夫吉的未遂进攻导致美军的进攻方式丧失作用至关重要：它促使美国海军陆战队扩大他们在东面的牵制行动，迫使施瓦茨科普夫过早投入第 7 军，从而彻底弄乱了"沙漠风暴"。斯温的《"幸运的战争"：沙漠风暴中的第 3 集团军》，是第 3 集团军军史处所写的官方史。这本书提供了缺失的环节。战区司令施瓦茨科普夫和各位军长写了很多，但斯温终于描述了第 3 集团军发挥的作用，以及该集团军司令约素克将军在行动取得成功方面应得的功劳。他这部著作可谓官方史与批判性分析之间取得艰难平衡的一个典型范例；书中消极的一面是他不断吹毛求疵地反对军事理论，特别是高级军事研究学院，斯温称之为"红条纹兄弟会"，他认为这个邪恶的阴谋集团以一种"通常都墨守成规的作战方式"主导军队的策划工作（第 206 页）。这也许是实情，若真是这样，他就应该在另一部著作中更系统性地发展这些论点。

22. 布莱克威尔的《沙漠惊雷：海湾战争的战略和战术》，第 69 页。

23. 著名的军事分析家戴维 · H. 哈克沃斯将"沙漠风暴"称为"一切军事异常现象之母，它本身就是一场战争，而非未来的一个模式"。参见《一场幸运战争的教训》，刊登在 1991 年 3 月 11 日的《新闻周刊》第 49 页。另可参阅博 · 爱尔德里奇的《沙漠风暴：所有战斗之母》，刊登在《指挥杂志》1991 年 11 月 /12 月第 13 期，第 38 页。

24. 关于"内观 90"，可参阅斯温《"幸运的战争"：沙漠风暴中的第 3 集团军》一书第 9—11 页。

25. 贾米森的《有利可图的目标：科威特战区的美国空军》，第 4—6 页。

26. 布莱克威尔的《沙漠惊雷：海湾战争的战略和战术》，第 95 页。

27. 参阅施瓦茨科普夫《身先士卒：自传》一书第 310 页；卡拉奇罗《沙漠风暴中的第 82 空降师战备旅：指挥部直属连连长的作战回忆录》一书第 29 页。

28. 布莱克威尔的《沙漠惊雷：海湾战争的战略和战术》，第 100 页。

29. 贾米森的《有利可图的目标：科威特战区的美国空军》，第 7 页。

30. 关于这种令人眼花缭乱的战斗序列，特别是阿拉伯（伊斯兰）军队，可参阅《海湾战争的实施：根据 1991 年海湾战争补充授权和参战人员利益法案（公法 102-25）第五章呈交国会的最终报告》第 236—237 页；舒伯特和克劳斯主编的《旋风战争："沙漠盾牌"和"沙漠风暴"行动中的美国陆军》第 133 页。

31. 关于各种主张，可参阅施瓦茨科普夫《身先士卒：自传》一书第 380—384 页；克兰西和弗兰克斯《进入风暴：指挥研究》一书第 225—235 页；而斯温在《"幸运的战争"：沙漠风暴中的第 3 集团军》一书中将最大的成绩归功于第 3 集团军司令约素克（第 129—131 页）。

32. 施瓦茨科普夫的《身先士卒：自传》第 381—382 页。

33. 詹姆斯·F. 邓尼根的《如何在波斯湾从事战斗》，刊登在《战略与战术杂志》1990 年 11 月第 139 期，第 8—9 页。这篇文章也成为奥斯丁·贝《阿拉伯人的噩梦：1990 年的海湾危机》一文的侧栏补充内容，后一篇文章刊登在《战略与战术杂志》1990 年 11 月第 139 期，第 5—6、第 60—61 页。

34.“万福玛丽亚长传”一词是否适合这场机动这个“关键”问题，得到的关注远远超过其应得的程度。弗兰克斯拒不接受这个比拟，参见克兰西和弗兰克斯《进入风暴：指挥研究》一书第 452—453 页。拉里·E. 凯布尔的《沙箱游戏：地面战学说、战斗和结果》，收录于威廉·黑德和小厄尔·H. 蒂尔福德主编的《沙漠之鹰：回顾美国参加的海湾战争》（康涅狄格州韦斯特波特：普雷格出版社，1996 年），对这个不是问题的问题进行了明确的讨论（第 187—189 页）。海卡尔的《胜利的幻想：阿拉伯人对海湾战争的看法》是唯一一部指出这个词“以一名穆斯林的观点看品位不高”的著作。

35. 参阅第 7 军军史处彼得·S. 金斯瓦特尔所写的文章《海湾战争中的第 7 军：“沙漠风暴”的部署和准备》，刊登在《军事评论》第 72 卷，1992 年 1 月第 1 期，第 2—16 页。特别参见他对 1991 年 1 月初 BCTP 领导的军地图演习所做的评论，第 12—13 页。

36. 关于第 18 空降军的策划工作，参阅卡拉奇罗的《沙漠风暴中的第 82 空降师战备旅：指挥部直属连连长的作战回忆录》，以及弗拉纳根的《闪电：海湾战争中的第 101 师》；关于该军的作战学说（并未专门针对“沙漠风暴”），可参阅该军军长加里·E. 勒克的文章《第 18 空降军：将力量置于地面》，刊登在《军事评论》第 72 卷，1992 年 4 月第 4 期，第 2—13 页。

37. 参阅汤姆·克兰西与查克·霍纳将军合著的《势如猛虎：海湾空战》（纽约：伯克利出版社，2000 年）。克兰西在书中采用了与他和弗兰克斯将军合著的《进入风暴：指挥研究》一书同样的结构：许多克兰西独特的高科技悬念风格，加之霍纳将军大量朴素的第一人称叙述，后者对历史学家们的作用远远超过前者。

38. 贾米森的《有利可图的目标：科威特战区的美国空军》，第 35 页。

39. 克兰西和查克·霍纳将军的《势如猛虎：海湾空战》，第 16 页。

40. 贾米森的《有利可图的目标：科威特战区的美国空军》，第 42 页。

41. 同上。

42. 明确的阐述可参阅詹姆斯·S. 科勒姆的《德国空军：创造战役级空中作战，1918—1940 年》（劳伦斯：堪萨斯大学出版社，1997 年）。

43. 贾米森的《有利可图的目标：科威特战区的美国空军》，第 81—83 页。

44. 库格林《沙漠中的风暴：一名海军陆战队中尉在海湾战争中的逐日记录》一书第 82—83 页，“所有人都震惊不已，这个计划看上去愚蠢至极。”尽管他听说使用了所有“机动作战的词汇”，但对于这场进攻如何能做到“快速而又猛烈”，“我只想知道，如果海军陆战队的指挥官们只是计划直接冲击伊拉克军队的防御，又如何能实施机动作战呢？”（第 83 页）

45. 小雷蒙德·E. 贝尔《法国轻型装甲师：轻型机械化师的遗产》一文从法国传统骑兵学说的观点分析“幼鹿”师的任务，刊登在《军事评论》第 79 卷，1999 年 11 月—12 月第 6 期，第 81—84 页。

46. 库克的《离巴格达 100 英里：“沙漠风暴”行动中同法国人在一起》，第 100 页。

47. 国防部长办公室提交的《海湾战争的实施：根据 1991 年海湾战争补充授权和参战人员利益法案（公法 102-25）第五章呈交国会的最终报告》第 261 页；而弗拉纳根在《闪电：海湾战争中的第

101 师》一书中使用的话语稍有些不同，“军事史上规模最大的空中突击，也是最漫长的一天”（第 167 页）。

48. 国防部长办公室提交的《海湾战争的实施：根据 1991 年海湾战争补充授权和参战人员利益法案（公法 102-25）第五章呈交国会的最终报告》，第 264 页。

49.“战役暂停”的概念，其预定持续时间，甚至其准确的含义，一直没有令人满意的解释。对这个“准学说术语”的最佳探讨可参阅斯温《“幸运的战争”：沙漠风暴中的第 3 集团军》一书第 112—114、第 123 页。一如既往，他将此归咎于“高级军事研究学院那帮绝地骑士和他们通常都很墨守成规的作战方式”造成的祸害。

50. 对攻往幼发拉底河这一行动的最佳阐述当属弗拉纳根的《闪电：海湾战争中的第 101 师》，参阅该书第 179—191 页。

51. 对东相线 73 之战的出色阐述可参阅《美国新闻与世界报道，没有胜利的凯旋：海湾战争未报道的历史》一书第 336—342 页；布莱克威尔《沙漠惊雷：海湾战争的战略和战术》一书第 201—204 页；爱尔德里奇《沙漠风暴：所有战斗之母》一书第 29、第 32 页。

52. 如果将这场战役比作一个橄榄球场，那么称之为工具箱也不无不可。斯温在《“幸运的战争”：沙漠风暴中的第 3 集团军》一书中称之为“钻头的不停转动穿透了煤层截面”（第 225 页）；施瓦茨科普夫则在《身先士卒：自传》一书中将麾下军队的推进描述为“就像一台巨大的榨果汁机里的活塞”（第 466 页）。

53. 第 24 机械化步兵师师长巴里 · M. 麦卡弗里将军称之为“我所见过的最不可思议的事”。参阅爱尔德里奇《沙漠风暴：所有战斗之母》一书第 38 页。

54. 对这种过度反应的批评，可参阅雷科德《有名无实的胜利：对海湾战争一种相反的观点》一书第 136 页。

55. 约翰 · L. 罗姆约的《卓越陆军：八十年代陆军的发展》（弗吉尼亚州门罗堡：美国陆军训练与条令司令部，1997 年），第 4 页。

56. 国防部长办公室提交的《海湾战争的实施：根据 1991 年海湾战争补充授权和参战人员利益法案（公法 102-25）第五章呈交国会的最终报告》，第 237—238 页。

57. 斯温的《“幸运的战争”：沙漠风暴中的第 3 集团军》，第 295—296 页。

58. 同上，第 117—118 页，书中称之为一场“纪律严明、获得紧密控制的机动”，而非“浪漫的评论家似乎已预料到的那种为赢得胜利不惜代价，以轻骑兵冲锋的方式发起的英勇但却鲁莽的冲击”。

59. 对于“协调”在促使弗兰克斯将军采取保守做法方面发挥的作用，参阅斯蒂芬 · E. 休斯《沙漠风暴：是消耗战还是机动战？》（堪萨斯州莱文沃斯堡：高级军事研究学院，1995 年）一书第 31—33 页，副本收藏在宾夕法尼亚州卡莱尔兵营的美国陆军战争学院图书馆。

60. 迈克尔 · J. 马萨尔、唐 · M. 辛德、小詹姆斯 · A. 布莱克威尔的《沙漠风暴：海湾战争和我们从中学到的东西》（科罗拉多州博尔德：维斯特维尔出版社，1993 年），第 154 页。

61. 同上，第 142—143 页。另可参阅邓尼根和贝《从盾牌到风暴：海湾战争中的高科技武器、军事战略和联盟战》一书第 264—265 页。关于“沙漠风暴”行动“非线式”论据最极端、最荒谬的例子，可参阅希蒙 · 纳维的《寻求军事卓越：作战理论的发展》（伦敦：弗兰克 · 卡斯出版社，1997 年）一书第 323—331 页。纳维争辩道：“海湾战争造成两种军事思想的冲突。一种是以消耗战为导向，抱残守缺的派别，他们几乎是习惯性地恪守 19 世纪克劳塞维茨的观念。这种思想流派在旷日持久的两伊战争期间形成，倾向于通过人力和资源这种线式对抗的机械视角看待战争。与之对立的是机动主导作战的思想流派，他们是在历时 15 年、充满活力的理论研究工作期间发展起来的”（第 323 页）。他继续指出，“沙漠风暴”行动封闭了一个“更大的历史循环圈”。而“70 年代后期美国出现的作战范例证明，歼灭战范例的传统优势全然无效”（第 329 页）。由于缺乏相关资料，无从获知伊拉克高级指挥部门对其作战行动的看法，我们很难接受萨达姆·侯赛因的“指挥才干”在某种程度上使克劳塞维茨的学说失效这种说法的合理性。

62. 研究科索沃战争必须依靠政府和智库文件，到目前为止还没有二手资料。参见国防部《国会报告：科索沃 / 联军部队作战行动后的报告》（华盛顿特区：国防部，2000 年）；安东尼·H. 科德斯曼的《科索沃空中和导弹战争的教训和非教训》（华盛顿特区：战略与国际研究中心，1999 年）；本杰明·S. 兰贝斯的《北约对科索沃的空中战争：战略和战役评估》（华盛顿特区：兰德公司，2001 年）。兰贝斯还在《美国空中力量的转型》（纽约伊萨卡：康奈尔大学出版社，2000 年）一书中深入探讨了科索沃的空中力量。另外还可参阅北约指挥官的回忆录：韦斯利·K·克拉克的《从事现代战争：波斯尼亚、科索沃和未来之战》（纽约：公共事务出版社，2001 年）。

63. 克兰西和弗兰克斯的《进入风暴：指挥研究》，第 513 页。

64. 关于“蟒蛇”行动，可参阅一些令人痛心的新闻报道：戴维·莫尼兹的《士兵们描述的“18 小时奇迹”》，刊登在 2002 年 3 月 7 日的《今日美国》；埃斯特·施拉德尔的《简单的任务变成 18 小时的激战》，刊登在 2002 年 3 月 8 日的《洛杉矶时报》；以及《新闻周刊》2002 年 4 月 22 日刊登的《蟒蛇行动：飞行员的所见》。

65. 对“信息战”整个概念有力、通常都很有趣的破坏，可参阅 R.L. 迪纳尔多和丹尼尔·J. 休斯的《关于信息战的一些警示性思想》，刊登在《空中力量杂志》第 9 卷，1995 年冬季第 4 期，第 69—79 页。关于反对废弃克劳塞维茨学说的一个经过充分验证并完全令人信服的论证，可参阅巴里·D. 瓦茨的《克劳塞维茨所说的摩擦与未来战争》，收录于《麦克奈尔文件》第 52 期（华盛顿特区：国家战略研究所，2000 年）。瓦茨在这篇文章中的探讨范围相当广泛，借鉴使用了哲学、物理学、弗里德里希·冯·哈耶克经济学理论，以及出现在进化生物学的概念，认为无论当代技术状况如何，“摩擦”始终存在。

66. 例如可参阅肖恩·D. 内勒的《训练司令部在人力资源规划方面遭受重创》，刊登在 2000 年 9 月 4 日的《陆军时报》第 10 页；R.W. 罗杰斯和戴维·莱尔曼的《TRADOC 资金短缺达 3.6 亿：司令部冻结招募工作不会影响训练和安全》，刊登在 2001 年 3 月 10 日的《纽波特每日新闻报》；以及米基·麦卡特的《审计总署暗示陆军用于训练的资金不需要那么多》，刊登在 2001 年 3 月 27 日的《星条旗全媒体》。1991 年后的时代，与军队相关的各个领域无一幸免。参见罗恩·斯卡伯勒的《军队弹尽粮绝》，刊登在 2001 年 2 月 7 日的《华盛顿时报》。毕竟这是个一名准将可以建议其下属订阅《陆军时报》（这是一份商业出版物），以“跟上军队新政策和新概念”的时代。参阅唐纳德·N. 卡尔的《先告诉士兵们——他们是我们的保证》，刊登在《军事评论》第 79 卷，1999 年 9 月—10 月第 5 期，第 77 页。

67.1986 年版 FM 100-5，“作战篇”第 6 页。

68. 关于“转型”的入门文章，以及对辛塞奇不时大肆吹嘘的温和对待，可参阅彼得·J. 波伊尔的《军队是否会变得无关紧要？》，刊登在 2002 年 7 月 1 日的《纽约客》第 54 页。不容错过的是丹尼斯·斯蒂尔的《陆军杂志全力引领陆军转型：关于陆军 30 年彻底革新的 30 分钟课程》（美国陆军协会，2001 年）。

69. 支持“地面部队持久性”和一个“传统需要”继续存在的有力雄辩，可参阅约翰·A. 英格利什《穿越混沌：军队在理论和实践方面的下降》（康涅狄格州韦斯特波特：普雷格出版社，1996 年）一书第 153—205 页。

总结

为决定性胜利拟订一系列分类特征非常简单。一场决定性的胜利是迅速、完整的，而且为此付出的代价也相对较小。但要实现这种胜利则并不容易，过去一个世纪的军事历史表明这样的胜利是多么罕见。尽管如此，我们仍能对 1899 年以来的诸多战争展开调查，并得出关于胜利和失败的总体评价。

首先，战役层面没有赢得决定性胜利的通用方案。这里最好提一句德国的箴言，没有模式（*Kein Schema*）。的确，不存在成功的模式。流行语和时髦的东西来而又去，例如美国陆军目前的系统分析法、“信息社会”和“不对称战争”，但真正的军事知识分子现在已对此洞若观火并嗤之以鼻。与其寻求一个包罗一切的战争理论，军事规划者们倒不如遵照两位当代学者的话，让自己走入“无情的经验主义”[1]。

例如，人们也许已注意到，对 20 世纪战役的分析明确表明，努力实现机动性，并在战役层面寻求机动作战的军队，往往具有显著优势。从另一个的角度来看，没有什么比原地被动防御更容易招致作战失败的了。从第一次巴尔干战争初期战役中的保加利亚军队到坦能堡的德国军队，从斯大林格勒的苏联红军到东巴基斯坦的印度军队，赢得战役的往往是更有效实施机动的一方。

可是，真的能说机动性比火力更重要吗？上面列出的胜利军队也非常熟练地进行了诸兵种合成战，对各军兵种的火力加以协同：步兵、炮兵和后面几个例子中的空军。实际上，也许只有在一支军队能够从多点（包括正上方）更有效投射火力的情况下，机动性才能发挥作用。有效火力还可以压制敌人的有生力量和火力，从而加强友军的机动性。

换句话说，仔细研究这段时期的实际战役就会发现，机动性与火力之间的明确区别消失不见了。因此，其他看似棘手的对立面，例如“机动战”和“消耗战”这些流行语，情况同样如此。军队实施机动，使自己处于有利位置，从而以尽可能快的速度消耗敌人，也就是说歼灭对方，同时尽可能将己方损失降至最低。德国人 1940 年穿越阿登山区的优雅机动，使其军队得以在一场历时六周的战役中给敌人造成超过 120 万人的伤亡，并迫使对方三个集团军投降，而自身的损失却很轻微。1967 年，以色列人仅用六天便消灭当面之敌，他们先以一连串突击攻破埃及军队设在西奈半岛的筑垒阵地，然后以闪电般的机动前出到苏伊士运河。另外，在某些情况下可能有必要先消耗敌人，从而为实施机动创造条件。盟军 1944 年在诺曼底的战役恰好提供了这样一个范例。机动应该有一个明确的目的：歼灭敌军。两个概念密不可分，优秀的军队应该既能实施机动，又能出色协调他们的火力。具体说来，火力支援和机动力量必须在一起接受训练，相互理解，并在战场上紧密协同。对“火力”和“机动作战”的优缺点使用绝对或片面（*einseitig*）的口号，暴露出对军事行动真实性质的无知[2]。实际上，若说过去一百年赢得胜利的各支军队之间存在一种简单联系的话，那就必须指出，他们对着二者都很擅长。最后，相当重要的一点是各支军队必须认识到战争战役层级的重要性，因为他们只有在这个层级才能赢得决定性胜利。

学说与实践之间的关系同样如此。20 世纪每一支成功的军队，包括第一次巴尔干战役中的保加利亚人、两次世界大战中的德国人、苏联红军、以色列国防军或“沙漠风暴”中的美国陆军，都审慎思考并根据其地理位置、可用资源和政治局势拟定他们的军事学说。可是，无论这种学说的智力基础多么牢靠，缺乏高强度、严格、逼真的训练是绝对不行的，就像一句老话说的那样，“信而无行则死。”一支军队要想充分理解其学说，并在战争期间尽量减少摩擦，就必须在各个层级训练、训练、再训练[3]。在战役层级成功实施战争始终是一项复杂的工作，今天甚至比以往更复杂，各场交战同时发生在浅近和纵深，发生在地面、空中和“超低空”，电子战措施和反措施进行着无形但却致命的工作，几乎不变的一点是，铺天盖地的信息涌入双方指挥部。这无法即兴发挥，也没有为“新手的好运”这种概念提供任何空间。它要求军官和士兵接受所需要的充分教育。因此，战役层面的演习是现代训练一个不可替代的组成部分。不涉及部队的指挥部演习可能也很重要，对指挥官及其参谋人员提出他们在战时有可能遇到的问题，但无法替代大规模战役级野战演习。从德国国防军在 1937 年秋季演习中对一个满编装甲师加以测试，到北约在“回师德国”演习中不断提高其运输和作战能力，再到欧文堡国家训练中心制定的有史以来最艰难的训练方案，实地演习一直是，而且永远是作战艺术得以发展的关键。但不幸的是，大规模作战演习往往是预算紧缩的第一个受害者，20 年代的德国和近期的美国莫不如此。历史会证明缩减大规模作战演习的开支不是个省钱的好主意。

最后需要指出，作战成功取决于学说、训练和武器，同样取决于掌握以往战役的渊博知识。最令人难以置信的蠢事是，今日的美国陆军居然认为其技术已在某种程度上令以往战争中的一切教训丧失作用。冯·施利芬将军1910年提及的“一本名叫军事历史的书”[4]仍摊放在指挥官面前，现在比以往更需要读读它。

注释：

1. 艾略特·A. 科恩和约翰·古奇的《军事灾难：对战争失败的剖析》（纽约：自由出版社，1990年），第236页。引文摘自迪纳尔多和休斯《关于信息战一些警示性思想》一书第76页。

2. 对“火力”与“机动”之间关系的细致探讨，可参阅约翰·A·英格利什《加拿大军队与诺曼底战役：高级指挥部门的失误》一书第272页。

3. 德国人对这个问题的探讨，可参阅格赖纳少校的《以和平时期的教育和训练消除战时的摩擦》（*Kampf den Reibungen im Kriege durch Erziehung und Ausbildung im Frieden!*），刊登在《军事周刊》第120卷，1936年2月18日第32期，第1403—1408页。

4. 参见《前言》注7。

参考资料

《十四天战争》（新德里：印度政府宣传司，1972 年）。

阿弗拉罕 · 阿丹，《在苏伊士运河的河岸上：一位以色列将军亲述赎罪日战争》（加利福尼亚州诺瓦托：要塞出版社，1991 年）。

《空降作战：德方评述》（华盛顿特区：军事历史中心，1989 年）。

穆罕默德 · 阿克巴 · 汗，《对东巴危机的分析》，刊登在巴基斯坦《防务期刊》第 2 卷，1976 年第 12 期。

弗兰克 · 阿克尔，《1973 年 10 月：阿以战争》（康涅狄格州哈姆登：执政官图书公司，1985 年）。

贝文 · 亚历山大，《朝鲜：我们第一次战败》（纽约：希波克里尼出版社，2000 年）。

约瑟夫 · H. 亚历山大，《街垒战：复夺汉城行动中的美国海军陆战队》（华盛顿特区：美国海军陆战队历史中心，2000 年），纪念朝鲜战争中的海军陆战队系列丛书。

约瑟夫 · H. 亚历山大，《机动战中的舰队行动：1950 年 9 月—1951 年 6 月》（华盛顿特区：海军历史中心，2001 年）。

彼得 · 艾伦，《赎罪日战争》（纽约：查尔斯 · 斯克里布纳之子出版社，1982 年）。

伊加尔 · 阿隆，《缔造以色列军队：解放与防御这些军事概念的发展》，收录于迈克尔 · 霍华德主编的《战争的理论与实践》（布鲁明顿：印第安纳大学出版社，1975 年）。

伊加尔 · 阿隆，《缔造以色列军队》（纽约：宇宙图书出版社，1970 年）。

康斯坦丁 · 冯 · 阿尔特罗克将军，《愚蠢的讲话和写作》（*Sprach-und Schreibdummheiten*），刊登在《军事周刊》第 113 卷，1928 年 7 月 11 日第 2 期。

斯蒂芬 · E. 安布罗斯，《平民战士：从诺曼底海滩到突出部再到德国投降的美国军队，1944 年 6 月 7 日至 1945 年 5 月 7 日》（纽约：点金石出版社，1997 年）。

约翰 · F. 安塔尔，《机动对消耗：历史观点》，刊登在《军事评论》第 72 卷，1992 年 10 月第 10 期。

罗伊 · E. 阿普尔曼，《朝鲜的灾难：中国人对抗麦克阿瑟》（德克萨斯州大学城：德州 A&M 大学出版社，1989 年）。

罗伊 · E. 阿普尔曼，《长津湖以东：在朝鲜的陷阱和突围，1950 年》（德克萨斯州大学城：德州 A&M 大学出版社，1987 年）。

罗伊 · E. 阿普尔曼，《逃离陷阱：朝鲜东北部的美国第 10 军，1950 年》（德克萨斯州大学城：德州 A&M 大学出版社，1990 年）。

罗伊 · E. 阿普尔曼，《南至洛东江，北至鸭绿江》（华盛顿特区：军事历史中心，1961 年）。

阿里安，《亚历山大远征记》（纽约：企鹅出版社，1982 年）。

埃利斯 · 阿什米德 – 巴特利特，《与土耳其人在色雷斯》（纽约 ：乔治 · H. 多兰出版社，1913 年）。

里克·阿特金森，《十字军东征：海湾战争中不为人知的故事》（波士顿：霍顿·米夫林出版社，1993 年）。

穆罕默德 · 阿蒂克 · 拉赫曼，《领导力 ：高级指挥官》（拉合尔 ：费罗兹松斯图书公司，1973 年）。

穆罕默德·阿蒂克·拉赫曼，《我们的国防事业：分析巴基斯坦过去和将来的军事作用》（伦敦：白狮出版社，1976 年）。

《关于挪威战役》（*Aus dem Feldzuge in Norwegen*）第一、第二部分，《1940 年 4 月，德龙泰伊姆陆地连接线之战》（*Die Kämpfe um die Landverbindung nach Drontheim im April 1940*），刊登在《军事科学杂志》第 6 卷，1941 年第 2、第 3 期。

《关于挪威战役》（*Aus dem Feldzuge in Norwegen*）第三部分，《从德龙泰伊姆到纳姆索斯》（*Von Drontheim bis Namsos*），刊登在《军事科学杂志》第 6 卷，1941 年第 4 期。

哈桑 · 巴德里、塔哈 · 迈杰杜布、穆罕默德 · 迪亚 · 丁 · 祖赫迪，《斋月战争，1973 年》（弗吉尼亚州邓恩洛林 ：T.N. 迪普伊联合出版社，1974 年）。

G.D. 巴克希，《印度的军事复兴 ：“法塔赫什布吉”营传奇》（新德里 ：兰瑟国际出版社，1987 年）。

G.D. 巴克希，《次大陆的地面战：印度对军事学说的探索》，刊登在《印度防务评论文摘》1992 年第 4 期。

G.D. 巴克希，《1979 年的中越战争 ：有限战争案例研究》，刊登在《印度防务评论》第 15 卷，2000 年 7 月—9 月第 3 期。

汉森 · 鲍德温，《胜仗和败仗 ：第二次世界大战中的重要战役》（纽约 ：哈珀 & 罗出版社，1966 年）。

A.J. 巴伯，《非洲军》（伦敦 ：比松出版社，1977 年）。

西里尔 · N. 巴克利，《一名士兵眼中的印巴战争》，刊登在《陆军杂志》第 22 卷，1972 年 5 月第 5 期。

科雷利 · 巴奈特，《沙漠中的将领们》（布鲁明顿 ：印第安纳大学出版社，1982 年）。

雅科夫 · 巴尔 – 西曼 – 托夫，《阿以消耗战，1969—1970 年》（纽约 ：哥伦比亚出版社，1980 年）。

罗伯特 · L. 贝特曼，《我们没学到的东西》，刊登在《军事评论》第 80 卷，2000 年 1 月—2 月第 1 期。

罗尔夫 · 巴特，《十八天战役 ：波兰人的消亡史》（*Der Feldzug der 18 Tage: Die Chronik des polnischen Dramas*）（奥尔登堡 ：格哈德 · 施塔林出版社，1939 年）。

《希特勒的败仗 ：东线苏联红军将领亲述二战》（纽约 ：理查森 & 斯泰尔曼出版社，1986 年）。

金澈豹，《研究朝鲜战争的韩国学者》，收录于莱斯特 · H. 布龙主编的《朝鲜战争 ：文献和研究手册》（康涅狄格州韦斯特波特 ：格林伍德出版社，1996 年）。

奥斯丁·贝，《阿拉伯人的噩梦：1990 年的海湾危机》，刊登在《战略与战术杂志》1990 年 11 月第 139 期。

安东尼 · 比弗，《克里特岛 ：战斗和抵抗》（伦敦 ：约翰 · 默里出版社，1991 年）。

安东尼 · 比弗，《斯大林格勒》（纽约 ：维京出版社，1998 年）。

汉斯 – 奥托·贝伦特，《沙漠战役中隆美尔的情报，1941—1943 年》（伦敦：威廉·金伯出版社，1985 年）。

小雷蒙德 · E. 贝尔，《法国轻型装甲师 ：轻型机械化师的遗产》，刊登在《军事评论》第 79 卷，1999

年 11 月—12 月第 6 期。

米歇尔 · 本宁霍夫,《统一战争》, 刊登在《反击》杂志 1987 年 10 月第 1 期。

弗里德里希 · 贝尔特考少校,《机械化部队的通信技术手段》(*Die nachrichtentechnische Führung mechanisierter Verbände*), 刊登在《军事周刊》第 120 卷, 1935 年 10 月 18 日第 15 期。

阿尔贝托 · 宾、理查德 · 希尔、阿彻 · 琼斯,《沙漠风暴 : 一场被遗忘的战争》(康涅狄格州韦斯特波特 : 普雷格出版社, 1998 年)。

安德鲁·J. 伯尔特,《僵持岁月,1951 年 7 月—1953 年 7 月》,朝鲜战争系列(华盛顿特区:军事历史中心, 出版年代不详)。

詹姆斯 · A. 布莱克威尔,《沙漠惊雷 : 海湾战争的战略和战术》(纽约 : 班塔姆出版社, 1991 年)。

克莱 · 布莱尔,《被遗忘的战争 : 美国在朝鲜, 1950—1953 年》(纽约 : 时代图书出版社, 1987 年)。

马丁 · 布鲁门森,《突破和追击 : 第二次世界大战中的美国陆军, 欧洲战区》(华盛顿特区 : 军史处处长办公室, 1961 年)。

马丁 · 布鲁门森,《决战法国, 1944 年 : 改变欧洲命运的人和战斗》(纽约 : 达卡波出版社, 2000 年)。

列夫 · 博恩,《挪威人的观点》, 刊登在《第二次世界大战史杂志》1978 年第 3 期。

布莱恩·邦德,《利德尔·哈特:对其军事思想的研究》(新泽西州新不伦瑞克:罗格斯大学出版社,1977 年)。

海因茨 – 卢德格尔 · 博尔格特,《从施利芬到古德里安, 陆战的基本特点》(*Grundzüge der Landkriegführung von Schlieffen bis Guderian*), 收录在《德国军事史手册, 1648—1939 年》(*Handbuch zur deutschen Militärgeschichte 1648–1939*) 第九册,《军事作战的基本特点》(*Grundzüge der militärischen Kriegführung*)(慕尼黑 : 伯纳德 & 格雷费出版社, 1979 年)。

万斯 · 冯 · 鲍里斯,《巴巴罗萨行动 : 南翼》, 刊登在《重点突破杂志》1993 年 9 月第 1 期。

彼得 · J. 波伊尔,《军队是否会变得无关紧要? 》, 刊登在 2002 年 7 月 1 日的《纽约客》。

奥马尔 · N. 布拉德利,《一个军人的故事》(纽约 : 亨利 · 霍尔特出版社, 1951 年)。

维姆·勃兰特少校,《围困莫德林实录》(*Bilder aus der Belagerung von Modlin*),刊登在《军事周刊》第 124 卷, 1940 年 1 月 19 日第 30 期。

M. 布劳恩少校,《对俄国 1936 年秋季演习中使用坦克和飞机的思考》(*Gedanken über Kampfwagen- und Fliegerverwendung bei den russischen Herbstmanövern 1936*), 刊登在《军事周刊》第 121 卷, 1937 年 1 月 22 日第 28 期。

罗纳德 · J. 布朗,《反攻 : 从浦项到无名线的美国海军陆战队》(华盛顿特区 : 美国海军陆战队历史中心, 2001 年)。

莱斯特 · H. 布龙,《朝鲜战争中的美国海军和海军陆战队》, 刊登在莱斯特 · H. 布龙主编的《朝鲜战争 : 文献和研究手册》(康涅狄格州韦斯特波特 : 格林伍德出版社, 1996 年)。

莱斯特·H. 布龙主编,《朝鲜战争:文献和研究手册》(康涅狄格州韦斯特波特:格林伍德出版社,1996 年)。

彼得 · 布拉什,《溪山战役, 1968》, 收录于马克 · 詹森 · 吉尔伯特和威廉 · 黑德主编的《春节攻势》(康涅狄格州韦斯特波特 : 普雷格出版社, 1996 年)。

克里斯多夫 · 巴克利,《希腊和克里特岛, 1941 年》(伦敦 : 皇家印务局, 1952 年)。

托马斯 · B. 比尔,《海军领导层在朝鲜：最初六个月》(华盛顿特区：海军历史中心，2002 年)。

拉里 · E. 凯布尔,《沙箱游戏：地面战学说、战斗和结果》，收录于威廉 · 黑德和小厄尔 · H. 蒂尔福德主编的《沙漠之鹰：回顾美国参加的海湾战争》(康涅狄格州韦斯特波特：普雷格出版社，1996 年)。

多米尼克 · J. 卡拉奇罗,《沙漠风暴中的第 82 空降师战备旅：指挥部直属连连长的作战回忆录》(北卡罗来纳州杰斐逊：麦克法兰出版社，1993 年)。

詹姆斯·杰伊·卡拉法诺,《D 日之后：眼镜蛇行动和诺曼底突破》(科罗拉多州博尔德：林恩·林纳出版社，2000 年)。

保罗 · 卡雷尔,《焦土：苏德战争 1943—1944》(波士顿：小布朗出版社，1970 年)。

唐纳德·N. 卡尔,《先告诉士兵们——他们是我们的保证》，刊登在《军事评论》第 79 卷，1999 年 9 月—10 月第 5 期。

迈克尔 · 卡弗,《沙漠战的困境》(伦敦：巴茨福德出版社，1986 年)。

迈克尔 · 卡弗,《阿拉曼》(伦敦：巴茨福德出版社，1962 年)。

迈克尔 · 卡弗,《托布鲁克》(伦敦：巴茨福德出版社，1964 年)。

迈克尔 · 卡弗,《自 1945 年以来的战争》(纽约：G.P. 帕特南出版社，1981 年)。

保罗 · 凯特,《大规模部队作战学说》，刊登在《军事评论》第 58 卷，1978 年 12 月第 12 期。

P. 昌诺夫,《坦克在深雪条件下的行动》，刊登在 1939 年 12 月 30 日的《红星报》，宾夕法尼亚州卡莱尔兵营美国陆军军事历史研究中心。

约翰 · C. 查宾,《救火队：釜山防御圈的美国海军陆战队》(华盛顿特区：美国海军陆战队历史中心，2000 年)，纪念朝鲜战争中的海军陆战队系列丛书。

安妮 · W. 查普曼,《陆军的训练变革，1973—1990 年：概述》(弗吉尼亚州门罗堡：美国陆军训练与条令司令部，1994 年)。

安妮 · W. 查普曼,《国家训练中心的起源和发展》(弗吉尼亚州门罗堡：美国陆军训练与条令司令部，1997 年)。

艾伦 · F. 丘,《白色死亡：苏芬冬季战争史》(东兰辛：密歇根州立大学出版社，1971 年)。

马哈拉杰 · K. 乔普拉,《在孟加拉国的军事行动》，刊登在《军事评论》第 52 卷，1972 年 5 月第 5 期。
普兰 · 乔普拉,《印度的第二次解放》(新德里：维卡斯出版社，1973 年)。

V.I. 崔可夫,《斯大林格勒战役》(纽约：霍尔特、莱因哈特 & 温斯顿出版社，1964 年)。

V.I. 崔可夫,《第三帝国的末日》(莫斯科：进步出版社，1978 年)。

伦道夫 · S. 丘吉尔和温斯顿 · S. 丘吉尔,《六日战争》(波士顿：霍顿 · 米夫林出版社，1967 年)。

罗伯特·M. 奇蒂诺,《装甲部队：历史和原始资料》(康涅狄格州韦斯特波特：格林伍德出版社，1994 年)。

罗伯特 · M. 奇蒂诺,《超越火力和机动：德国闪电战中的指挥、控制和信息》(华盛顿特区：美国战略与预算评估中心，2002 年 3 月)。

罗伯特·M. 奇蒂诺,《思想解放：两次世界大战之间德国陆军的文化素养》，收录于《陆军条令和训练公报》

（加拿大）第 4 卷第 3 期，2001 年秋季。

罗伯特·M. 奇蒂诺，《寻求决定性胜利和通往闪电战之路：德国陆军的学说和训练，1920—1939 年》（科罗拉多州博尔德：林恩·林纳出版社，1999 年）。

罗伯特·M. 奇蒂诺，《寻求决定性胜利：从僵持战到闪电战的欧洲战事，1899—1940 年》（劳伦斯：堪萨斯大学出版社，2002 年）。

罗伯特·M. 奇蒂诺，《德国国防军军事优势方面的名声符实吗？》，被收录于丹尼斯·E. 肖沃尔特主编的《存有争议的历史》第四册，《第二次世界大战，1939—1945 年》（底特律：圣詹姆斯出版社，2000 年）。

罗伯特·M. 奇蒂诺，“德国军事策划的魏玛之根”，刊登在 B.J.C. 麦克切尔和罗彻·勒高特主编的《军事策划和第二次世界大战在欧洲的起源》（康涅狄格州韦斯特波特：普雷格出版社，2001 年）。

亚当·R.A. 克拉森，《希特勒的北方战争：德国空军命运多舛的战役，1940—1945 年》（劳伦斯：堪萨斯大学出版社，2001 年）。

汤姆·克兰西，《红色风暴》（纽约：帕特南出版社，1986 年）。

汤姆·克兰西与查克·霍纳将军，《势如猛虎：海湾空战》（纽约：伯克利出版社，2000 年）。

汤姆·克兰西和小弗雷德·弗兰克斯，《进入风暴：指挥研究》（纽约：帕特南出版社，1997 年）。

艾伦·克拉克，《巴巴罗萨：苏德战争，1941—1945 年》（纽约：奎尔出版社，1985 年）。

艾伦·克拉克，《克里特岛的陷落》（伦敦：A. 布朗德出版社，1962 年）。

阿萨·克拉克主编，《防务变革辩论》（马里兰州巴尔的摩：约翰·霍普金斯大学出版社，1984 年）。

马克·W. 克拉克，《预期风险》（纽约：哈珀出版社，1950 年）。

韦斯利·K. 克拉克，《从事现代战争：波斯尼亚、科索沃和未来的战斗》（纽约：公共事务出版社，2001 年）。

迈克尔·克拉克，《空地一体战和新技术的应用》，收录于伊恩·贝拉米和蒂姆·赫胥黎主编的《新常规武器与西方国家的防务》（伦敦：弗兰克·卡斯出版社，1987 年）。

布莱恩·克拉雷，《巴基斯坦陆军史：战争和暴乱》第二版（牛津：牛津大学出版社，2000 年）。

艾略特·A. 科恩和约翰·古奇，《军事灾难：对战争失败的剖析》（纽约：自由出版社，1990 年）。

J.D. 科尔曼，《波来古：直升机战在越南的黎明》（纽约：圣马丁出版社，1988 年）。

J. 劳顿·柯林斯，《和平时期的战争：朝鲜的历史和教训》（波士顿：霍顿·米夫林出版公司，1969 年）。

约翰·P. 康登（彼得·B. 摩斯基补充），《从海盗船到美洲豹：美国海军陆战队航空兵在朝鲜》（华盛顿特区：美国海军陆战队历史中心，2002 年）。

《海湾战争的实施：根据 1991 年海湾战争补充授权和参战人员利益法案（公法 102-25）第五章呈交国会的最终报告》（华盛顿特区：美国国防部，1992 年）。

乔恩·康奈尔，《新马奇诺防线》（伦敦：塞克和沃伯格出版社，1986 年）。

保罗·康拉特，《西西里之战》（*Der Kampf um Sizilien*）（美国陆军欧洲司令部：外军研究处，1951 年），德方报告系列。

格伦·史蒂文·库克，《朝鲜：不再被遗忘的战争》，刊登在《军事史杂志》第56卷，1992年7月第3期。

詹姆斯·J. 库克，《离巴格达100英里："沙漠风暴"行动中同法国人在一起》（康涅狄格州韦斯特波特：普雷格出版社，1993年）。

安东尼·H. 科德斯曼，《两伊战争与西方国家的安全，1984—1987年：战略影响和政策选择》（伦敦：简氏出版社，1987年）。

安东尼·H. 科德斯曼，《科索沃空中和导弹战争的教训和非教训》（华盛顿特区：战略与国际研究中心，1999年）。

安东尼·H. 科德斯曼和亚伯拉罕·R. 瓦格纳，《现代战争的教训》第一卷，《阿以战争，1973—1989年》（科罗拉多州博尔德：维斯特维尔出版社，1990年）。

安东尼·H. 科德斯曼和亚伯拉罕·R. 瓦格纳，《现代战争的教训》第二卷，《两伊战争》（科罗拉多州博尔德：维斯特维尔出版社，1990年）。

安东尼·M. 科罗勒斯，《实施一场机动风格的战争》，刊登在《军事评论》第62卷，1982年12月第12期。

安东尼·M. 科罗勒斯，《机动赢得胜利：一个现实的选择》，刊登在《军事评论》第61卷，1981年9月第9期。

詹姆斯·S. 科勒姆，《美国陆军学说的演变和当前趋势：回归学说根源》，刊登在《新西兰陆军杂志》，2000年7月第23期。

詹姆斯·S. 科勒姆，《德国在挪威实施的联合战役》，刊登在《战略研究杂志》第21卷，1998年12月第4期。

詹姆斯·S. 科勒姆，《德国空军：创造战役空战，1918—1940年》（劳伦斯：堪萨斯大学出版社，1997年）。

詹姆斯·S. 科勒姆，《闪电战的根源：汉斯·冯·泽克特和德国军事革新》（劳伦斯：堪萨斯大学出版社，1992年）。

肖恩·T. 库格林，《沙漠中的风暴：一名海军陆战队中尉在海湾战争中的逐日记录》（北卡罗来纳州杰斐逊：麦克法兰出版社，1996年）。

杰弗里·考克斯，《两场战斗的故事：关于1941年克里特岛和西部沙漠的个人回忆录》（伦敦：威廉·金伯出版社，1987年）。

哈罗德·科伊尔，《扬基队：一部关于第三次世界大战的小说》（加利福尼亚州诺瓦托：要塞出版社，1987年）。

戈登·A. 克雷格，《柯尼希格雷茨战役》（费城：利平科特出版社，1964年）。

康拉德·C. 克兰，《美国空中力量在朝鲜的战略，1950—1953年》（劳伦斯：堪萨斯大学出版社，2000年）。

马丁·范克勒韦尔德，《全副武装但并不危险：以色列军队里的女兵》，刊登在《战争史杂志》总第7期，2000年第1期。

马丁·范克勒韦尔德，《赎罪日战争的军事教训：历史观点》，收录于《华盛顿文件》第3卷第24期（贝弗利山：塞奇出版社，1975年）。

马丁·范克勒韦尔德，《利剑与橄榄：以色列国防军批判史》（纽约：公共事务出版社，1998年）。

R.L. 克里姆普，《一名沙漠之鼠的日记》（伦敦：利奥·库珀出版社，1971年）。

罗伯特 · 克里斯普,《铜墙铁壁》(纽约:巴兰坦出版社,1961 年)。

罗宾 · 克罗斯,《堡垒:库尔斯克会战》(纽约:巴尔内斯 & 诺贝尔出版社,1994 年)。

C.R.M.F. 克鲁特威尔,《第一次世界大战史,1914—1918 年》(芝加哥:芝加哥学院出版社,1991 年)。

布鲁斯 · 卡明斯,《阳光下的朝鲜宫殿:一部现代史》(纽约:W.W. 诺顿出版社,1997 年)。

布鲁斯 · 卡明斯,《朝鲜战争的起源》第一卷,《光复和独立政权的出现,1945—1947 年》(新泽西州普林斯顿:普林斯顿大学出版社,1981 年)。

布鲁斯·卡明斯,《朝鲜战争的起源》第二卷,《洪水的咆哮》(新泽西州普林斯顿:普林斯顿大学出版社,1990 年)。

塞西尔 · B. 柯里,《不惜代价的胜利:越南武元甲将军的天赋》(弗吉尼亚州麦克莱恩:布拉西出版社,1997 年)。

塞西尔·B. 柯里(化名辛辛纳特斯),《自我毁灭:越战时期美国陆军的瓦解和衰退》(纽约:诺顿出版社,1981 年)。

W.J.K. 戴维斯,《德国陆军手册:1939—1945 年》(纽约:阿科出版社,1973 年)。

D.M. 达文,《克里特岛:第二次世界大战中的新西兰,官方史,1939—1945 年》(新西兰惠灵顿:战争历史部,1953 年)。

摩西 · 达扬,《西奈战役日记》(纽约:朔肯出版社,1967 年)。

摩西 · 达扬,《摩西 · 达扬:我这一生》(纽约:威廉 · 莫罗出版社,1975 年)。

C. 拉尼尔 · 迪尔,《BAI:纵深战斗的关键》,刊登在《军事评论》第 62 卷,1982 年 3 月第 3 期。

胡鲍·瓦斯·德切格,《陆军学说变革》,收录于阿萨·克拉克主编的《防务变革辩论》(马里兰州巴尔的摩:约翰 · 霍普金斯大学出版社,1984 年)。

国防部,《国会报告:科索沃——联军部队作战行动后的报告》(华盛顿特区:国防部,2000 年)。

《大德意志 1940 年的独立战争》第 44 篇,《1940 年 6 月 2 日—8 日一周内,弗兰德斯和阿图瓦歼灭战的结束以及德国越过索姆河和瓦兹河—埃纳运河开始新的进攻》(*Der Abschluss der Vernichtungsschlacht in Flandern und im Artois sowie der Beginn der neuen deutschen Offensive über die Somme und den Oise—Aisne-Kanal in der Woche vom 2. bis 8.6.1940*),刊登在《军事周刊》第 124 卷,1940 年 6 月 14 日第 50 期。

《1917 年 11 月 30 日至 12 月 6 日的康布雷进攻战役》(*Der Angriffsschlacht von Cambrai vom 30. November bis 6. Dezember 1917*),刊登在《军事周刊》第 112 卷,1927 年 12 月 11 日第 22 期。

《大德意志独立战争》第 113 篇,《元首宣布苏联人的崩溃》(*Der Führer kündigt den Zusammenbruch der Sowjets an*),刊登在《军事周刊》第 126 卷,1941 年 10 月 10 日第 15 期。

《大德意志独立战争》第 124 篇,《东部阵地战》(*Der Stellungskrieg im Osten*),刊登在《军事周刊》第 126 卷,1941 年 12 月 26 日第 26 期。

迈克尔 · C. 德施主编,《城内的士兵:城市地形下的军事行动》(宾夕法尼亚州卡莱尔:美国陆军战争学院战略研究所,2001 年)。

卡洛 · W. 德斯特,《苦涩的胜利:西西里战役,1943 年》(纽约:达顿出版社,1988 年)。

卡洛 · W. 德斯特,《决战诺曼底》(纽约 : 哈珀出版社，1994 年)。

卡洛 · W. 德斯特,《致命决定 : 安齐奥和罗马之战》(纽约 : 哈珀 – 柯林斯出版社，1986 年)。

《大德意志 1940 年的独立战争》第 36 篇,《德国对列强违反中立宣战的回应:派德国军队占领丹麦和挪威》(*Deutschlands Antwort auf die Kriegserklärung der Weltmächte an die Neutralität: Die Besetzung Dänemarks und Norwegens durch deutsche Truppen*)，刊登在《军事周刊》第 124 卷，1940 年 4 月 19 日第 42 期。

《大德意志独立战争》第 105 篇,《东线战事第七周》(*Die 7. Woche des Ostkampfes*)，刊登在《军事周刊》第 126 卷，1941 年 8 月 15 日第 7 期。

《大德意志独立战争》第 101 篇,《比亚韦斯托克和明斯克的两场战役》(*Die Doppelschlacht von Bialystok und Minsk*)，刊登在《军事周刊》第 126 卷，1941 年 7 月 18 日第 3 期。

《征服克里特岛》(*Die Eroberung von Kreta*)，刊登在《军事周刊》第 126 卷，1941 年 8 月 8 日第 6 期。

《大德意志独立战争》第 100 篇,《比亚韦斯托克歼灭战》(*Die Vernichtungsschlacht von Bialystok*)，刊登在《军事周刊》第 126 卷，1941 年 7 月 11 日第 2 期。

R.L. 迪纳尔多和丹尼尔 · J. 休斯,《关于信息战的一些警示性思想》，刊登在《空中力量杂志》第 9 卷，1995 年冬季第 4 期。

德恩德耶尔 · 迪尼什,《英迪拉赢得战争》(德里 : 东方出版社，1972 年)。

埃尔马 · 丁特尔和帕蒂 · 格里菲斯,《圣诞节前不会结束 : 北约在第三次世界大战中的中央战线》(纽约 : 希波克里尼出版社，1983 年)。

迈克尔 · D. 达布勒,《逼近敌人 : 美军士兵是如何在欧洲进行战斗的，1944—1945 年》(劳伦斯 : 堪萨斯大学出版社，1994 年)。

罗伯特·A. 道蒂,《崩溃点:色当与法国的陷落,1940 年》(康涅狄格州哈姆登:执政官图书公司,1990 年)。

罗伯特 · A. 道蒂,《美国陆军战术学说的演变，1946—1976 年》，收录于《莱文沃斯文件第 1 册》(堪萨斯州莱文沃斯堡 : 作战研究所，1979 年)。

约翰 · W. 道尔,《无情之战 : 太平洋战争中的种族和权力》(纽约 : 万神殿图书出版社，1986 年)。

沃尔特 · S. 邓恩,《苏联的闪电战 : 1944 年的白俄罗斯战役》(科罗拉多州博尔德 : 林恩 · 林纳出版社，2000 年)。

詹姆斯 · F. 邓尼根,《如何在波斯湾从事战斗》，刊登在《战略与战术杂志》1990 年 11 月第 139 期。

詹姆斯 · F. 邓尼根和奥斯丁 · 贝,《从盾牌到风暴 : 海湾战争中的高科技武器、军事战略和联盟战》(纽约 : 威廉 · 莫罗出版社，1992 年)。

J.K. 杜特,《纵深突击》，刊登在《印度联合军种杂志》第 57 卷，1978 年第 450 期。

汤姆 · 德沃夏克,《“威悉河演习”行动 : 德国海军在挪威，1940 年》，刊登在《指挥杂志》1996 年 9 月第 39 期。

安图利奥 · J. 埃切瓦利亚二世,《克劳塞维茨之后 : 第一次世界大战前的德国军事思想家》(劳伦斯 : 堪萨斯大学出版社，2000 年)。

史蒂文 · 伊顿,《为消耗战三呼万岁》，刊登在《装甲杂志》第 111 卷，2002 年 3 月—4 月第 2 期。

吉尔 · 爱德华兹主编,《回顾阿拉曼 : 阿拉曼战役及其历史意义》(开罗 : 开罗美国大学，2000 年)。

保罗 · M. 爱德华兹，《承认战争：历史记忆中的朝鲜战争》（康涅狄格州韦斯特波特：格林伍德出版社，2000 年）。

埃德温 · H. 西蒙斯，《越过海堤：美国海军陆战队在仁川》（华盛顿特区：美国海军陆战队历史中心，2000 年），纪念朝鲜战争中的海军陆战队系列丛书。

《大德意志独立战争》第 111 篇，《继续压缩列宁格勒》（*Einschnürung Leningrads schreitet fort*），刊登在《军事周刊》第 126 卷，1941 年 9 月 26 日第 13 期。

德怀特 · D. 艾森豪威尔，《远征欧陆》（纽约花园城：双日出版社，1948 年）。

迈克尔 · 艾森施塔特和肯尼斯 · M. 波拉克，《雪中的军队与沙漠里的军队：苏联军事学说对阿拉伯军队的影响》，刊登在《中东杂志》第 55 卷，2002 年秋季第 4 期。

博 · 爱尔德里奇，《沙漠风暴：所有战斗之母》，刊登在《指挥杂志》1991 年 11 月—12 月第 13 期。

朱迪 · G. 恩迪科特主编，《美国空军在朝鲜：战役、部队和驻地，1950—1953 年》（麦克斯韦空军基地：空军大学图书馆，2001 年）。

《大德意志 1940 年的独立战争》第 39 篇，《英国在挪威的政治和军事失败》（*Englands diplomatische und militärische Niederlage in Norwegen*），刊登在《军事周刊》第 124 卷，1940 年 5 月 10 日第 45 期。

埃洛伊丝 · 恩格尔和劳里 · 帕纳宁，《冬季战争：苏联进攻芬兰》（宾夕法尼亚州哈里斯堡：斯塔克波尔图书出版社，1973 年）。

《英国摩托化实验旅》（*Englische motorisierte Versuchsbrigade*），刊登在《军事周刊》第 122 卷，1927 年 10 月 11 日第 14 期，1927 年 10 月 18 日第 15 期，1927 年 10 月 25 日第 16 期。

约翰 · A. 英格利什，《加拿大军队与诺曼底战役：高级指挥部门的失误》（康涅狄格州韦斯特波特：普雷格出版社，1991 年）。

约翰 · A. 英格利什，《穿越混沌：军队在理论和实践方面的下降》（康涅狄格州韦斯特波特：普雷格出版社，1996 年）。

瓦尔德马 · 爱尔福特，《军队各股分散力量的配合》（*Das Zusammenwirken getrennter Heeresteile*），刊登在《军事科学杂志》第 4 卷，1939 年第 1—4 期。

爱德华 · J. 埃里克森，《前仆后继：第一次世界大战中的奥斯曼军队》（康涅狄格州韦斯特波特：格林伍德出版社，2001 年）。

约翰 · 埃里克森，《通往斯大林格勒之路》（纽约：哈珀 & 罗出版社，1975 年）。

约翰 · 埃里克森，《通往柏林之路》（伦敦：韦登菲尔德 & 尼克尔森出版社，1983 年）。

戴维 · 埃谢尔，《战斗中的以色列装甲部队》（马萨达：埃谢尔 · 德拉斯米特出版社，1978 年）。

伯纳德 · 福尔，《鏖战奠边府》（费城：利平科特出版社，1967 年）。

西里尔 · 福尔斯，《第一次世界大战》（纽约：摩羯座出版社，1959 年）。

拜伦 · 法韦尔，《庞大的英布战争》（纽约：诺顿出版社，1976 年）。

阿尔文 · 费瑟斯顿，《挽救突破：第 30 师在莫尔坦的英勇坚守，1944 年 8 月 7 日—12 日》（加利福尼亚州诺瓦托：要塞出版社，1993 年）。

T.R. 费伦巴赫,《这类战争：美国措手不及》(纽约：麦克米伦出版社，1963 年)。

《战地手册》(*FM*) *100-5*, *“作战篇”*(*华盛顿特区：陆军部，1976 年*)。

《战地手册》(*FM*) *100-5*, *“作战篇”*(*华盛顿特区：陆军部，1982 年*)。

《战地手册》(*FM*) *100-5*, *“作战篇”*(*华盛顿特区：陆军部，1986 年*)。

《战地手册》(*FM*) *100-5*, *“作战篇”*(*华盛顿特区：陆军部，1993 年*)。

爱德华 · M. 弗拉纳根,《闪电：海湾战争中的第 101 师》(华盛顿特区：布拉西出版社，1994 年)。

《大德意志独立战争》第 121 篇,《继续进攻莫斯科》(*Der Führer kündigt den Zusammenbruch der Sowjets an*)，刊登在《军事周刊》第 126 卷，1941 年 12 月 5 日第 23 期。

乔治 · 福蒂,《隆美尔的军队》(伦敦：兵器和铠甲出版社，1997 年)。

乔治 · 福蒂,《克里特岛之战》(萨里郡赫舍姆：伊恩 · 艾伦出版社，2001 年)。

乔治 · 福蒂,《战争中的沙漠之鼠：北非》(伦敦：伊恩 · 艾伦出版社，1975 年)。

《外来语和军事术语》(*Fremdwort und Heeressprache*)，刊登在《军事周刊》第 113 卷，1928 年 7 月 11 日第 2 期。

诺曼 · 弗里德曼,《沙漠中的胜利：科威特战争》(马里兰州安纳波利斯：海军研究所出版社，1991 年)。

布莱恩 · 富盖特,《巴巴罗萨行动》(加利福尼亚州诺瓦托：要塞出版社，1984 年)。

布莱恩 · 富盖特,《第聂伯河上的惊雷：朱可夫－斯大林和希特勒闪电战的失败》(加利福尼亚州诺瓦托：要塞出版社，1997 年)。

J.F.C. 富勒,《格兰特和李将军：关于个性和统帅艺术的研究》(布卢明顿：印第安纳大学出版社，1957 年)。

富佩上校,《作为作战指挥手段的现代通信部队》(*Neuzeitliches Nachrichtenverbindungswesen als Führungsmittel im Kriege*)，刊登在《军事科学杂志》第 3 卷，1938 年第 6 期。

理查德 · A. 加布里埃尔和保罗 · L. 萨维奇,《指挥危机：军队中的管理不善》(纽约：希尔 & 王出版社，1978 年)。

斯蒂芬 · L.Y. 甘蒙斯,《联合国军的进攻，1950 年 9 月 16 日—11 月 2 日》，朝鲜战争系列（华盛顿特区：军事历史中心，出版年代不详)。

阿尔伯特 · N. 加兰、霍华德 · 麦高 · 史密斯、马丁 · 布鲁门森,《西西里和意大利的投降：第二次世界大战中的美国陆军，地中海战区》(华盛顿特区：军事历史中心，1993 年)。

高尔中校,《在法国实施的闪电战》(*Der Blitzkrieg in Frankreich*)，刊登在 1941 年 2 月 28 日出版的《军事周刊》第 125 卷第 35 期。

约翰 · 盖洛,《东印度公司之子：印度和巴基斯坦军队，1903—1991 年》(肯特郡坦布里奇韦尔斯：佩尔蒙特出版社，1992 年)。

苏丹 · 阿哈默德 · 吉拉尼,《简述第四次阿以战争》，刊登在印度《防务期刊》1975 年 9 月—10 月第 1 期。

《作为普鲁士－德意志军队统帅的陆军元帅冯 · 施利芬伯爵》(*Generalfeldmarschall Graf von Schlieffen über den großen Feldherrn der preußisch-deutschen Armee*)，刊登在 1940 年 10 月 25 日出版的《军事周刊》

第 125 卷第 17 期。

《二战期间德国在沙漠战中的经验》第一卷，《舰队陆战队参考教材（FMFRP）*12-96-I*》（*弗吉尼亚州匡蒂科：美国海军陆战队，1990 年*）。

《德军在利比亚沙漠的作战方式》（华盛顿特区：军事情报局，1942 年）。

比尔·吉布斯的《现代战斗学说》，刊登在《反击》杂志 1987 年 10 月第 1 期。

菲利普·吉布斯和伯纳德－格兰特，《巴尔干战争：同红十字会和红新月会的战争冒险》（波士顿：小梅纳德出版公司，1913 年）。

杰克·J. 吉福德，《朝鲜战争中的美国军队》，收录于莱斯特·H. 布龙主编的《朝鲜战争：文献和研究手册》（康涅狄格州韦斯特波特：格林伍德出版社，1996 年）。

戴维·M. 格兰茨，《与斯大林格勒对应的“火星”行动：朱可夫元帅最大的败仗》（堪萨斯州莱文沃斯堡：外军研究处，1997 年）。这篇文章也可以在网上查阅（*http://rhino.shef.ac.uk:3001/mr-home/rzhev/rzhev3.html*）。

戴维·M. 格兰茨，《从顿河到第聂伯河：苏军的冬季攻势，1942 年 12 月—1943 年 8 月》（伦敦：弗兰克·卡斯出版社，1991 年）。

戴维·M. 格兰茨，《哈尔科夫 1942：从苏方角度剖析一场军事灾难》（萨里郡谢珀顿：伊恩·艾伦出版社，1998 年）。

戴维·M. 格兰茨，《观察苏联人：三十年代派驻东欧的美国武官》，刊登在《军事史杂志》第 55 卷，1991 年 4 月第 2 期。

戴维·M. 格兰茨，《泥足巨人：战争前夕的苏联红军》（堪萨斯州劳伦斯：堪萨斯大学出版社，1998 年）。

戴维·M. 格兰茨，《朱可夫最大的败仗：苏联红军在“火星”行动中的惨败》（堪萨斯州劳伦斯：堪萨斯大学出版社，1999 年）。

戴维·M. 格兰茨和乔纳森·M. 豪斯，《库尔斯克会战》（堪萨斯州劳伦斯：堪萨斯大学出版社，1999 年）。

戴维·M. 格兰茨和乔纳森·M. 豪斯，《巨人的碰撞：苏联红军是如何阻止希特勒的》（堪萨斯州劳伦斯：堪萨斯大学出版社，1995 年）。

戴维·M. 格兰茨和哈罗德·S. 奥伦斯坦翻译、编辑，《库尔斯克会战，1943 年：苏军总参谋部研究》（伦敦：弗兰克·卡斯出版社，1999 年）。

迈克尔·R. 戈登和伯纳德·E. 特雷纳，《将军们的战争：海湾战争内幕》（波士顿：小布朗出版社，1995 年）。

A.A. 格列奇科，《苏联武装力量：苏方观点》（莫斯科：军事出版局，1975 年），美国空军翻译出版（苏联军事思想系列，第 12 期）。

格赖纳少校，《以和平时期的教育和训练消除战时的摩擦》（*Kampf den Reibungen im Kriege durch Erziehung und Ausbildung im Frieden!*），刊登在《军事周刊》第 120 卷，1936 年 2 月 18 日第 32 期。

帕蒂·格里菲斯，《英军在西部沙漠的坦克战》，收录于 J.P. 哈里斯和 F.H. 托阿瑟主编的《坦克战》（伦敦：巴茨福德出版社，1990 年）。

帕蒂·格里菲斯，《投入战斗：从滑铁卢到不远将来的作战战术》（加利福尼亚州诺瓦托：要塞出版社，1990 年）。

埃里克·格鲁夫、克里斯多夫·钱特、戴维·里昂和休·里昂,《二战中的军事装备:坦克、飞机和海军舰艇》(纽约:军事出版社,1984 年)。

洪清源,《从北越共产党的角度看溪山战役》,刊登在《历史上的战争》第 8 卷,2001 年 1 月第 1 期。

海因茨 · 古德里安,《装甲指挥官》(纽约:巴兰坦图书出版社,1957 年)。

海因茨 · 古德里安,《装甲部队与其他军兵种的协同》(*Die Panzertruppen und ihr Zusammenwirken mit den anderen Waffen*),刊登在《军事科学杂志》第 1 卷,1936 年第 5 期。

布鲁斯 · 古德蒙松主编,《在非洲军内》(伦敦:格林希尔图书出版社,1999 年)。

杰弗里 · A. 甘斯堡,《分裂和征服:法国最高统帅部和西线的失败,1940 年》(康涅狄格州韦斯特波特:格林伍德出版社,1979 年)。

古泽中校,《当代奥斯特里茨》(*Ein modernes Austerlitz*),刊登在《军事周刊》第 125 卷,1940 年 11 月 15 日第 20 期。

约翰 · 哈克特等人合著,《第三次世界大战:1985 年 8 月》(纽约:麦克米伦出版社,1978 年)。

戴维 · H. 哈克沃斯,《一场幸运战争的教训》,刊登在 1991 年 3 月 11 日的《新闻周刊》。

乔恩 · 哈利迪和布鲁斯 · 卡明斯,《不为人知的战争》(纽约:万神殿图书出版社,1988 年)。

伊恩 · 汉密尔顿爵士,《一名参谋的速记本》(伦敦:爱德华 · 阿诺德出版社,1912 年)。

奈杰尔 · 汉密尔顿,《蒙蒂》三卷本(伦敦:哈米什 · 汉密尔顿出版社,1981—1986 年)。

埃里克 · 哈梅尔,《街头战火:顺化战役,1968 年春节》(芝加哥:当代图书出版社,1991 年)。

埃里克 · 哈梅尔,《六月的六天:以色列如何赢得 1967 年的阿以战争》(纽约:查尔斯 · 斯克里布纳之子出版社,1992 年)。

格兰特·T. 哈蒙德,《战争思想:约翰·博伊德与美国的安全》(华盛顿特区:史密森学会出版社,2001 年)。

耶霍沙法特 · 哈尔卡比,《六日战争期间阿拉伯国家崩溃的基本因素》,收录于伊恩 · S. 卢斯提克主编的《阿以关系:一些争鸣观点和近期研究》第三卷《从战争到战争:以色列人与阿拉伯人:1948—1967 年》(纽约:加兰出版社,1994 年)。

J.P. 哈里斯,《1918—1949 年的英国装甲力量:学说和发展》,收录于 J.P. 哈里斯和 F.H. 托阿瑟主编的《装甲战》(伦敦:巴茨福德出版社,1990 年)。

J.P. 哈里斯和 F.H. 托阿瑟主编,《装甲战》(伦敦:巴茨福德出版社,1990 年)。

理查德·W. 哈里森,《俄国的战争方式:1904—1940 年的战役法》(劳伦斯:堪萨斯大学出版社,2001 年)。

拉塞尔·A. 哈特,《激战:盟军是如何在诺曼底获胜的》(科罗拉多州博尔德:林恩·林纳出版社,2001 年)。

《大德意志独立战争》第 125 篇,《东线的顽强防御作战》(*Harte Abwehrkämpfe an der Ostfront*),刊登在《军事周刊》第 126 卷,1942 年 1 月 2 日第 27 期。

马克斯 · 黑斯廷斯,《霸王行动:D 日,1944 年 6 月 6 日》(纽约:西蒙 & 舒斯特出版社,1984 年)。

马克斯 · 黑斯廷斯,《朝鲜战争》(纽约:西蒙 & 舒斯特出版社,1987 年)。

乔尔·S.A. 海沃德,《止步于斯大林格勒:德国空军和希特勒在东线的失败,1942—1943 年》(劳伦斯:

堪萨斯大学出版社，1998 年）。

威廉 · 黑德和小厄尔 · H. 蒂尔福德主编，《沙漠之鹰 ：回顾美国参加的海湾战争》（康涅狄格州韦斯特波特 ：普雷格出版社，1996 年。

沃尔夫 · 赫克曼，《隆美尔在非洲的战争》（纽约花园城 ：双日出版社，1981 年）。

穆罕默德 · 海卡尔，《胜利的幻想 ：阿拉伯人对海湾战争的看法》（纽约 ：哈珀 · 柯林斯出版社，1992 年）。

罗伯特 · 亨里克斯，《赶往苏伊士运河的 100 个小时》（纽约 ：维京出版社，1957 年）。

保罗 · H. 赫伯特，《决定要做什么 ：威廉 · E. 德伊普将军与 1976 年版 FM 100-5 作战条令》，收录于《莱文沃斯文件第 16 册》（堪萨斯州莱文沃斯堡 ：作战研究所，1988 年）。

沃尔特 · G. 赫姆斯，《停战的帐篷和战斗前线》（华盛顿特区 ：军事历史中心，1966 年）。

马克 · P. 赫特林和詹姆斯 · 波伊斯塞勒，《沙漠时代的到来 ：二十年历史的国家训练中心》，刊登在《军事评论》第 81 卷，2001 年 9 月—10 月第 5 期。

哈伊姆 · 赫尔佐克，《军事策略概述》，收录于埃夫拉伊姆 · 卡什主编的《两伊战争 ：影响和意义》（特拉维夫 ：贾非战略研究中心，1987 年）。

哈伊姆 · 赫尔佐克，《赎罪日战争，1973 年 10 月》（波士顿 ：小布朗出版社，1973 年）。

约翰 · 艾克曼 · 赫瑟林顿，《空降入侵 ：克里特岛之战》（纽约 ：迪尤尔、斯隆 & 皮尔斯出版社，1943 年）。

迪利普 · 浩，《最长的战争 ：两伊军事冲突》（纽约 ：劳特利奇出版社，1991 年）。

L.D. 霍尔德，《大纵深战斗中的机动》，刊登在《军事评论》第 62 卷，1982 年 5 月第 5 期。

小理查德 · D. 胡克主编，《机动作战文集》（加利福尼亚州诺瓦托 ：要塞出版社，1993 年）。

小理查德 · D. 胡克和克里斯多夫 · 克格利亚内斯，《“威悉河演习”行动 ：战役法的一个研究实例》，收录于小理查德 · D. 胡克主编的《机动作战文集》（加利福尼亚州诺瓦托 ：要塞出版社，1993 年）。

阿利斯泰尔 · 霍恩，《输掉的战争 ：法国 1940》（波士顿 ：小布朗出版社，1969 年）。

乔纳森 · M. 豪斯，《二十世纪的诸兵种合成作战》（劳伦斯 ：堪萨斯大学出版社，2001 年）。

迈克尔 · 霍华德，《阿拉曼战役》，收录于吉尔 · 爱德华兹主编的《回顾阿拉曼 ：阿拉曼战役及其历史意义》（开罗 ：开罗美国大学，2000 年）。

丹尼尔 · J. 休斯，《德国军事历史的滥用》，刊登在《军事评论》第 65 卷，1986 年 12 月第 12 期。

丹尼尔 · J. 休斯，《施利希廷、施利芬和 1914 年的普鲁士战争理论》一文，刊登在《军事史杂志》第 59 卷，1995 年 4 月第 2 期。

丹尼尔 · J. 休斯主编，《毛奇论军事艺术》（加利福尼亚州诺瓦托 ：要塞出版社，1993 年）。

斯蒂芬 · E. 休斯，《沙漠风暴 ：是消耗战还是机动战？》（堪萨斯州莱文沃斯堡 ：高级军事研究学院，1995 年）。

阿迦 · 胡马云 · 阿明，《库什蒂亚的坦克伏击》，刊登在巴基斯坦《防务期刊》第 4 卷，2000 年 11 月第 4 期。

《克里特岛的入侵和战斗》，网上可阅读（*http://www.feldgrau.com/cretewar.html*）。

弗雷德里克 · F. 欧文，《顺化之战》，刊登在《军事评论》第 49 卷，1969 年 1 月第 1 期。

以色列国防军，网址 *http://www.idf.il*。

W.G.F. 杰克逊，《北非之战，1940—1943 年》（纽约：梅森 & 查特出版社，1975 年）。

佩里 · D. 贾米森，《有利可图的目标：科威特战区的美国空军》（华盛顿特区：空军历史与博物馆计划，2001 年）。

罗曼·约翰·亚里莫维奇，《坦克战术：从诺曼底到洛林》（科罗拉多州博尔德：林恩·林纳出版社，2001 年）。

莱斯特 · H. 布龙主编的《朝鲜战争：文献和研究手册》（康涅狄格州韦斯特波特：格林伍德出版社，1996 年）。

戴维 · E. 约翰逊，《快速坦克和重型轰炸机：美国陆军的创新，1917—1945 年》（纽约州伊萨卡：康奈尔大学出版社，1998 年）。

戴维 · E. 约翰逊，《从边防警察到现代军队：两次世界大战之间的美国陆军》，收录于哈罗德 · R. 温顿和戴维 · R. 梅茨主编的《变革的挑战：军事机构和新现实》（林肯：内布拉斯加大学出版社，2000 年）。

奎恩 · G. 约翰逊，《他们都讨厌国家训练中心莫哈韦沙漠里的坏蛋》，刊登在《陆军杂志》第 37 卷，1987 年 6 月第 6 期。

保罗 · 约翰斯顿，《仅有学说是不够的：学说对军队行为的影响》，刊登在《参数杂志》第 30 卷，2000 年秋季第 3 期。

亨利 · 安托万 · 约米尼男爵，《战争艺术》（康涅狄格州韦斯特波特：格林伍德出版社，1971 年）。

阿彻 · 琼斯，《新版 FM 100-5：象牙塔的观点》，刊登在《军事评论》第 64 卷，1984 年 5 月第 5 期。

阿彻 · 琼斯，《新版 FM 100-5：象牙塔的观点》，刊登在《军事评论》第 58 卷，1978 年 2 月第 2 期。

理查德 · 尤帕和吉姆 · 丁厄曼斯，《伊朗是如何输掉，伊拉克又是如何赢得海湾战争的》，刊登在《战略与战术杂志》，1990 年 3 月—4 月第 133 期。

恩斯特 · 卡比施将军，《无体系的战略》（*Systemlose Strategie*）一文，刊登在《军事周刊》第 125 卷，1940 年 12 月 27 日第 26 期。

O.S. 卡尔卡特，《猛烈和纵深打击》，刊登在《印度联合军种杂志》第 53 卷，1973 年 7 月—9 月第 432 期。

小查尔斯 · T. 坎普斯，《九十年代的阿登山区：下一场战争中的巴伐利亚选择》，刊登在《战略与战术杂志》，1989 年 11 月 /12 月第 131 期。

小查尔斯·T. 坎普斯，《中央战线：驻欧洲军队的状况和发生战争的可能性》，刊登在《战略与战术杂志》，1980 年 9 月 /10 月第 82 期。

小查尔斯 · T. 坎普斯，《下一场战争：欧洲的现代冲突》，刊登在《战略与战术杂志》，1978 年 7 月 /8 月第 69 期。

菲利普 · A. 卡伯，《苏联军事学说中的战术革新》，刊登在《军事评论》第 57 卷，1977 年 11 月—12 月第 11 和第 12 期。

埃夫拉伊姆 · 卡什主编，《两伊战争：影响和意义》（特拉维夫：贾非战略研究中心，1987 年）。

《大德意志独立战争》第 102 篇，《苏联的灾难标志》（*Katastrophenanzeichen in der Sowjetunion*），刊登在《军

事周刊》第 126 卷，1941 年 7 月 25 日第 4 期，第 87 页。

P.N. 凯思佩利亚，《与众不同的任务：第 71 山地旅发展胜利》（新德里：兰瑟国际出版社，1986 年）。

塞缪尔 · M. 卡茨，《以色列军队》（加利福尼亚州诺瓦托：要塞出版社，1990 年）。

约翰 · 基根，《第一次世界大战》（伦敦：哈钦森出版社，1998 年）。

约翰 · 基根，《丘吉尔的将领们》（纽约：格鲁夫 · 韦登菲尔德出版社，1991 年）。

曼弗雷德 · 克里希，《斯大林格勒：战役分析和相关文件》（*Stalingrad: Analyse und Dokumentation einer Schlacht*）（斯图加特：德意志出版社，1974 年）。

小爱德温 · L. 肯尼迪，《部队防护的含义：史密斯特遣队和第 24 步兵师，朝鲜，1950 年》，刊登在《军事评论》第 81 卷，2001 年 5 月—6 月第 3 期。

埃伯哈德 · 克塞尔，《毛奇与战争史：纪念毛奇逝世 50 周年》（*Moltke und die Kriegsgeschichte: Zur Erinnerung an Moltkes Todestag vor 50 Jahren*），刊登在《军事科学杂志》第 6 卷，1941 年第 2 期。

哈利勒 · 萨卡基尼文化中心，“灾难”网页（*http://www.alnakba.org*）。

尤金尼亚 · C. 基斯林，《抗击希特勒：法国和军事计划的局限》（劳伦斯：堪萨斯大学出版社，1996 年）。

尤金尼亚 · C. 基斯林，《辩论：全副武装但并不危险：以色列军队里的女兵》，刊登在《战争史杂志》第 8 卷，2001 年第 1 期。

彼得 · S. 金斯瓦特尔，《海湾战争中的第 7 军：“沙漠风暴”的部署和准备》，刊登在《军事评论》第 72 卷，1992 年 1 月第 1 期。

道格拉斯 · 金纳德，《战争管理者》（新罕布什尔州汉诺威：新英格兰大学出版社，1977 年）。

法里斯 · R. 柯克兰，《1968 年 7 月对越南美莱山的攻击》，刊登在《军事史杂志》第 61 卷，1991 年 10 月第 4 期。

克恩中校，《“闪电战”中的步兵》（*Die Infanterie im 'Blitzkrieg'*），刊登在《军事周刊》第 125 卷，1940 年 8 月 2 日第 5 期。

I. 科列斯尼科夫，《冬季作战行动》，刊登在 1940 年 1 月 12 日的《红星报》，宾夕法尼亚州卡莱尔兵营美国陆军军事历史研究中心。

伊万 · 科涅夫，《胜利之年》（莫斯科：进步出版社，1969 年）。

《大德意志独立战争》第 99 篇，《十字军东征布尔什维克主义》（*Kreuzzug gegen den Bolschewismus*），刊登在《军事周刊》第 126 卷，1941 年 7 月 4 日第 1 期。

阿肖克 · 克里什纳，《印度武装部队：战争与和平的五十年》（新德里：兰瑟国际出版社，1998 年）。

查尔斯 · A. 克罗恩，《迷路的营：顺化战役中的争议和伤亡》（康涅狄格州韦斯特波特：普雷格出版社，1993 年）。

弗朗茨 · 库罗夫斯基，《克里特岛之战》（*Der Kampf um Kreta*）（波恩黑尔福德：马克西米利安出版社，1965 年）。

A. 库奇巴赫，《1912—1913 年巴尔干战争和对保加利亚人战争中的塞尔维亚人》（*Die Serben im Balkankrieg 1912–1913 und im Kriege gegen die Bulgaren*）（斯图加特：弗兰克出版社，1913 年）。

提摩西 · J. 库塔，《夺取福内比机场》，刊登在《指挥杂志》1996 年 9 月第 39 期。

本杰明 · S. 兰贝斯，《北约对科索沃的空中战争：战略和战役评估》（华盛顿特区：兰德公司，2001 年）。

本杰明 · S. 兰贝斯，《美国空中力量的转型》（纽约伊萨卡：康奈尔大学出版社，2000 年）。

威廉 · M. 利里，《任何时间、任何地点、任何东西：朝鲜战争中的作战运输》（麦克斯韦空军基地：空军大学图书馆，2000 年）。

罗伯特 · L. 伦哈德，《机动艺术：机动作战理论和空地一体战》（加利福尼亚州诺瓦托：要塞出版社，1991 年）。

罗纳德 · 勒温，《非洲军的沉浮》（伦敦：巴茨福德出版社，1977 年）。

罗纳德 · 勒温，《军事指挥官蒙哥马利》（伦敦：巴茨福德出版社，1971 年）。

罗纳德 · 勒温，《军事指挥官隆美尔》（伦敦：巴茨福德出版社，1968 年）。

艾德里安 · R. 路易斯，《奥马哈海滩：一场有缺陷的胜利》（教堂山：北卡罗来纳大学出版社，2001 年）。

李小兵、艾伦 · R. 米利特、于滨编著，《中国将领回忆朝鲜战争》（劳伦斯：堪萨斯大学出版社，2001 年）。

B.H. 利德尔 · 哈特，《英国的战争方式》（伦敦：费伯－费伯出版社，1932 年）。

B.H. 利德尔 · 哈特，《德国将领谈话录》（纽约：奎尔出版社，1979 年）。

B.H. 利德尔 · 哈特，《真正的战争，1914—1918 年》（波士顿：小布朗出版社，1930 年）。

B.H. 利德尔 · 哈特，《战略论》（纽约：子午线出版社，1991 年）。

B.H. 利德尔 · 哈特编撰，《隆美尔战时文件》（伦敦：柯林斯出版社，1953 年）。

彼得 · H. 利德尔，《1916 年的索姆河战役：重新评价》（伦敦：利奥 · 库珀出版社，1992 年）。

威廉 · S. 利德，《机动作战手册》（科罗拉多州博尔德：维斯特维尔出版社，1985 年）。

威廉 · S. 利德，《美国军队的一些学说问题》，刊登在《军事评论》第 57 卷，1977 年 3 月第 3 期。

威廉 · S. 利德，《机动作战的理论与实践》，收录于小理查德 · D. 胡克主编的《机动作战文集》（加利福尼亚州诺瓦托：要塞出版社，1993 年）。

詹姆斯 · 卢卡斯，《战斗群！二战中德军战斗群的行动》（伦敦：兵器和铠甲出版社，1993 年）。

加里 · E. 勒克，《第 18 空降军：将力量置于地面》，刊登在《军事评论》第 72 卷，1992 年 4 月第 4 期。

汉斯 · 冯 · 卢克，《装甲指挥官》（康涅狄格州韦斯特波特：普雷格出版社，1989 年）。

约阿希姆 · 路德维希，《1944 年，德军撤离法国》（*Der deutsche Rückzug aus Frankreich 1944*）（弗莱堡：罗姆巴赫出版社，1995 年）。

炮兵上将路德维希，《突破“斯大林”防线》（*Der Durchbruch durch die Stalin-Linie*），刊登在《军事周刊》第 126 卷，1941 年 8 月 1 日第 5 期。

炮兵上将路德维希，《对运动战中进攻行动的思考》（*Gedanken über den Angriff im Bewegungskriege*），刊登在《军事科学杂志》第 1 卷，1936 年第 2 期。

炮兵上将路德维希，《作为教育者的毛奇》（*Moltke als Erzieher*），刊登在《军事周刊》第 125 卷，1940 年 10 月 25 日第 17 期。

M.I. 卢基诺夫，《波兰战役（1939 年）和苏芬战争（1939—1940 年）笔记》，刊登在《斯拉夫军事研究》第 14 卷，2001 年 9 月第 3 期。

爱德华·卢特瓦克和丹·霍罗威茨，《以色列军队》（纽约：哈珀 & 罗出版社，1975 年）。

卡勒姆·A. 麦克唐纳，《朝鲜：越战前的战争》（纽约：自由出版社，1986 年）。

卡勒姆·A. 麦克唐纳，《败仗：克里特岛 1941》（纽约：自由出版社，1993 年）。

查尔斯·B. 麦克唐纳，《强大的努力：美国在欧洲的战争》（纽约：达卡波出版社，1992 年）。

麦格雷戈·诺克斯和威廉姆森·穆雷主编，《军事变革的动力，1300—2050 年》（剑桥：剑桥大学出版社，2001 年）。

马赫尔少校，《占领丹麦》（*Die Besetzung Dänemarks*），刊登在《军事周刊》第 125 卷，1941 年 5 月 9 日第 45 期。

肯尼斯·麦克西，《装甲十字军：珀西·霍巴特爵士少将传》（伦敦：哈钦森出版社，1967 年）。

肯尼斯·麦克西，《首次冲突：第三次世界大战中的战斗特写》（多伦多：斯托达特出版社，1984 年）。

肯尼思·麦克西，《隆美尔：战斗和战役》（伦敦：兵器和铠甲出版社，1979 年）。

肯尼斯·麦克西，《坦克战：二十世纪坦克战画册》（纽约：巴尔内斯 & 诺贝尔出版社，1999 年）。

马哈茂德·穆赫塔尔·帕夏，《我在 1912 年巴尔干战争中的指挥》（*Meine Führung im Balkankriege 1912*）（柏林：恩斯特·齐格弗里德·米特勒父子出版社，1913 年）。

弗雷德·马奇德拉尼，《阿拉曼战役：沙漠中的要塞》（费城：利平科特出版社，1965 年）。

埃里希·冯·曼施泰因，《失去的胜利》（加利福尼亚州诺瓦托：要塞出版社，1982 年）。

曼泰上校，《从事战争史研究的实用性窍门》（*Praktische Winke für das Anfassen kriegsgeschichtlicher Studien*），刊登在《军事周刊》第 116 卷，1931 年 12 月 25 日第 24 期。

爱德华·马克，《三场战争中的空中遮断》（华盛顿特区：空军历史中心，1994 年）。

S.L.A. 马歇尔，《车轮上的军队》（纽约：莫罗出版社，1941 年）。

S.L.A. 马歇尔，《对步兵在朝鲜的行动和武器使用的评论，1950 年—1951 年冬季》（马里兰州切维蔡斯：作战研究室，约翰·霍普金斯大学，1951 年）。

S.L.A. 马歇尔，《河流和夹击：1950 年 11 月在朝鲜清川江被中国军队击败的第 8 集团军》（弗吉尼亚州亚历山大：时代生活出版社，1982 年）。

劳伦斯·马丁，《浩劫之前：北约能否守住欧洲》（米德尔塞克斯费尔特姆：纽恩斯图书出版社，1985 年）。

迈克尔·J. 马萨尔、唐·M. 辛德、小詹姆斯·A. 布莱克威尔，《沙漠风暴：海湾战争和我们从中学到的东西》（科罗拉多州博尔德：维斯特维尔出版社，1993 年）。

米基·麦卡特，《审计总署暗示陆军用于训练的资金不需要那么多》，刊登在 2001 年 3 月 27 日的《星条旗全媒体》。

詹姆斯 · R. 麦克多诺，《坚守 781 高地：现代机械化作战的寓言》（加利福尼亚州诺瓦托：要塞出版社，1988 年）。

詹姆斯·R. 麦克多诺，《作战艺术：何去何从？》，收录于胡克主编的《机动作战文集》（加利福尼亚州诺瓦托：要塞出版社，1993 年）。

约翰 · J. 麦格拉斯，《恢复均势，1951 年 1 月 25 日—7 月 8 日》（华盛顿特区：军事历史中心，出版年代不详），朝鲜战争系列。

威廉 · H. 麦克迈克尔，《国家训练中心的红军：不仅仅是主场优势》，刊登在《士兵杂志》第 45 卷，1990 年 3 月第 3 期。

杰弗里 · P. 梅加吉，《希特勒最高统帅部内幕》（劳伦斯：堪萨斯大学出版社，2000 年）。

F.W. 冯 · 梅伦廷，《坦克战：对装甲力量在第二次世界大战中使用问题的研究》（纽约：巴兰坦出版社，1956 年）。

布鲁斯 · 梅宁，《刺刀冲锋：1861—1914 年的俄罗斯帝国陆军》（布鲁明顿：印第安纳大学出版社，1992 年）。

布鲁斯 · 门宁，《俄国和苏联军事史中的纵深打击》，刊登在《苏联军事研究杂志》第 1 卷，1988 年 4 月第 1 期。

詹姆斯 · S. 梅特卡夫，《步兵战》，刊登在《步兵杂志》1949 年 3 月第 64 期。

亨利 · 科德 · 迈耶三世和约翰 · 伯特，《联邦国防军：使命、组织、学说》，刊登在《反击》杂志 1987 年 10 月第 1 期。

胡伯特·迈尔，《党卫队第 12“希特勒青年团”装甲师战史》（温尼伯：J.J. 费多罗维奇出版社，1994 年）。

马丁 · 米德尔布鲁克，《索姆河战役首日：1916 年 7 月 1 日》（纽约：W.W. 诺顿出版社，1972 年）。

P. 米哈伊洛夫，《滑雪部队在森林地域的战术使用》，刊登在 1940 年 1 月 18 日的《红星报》，宾夕法尼亚州卡莱尔兵营美国陆军军事历史研究中心。

史蒂夫 · M. 米勒，《梅休因勋爵与英国军队》（伦敦：弗兰克 · 卡斯出版社，1999 年）。

沃德·A. 米勒，《第 9 澳大利亚师抗击非洲军：一个步兵师与坦克的对抗—利比亚托布鲁克，1941 年》（堪萨斯州莱文沃斯堡：美国陆军指挥与参谋学院，1986 年）。

艾伦 · R. 米利特，《朝鲜战争读者指南》，刊登在《军事史杂志》第 61 卷，1997 年 7 月第 3 期。

艾伦·R. 米利特，《北进：美国海军陆战队在大钵盆地》（华盛顿特区：美国海军陆战队历史中心，2001 年）。

尤里 · 米尔施泰因，《独立战争史》第 1—4 卷（马里兰州拉纳姆：美国大学出版社，1996 年）。

约瑟夫 · 米兰达，《第一次阿以战争，1947—1949 年》，刊登在《战略与战术杂志》1997 年 5 月 /6 月第 185 期。

爱德温 · E. 莫伊斯，《越南战争历史辞典》（马里兰州拉纳姆：稻草人出版社，2001 年）。

爱德温 · E. 莫伊斯的越南战争参考书目，网址是 *http://hubcap.clemson.edu/~eemoise/bibliography.html*。

戴维 · 莫尼兹，《士兵们描述的“18 小时奇迹”》，刊登在 2002 年 3 月 7 日的《今日美国》。

伯纳德 · 劳 · 蒙哥马利，《从阿拉曼到桑格罗河；从诺曼底到波罗的海》（伦敦：巴里 & 詹金斯出版社，1973 年）。

伯纳德 · 劳 · 蒙哥马利，《阿拉曼子爵蒙哥马利元帅回忆录》（克利夫兰：世界出版社，1968 年）。

林恩·蒙特罗斯和尼古拉斯·A. 坎佐纳，《长津湖战役：美国海军陆战队在朝鲜的行动，1950—1953 年，第三册》（华盛顿特区：美国海军陆战队司令部历史处，1957 年）。

林恩 · 蒙特罗斯和尼古拉斯 · A. 坎佐纳，《仁川—汉城作战：美国海军陆战队在朝鲜的行动，1950—1953 年，第二册》（华盛顿特区：海军陆战队司令部历史处，1955 年）。

林恩·蒙特罗斯和尼古拉斯·A. 坎佐纳，《釜山防御圈：美国海军陆战队在朝鲜的行动，1950—1953 年，第一册》（华盛顿特区：海军陆战队司令部历史处，1954 年）。

比利·C. 莫斯曼，《潮起潮落：1950 年 11 月—1951 年 7 月》（华盛顿特区：军事历史中心，1990 年）。

J.L. 莫尔顿，《希特勒向北进攻》，刊登在《第二次世界大战史杂志》1978 年第 3 期。

J.L. 莫尔顿，《征服挪威》，刊登在《第二次世界大战史杂志》，1978 年第 4 期。

汉斯－奥托 · 米莱森，《克里特岛 1941：“水星”行动，1941 年 5 月 20 日—6 月 1 日》（*Kreta 1941: Das Unternehemen Merkur, 20. Mai–1. Juni 1941*）（弗莱堡：罗姆巴赫出版社，1968 年）。

罗尔夫－迪特尔 · 米勒和格尔德 · R. 于贝夏尔，《希特勒的东线战争，1941—1945 年：一份关键评估》（罗德岛州普罗维登斯：博格翰图书出版社，1997 年）。

G.E. 帕特里克 · 默里，《艾森豪威尔与蒙哥马利：持续争论》（康涅狄格州韦斯特波特：普雷格出版社，1996 年）。

威廉姆森 · 穆雷，《1940 年 5 月：德国军事变革的偶然性和脆弱性》，收录于麦格雷戈 · 诺克斯和威廉姆森 · 穆雷主编的《军事变革的动力，1300—2050 年》（剑桥：剑桥大学出版社，2001 年）。

威廉姆森 · 穆雷和艾伦 · R. 米利特主编，《两次世界大战之间的军事创新》（剑桥：剑桥大学出版社，1996 年）。

穆罕默德·易卜拉欣·纳加蒂，《斋月战争的教训》，刊登在印度《防务期刊》，1975 年 9 月—10 月第 1 期。

伯纳德 · C. 纳尔蒂，《空中力量与溪山之战》（华盛顿特区：空军历史办公室，1973 年）。

伯纳德 · C. 纳尔蒂，《僵局：从邦克山到钩子山的美国海军陆战队》（华盛顿特区：美国海军陆战队历史中心，2001 年）。

比尔 · 纳松，《南非战争，1899—1902 年》（牛津：牛津大学出版社，2000 年）。

希蒙 · 纳维，《寻求军事卓越：作战理论的演变》（伦敦：弗兰克 · 卡斯出版社，1997 年）。

肖恩 · D. 内勒，《训练司令部在人力资源规划方面遭受重创》，刊登在 2000 年 9 月 4 日的《陆军时报》。

《战争的重新设计》（*Neugestaltung der Kriegführung*），刊登在《军事周刊》第 120 卷，1935 年 11 月 11 日第 18 期。

A.A. 努菲，《沙漠之狐：隆美尔的北非战役，1941 年 4 月至 1942 年 12 月》，刊登在《战略与战术杂志》1981 年 7 月—8 月第 87 期。

基思 · 诺兰,《顺化战役 : 1968 年春节》(加利福尼亚州诺瓦托 : 要塞出版社, 1978 年)。

埃德加 · 奥巴兰斯,《海湾战争》(伦敦 : 布拉西出版社, 1988 年)。

埃德加 · 奥巴兰斯,《没有胜利者, 没有失败者 : 赎罪日战争》(加利福尼亚州圣拉斐尔 : 要塞出版社, 1978 年)。

埃德加 · 奥巴兰斯,《第三次阿以战争》(康涅狄格州哈姆登 : 执政官图书公司, 1972 年)。

奥布基尔歇尔中校,《毛奇, "不为人知的" 冯 · 柯尼希格雷茨将军 : 纪念 1866 年 7 月 3 日的柯尼希格雷茨会战 75 周年》(*Moltke, der 'unbekannte' General von Königgrätz: Zur Erinnerung an den 75. Gedenktag der Schlacht bei Königgrätz am 3. Juli 1866*), 刊登在《军事周刊》第 125 卷, 1941 年 6 月 27 日第 52 期。

威廉 · O. 奥多姆,《堑壕战之后 : 美国陆军学说的转型, 1918—1939 年》(德克萨斯州大学城 : 德州 A&M 大学出版社, 1999 年)。

厄赫奎斯特将军,《一位芬兰指挥官经历的苏芬战争》(*Ein finnischer Armeeführer über den Finnisch-Russischen Krieg*), 刊登在《军事周刊》第 125 卷, 1941 年 4 月 4 日第 40 期。

《蟒蛇行动 : 飞行员的所见》, 刊登在 2002 年 4 月 22 日的《新闻周刊》。

迈克尔 · B. 奥伦,《六日战争 : 1967 年 6 月和现代中东的建立》(牛津 : 牛津大学出版社, 2002 年)。

白善烨,《从釜山到板门店》(弗吉尼亚州杜勒斯 : 布拉西出版社, 1992 年)。

托马斯 · 帕克南,《布尔战争》(纽约 : 兰登书屋, 1979 年)。

D.K. 帕利特,《闪电战 : 印巴战争》(索尔兹伯里 : 康普顿出版社, 1972 年)。

斯蒂芬·B. 帕特里克,《哈尔科夫:苏军的春季攻势》, 刊登在《战略与战术杂志》1978 年 6 月第 68 期。
乔治 · S. 巴顿,《我所知道的战争》(纽约 : 班塔姆出版社, 1979 年)。

威拉德 · 皮尔森,《北部省份的战争, 1966—1968 年》(华盛顿特区 : 陆军部, 1975 年)。

斯蒂芬 · C. 佩尔蒂埃,《两伊战争 : 真空中的混沌》(康涅狄格州韦斯特波特 : 普雷格出版社, 1992 年)。

斯蒂芬 · C. 佩尔蒂埃和道格拉斯 · V. 约翰逊二世,《经验教训 : 两伊战争》第一册, FMFRP 3-203 (华盛顿特区 : 美国海军陆战队, 1990 年)。

W. 巴林 · 彭伯顿,《布尔战争中的会战》(伦敦 : 巴茨福德出版社, 1964 年)。

克里 · 彭德格斯特和戴维 · 里奇,《柏林 1985 : 兵临城下》, 刊登在《战略与战术杂志》, 1980 年 3 月—4 月第 79 期。

布莱恩 · 佩雷特,《1945 年以来的苏联坦克力量》(伦敦 : 布兰德福德出版社, 1987 年)。

克里斯托弗 · J. 佩蒂,《创世行动 : 国家训练中心红军空中突击的诞生》, 刊登在 1990 年 9 月 /10 月的《美国陆军航空文摘》。

威廉 · R. 菲利普,《银星之夜 : 老村之战》(马里兰州安纳波利斯 : 海军研究所出版社, 1997 年)。

雅努什 · 皮耶卡尔基维茨,《莫斯科 1941》(加利福尼亚州诺瓦托 : 要塞出版社, 1981 年)。

罗伯特 · 皮索尔,《尽头 : 溪山围攻战》(纽约 : 巴兰坦出版社, 1982 年)。

斯蒂芬·T. 鲍尔斯,《诺曼底战役:挥之不去的争议》,刊登在《军事史杂志》第 56 卷,1992 年 7 月第 3 期。

约翰 · 普拉多斯和雷 · W. 斯图比,《断定谷 : 溪山围攻战》(波士顿 : 霍顿 · 米夫林出版社,1991 年)。

K.C. 普拉沃尔,《独立后的印度军队》(新德里 : 兰瑟国际出版社,1990 年)。

厄尼 · 派尔,《勇士》(纽约 : 格罗塞 & 邓拉普出版社,1943 年)。

埃里希 · 雷德尔,《海军元帅》(纽约 : 达卡波出版社,2001 年)。

马鲁夫·拉扎,《回顾 1971 年的战争》,刊登在《印度防务评论》第 12 卷,1997 年 1 月—3 月第 1 期。

马克 · J. 里尔登,《莫尔坦的胜利 : 阻止希特勒的装甲反攻》(劳伦斯 : 堪萨斯大学出版社,2002 年)。

杰弗里·雷科德,《有名无实的胜利:对海湾战争一种相反的观点》(弗吉尼亚州麦克莱恩:布拉西出版社,1993 年)。

戴维 · 里斯,《朝鲜 : 有限战争》(纽约 : 圣马丁出版社,1964 年)。

《1971 年战争中赫莫杜尔·拉赫曼调查委员会的报告:巴基斯坦政府的揭秘文件》(拉合尔:前卫出版社,2000 年)。

V.G. 列兹尼琴科,《伟大卫国战争中的战术演变》,刊登在《军事思想》第 10 卷,2001 年 9 月 /10 月第 5 期。

维克托·列尊 (维克托·苏沃洛夫),《苏联特种部队》,刊登在《军事评论》第 64 卷,1984 年 3 月第 3 期。

维克托 · 列尊 (维克托 · 苏沃洛夫),《苏联陆军内幕》(纽约 : 麦克米伦出版社,1982 年)。

斯蒂芬 · W. 里奇,《任务式战术、重点突破、卷击 : 空地一体战的哲学基础》(*Auftragstaktik, Schwerpunkt, Aufrollen: The Philosophical Basis of the AirLand Battle*),刊登在《军事评论》第 64 卷,1984 年 5 月第 5 期。

马修 · B. 李奇微,《朝鲜战争》(纽约 : 达卡波出版社,1967 年)。

拉维·里赫耶,《美国陆军转向装甲战》,刊登在《皇家印度联合军种研究所杂志》第 105 卷,1975 年 4 月—6 月第 439 期。

拉维 · 里赫耶,《非战之战》(德里 : 切纳克耶出版社,1988 年)。

戴维 · J. 里奇,《朝鲜 : 被遗忘的战争》,刊登在《战略与战术杂志》1987 年 5 月第 111 期。

尤金·L. 罗根与阿维·施莱姆,《巴勒斯坦战争:改写 1948 年的历史》(剑桥:剑桥大学出版社,2001 年)。

R.W. 罗杰斯和戴维 · 莱尔曼,《TRADOC 资金短缺达 3.6 亿 : 司令部冻结招募工作不会影响训练和安全》,刊登在 2001 年 3 月 10 日的《纽波特每日新闻报》。

约翰 · L. 罗姆约,《后冷战时期的美国陆军学说》(弗吉尼亚州门罗堡 : 美国陆军训练与条令司令部,1997 年)。

约翰 · L. 罗姆约,《卓越陆军 : 八十年代陆军的发展》(弗吉尼亚州门罗堡 : 美国陆军训练与条令司令部,1997 年)。

约翰 · L. 罗姆约,《从积极防御到空地一体战 : 陆军学说的发展,1973—1982 年》(弗吉尼亚州门罗堡 : 美国陆军训练与条令司令部,1984 年)。

史蒂文·S. 罗斯,《从燧发枪到步枪:1740—1866 年的步兵战术》(伦敦:弗兰克·卡斯出版社,1996 年)。

史蒂文·T. 罗斯,《美国的战争计划:1938—1945 年》(科罗拉多州博尔德:林恩·林纳出版社，2002 年)。

弗洛里安 · K. 罗斯布鲁斯特,《古德里安第 19 装甲军与法国战役 : 在阿登的突破，1940 年 5 月》(康涅狄格州韦斯特波特 : 普雷格出版社，1990 年)。

贡特尔·罗滕贝格,《剖析以色列军队:以色列国防军,1948—1978 年》(纽约:希波克林出版社,1979 年)。

斯蒂芬 · K. 罗思韦尔、约翰 · 德施、蒂莫西 · 库塔,《党卫队装甲军 : 库尔斯克浴血记》，刊登在《指挥杂志》1996 年 3 月第 36 期。

路易斯·C. 罗通多,《斯大林格勒会战:1943 年苏军总参谋部的研究》(华盛顿特区:帕加马 – 布拉西出版社，1989 年)。

克里什纳 · 钱德拉 · 萨加尔,《手足之战》(新德里 : 北方图书中心，1997 年)。

樱井忠温,《肉弹 : 日俄战争中一名士兵的经历》(林肯 : 内布拉斯加大学出版社，1999 年)。

西迪克 · 萨利克,《见证投降》(卡拉奇 : 牛津大学出版社，1977 年)。

斯坦利 · 桑德勒,《朝鲜战争 : 没有胜利者，没有失败者》(列克星敦 : 肯塔基大学出版社，1999 年)。

V.Ye. 萨夫金,《战役法和战术的基本原则 : 苏方观点》(莫斯科 : 军事出版局，1972 年)，由美国空军翻译出版 (苏联军事思想系列)。

小罗伯特 · H. 斯凯尔斯,《必胜 : 海湾战争中的美国陆军》(华盛顿特区 : 布拉西出版社，1994 年)。

罗恩 · 斯卡伯勒,《军队弹尽粮绝》，刊登在 2001 年 2 月 7 日的《华盛顿时报》上。

冯 · 舍费尔上校,《进攻罗兹这一决定的出现 : 纪念鲁登道夫将军》(*Die Enstehung des Entschlusses zur Offensive auf Lods: Zum Gedenken an General udendorff*),刊登在《军事科学杂志》第 3 卷,1938 年第 1 期上。

托马斯 · 舍本,《从德方视角看 1940—1942 年的北非战争 : 三维，洲际战争》，收录于吉尔 · 爱德华兹主编的《回顾阿拉曼 : 阿拉曼战役及其历史意义》(开罗 : 开罗美国大学，2000 年)。

彼得 · J. 席费尔勒,《1965 年的德浪河谷战役 : 是一场成功的战役还是纯粹的战术失败? 》(堪萨斯州莱文沃斯堡 : 高级军事研究学院，1994 年)。

《山地猎兵 1941 年 5 月征服克里特岛的战斗叙述》(*Schilderungen aus den Kämpfen der Gebirgsjäger bei der Eroberung von Kreta im Mai 1941*)，刊登在《军事科学杂志》第 6 卷，1941 年第 3 期上。

海因茨 · 维尔纳 · 施密特,《与隆美尔在沙漠中》(纽约 : 班塔姆出版社，1977 年)。

詹姆斯 · F. 施纳贝尔,《政策和方向 : 战争第一年》(华盛顿特区 : 军事历史中心，1972 年)。

埃斯特 · 施拉德尔,《简单的任务变成 18 小时的激战》，刊登在 2002 年 3 月 8 日的《洛杉矶时报》。

弗兰克·N. 舒伯特和特丽萨·L. 克劳斯主编,《旋风战争 :“沙漠盾牌”和“沙漠风暴”行动中的美国陆军》(华盛顿特区 : 军事历史中心，1995 年)。

卡尔·O. 舒斯特,《海岸防御的胜利:“布吕歇尔”号在奥斯陆》,刊登在《指挥杂志》1996 年 9 月第 39 期。

H. 诺曼 · 施瓦茨科普夫与彼得 · 佩特,《身先士卒 : 自传》(纽约 : 巴兰坦出版社，1992 年)。

《朝鲜战争中的海上勤务，1950—1953 年 (CD)》(*马里兰州安纳波利斯 : 美国海军研究所，2000 年*)。

康拉德·赛布特，《克里特岛之战，1941 年 5 月》（*Einsatz Kreta Mai 1941*），德方报告系列，B-641（美国陆军欧洲司令部：外军研究处，出版年代不详）。

B.N. 沙玛，《他们在军校里没教给你的东西：对印度军事思想的批判》（德里：希布拉出版社，1996 年）。

高塔姆·沙玛，《我们的武装部队》（德里：印度国家图书托拉斯，2000 年）。

R.C. 沙玛，《透视两伊战争》（新德里：拉杰什出版社，1984 年）。

阿里埃勒·沙龙、戴维·查诺夫，《勇士：阿里埃勒·沙龙自传》（纽约：点金石出版社，1989 年）。

萨阿德·沙兹利，《跨过苏伊士运河》（旧金山：美国中东研究所，1980 年）。

丹尼斯·E. 肖沃尔特，《铁路和步枪：士兵、技术和德国的统一》（康涅狄格州哈姆登：执政官图书公司，1976 年）。

米尔顿·舒尔曼，《西线的失败》（东萨塞克斯瓦尔登伯里：马斯克莱德出版社，1986 年）。

托尼·辛普森，《“水星”行动：克里特岛之战》（伦敦：霍德 & 斯托顿出版社，1981 年）。

阿杰伊·辛格，《发展信息战战略》，刊登在《印度防务评论》第 13 卷，1998 年 1 月—3 月第 1 期。

杰格德沃·辛格，《巴基斯坦的肢解：1971 年印巴战争》（新德里：兰瑟国际出版社，1988 年）。

K. 布勒赫默·辛格，《永志不忘》，刊登在《军事评论》第 53 卷，1973 年 1 月第 1 期。

K.R. 辛格，《两伊战争：军事层面》，收录于 R.C. 沙玛主编的《透视两伊战争》（新德里：拉杰什出版社，1984 年）。

拉赫曼·辛格，《在孟加拉国的胜利》（德拉敦：纳特拉吉出版社，1981 年）。

R.K. 辛格，《坦克正在过时，接下来是什么？》，刊登在《印度联合军种杂志》第 57 卷，1978 年 1 月—3 月第 450 期。

苏克文特·辛格，《印度自独立以来的战争》第一卷，《孟加拉国的解放》（新德里：维卡斯出版社，1980 年）。

苏克文特·辛格，《印度自独立以来的战争》第三卷，《总体趋势》（新德里：维卡斯出版社，1982 年）。

恩贾尼·库马尔·辛哈，《前进最后 200 米和目标处的战斗》，刊登在《印度联合军种杂志》第 54 卷，1974 年 10 月—12 月第 437 期。

罗伯特·斯莱特，《勇士和政治家：摩西·达扬的一生》（纽约：圣马丁出版社，1991 年）。

克里斯·史密斯，《北部战役：德国入侵斯堪的纳维亚，1940 年》，刊登在《指挥杂志》1996 年 9 月第 39 期。

乔治·W. 史密斯的系列文章《顺化之战》，美国驻越军事顾问团的时事通讯《最快最佳》第 2—7 期。

乔治·W. 史密斯，《围攻顺化》（科罗拉多州博尔德：林恩·林纳出版社，1999 年）。

H.S. 索迪，《“意外之财”行动：孟加拉国的诞生》（新德里：联盟出版社，1980 年）。

H.S. 索迪，《大人物：对印度军事领导者的批评性评价》（诺伊达：三叉戟出版社，1993 年）。

V.D. 索科洛夫斯基，《莫斯科战役》，收录于《希特勒的败仗：东线苏联红军将领亲述二战》（纽约：理

查森 & 斯泰尔曼出版社，1986 年）。

贝赫鲁兹·苏雷斯拉菲勒，《两伊战争》（伦敦：C.C. 出版社，1989 年）。

凯文·苏特，《遏制赤潮：德方报告系列及其对美国防务学说的影响，1948—1954 年》，刊登在《军事史杂志》第 57 卷，1993 年 10 月第 4 期。

《苏联军事力量手册》（美国国防部，1981 年）。

《苏联军事力量手册》（美国国防部，1983 年）。

欧文·斯坦利，《苏联的常规战哲学》，刊登在《反击》杂志 1987 年 10 月第 1 期。

谢尔比·斯坦顿，《美国第 10 军团：第 10 军在韩国，1950 年》（加利福尼亚州诺瓦托：要塞出版社，1989 年）。

谢尔比·斯坦顿，《剖析一个师：第 1 骑兵师在越南》（加利福尼亚州诺瓦托：要塞出版社，1987 年）。

唐·A. 斯塔里，《扩大的战场》，刊登在《军事评论》第 61 卷，1981 年 3 月第 3 期。

唐·A. 斯塔里，《越南骑乘战》（华盛顿特区：陆军部，1978 年）。

威廉·O. 施陶登迈尔，《战略分析》，收录于塔希尔 - 克里和阿尤比主编的《两伊战争：新式武器，旧式冲突》（康涅狄格州韦斯特波特：普雷格出版社，1983 年）。

丹尼斯·斯蒂尔，《陆军杂志全力引领陆军转型：关于陆军 30 年彻底革新的 30 分钟课程》（美国陆军协会，2001 年）。

丹尼斯·斯蒂尔，《红军：朋友和敌人》，刊登在《陆军杂志》第 38 卷，1988 年 12 月第 12 期。

伊恩·麦克杜格尔·格思里·斯图尔特，《克里特岛之战，1941 年 5 月 20 日—6 月 1 日：一个错失良机的故事》（伦敦：牛津大学出版社，1966 年）。

理查德·W. 斯图尔特，《中国的干预，1950 年 11 月 3 日—1951 年 1 月 24 日》，朝鲜战争系列（华盛顿特区：军事历史中心，出版年代不详）。

理查德·W. 斯图尔特，《作战参谋：第 10 军在朝鲜，1950 年 12 月》（堪萨斯州莱文沃斯堡：作战研究所，1991 年）。

詹姆斯·L. 斯托克斯伯里，《朝鲜战争简史》（纽约：威廉·莫罗出版社，1988 年）。

F. 施图尔曼，《空降兵》（Fallschirmjäger），刊登在《军事周刊》第 125 卷，1940 年 12 月 20 日第 25 期。

K. 苏布拉马尼亚姆，《1973 年阿以战争的教训》，刊登在《印度国防研究与分析研究所杂志》第 6 卷，1974 年 1 月第 3 期。

哈里·萨默斯，《战略论 II：对海湾战争的批判性分析》（纽约：戴尔平装书出版社，1992 年）。

理查德·M. 斯温，《"幸运的战争"：沙漠风暴中的第 3 集团军》（堪萨斯州莱文沃斯堡：美国陆军指挥与参谋学院出版社，1997 年）。

马克·斯汪森，《沙漠中的阿帕奇》，刊登在 1990 年 9 月—10 月的《美国陆军航空文摘》。

欧内斯特·A. 绍博，《消耗对机动，以及战争的未来》，刊登在《装甲杂志》第 111 卷，2002 年 9 月—10 月第 5 期。

希琳·塔希尔－克里和沙欣·阿尤比主编,《两伊战争：新式武器，旧式冲突》（康涅狄格州韦斯特波特：普雷格出版社，1983 年）。

A.J.P. 泰勒,《第二次世界大战的起源》（伦敦：H. 汉密尔顿出版社，1961 年）。

乔恩·E. 特列尔,《顺化战役》，刊登在《步兵杂志》第 85 卷，1995 年 7 月—8 月第 4 期。

斯塔茨·特克尔,《正义之战：二战口述历史》（纽约：万神殿出版社，1984 年）。

鲁道夫·泰斯上校,《世界历史中的坦克》(*Der Panzer in der Weltgeschichte*),刊登在《军事周刊》第 125 卷，1940 年 10 月 11 日第 15 期。

马修·托马斯,《坦盖尔的空降突击行动：1971 年的印巴冲突》，刊登在《印度防务评论文摘》1992 年第 2 期。

戴维·G. 汤普森,《1905—1940 年，挪威的军事政策：对相关著作的评判性评价和综述》，刊登在《军事史杂志》第 61 卷，1997 年 7 月第 3 期。

韦恩·汤普森和伯纳德·C. 纳尔蒂,《限制范围内：美国空军和朝鲜战争》（麦克斯韦空军基地：空军大学图书馆，1996 年）。

F.H. 托阿瑟,《以色列的装甲战经验》，收录于 J.P. 哈里斯和 F.H. 托阿瑟主编的《装甲战》（伦敦：巴茨福德出版社，1990 年）。

约翰·J. 托尔森,《空中机动能力，1961—1971 年》（华盛顿特区：陆军部，1973 年）。

罗伯特·L. 托尔斯未发表的论文,《秋之泪：德浪河谷的空中突击行动和步兵战，越南，1965 年 11 月》（俄亥俄州肯特：肯特州立大学，2000 年）。

蒂姆·特拉弗斯,《加里波利 1915》（南卡罗来纳州查尔斯顿：坦帕斯出版社，2001 年）。

蒂姆·特拉弗斯,《杀戮场：英国陆军、西线和现代战争的出现，1900—1918 年》（伦敦：艾伦＆昂温出版社，1987 年）。

沃伦·A. 特列斯特,《空军资料来源：对空战的反思》，收录于莱斯特·H. 布龙主编的《朝鲜战争：文献和研究手册》（康涅狄格州韦斯特波特：格林伍德出版社，1996 年）。

《部队为冬季作战行动进行的训练》，刊登在 1939 年 12 月 11 日的《红星报》，宾夕法尼亚州卡莱尔兵营美国陆军军事历史研究中心。

《战争的两年》（德黑兰：伊斯兰革命卫队政治办公室，1982 年）。

《美国军事情报报告，德国，1919—1941 年》（马里兰州弗雷德里克：美国大学出版社，1982 年）。

《美国新闻与世界报道，没有胜利的凯旋：海湾战争未报道的历史》（纽约：兰登书屋－时代图书，1992 年）。

柯蒂斯·A. 乌茨,《来自海上的突击：仁川两栖登陆》（华盛顿特区：海军历史中心，2000 年）。

卡尔·范戴克,《苏联入侵芬兰，1939—1940 年》（伦敦：弗兰克·卡斯出版社，1997 年）。

弗雷德·R. 范·哈尔特斯韦尔特,《布尔战争：史学和注释书目》（康涅狄格州韦斯特波特：格林伍德出版社，2000 年）。

《大德意志独立战争》第 112 篇,《庞大的基辅战役之过程和结束》(*Verlauf und Abschluss der Riesenschlacht von Kiew*),刊登在《军事周刊》第 126 卷,1941 年 10 月 3 日第 14 期。

阿肖克·卡利安·维尔马,《沉默的河流：1962 年克节郎河上的灾难和 1971 年渡过梅克纳河冲向达卡》(新德里：兰瑟国际出版社,1998 年)。

亚历克斯·弗农,《俄里翁之眼：海湾战争中的五名坦克中尉》(俄亥俄州肯特：肯特州立大学出版社,1999 年)。

弗尔克尔中校,《作为现代装甲 – 骑兵范例和老师的成吉思汗》(*Tchingis-Chan als Vorbild und Lehrmeister des modernen Pz.-Kavalleristen*),刊登在《军事周刊》第 126 卷,1941 年 9 月 19 日第 12 期。

德米特里·沃尔科戈诺夫,《斯大林：胜利和悲剧》(纽约：格鲁夫·韦登菲尔德出版社,1991 年)。
弗里德里希·奥古斯特·冯·德尔·海特男爵,《代达罗斯归来：克里特 1941》(伦敦：哈钦森出版社,1958 年)。

《大德意志独立战争》第 103 篇,《东线取得决定性胜利之前》(*Vor der Entscheidung im Osten*),刊登在《军事周刊》第 126 卷,1941 年 8 月 1 日第 5 期。

伊万·沃罗比耶夫,《二十世纪战争和武装冲突中的战术演变》,刊登在《军事思想》第 11 卷,2002 年 1 月第 1 期。

里基·L. 沃德尔的《机动作战与低强度冲突》,收录于小理查德·D. 胡克主编的《机动作战文集》(加利福尼亚州诺瓦托：要塞出版社,1993 年)。

赫梅内吉尔德·瓦格纳,《与胜利的保加利亚人在一起》(波士顿：霍顿·米夫林出版社,1913 年)。

瓦尔特·瓦利蒙特,《德国国防军大本营,1939—1945 年》(加利福尼亚州诺瓦托:要塞出版社,1964 年)。

蒂莫西·沃诺克主编,《美国空军在朝鲜:年表,1950—1953 年》(麦克斯韦空军基地:空军大学图书馆,2000 年)。

尼古拉斯·沃尔,《绿色调整线》(马里兰州安纳波利斯：海军研究所出版社,1998 年)。

布鲁斯·艾伦·沃森,《沙漠之战：比较的视角》(康涅狄格州韦斯特波特：普雷格出版社,1995 年)。

巴里·D. 瓦茨,《克劳塞维茨所说的摩擦与未来战争》,收录于《麦克奈尔文件》第 52 期 (华盛顿特区：国家战略研究所,2000 年)。

杰弗里·瓦夫罗,《普奥战争:1866 年奥地利与普鲁士和意大利的战争》(剑桥:剑桥大学出版社,1996 年)。

威廉·J. 韦伯,《爆发,1950 年 6 月 27 日—9 月 15 日》,朝鲜战争系列 (华盛顿特区：军事历史中心,出版年代不详)。

约翰·威克斯,《单兵反坦克：反坦克作战史》(纽约：梅森 & 查特出版社,1975 年)。

拉塞尔·F. 韦格利,《美国的战争方式：美国军事战略与政策史》(布卢明顿：印第安纳大学出版社,1973 年)。

格哈德·温伯格,《战火下的世界：第二次世界大战史》(剑桥：剑桥大学出版社,1994 年)。

理查德·韦纳特,《KATUSA 经验谈:韩国国民融入美国陆军,1950—1965 年》,刊登在《军事事务杂志》第 38 卷,1974 年 4 月第 2 期。

亚历山大·沃思,《战争中的俄国》(纽约：卡罗尔 & 格拉夫出版社,1992 年)。

爱德华 · B. 韦斯特曼,《高射炮 : 德军的对空防御, 1914—1945 年》(劳伦斯 : 堪萨斯大学出版社, 2001 年)。

威廉 · C. 威斯特摩兰,《一个军人的报告》(纽约花园城 : 双日出版社, 1976 年)。

《对和平的威胁源自何处? 》(莫斯科 : 军事出版局, 1982 年)。

约阿希姆·维德尔和海因里希·冯·艾因西德尔编撰,《斯大林格勒:回忆和重评》(伦敦:兵器和铠甲出版社, 1995 年)。

约翰 · 爱德华 · 维尔茨,《朝鲜 : 被遗忘的战争》, 刊登在《军事史杂志》第 53 卷, 1989 年 1 月第 1 期。

丹尼斯 · 温特,《重评黑格的指挥》(伦敦 : 维京出版社。1991 年)。

哈罗德·R. 温顿,《改变一支军队:约翰·伯内特 – 斯图尔特将军和英国装甲学说, 1927—1938 年》(劳伦斯 : 堪萨斯大学出版社, 1988 年)。

哈罗德 · R. 温顿和戴维 · R. 梅茨,《变革的挑战 : 军事机构与新现实》(林肯 : 内布拉斯加大学出版社, 2000 年)。

詹姆斯 · J. 沃茨,《西贡和顺化战役 : 1968 年春节》, 收录于迈克尔 · C. 德施主编的《城内的士兵 : 城市地形下的军事行动》(宾夕法尼亚州卡莱尔 : 美国陆军战争学院战略研究所, 2001 年)。

拉里 · M. 沃策尔主编,《二十一世纪的中国武装力量》(宾夕法尼亚州卡莱尔 : 美国陆军战争学院战略研究所, 1999 年)。

威廉 · T. 亚布洛德,《米格走廊 : 争夺空中优势》(麦克斯韦空军基地 : 空军大学图书馆, 2000 年)。

安德烈 · 叶廖缅科,《斯大林格勒会战》, 收录于《希特勒的败仗 : 东线苏联红军将领亲述二战》(纽约 : 理查森 & 斯泰尔曼出版社, 1986 年)。

彼得 · 扬,《以色列 1967 年的战役》(伦敦 : 威廉 · 金伯出版社, 1967 年)。

史蒂文 · J. 扎洛加和维克托 · 马德伊,《波兰战役》(纽约 : 希波克里尼出版社, 1991 年)。

《集中和分权》(*Zentralisation und Dezentralisation*), 刊登在《军事周刊》第 115 卷, 1931 年 1 月 18 日第 27 期。

尼克拉斯·泽特林和安德斯·弗兰克森,《库尔斯克 1943:统计分析》(伦敦:弗兰克·卡斯出版社,2000 年)。

G.K. 朱可夫,《莫斯科会战》, 收录于弗拉基米尔 · 谢夫鲁克主编的《莫斯科 1941, 斯大林格勒 1942 : 回忆、故事和报道》(莫斯科 : 进步出版社, 1974 年)。

G.K. 朱可夫,《朱可夫元帅最大的战役》(纽约 : 哈珀 & 罗出版社, 1969 年)。

G.K. 朱可夫,《朱可夫元帅回忆录》(纽约 : 德拉科特出版社, 1971 年)。

G.K. 朱可夫,《战争初期》, 收录于《希特勒的败仗 : 东线苏联红军将领亲述二战》(纽约 : 理查森 & 斯泰尔曼出版社, 1986 年)。